高等学校保险学专业系列教材

再保险理论与实务

（修订本）

刘金章　主　编

李海超　栾　跃　副主编

清华大学出版社
北京交通大学出版社
·北京·

内容简介

本书以国家保险业务通行的条约、惯例和《中华人民共和国保险法》修订案（2009 年 10 月 1 日实施）为准绳，将理论与实践相结合，多视角、全方位地阐述了再保险的基本理论与实务，特别对进入 21 世纪以来，再保险业务在保险金融化趋势下的新发展，以及监管创新诸问题进行了论述分析。本书具有理论性、实用性、时代性和前瞻性。

本书是《高等院校保险学专业系列教材》之一，可作为保险专业、金融专业、外经贸专业的本科和专科教学用书，亦可作为保险业界、外经贸业界从业人员进行成人专业教育或自学用书。

图书在版编目（CIP）数据

再保险理论与实务/刘金章主编. —北京：北京交通大学出版社：清华大学出版社，2014.1（2019.8 重印）

（高等学校保险学专业系列教材）

ISBN 978 - 7 - 5121 - 1723 - 5

Ⅰ．① 再… Ⅱ．① 刘… Ⅲ．① 再保险-高等学校-教材 Ⅳ．① F840.69

中国版本图书馆 CIP 数据核字（2013）第 290774 号

再保险理论与实务
ZAIBAOXIAN LILUN YU SHIWU

责任编辑：吴嫦娥　　　特邀编辑：林 欣

出版发行：清 华 大 学 出 版 社　　邮编：100084　　电话：010 - 62776969　　http://www.tup.com.cn

　　　　　北京交通大学出版社　　邮编：100044　　电话：010 - 51686414　　http://www.bjtup.com.cn

印 刷 者：北京时代华都印刷有限公司

经　　销：全国新华书店

开　　本：185mm×260mm　　印张：18　　字数：454 千字

版　　次：2019 年 8 月第 1 版第 2 次修订　　2019 年 8 月第 5 次印刷

书　　号：ISBN 978 - 7 - 5121 - 1723 - 5/F·1284

印　　数：5 001～6 000 册　　定价：45.00 元

本书如有质量问题，请向北京交通大学出版社质监组反映。对您的意见和批评，我们表示欢迎和感谢。

投诉电话：010 - 51686043，51686008；传真：010 - 62225406；E-mail：press@bjtu.edu.cn。

前 言

再保险是保险学的重要组成部分，其涉及各类保险业务的理论和实践，各种再保险方式的运用和再保险契约的签订等法律问题，以及财务处理、保险基金的积累与分配、经营管理等方面的专门知识，是一种比较复杂的保险业务。因此，加强再保险理论和实践的学习与研究，对进一步发展我国的保险和再保险事业，推进保险工作的改革，使保险和再保险工作更好地为我国社会主义建设服务，是十分必要的。

目前，随着国际航运和贸易的日益发展，大型工程、科技项目、电子工艺等巨额保险的增多，各国政府的保险监督机构和保险公司本身都在注意加强保险事业的经营管理，特别重视采取相关的应对措施，以避免承保的风险和责任遭受巨灾所造成的严重经济后果，这就是应用国际再保险的方法来分散危险的重要原因所在。把不能预料的偶然性的自然灾害和意外事故的损失，实行世界范围内的"共保"，以取得大面积的平衡。21 世纪以来，伴随着全球性政治经济问题的起伏动荡和多种自然灾害的频发，国际再保险业进入了一个更加繁荣发达的时期，吸引了巨大的保险资金，形成了一个庞大的国际再保险市场。当今再保险已成为现代保险经营过程中不可或缺的重要环节，是防患于未然的重要风险管理工具。

在书稿几经修订，正欲画上最后句号之际，凝视着书桌上这厚厚的 12 章书稿，笔者陷入了对一段往事的回忆。那是在 20 世纪的 90 年代，当时，笔者还在天津财经大学前身天津财经学院任副院长时，曾有幸接待过两位来访的著名学者，并在日后的多次交往中建立了深厚的友情。一位是美籍华人、美国费城天普大学（Temple University）保险学及国际商务著名教授，《世界保险论坛》编辑和美中友协主席段开龄先生；另一位是台湾保险学界著名的再保险专家陈继尧教授。可以说，笔者对再保险问题的关注与研究是在他们二位的影响与启迪下才开始感兴趣的。因此，笔者诚愿以这部书稿的付梓表达对两位老朋友的深切怀念与感激。

《再保险理论与实务》的编写保持了由笔者主编的《高等学校保险学专业系列教材》（本教材是系列教材中的一部）的以下特点。

（1）系统性。本教材由浅入深，分量适中，结构合理，全面系统地介绍了再保险的基础概念、理论和方法。

（2）科学性。本教材采用定性与定量相结合的方法，准确地阐述再保险的原理，充分体现再保险学科的科学性。

（3）前瞻性。本教材在阐述传统再保险理论和实务的同时，充分考虑21世纪再保险环境的新发展，以及在再保险业务实践中出现的业务品种创新、方法创新和理论创新，以引起读者的兴趣。

（4）实践性。本教材从我国构建和谐社会的实际出发，在充分借鉴国外再保险学界最新成果的基础上，针对我国再保险业务发展相对滞后的现实，分析了原因，提出了相应的研究对策，使读者在学习运用再保险业务理论与原理的同时，借助这些理论与原理深入思考我国再保险领域中的问题。

《再保险理论与实务》一书从构思、框架设计、资料的收集，到各章的编写，均是笔者在李海超、栾跃和窦宝明等几位青年教师协助下共同完成的。武淑贤老师亦参与了部分章节的输录工作。

教材是课程的载体，是课堂教学的依托，也是最为重要的课程教学资源。为使读者能开阔视野、拓宽思路，本教材在编写中注意参阅和汲取了一些前人及同行专家的某些新的研究成果（在参考书目中均有列示），仅在此表示衷心的谢意！

本教材的出版亦应感谢清华大学出版社、北京交通大学出版社的支持与信任！同时还应感谢广大读者对本套丛书的关注及厚爱！

本教材如有不妥之处，敬请批评指正。

主编　刘金章
于天津天狮学院
2014 年 1 月

目 录

第 1 章

再保险概述

再保险是现代保险经营活动中不可缺少的重要环节。再保险作为保险学的重要组成部分，其业务运作以各类保险业务为基础，因此符合保险的基本原理。但再保险分散风险的独特方式、再保险合同的法律问题、再保险基金的积累和运用、再保险业务和财务的管理，以及再保险市场的发展，都涉及再保险的专业知识。尤其是再保险的国际性，决定了其运作的专业性和复杂性。

1.1　再保险的基本概念

1.1.1　再保险的定义

通俗地说，再保险是指保险人在原保险合同的基础上，与另一个保险人签订协议，将原保险的部分风险或责任进行转嫁的行为。所以，再保险也通称为分保。

分保时风险或责任的分出人是要向分入人，即再保险人交付保险费的。当该风险一旦导致实际损失时，再保险人必须分担其约定承保部分的损失，即原保险人可以从再保险人那里摊回分保部分损失赔偿。由此可见，再保险是对保险人的保险，即保险的保险（The Insurance of Insurance）。

1. 国外一些国家成文法中规定的再保险定义

再保险的定义，从字面上理解是比较容易的，但要从法律的角度给出一个严谨的定义是十分困难的，尤其是在界定再保险的保险标的（Subject Matter）问题上，西方国家至今尚未给出令人满意的再保险概念；而再保险业务形式上的不断翻新变化，也使达成一个广为认可的解释变得愈发困难。尽管如此，由于对再保险的概念认定直接关系一国再保险监管的基本态度和法律体系，所以大部分国家都在其成文法或判例法中首先予以明确。

1）成文法中规定的再保险定义

（1）德国：再保险是对保险公司的保险。

（2）美国：美国的联邦法中没有定义，但个别州的法律中有，如加利福尼亚州的民法典将再保险定义为"再保险是保险人使第三方承担由于原保险所产生的损失责任的一种方式"。

（3）马来西亚：在保险法中将再保险定义为"保险人向另一个保险人投保其接收的全部或部分保险，也包括保险人同国外公司的类似业务"。由此可见，马来西亚将再保险业务与直接保险联系在一起，将其视为保险人之间的交易，从而可以更多地接受同直接保险相同的管辖。

2）判例法中规定的再保险定义

（1）英国：没有成文法的定义，其定义来自于判例格拉斯哥（Glasgow）保险公司案（1914S. C320）：再保险合同是再保险人与被再保险人之间的约定，此约定不转移直接保单持有人的权利。由此可见，英国的再保险定义是从合同角度出发的，并且将再保险合同与原保险合同区别开来。

（2）阿根廷：定义来自 1991 年的 Villanueva Crispolo 对 El Mundo Cia de Seguros 的判例，即再保险是再保险人与保险人订立的合同，用以赔付保险人按照原保险合同的条款对被保险人应负的赔偿。该定义强调了再保险合同责任的性质涉及对原保险人的赔付。

（3）澳大利亚：没有正式的定义，但澳大利亚的 Halsbury's 法第 430、519 条规定，当原保险人或直接保险人把承保的全部或部分业务做出转移给另一个保险人（再保险人）的安排时，再保险就产生了。

（4）新加坡：没有成文法的定义，而是沿用了 Halsbury's 法的定义：再保险是保险人对其总体责任或基于某一特定合同而产生的责任的保险。同时新加坡《保险法》第 142 条规定，基于原保险合同的责任所进行的再保险，应视同为再保险人签发的该类保险业务。

3）再保险概念需要考虑的问题

尽管许多国家都通过立法给出了再保险的概念，但从纯理论的视角出发，保险理论界认为，一个严谨的再保险概念至少需要考虑以下几个方面的问题[1]。

（1）再保险合同是涉及风险转移的交易，这种风险转移是由最大诚信（Uberrima Fides）原则来控制的。

（2）风险的转移者（原保险人）通过支付对价（再保险费）将风险转移给一个或多个风险接受者（再保险人）承担。

（3）原保险人转移的风险是一个或数个保险合同项下的风险，这些合同是原保险人在签署再保险合同之前就已经签署的；或者虽然尚未签署，但未来的这些合同在签署再保险合同时已经将各方当事人纳入考虑。

（4）这个旨在转移风险的再保险合同是不同并独立于原保险人的原保险合同的。

（5）对于原保险人根据保险合同项下已经承担的或将要承担的风险，再保险人甚至可以承担 100% 的比例。

（6）再保险人对原保险人所支付的责任的性质和范围，只能由特定的再保险合同条款予以认定。

（7）经常有一些再保险成分，它们并不构成原保险人对潜在的保险标的的可保利益的可接受性。

但是，要想通过定义将以上所有假设和条件都涵盖进去是不可能的，而且一旦想进一步作出解释，便会引发另一层面上的争议。因此，作为一个被广泛接受但并不科学严谨的定义，再保险通常被简单地界定为"保险的保险"，即保险人将自身承担的部分或全部风险转移给再保险人承担的行为。

---

① P. T. O'Neill, J. W. Woloniecki. The Law of Reinsurance in England and Bermuda, Sweet & Maxwell, London, 1998.

2. 我国保险法对再保险的定义

《中华人民共和国保险法》（以下简称《保险法》）第二十八条指出："保险人将其承担的保险业务，以分保形式部分转移给其他保险人的，为再保险。"也就是说，保险人通过签订再保险合同，支付规定的分保费，将其承保的风险和责任的一部分转嫁给一家或多家保险或再保险公司，以分散风险责任，保证其业务经营的稳定性。分保接受人按照再保险合同的规定，对保险人的原保单给付承担补偿责任。再保险的责任额度按照接受人对于每一具体的危险单位、每一次事故或每一年度所承担的责任在再保险合同中分别加以规定。

再保险的业务可以在本国保险公司进行。对于一些较大的保险项目，当其超过国内保险市场的承受能力时，通常要超出国界，在世界范围内进行分保。因此，再保险往往被称为国际再保险。

1.1.2　再保险的类别划分

再保险的方式多种多样，但通常有两种基本的分类标准：一类是按照责任限制来划分；另一类是按照分保安排方式来划分。

1. 按责任限制分类

按责任限制分类，再保险可分为比例再保险和非比例再保险。比例再保险是以保险金额为基础来确定分出公司自留额和分入公司分保额的再保险方式。非比例再保险是以赔偿金额为基础来确定分出公司自负责任和分入公司分保责任的再保险方式。比例再保险可细分为成数再保险、溢额再保险及成数和溢额混合再保险 3 种。非比例再保险也可细分为险位超赔再保险、事故超赔再保险和赔付率超赔再保险 3 种。

2. 按分保安排方式分类

按分保安排方式分类，再保险可分为临时再保险、合同再保险和预约再保险。

临时再保险是保险人根据自己的业务需要将有关风险或责任临时分给再保险人的再保险安排。

合同再保险是分出公司和分入公司预先订立合同，分出公司按照合同的规定将有关风险或责任转让给分入公司的再保险安排。

预约再保险是分出公司和分入公司预先订立合同，根据合同规定，分出公司可以决定是否将有关风险或责任转给分入公司，且一旦分出公司分出，分入公司必须接受。

1.1.3　再保险的性质界定

再保险作为保险人转移和分散风险的一种方式，其作用与共同保险方式有异曲同工之处，但两者在风险分散的性质和做法上都有本质的区别。再保险的风险来源于原保险，是原被保险人的原始风险，但与原被保险人之间没有法定的契约关系。原保险与再保险各处一方，两者完全是独立和不同契约的对象。因此，再保险的性质体现在再保险与直接保险的关系上，其关系表现出一定的特性。

1. 再保险与直接保险的关系

所谓直接保险，是指保险人与投保人直接签订保险合同的保险业务，它包括原保险和共同保险两种形式。再保险是从直接保险派生出来的，是以直接保险业务为基础，但又是相对独立的保险业务。

1）再保险与原保险

再保险与原保险的关系可以用一句话来概括，即再保险是以原保险为基础的独立业务。其实质表达了两层含义：①单一再保险是以原保险为基础的业务；②再保险是独立于原保险的业务。

再保险是以原保险为基础的业务，其相互之间的联系具体体现在以下两个方面。首先，再保险与原保险有依存关系，原保险的存在是再保险存在的前提，没有原保险就没有再保险。这就意味着一旦原保险合同解除、失效、终止，再保险也就随之解除、失效、终止。其次，再保险人的责任以原保险人的责任为限，再保险合同的保险责任、保险金额和保险期限不会超过原保险合同的保险责任、保险金额和保险期限。

再保险是独立于原保险的业务，其独立性具体体现在以下 3 个方面。

（1）再保险与原保险没有从属关系。再保险是原保险人对风险分散的一种选择，原保险人可以进行再保险，也可以不进行再保险。有了原保险的关系不一定要有再保险的关系。

（2）再保险合同和原保险合同的主体不同，再保险合同有自己独立的当事人，再保险的当事人是原保险人和再保险人，而原保险合同中的被保险人不再是再保险合同中的当事人，原保险合同中的保险人成为再保险合同中的被保险人。

（3）再保险合同的标的与原保险合同的标的是不同的。原保险合同的标的可以是有形的，也可以是无形的。但不管原保险合同的标的是有形的还是无形的，再保险合同的标的都是无形的。再保险合同的标的是原保险人对被保险人承担的保险赔偿或给付责任。因此，所有的再保险合同都属于补偿性合同。

2）再保险与共同保险

共同保险是指投保人与两个或两个以上保险人直接签订保险合同，由两个或两个以上的保险人联合，共同承保同一保险标的、同一保险利益、同一保险责任而总保险金额不超过保险标的的可保价值的保险。共同保险是直接保险的一种，因此共同保险人在联合承保保险责任以后，根据需要也可以进行再保险，与再保险人建立再保险关系。

虽然，共同保险和再保险都有分散风险的功效，都是保险人限制自身保险责任的一种措施，但两者具有本质的区别。首先，就分散风险的方式而言，共同保险是对风险的第一次分散，而再保险是对风险的第二次分散；共同保险对风险的分散是横向的，而再保险对风险的分散是纵向的。其次，就保险的法律关系而言，在共同保险中，投保人与多个并列保险人之间的关系是直接的；在再保险中，投保人只与原保险人有直接的关系，而与再保险人没有直接的关系。

2. 再保险的特性

正因为再保险与直接保险既有联系又有区别，所以再保险具有独特的个性。再保险的特性表现在两个方面，即合伙性和责任性。

1）合伙性

（1）再保险的合伙性是指原保险人与再保险人在再保险经济往来中具有共同利害关系，利益共享，损失共担，双方同一命运。这种合伙关系具体表现在原保险人支付分保费给再保险人，再保险人支付分保佣金给原保险人。这意味着原保险人分出的业务多，支付的分保费也多，获得的分保佣金返还也多；反之，原保险人分出的业务少，支出分保费也少，获得的分保佣金返还也少。同样道理，再保险人获得分保费的多少和支出分保佣金的多少也与其分入业务的多少成正比关系。

（2）原保险人发生赔款，再保险人根据再保险责任分摊原保险人的赔款。这就意味着保险人发生的损失多少与再保险人分摊的损失大小是有直接联系的。

（3）原保险业务经营的盈亏反映在再保险业务上。这意味着原保险业务经营有利润，再保险业务也会出现盈余，但如果原保险业务发生亏损，再保险业务也会出现亏损。因此，原保险人和再保险人共同的经济利益关系决定了再保险双方具有合伙经营的性质。

2）责任性

再保险的责任性是指再保险标的的实质是原保险人所承担的原保险合同的赔偿或给付责任。无论原保险责任是财产、责任、信用，或者人的身体和生命，对再保险责任标的来说，就是原保险人所承担的合同赔偿或给付责任。

原保险人其实是向再保险人投保了契约责任险，如果原保险人在原保险合同项下承担赔偿或给付责任，则再保险人根据再保险条件分摊原保险人的赔偿或给付责任。这意味着再保险合同是一个契约责任合同，承担的是原保险人的契约责任。所以，再保险具有责任性。

1.2　再保险的形成与发展

1.2.1　再保险的萌芽

再保险大约于 14 世纪萌芽于海上保险。从 14 世纪开始，海上保险在西欧多地商人中间流行，逐渐形成了保险的商业化和专业化。随着海外贸易和航运业的发展，保险人承担的风险责任越来越大，客观上产生了分保的需求。1370 年，一位意大利海上保险人首次签发了一份转嫁风险责任的保单，这份保单承保的全程是从意大利的热那亚（Genoa）到荷兰的斯卢丝（Sluys）。原保险人将全航程分为两段，自己只承担地中海段航程的保险责任，而将从加的丝到斯卢丝段风险较大航程的责任部分转嫁给其他保险人承担。这种做法与现代再保险的分配保额或分担赔款的控制责任的办法不同，但从分散风险的原理看，仍属于再保险的开端。几个世纪以后，"再保险"（Reinsurance）一词才在欧洲大陆出现。根据美国人汤姆逊考证，"再保险"一词最早出现于 1755 年。

17 世纪中叶到 18 世纪中叶，英国当时已发展成为国际贸易中心，贸易、金融、航运和保险业都在迅速发展，同时也推动了再保险业务的进一步发展。1666 年伦敦大火后，火灾保险开始深入人心，城市重建时因保额增加，对再保险的需求也有所增加。当时，劳埃德咖啡馆和英国皇家保险交易所都经营再保险业务。英国虽然最早盛行海上保险的再保险，但由于当时对再保险的定义不明确，将重复保险与再保险混同起来，并有利用原保险费率与再保险费率的差额进行投机的现象，因此再保险当时受到公众舆论的非议。于是，英国议会于1764 年颁布法令，禁止海上保险业务的再保险交易，直到 1864 年才解除这个禁令，恢复了再保险的合法地位。但事实上，在禁止期间，劳合社市场的海上再保险业务照常继续进行着。这说明，如果法律规定不符合市场经济的内在要求，市场将不会按照法律规定运行。

在欧洲大陆一些国家，根据 1681 年法国路易十四法令、1731 年汉堡法令和 1750 年瑞典保险法令，再保险经营都是合法的。由于各国政府的大力支持，欧洲大陆的再保险得以持续发展。到 1852 年出现了世界第一家独立的专业再保险公司——德国科隆再保险公司；1863 年，著名的瑞士再保险公司成立。

1.2.2　再保险的演进

到 18 世纪后期，随着产业革命的兴起和国际贸易的发展，工商业不断更新扩充生产设备，投保标的的财产价值大增，保险金额逐渐增大。保险业因顾客的需要不得不勉强承保超过本身能力的大额业务。同时，出于保险经营安全的考虑，必须随时设法谋求分散所承担的风险责任，将超过本身能力以上的责任部分转嫁给其他保险人。这些因素促使临时再保险在许多国家得到普遍发展。到 19 世纪中叶，临时再保险逐渐形成一定的格式。后来，因临时再保险需要各有关保险公司逐笔磋商，联系松散，费时费力，且在未商妥之前，原保险人处于无保障状态，这种再保险安排方式已满足不了保险业务发展对再保险的需求。经过初期的临时再保险同业之间的相互了解，合同再保险应运而生了。合同再保险由分保双方事先签订分保合同，约定业务范围、分保条件、额度、费用等，在合同期限内，对于原定的业务，原保险人必须分出，再保险人必须接受，无须具体通知自动生效，双方定期结算盈亏。这种分保方法使分保双方建立了长效稳定的业务联系，简化了分保手续，提高了工作效率，适应了保险业务发展对再保险的大量需求。因此，逐渐形成了一种主要的分保方法而为世界各国保险同业所普遍采用。

再保险业务发展的初始阶段是在经营直接保险的保险人之间进行的，即各保险人既经营直接业务又兼营再保险业务，相互之间分出与分入业务。随着再保险业务的不断发展和保险公司之间竞争的加剧，要求再保险经营专业化，到 19 世纪中叶，开始出现专业再保险公司。1863 年赫赫有名的瑞士再保险公司成立。瑞士的保险市场幅员很小，瑞士再保险公司从创立起就积极步入国际再保险市场。继而英国在 1867 年也成立了一个专业再保险公司。美国的专业再保险公司成立较晚，直到 1890 年才成立第一个专业再保险公司，但不久就停业了，直到 1909 年才成立第二个美国再保险公司。专业再保险公司对促进再保险事业的发展起到很大的推动作用，特别是在再保险技术方面显示出专业化的优越性。

第二次世界大战后，一些国家在反殖民主义进程的同时实行了保险民族化。一些国家颁布了强制再保险法令，并禁止组织新的外国保险公司或代理机构，以保护民族保险业的发展。最早是智利成立了智利卡嘉再保险公司 (Caja Keseguradora de Chile)。按照有关规定，外商保险公司经营的保险业务要强制性分保给卡嘉再保险公司一定成分，而对国外的再保险业务全部由卡嘉再保险公司垄断。以后，巴西、阿根廷等南美国家也相继采取了类似措施。在此后的一二十年中，联合国贸易发展联合会鼓励发展中国家减少对外国再保险人的依靠，号召发展中国家发展民族保险事业。肯尼亚、尼日利亚和巴基斯坦等国家也建立了与南美国家类似的强制保险体系，在境内经营保险业务的企业，按规定要向国家保险公司或指定的保险公司分保。

19 世纪后期，特别是进入 20 世纪以来，随着工业的持续发展和科学技术的日新月异，使巨灾保险和巨额损失不断增加，带来了对再保险的新的要求。于是，1885 年前后，劳合社的希恩首先提出了超额赔偿分保的设想。这种设想于 1889 年首先在意外险应用，很受欢迎，继而在其他再保险业务中得到广泛推行。

1.2.3　中国再保险的现状

与国外尤其是欧洲的再保险相比，我国再保险业的发展则非常短暂。20 世纪 20 年代开始直至新中国成立的这几十年间，由于民族保险业的薄弱，中国再保险业基本上由外国保险公司垄断。国内再保险市场是在 1949 年 10 月经政务院批准中国人民保险公司（以下简称"人保"）成立之后才真正开始发展。按照当时政务院规定，国内保险业本身可以大面积平衡，不办理再保险；国外保险业务由于涉及外汇补偿且风险比较集中，须办理再保险且由"人保"统一经营。1956 年，"人保"在总结涉外保险经验的基础上制定了新的分保方针政策，明确在做好分出业务的同时，也注意吸收分入再保险业务，按照平等互利的原则与各国同业进行互惠分保交换①。1956—1957 年这两年间，无论是分出业务还是分入业务均呈现出蓬勃发展的态势，到 1958 年，我国已与 27 个国家的 54 家保险公司建立了分保业务关系。1959 年国内保险业务停办后，国外保险业务交给了中国人民银行国外业务局，虽保留了"人保"的牌子，继续办理涉外保险业务，但保险业受到了很大的干扰和冲击。1978 年 12 月 18 日—22 日，中共中央召开十一届三中全会，自此中国开始改革开放，我国保险事业进入了一个崭新时期。1979 年 11 月全国保险工作会议决定，1980 年开始恢复办理国内保险业务，同时经国务院批准，将再保险作为一种经济制度肯定下来。1985 年，"人保"开始试办系统内分保业务，并取得了一定成效，为进行再保险实践工作摸索了经验。具有历史意义的保险协议有：1986 年 2 月，"人保"承保了中国发射的通信、国土普查两颗卫星，10 月承保了广东大亚湾核电站；1992 年 1 月 23 日，"人保"与中国长城工业公司签订为澳大利亚发射卫星的保险协议。随着我国保险体制的进一步改革，中国平安保险公司、中国太平洋保险公司等相继成立。1993 年，平安和太平洋两家保险公司被许可经营国内外再保险业务。再保险市场的独家垄断局面得到初步改观，进一步推动了我国再保险市场的形成和发展。

1996 年，"人保"组建集团公司，成立了中保再保险有限公司。至此，我国有了第一家经营再保险业务的专业公司。1999 年 3 月，中国再保险公司在中保再保险有限公司的基础上组建成立，这标志着我国再保险市场终于有了一家独立的供给主体，再保险业逐步成为我国保险市场的重要组成部分，我国民族再保险业从此进入了一个新的发展时期。

2001 年 12 月 11 日，我国加入 WTO 时选择了首先开放再保险市场的策略，并承诺取消对再保险和再保险经纪业务跨境交付的限制；允许外国（再）保险公司于中国加入 WTO 时即可以分公司、合资公司或独资子公司的形式提供寿险和非寿险的再保险业务，并且没有地域限制或发放营业许可证的数量限制；对于 20% 的法定比例分保，从 2002 年起每年减少 5 个百分点，直至 2006 年完全取消。2003 年是我国再保险市场主体发生重大变化的一年。在这一年，我国第一家、也是唯一一家国家专业再保险公司——中国再保险公司的股份制改革顺利完成。2003—2004 年间，世界三大再保险公司顺利进驻我国再保险市场，分别是慕尼黑再保险公司、瑞士再保险公司、科隆再保险公司。至此，我国再保险市场彻底结束了由中国再保险独家垄断的局面，初步形成多家再保险公司同台竞争的市场格局。但是，我国再保险供给主体的增加依然缓慢。截至 2012 年末，在我国内地注册的专业再保险公司已增加

---

① 胡炳智. 再保险. 北京：中国金融出版社，1998.

到 8 家，其中中资公司 2 家、外资公司 6 家。不可否认，我国再保险业的发展历史短暂而曲折，但是经过数十年的艰苦摸索和实践，我国再保险市场已经有了较大的发展。目前，中国财产再保险股份有限公司已经与国内 40 多家财产保险公司、国外 200 多家保险公司和再保险公司建立了直接或间接的再保险业务关系，再保险的经营规模和业务领域不断扩大。国有再保险公司的体制改革初见成效，通过私募的方式实现了股权结构的多元化。再保险监管体系建设逐步与国际化接轨，再保险运行规则初步形成，作为保险业坚实支柱的再保险越来越为保险界所重视。为进一步做优做强财产再保险主业，中国再保险（集团）公司（以下简称中再集团）在 2012 年将公司资本金提高到 85.32 亿元人民币，其公司的资本实力和偿付能力大幅提升。

1.3 再保险的必要性及功能和作用

1.3.1 再保险的必要性

自 19 世纪全球第一家专业再保险公司设立开始，原保险公司的风险管理需求就一直成为再保险业务开展的主要推动力，再保险成为保险市场的"安全网"和"调控器"，有力地降低了保险风险，提升了保险市场的稳定性。

（1）再保险的存在可以提高原保险人的承保能力，稳定保险市场并提高保险市场的效率。再保险公司为保险公司提供多种多样的风险分散与转移的方式和产品，原保险公司购买再保险后降低了其经营的波动性，避免了巨额索赔对公司偿付能力的威胁，减少了原保险公司破产的概率，从而提高了整个保险市场的稳定性。

（2）再保险公司可以提供专业性极强的顾问服务，规范并制约着原保险公司的风险选择和定价，使之更契合原保险公司管理风险的初衷，能防患于未然，降低损失发生概率，对防灾防损更具有效果。

（3）再保险是保险公司保证财务稳定、确保资金周转顺畅和增加承保能力，而对其保险责任采取的必要风险分散方式，是有效的保险公司财务管理工具。很多保险公司借助再保险减少了股权资本，使公司资本不必被少量高风险业务所占用，不必为已分出业务提供资金保障。

随着社会经济和科学技术的不断发展，社会财富的日积月累，保险人承担的责任越来越大，其保险经营所面临的风险也不断增加。当一家保险公司的风险承受能力不足时，保险经营者必须将溢额的风险再度分散，以维护市场安全。没有再保险的保险市场是不完整的。在发达国家，再保险费收入占原保险费收入的比例可达 20%，任何发达的保险市场背后都有着完善而强有力的再保险支持。再保险落后将影响民族保险企业的凝聚力和国家竞争力。

再保险交易是联系本国保险市场和国际保险市场的重要途径。频繁而稳定的再保险交易有助于国内保险市场的承保风险向国际市场转移，实现地域内最大限度的风险扩散，减轻国内保险公司赔付压力。在世界经济一体化的浪潮当中，一个国家的保险市场通过再保险等途径与国际资本市场保持间接联系，时刻受到国际大环境的影响。运用再保险技术提高保险公司承保技能有助于国内保险公司融入国际保险体系和国际资本市场，扩大国际保险企业的经营舞台。

1.3.2　再保险的功能

再保险的功能实质上是围绕着风险分散功能延伸或演绎出来的结果。再保险制度最根本的目的是增强原保险公司的承保能力，帮助保险公司获取优厚的平均收益。因此，再保险可以看做是为原保险提供服务，为提高原保险公司经营效率和收益而设立的制度形式。

2007 年 7 月 11 日，中国保险监督管理委员会（以下简称保监会）公布了《中国再保险市场发展规划》（以下简称《规划》）。《规划》在对我国再保险市场未来功能作用目标的阐述中，首次将解决直接保险公司的偿付能力问题与再保险市场发展相挂钩。按其要求，要充分发挥再保险的资本融通、风险管理和技术传导三大功能。在资本融通方面，发挥再保险机制在改善直接保险公司偿付能力状况、扩大承保能力、缓解资本约束等方面的作用，保证偿付能力监管制度的有效实施。现从以下 4 个方面阐述再保险的功能。

1. 有利于分散风险

风险分散是再保险最基本、最重要的功能体现。通常说，保险是风险管理的一种手段，那么，再保险则是保险风险的高级管理手段。再保险作为原保险公司风险管理的主要工具，可以保护保险公司免遭大额甚至巨额赔付导致财务波动的不利影响。再保险对原保险的特殊功效，是通过对原保险公司赔款总量的分布函数进行研究，进一步达到缓减，甚至消除可能出现冲击财务稳定的超额赔款。根据大数法则，保险公司承保标的的数量越大，风险分散就越彻底，保险经营的财务稳定性就越好。但这里有一个条件，即不仅要求保险标的的性质一致，还要求保险金额大致相等。对于前者，可在承保时通过风险选择同类业务的标的满足一定的品质要求，但保险金额却很难限定在某一标准范围内。当某类业务承保标的中有少量保险金额特别高时，将使这类业务的稳定性变坏。但通过再保险，可将超过一定标准的责任转移出去，使自留的同类业务保额均衡化。这样，既不用减少接受的业务量，又达到了提高保险经营财务稳定性的目的[①]。

2. 有利于扩大承保能力

保险公司的承保能力受其资本和准备金等自身财务状况的限制。资本薄弱的保险公司，不能承保超过自身财力的大额业务。即使是资本雄厚的保险公司，也不敢轻易承保大额业务，这势必会影响保险公司的业务来源及业务量。我国《保险法》第 4 章第一百零二条规定："经营财产保险业务的保险公司当年自留保费，不得超过其实有资本金加公积金总和的四倍。"第一百零三条规定："保险公司对每一危险单位，即对一次保险事故可能造成的最大损失范围所承担的责任，不得超过其实有资本金加公积金总和的百分之十；超过的部分应当办理再保险。"因此，有了再保险的支持，保险公司则可以大胆承担超过自身财力的大额业务，从而扩大了业务量。由于保险公司通过再保险将超过自身财力的部分责任转移出去了，因而其承担的责任仍控制在正常标准的范围内。很多时候，为了确保在竞争中争取主动，再保险对保险公司的承保来说就显得十分重要。在许多国家的法律中，安排好再保险成为保险公司开办业务的前提。总之，再保险扩大了保险公司的承保能力，支持了保险公司的承保，

---

①　胡炳志. 再保险. 北京：中国金融出版社，1998.

增加了业务量。

3. 有利于资金融通

保险人为了使保险经营稳定，必须保证保险资金的增值与保值，这要求保险人对保险资金进行运用。通常说的资金融通，是指将形成的保险资金中闲置的部分重新投入到社会再生产中使资金增值的过程。和保险公司一样，再保险公司积极开展金融投资业务，成为金融结构中最重要的融资中介和机构投资者之一。保险资金的投资领域包括国际债券市场、国际股票市场等国际金融市场。在债券市场上保险和再保险公司投资银行次级债、可转换和保险公司次级债；在股票市场上直接买卖股票，从事一级市场和二级市场交易；再保险公司的自由外汇资金还可以在国际金融市场上投资债券、存款和货币市场工具。西方市场经济国家的保险和再保险业在金融业中发挥的作用日益增强，在绝大多数国家，保险公司持有的证券资产已超过银行业的持有量。保险业在金融市场中的参与度大大增加，金融结构得到优化。再保险公司主动提供跨市场的金融化再保险产品，在金融市场上表现活跃。信用债券、抵押贷款、房地产物业和企业股权等领域不断推出创新产品，如抵押贷款支持证券、资产支持证券、资产支持商业票据和担保抵押证券等①。

再保险公司资金融通的功能还体现在给原保险公司提供金融理财服务方面。近年来，出现的财务再保险和证券化产品等新业务就属于全新的融资理财产品之一。财务再保险既是转移风险的工具，又是新型理财工具。和传统再保险相比，财务再保险转移风险的范围更加广泛，理财功能更强大些。再保险企业可以向保险企业提供资金协助，可以改变险种利润或损失的显露方式及时间，可以降低股东的资本投入及提高资本的回报率。通过财务再保险的安排，可以使保险公司未来的利润在当期实现，改善财务报表。对于上市企业，企业内部信息需要向社会公众披露，财务报表完美与否直接关系投资者的投资信心和选择。除转移财务风险之外，财务再保险的平衡利润、改善报表资金结构的理财功能也得到越来越多保险企业的追捧。

4. 有利于技术传导

从再保险的经营特点看，其经营结果在很大程度上取决于直接业务的经营情况，即存在"一荣俱荣，一损俱损"的连带关系。因此，通过向保险公司提供技术支持和服务，不断有效地改进和提升保险公司直接业务的经营水平与业绩，是确保再保险公司取得良好经营结果的关键。由于再保险涉及领域宽泛、技术精深，再保险公司凭借多年积累的专业技术和经验，可以为原保险公司提供技术支持，如专业的风险评估鉴定、费率确定等。

保险市场是典型的信息不对称市场。原保险市场上被保险人和保险人之间建立的保险合同关系存在较大的道德风险，显然被保险人拥有比保险人更多、更充分的标的物损失可能性的信息，保险人处于不利地位。再保险人则不然。再保险公司拥有大批专业化的风险管理和保险行业的技术专家，他们对承保风险的了解程度远超过原保险人，原保险人是否能够承保保险标的的决策，在很大程度上取决于再保险人提供的技术服务项目。在技术和经济高度发达、客观上需要专业服务化的市场经济条件下，可以为分出人及其他客户提供真正意义上的专家服务。再保险公司的技术传导路径是：再保险技术专家依据对原保险公司提供的信息分析确定合理的再保险费率价格，再保险费率是原保险合同价格确定的重要参考因素之一。现

---

① 邱波. 金融化趋势下的中国再保险产品发展研究. 天津：南开大学，2008.

代再保险公司通过参加与承保、咨询、培训、信息服务等其他方式向原保险公司提供广泛而全面的风险管理技术，帮助保险公司设定合同条款和承保条件，对复杂而罕见的风险事件厘定费率，帮助原保险公司扩展新市场。可以说，再保险公司的定价水平直接关系原保险合同的价格水平。专业再保险专家基于当地自然灾害、巨灾等风险的发生和处理的多年经验数据提供科学的风险分析与评估，制订有效的风险解决方案，为原保险公司推出具体保险产品提供技术和理论支持。目前，提供全面的专业风险管理技术服务已成为全球著名再保险集团公司蓬勃开展的主要业务经营领域之一。

除此之外，再保险工作还有一些其他的基本功能，如为新成立的保险公司提供行业信息，为非车险业务核保工作提供定性、定量分析，把握风险尺度；为原保险公司提供培训，并互相交流。因此，充分发挥再保险的功能可以促进国内保险事业的发展和保险技术的进步。

1.3.3 再保险的作用

再保险的作用可以从两个角度来概括：微观的角度和宏观的角度。

1. 再保险的微观作用

从微观的角度来看，再保险主要对保险人起着积极的作用。保险人通过再保险，可以达到业务上、财务上和管理上的目标，这也是再保险作用的具体体现。

1）再保险对保险人业务上的作用

再保险对保险人业务上的作用，主要表现在以下 3 个方面。

（1）再保险可以扩大保险人的承保能力，增加业务量。众所周知，为了保障被保险人的保险利益，各国保险法都对保险人的偿付能力作了规定，要求保险人的承保能力要与其财务能力相匹配，有多少资金实力，做多少保险业务，不能超过其承保能力，否则会损害被保险人的保险利益，使被保险人得不到应有的保险赔偿或保险给付。因此，保险人的承保能力是受其资本金、公积金等财务状况限制的。保险人的财务实力强，说明其承受风险的能力大，就可以接受较多的保险业务；反之，保险人可接受的保险业务就少。但对于大多数保险人来说，都不希望受到自身资金的限制，尽量多承保些保险标的，增加业务量，这样有利于风险的进一步分散。尤其是随着高科技的发展和应用，保险标的越来越大，如卫星、核电站、海上钻井平台等保险标的的保险金额动辄几亿或几十亿美元，保险人会因自身资金的限制而无法承保巨额保险标的；而再保险就是解决保险人承保能力与财务能力之间矛盾的有效途径。保险人通过再保险，将超过自身财力部分的业务分给其他保险人，这样就可以在不增加资金的前提下，扩大保险人的承保能力，使原本没有能力承保的保险标的可以予以承保，同时又不影响保险人的偿付能力。例如，根据我国《保险法》的规定，如果一个保险公司具有 8 亿元资本金加公积金的实力，那么其承担单个危险单位的保险金额最高不得超过 8 000 万元。而对于超过 8 000 万元的保险标的，这个保险公司是不能承保的。事实上，保险公司的业务发展是会面临且不会拒绝高额风险的。只要这个保险公司将自负责任控制在 8 000 万元以内，并对超过部分的责任进行再保险，就可以接受高额保险标的，并且满足法定的偿付能力要求。再保险使保险人的承保能力扩大了，承保业务量也相应增加，承保风险得到更彻底的分散。

（2）再保险可以控制保险人的责任，保证经营稳定性。保险人承保业务的多少与承保标的的风险大小有直接的关系，即使不受到资本金的限制，也不能因为资金充足而不顾风险的大小由自己独立承担下来。所以，保险人在承保选择中，对风险大的保险标的可以拒绝承保，也可以采取各种承保控制的措施有条件地予以承保。但是，在保险实务中，保险人往往考虑到与投保人的长期合作关系，拒保会伤和气，或者希望得到一项较大的保险项目，不得不接受一些风险大、质量差的保险业务，或者某一保险险种的业务经营在年度间有波动性，会出现亏损。针对这些情况，保险人要避免或减少承保风险，可以通过再保险的方式，将自己已经承保的业务再分给其他保险人，使风险控制在合理的范围内，达到经营稳定的目的。保险人利用再保险，可以对每个风险单位的责任加以控制，也可以对一次事故中的累积责任加以控制，还可以对某一保险险种的赔付率加以控制。

（3）再保险可以均衡保险人的业务结构，分散风险。保险经营的数理基础是大数法则和概率论。根据大数法则的要求，保险人承保的保险标的不仅数量要足够多，而且保险金额要均匀。保险标的的数量越多，保险金额越均匀，风险就越分散，保险经营的稳定性就越好。但在保险实务操作中，保险人承保的保险标的往往达不到保险金额均匀的要求，有的保险金额高，有的保险金额低。业务结构的不均衡，容易导致保险经营不稳定。为了达到保险业务结构的均衡化，保险人可以通过再保险，将同类业务中超过平均保险金额水平的业务分给其他保险人，以获得保险金额的相对均匀，减少保险经营中的不稳定因素，有效分散风险。

2）再保险对保险人财务上的作用

再保险对保险人财务上的作用表现在以下 3 个方面。

（1）再保险可以降低保险人的经营成本。保险人的经营成本主要是赔款成本和营业费用。保险人有了再保险的支持，就可以扩大承保能力，业务量和保险费收入随之增加。由于风险得到进一步分散，保险赔付率自然降低。尤其是在保险赔款发生时，保险人可以向再保险人分摊赔款，减少了实际赔款支出，必然带来保险赔付率的降低。另外，在营业费用上，一方面，再保险人参与保险人营业费用的分摊；另一方面，由于规模经济效应，营业费用支出并不是按业务规模扩大的同比例增加，这样保险人的营业费用率就降低了。正因为保险人的赔付率和费用率降低了，保险人的经营成本自然也就降低了。

（2）再保险可以增加保险人的可运用资金。根据各国保险法的规定，保险人要提存未到期责任准备金和未决赔款准备金。如果保险人办理了比例再保险，就可以由再保险人提存未到期责任准备金和未决赔款准备金。由于再保险人提存的准备金一般留存在保险人处，作为再保险人履约的保证金，而再保险准备金从提存到支付或返还以前，有一段时间间隔，成为暂时闲置的资金，保险人可以加以运用，使其增值。如果没有再保险，保险人就不可能运用由再保险人提存的准备金，可运用资金量就会因自身承保能力的限制而减少。另外，对于合约再保险来说，保险人收到投保人的保险费与支付再保险人的再保险费之间有一定的时间差，通常为一季度或半年，这样保险人就保持了一定的可运用资金。

（3）再保险可以增加保险人的佣金收入。根据再保险的规定，保险人将保险业务分给再保险人，再保险人必须支付相应的分保佣金，以作为保险人营业费用的补偿。由于考虑到保险人管理费用等因素，再保险人支付的分保佣金一般高于保险人的营业费用开支，这样使保险人获得了额外的佣金收入。不仅如此，在保险人分出的业务产生盈余时，再保险人还支付盈余佣金，以作为对保险人经营业绩的一种肯定和鼓励。再保险人支付的分保佣金和盈余佣金，使保险人增加了收入。

3）再保险对保险人管理上的作用

再保险对保险人管理上的作用主要表现在可以促进保险人加强管理。与办理直接保险业务不同，办理再保险业务涉及面相当广泛，保险人不仅要正确评估自己承保的风险，为合理确定自留额和分保额提供依据，使保险费不至于过多地流失，并且要把握国际保险市场信息，为寻找合适的再保险人，进行合理的再保险安排提供保证。另外，再保险还涉及外汇问题、国际间法律问题等。所以，再保险要求保险人具备丰富而全面的专业知识，尤其要提高风险管理和业务管理水平，与国际接轨，否则就不能合理有效地分散风险，也不会被国际保险市场所接受。因此，再保险对保险人加强管理有推进作用。

2．再保险的宏观作用

从宏观的角度，再保险主要对保险业、国民经济和社会公众起到积极的作用。

1）再保险对保险业的作用

再保险对保险业的作用主要是为保险业的健康发展提供保障。由于再保险关系的建立，保险人之间的联系和合作得到进一步加强，不仅形成联合的巨额保险基金，增强了整个保险业应付巨灾的能力，而且形成了全社会风险分散的网络，使风险在更大范围内得到迅速而彻底的分散。特别是新的保险公司或专业自保公司有了再保险作后盾，就可以得到技术上和财务上的支持，改善经验不足和财力匮乏的状况，保证业务稳定发展。另外，世界上一些发展中国家利用再保险作为宏观调控国内保险市场的经济手段，培育和发展国内保险市场。所以，再保险为保险业的健康发展提供了保障。

2）再保险对国民经济的作用

再保险对国民经济的作用主要体现在以下 3 个方面。

（1）再保险是国家进行国际经济合作的重要手段。在国际保险市场上，由于经济发展不平衡，西方保险发达国家每年通过再保险从发展中国家获取了大量的外汇资金。为了减少再保险外汇流失，维护自身利益，巩固民族独立性，许多发展中国家先后建立了一些区域性保险合作组织，以加强再保险的联系和合作。这些保险合作组织不仅推动发展中国家的民族保险事业，而且推动了发展中国家之间的经济合作和发展。因此，再保险成为国际经济活动的组成部分，是国际经济合作的重要手段。

（2）再保险为国家创造外汇收入。不管是国际再保险业务分入所吸收的再保险费外汇，还是国际再保险分出业务的赔款摊回，都使国家增加了外汇收入，增强了本国的国际支付能力。目前，世界各国政府都支持本国的保险人利用再保险业务活动，积极为国家创造外汇收入。

（3）再保险为国民经济发展积聚资金。如同保险一样，再保险运作需要再保险人拥有大量的自有资金，并积累充足的准备金，才能应付赔偿。这些通过再保险积聚的巨额资金和准备金因提取与支付之间有一个时间差，均被适当地运用到国民经济建设中去，为国民经济的发展提供了一定的资金来源。

3）再保险对社会公众的作用

再保险对社会公众的作用主要体现在以下 2 个方面。

（1）再保险保障了社会公众的利益。保险人提供的保险产品是一种无形产品，这种无形产品的质量在很大程度上依赖于保险人的偿付能力。如果保险人不具有偿付能力，不仅直接关系被保险人的经济利益，而且关系社会公众的利益。再保险是保险人的保险，是对保险人偿付能力的一种保障。保险人的偿付能力得到了有效的保障，被保险人乃至社会公众的利益也就得到了真正的保障。

（2）再保险方便社会公众转移风险。保险是社会公众转移风险和责任的有效措施之一。在没有再保险的情形下，如有大额业务，投保人可能要与多个保险人商洽才能解决风险转移和分散问题。如果有了再保险，投保人只需与一个保险人商洽即可，不必向多个保险人投保，省时、省力，简化了投保手续，为社会公众转移风险提供了便利。

复习思考题

1. 概念题

再保险 比例再保险 非比例再保险 临时再保险 合同再保险 预约再保险 共同再保险

2. 思考题

（1）我国《保险法》对再保险的定义是如何表述的？

（2）在国际上，对再保险的类别是如何划分的？

（3）再保险有何特性？

（4）再保险是在何时、何种情况下发展起来的？简述我国再保险现状。

（5）阐述再保险的必要性、再保险的功能及作用。

第2章 再保险方式与安排

再保险作为保险人转移风险的方法，其风险转移的方式是多种多样的。除了传统的比例再保险和非比例再保险方式外，近几十年来又有一些新的风险转移产品和机制，如专业自保公司、财务再保险、保险风险证券化等。

再保险安排是分出公司根据承保业务的风险程度和偿付能力的财务状况，运用再保险技术，对承保的风险责任进行再保险的安排与设计。它是保险企业管理中经营决策的重要环节，关系保险业的业务稳定和经营收益。再保险安排是再保险实务中操作性和技术性很强的工作环节。

2.1 再保险的方式

再保险的方式主要包括比例再保险和非比例再保险两种。比例再保险是再保险的最初形式，也是分出公司用以调整业务结构和财务状况的基本手段；而相对比例再保险而言，非比例再保险更具有保险的特征。

2.1.1 比例再保险

比例再保险是以保险金额为基础来确定分出公司自留额和接受公司分保额的再保险方式。之所以称其为比例，是因为分出公司的自留额和接受公司的分保额是按保险金额的一定比例来分配的，分出公司和接受公司对于保险费的分配及赔款的分摊也按分配保险金额的同一比例进行。比例再保险在实际运用中又具体分为成数再保险、溢额再保险、成数和溢额混合再保险3种形式。

1. 成数再保险

1）成数再保险概述

成数再保险（Quota Share Reinsurance）是指原保险人将每一危险单位的保险金额，按照约定的分保比率分给再保险人的再保险方式。按照成数再保险方式，无论分出公司承保的每一危险单位的保险金额大小，只要是在合同规定的限额内，都按照双方约定的比率来分担责任，每一危险单位的保险费和发生的赔款，也按双方约定的固定比率进行分配和分摊。这样对再保险合同双方来说，利害关系是一致的，比较公平。如果分出公司自留保险金额多，自留保险费就多，赔款责任也承担得多，接受公司也同样如此。

在成数再保险合同中，对再保险人的数量一般没有限制，各再保险人接受的份额也不必相同，但分出公司的自留比例一般较高，约在40%～50%之间。由于成数再保险对每一危险单位均按约定的固定比率分配责任，所以在遇到巨额风险责任时，原保险人和再保险人承担的责任仍然很大。为使再保险双方的责任控制在一定的范围内，在成数再保险合同中都对每个危险单位或每一张保单规定了最高责任限额，分出公司和接受公司在此最高限额内各自承担一定的份额。

【例2-1】 假定有一份成数再保险合同，双方约定每一危险单位的最高限额为500万元，分出公司自留40%，分出60%，则此合同称60%的成数再保险合同。合同双方的责任分配如表2-1所示。

表2-1　成数再保险责任分配表　　　　　　　　　　　　　元

业务序号	原保险金额	自留保险金额	分出保险金额	其他
①	400 000	160 000	240 000	
②	1 000 000	400 000	600 000	
③	5 000 000	2 000 000	3 000 000	
④	6 000 000	2 000 000	3 000 000	1 000 000

由于第④笔保险业务的保险金额为600万元，超过了500万元的合同金额，则超过部分的100万元将列入其他合同或安排临时再保险，否则仍由分出公司自己承担。

成数再保险合同通常还附有限额表，如表2-2所示。以便针对不同的危险，分别采取不同的最高限额。

表2-2　火险限额表（简化）

费率/‰	最高自留额/元
3.50以下	100 000
3.50~4.50	75 000
4.51~5.50	50 000
5.51~7.50	35 000
7.50以上	20 000

2）成数再保险的计算

有关成数再保险的责任、保费和赔款的分配计算通过表2-3来加以说明。

【例2-2】 假定某保险人与再保险人签订了一份货运险的成数再保险合同，合同规定每艘船的最高限额为1 000万美元，分出公司自留20%，分出80%，则保险人和再保险人对于责任与保费的分配，以及赔款的分摊计算如表2-3所示。

表2-3　成数再保险计算表　　　　　　　　　　　万美元

船名	总额/（100%）			自留（20%）			分出（80%）		
	保险金额	保费	赔款	自留额	自留保费	自付赔款	分保额	分保费	摊回赔款
A	200	2	0	40	0.4	0	160	1.6	0
B	400	4	10	80	0.8	2	320	3.2	8
C	600	6	20	120	1.2	4	480	4.8	16
D	800	8	0	160	1.6	0	640	6.4	0
E	1 000	10	0	200	2	0	800	8	0
总计	3 000	30	30	600	6	6	2 400	24	24

3）成数再保险的特点

成数再保险是典型的比例再保险方式，其特点也较为明显，主要有以下 4 个方面。

（1）合同双方利益一致。由于分出公司和接受公司对每一危险单位的责任是按事先约定的固定分保比率来分配的，因此无论业务的大小，质量的好坏，经营结果的盈亏，分出公司和接受公司均不能改变分保比率，必须共同承担。这样，合同双方的命运自始至终是联系在一起的，利害关系一致，存在着真正的共同利益。

（2）手续简化，节省人力和费用。由于合同双方对保险金额、保险费和赔款的分配均按约定的同一比率计算，使分保实务和分保账务的处理手续简化，省时、省力，可以减少费用开支。

（3）缺乏灵活性。由于成数再保险的比率是固定不变的，因此对分出公司和分入公司来说，都不能根据同一危险单位的具体情况，来选择合适的分保比率。分出公司对于质量好且保险金额不太大的保险业务不能增加自留，仍必须按约定的比率分出，从而导致分出公司支出的分保费较多。而当业务质量较差时，分出公司又不能减少自留，往往达不到所需的再保险保障。同样道理，接受公司对于风险大的保险业务也不能减轻责任，必须按约定的分保比率接受。所以，成数再保险在操作上缺乏灵活性。

（4）不能均衡风险责任。由于成数再保险合同双方的责任是按保险金额的一定比率来划分的，因此分出公司和接受公司的责任会因每个危险单位的保险金额不同而不同，随保险金额的提高而增大。如果原保险合同的保险金额不均匀，成数再保险以后仍然不能使风险责任均衡化，这样对于巨额风险的分散作用就非常有限，需要结合其他的再保险形式，才能彻底分散风险。

以上所述特点也充分表明了成数再保险方式的优点和不足。

4）成数再保险的运用

成数再保险的特点决定了成数再保险方式在实务运作中的具体适用范围。一般来说，成数再保险适用于下述 6 种情况。

（1）新创办的保险公司或新开办的保险险种。无论是新创办的保险公司，还是新开办的保险险种，都缺乏业务经验和统计资料，对风险的分析和自留额的确定较难把握。采用成数再保险方式，不仅可以得到再保险人在财务上的支持，更可以在风险分析、核保、核赔等方面得到再保险人的技术支持，从而积累经验，丰富统计数据。

（2）性质比较特殊的业务。对于保险金额和业务质量比较平均的业务，采用成数再保险方式，一方面不会造成责任的高低不均，业务比较稳定；另一方面对保险合同双方都有利，分出公司可以收取较高的分保手续费，而接受公司可以获得较多的分保费。

（3）各类转分保业务。由于各类转分保业务的环节较多，如采用其他再保险方式重新分配限额，手续烦琐，比较困难。而成数再保险方式具有手续简单、计算方便的优点，所以在各类转分保业务中，通常采用成数再保险，以便于计算和易于责任的重新分配。

（4）互惠交换业务。由于成数再保险业务条件较为优惠，因此在国际分保中，成数再保险往往用作交换，以取得回头业务。

（5）集团分保业务。无论是保险集团内部的分保，还是再保险集团内部的分保，为简化分保手续，一般都采用成数再保险方式进行分保。

（6）成数再保险方式与其他分保方式混合运用。通过成数再保险方式与其他再保险方式的混合运用，可以取成数再保险方式之长补成数再保险方式之短，使再安排合情合理，真正达到分散风险的目的。

2. 溢额再保险

1）溢额再保险概述

溢额再保险（Surplus Reinsurance）是指原保险人将每一危险单位的保险金额，超过约定自留额的部分（即溢额部分）分给再保险人的再保险方式。按照溢额再保险方式，原保险人事先确定一个自留额，再保险人以自留额的一定倍数（或称线数 Lines）约定分保限额。如果某一危险单位的保险金额在约定的自留额之内，分出公司就无须办理再保险，而当保险金额超过约定的自留额时，分出公司将超过部分分给再保险人。

溢额再保险的比例由自留额、分保额和保险金额来确定。自留额与保险金额之比称为溢额再保险的自留比例，分保额与保险金额之比称为溢额再保险的分保比例。由于分出公司的自留额是固定不变的，而各个危险单位的保险金额是变化的，所以溢额再保险的比例会随每一危险单位的保险金额的不同而不同。但对于某一具体危险单位来说，保险金额是确定的，因自留额不变，分保额也就确定了。由此确定的自留比例和分保比例既是双方责任分配的比例，也是同一危险单位的保险费分配和赔款分摊的比例，故溢额再保险属于比例再保险。

在溢额再保险中，合同的限额就是再保险人约定的分保限额，通常以自留额的一定倍数（或称线数）计算，合同的容量是自留额与分保限额之和。

【例 2 - 3】 假定有一份溢额再保险合同，双方约定分出公司自留额为 50 万元，接受公司分保额为 10 线，则此合同称为 10 线的溢额再保险合同，合同的限额为 500 万元，合同的容量为 550 万元。合同双方的责任分配如表 2 - 4 所示。

表 2 - 4　溢额再保险责任分配表　　　　　　　　　　　　　　　　　万元

项目序号	原保险金额	自留额（自留比例）	分保额（分保比例）	其他
①	40	40 (100%)	0	0
②	100	50 (50%)	50 (50%)	0
③	500	50 (10%)	450 (90%)	0
④	600	50 (8.33%)	500 (83.33%)	50 (8.33%)

由于第④笔保险业务的保险金额为 600 万元，超过了溢额再保险合同的容量，则超过部分的 50 万元将放入其他合同或安排临时再保险，否则仍须由分出公司自己承担。从表 2 - 4 中可以看出，由于每笔保险业务的保险金额不同，则每笔保险业务的分保比例也不同，双方的责任比例是在变化的。

在溢额再保险中，分出公司还可以根据业务发展的需要，在原有溢额的基础上，设置多层次的溢额。一般来说，分出公司是根据承保的业务量和年保费的收入来确定自留额与所需分保合同线数的，并据此订立普通的溢额合同，以应付分出公司正常的业务需要。但普通的溢额合同往往不能满足偶发性的大额或高额保险业务的需要，对超过普通溢额合同分保限额的保险业务，分出公司会安排第二溢额，甚至第三溢额合同，作为对普通溢额（即第一溢额）的补充，以增加分出公司的承保能力，满足特殊的业务需要。各层溢额的关系，可以用流水来比喻。假定自留和再保险均为消纳风险的容器，各容器的容量分别为自留额和分保额。保险人承保的业务，首先流入自留的小容器，当自留额满时，即溢额流向第一溢额再保险的大容器，如果第一溢额的大容器流满后仍有溢额，则可再流向第二溢额的更大容器，依次类推。所以，第一溢额是指保险金额超过分出公司自留额以上的部分，第二溢额是指保险金额超过分出公司自留额及第一溢额合同中各再保险人责任总额以上的部分，第三溢额依次类推。溢额再保险的多层次设计，既满足了分出公司对大额或高额风险分散的需要，也使风险责任平均化。

2）溢额再保险的计算

有关溢额再保险的责任、保费和赔款的计算通过表 2-5 来加以说明。

【例 2-4】　假定某保险人与再保险人分别签订了两份货运险的溢额再保险合同，危险单位按每一船每一航次划分。分出公司自留额为 10 万美元，第一溢额合同限额为 10 线（即 100 万美元），第二溢额合同限额为 15 线（即 150 万美元），则分出公司与各保险人之间有关保险责任和保险费的分配及赔款的分摊计算如表 2-5 所示。

表 2-5　分层溢额再保险计算表　　　　单位：美元

合计		船名	A	B	C	D
总额	保险金额	50 000	500 000	2 000 000	2 500 000	5 050 000
	保险费	500	5 000	20 000	25 000	50 500
	赔款	0	10 000	20 000	100 000	130 000
自留部分	自留额	50 000	100 000	100 000	100 000	350 000
	自留比例	100%	20%	5%	4%	
	自留保险费	500	1 000	1 000	1 000	3 500
	自付赔款	0	2 000	1 000	4 000	7 000
第一溢额	分保额	0	400 000	1 000 000	1 000 000	2 400 000
	分保比例	0	80%	50%	40%	
	分保费	0	4 000	10 000	10 000	24 000
	分摊赔款	0	8 000	10 000	40 000	58 000
第二溢额	分保额	0	0	900 000	1 400 000	2 300 000
	分保比例	0	0	45%	56%	
	分保费	0	0	9 000	14 000	23 000
	分摊赔款	0	0	9 000	56 000	65 000

从表 2-5 中统计的保险费收入和支付的赔款来看，这是一个亏损严重的合同，整个合同的赔付率为 257.43%，但原保险人、第一溢额再保险人、第二溢额再保险人各不相同，分别为 200%、241.67% 和 281.61%。由此显示出高层次溢额再保险的危险度比低层次的危险度大，这是由于进入高层次溢额的标的数量减少的原因所致。因此，在实务中，各个层次的溢额再保险除次序有先后差别外，其再保险条件可能也有所不同。

3）溢额再保险的特点

溢额再保险方式相对于成数再保险方式，具有以下特点。

（1）可以灵活确定自留额。分出公司可以根据具体业务种类、质量和性质，以及自身的财务状况来确定自留额，不仅能自主把握责任限额，而且灵活性较强。凡在自留额以内的业务，全部由分出公司自留，不必分出。这样，无论在业务的选择上，还是在节省分保费支出等方面，都较成数再保险具有优越性。

（2）对大额或高额业务的处理较有弹性。分出公司在安排第一溢额再保险合同以外，还可以安排第二、第三溢额再保险合同，以作为大额或高额业务的备用。这样的处理方法既稳妥，分出公司不必为遇到超限额风险的分保问题而担忧，又具有弹性，因为在限额以内的业务无须分出，分出公司可以减少不必要的分保费支出，而且较成数再保险更有分散风险的容量和功效。

（3）合同双方的经营成果不完全一致。分出公司和接受公司的经营成果随保险金额不同、承担责任的不同，以及损失情况的不同而产生差异。如果赔款大多为自留额以内的业务所发生，则分出公司的累积责任可能很大。但如果赔款大多由大额业务所发生，则接受公司的经营可能出现亏损，而分出公司并无大碍。所以，合同双方的利益可能不完全一致。

（4）手续烦琐，费时、费力。由于各危险单位的保险金额不同会导致其分保比例的不同，所以不同的危险单位要计算不同的分保比例，并据此逐笔计算有关的分保费和摊回赔款。另外，在编制分保账单和统计分析方面也比较麻烦，需要严格的管理和相当的人力来处理，导致管理费用的增加。

4）溢额再保险的运用

溢额再保险是保险实务中运用最为广泛的再保险方式，适用于各类业务。一般来说，对于危险性小、风险较为分散的业务，原保险人大多采用溢额再保险方式，以利于尽多地自留保险费。对于业务质量不一、保险金额不均匀的业务，原保险人也往往采用溢额再保险方式来均衡保险责任。对于保险金额比较大的业务，原保险人发挥溢额再保险分层消纳风险的机能来分散风险。另外，在国际分保交换中，溢额再保险也是常见和乐于接受的分保方式之一。

3. 成数和溢额混合再保险

成数再保险和溢额再保险是比例再保险中最基本且最为常用的两种方式，在实际应用中，成数再保险和溢额再保险还可以组织在一个保险合同内，以成数再保险的限额作为溢额再保险的自留额，以自留额的一定倍数作为溢额再保险的限额，称之为成数和溢额混合再保险（Combined Qs / Surplus Treaty）。成数再保险和溢额再保险的混合使用，可以集中发挥成数再保险和溢额再保险的优点，克服两者的缺点。

【例 2 - 5】　某成数和溢额混合再保险合同约定，成数再保险的最高责任额为 100 万元，在 100 万元以下的业务，全部由成数再保险合同处理，且分出公司自留其中的 20%，分入公司接受其余的 80%。超过 100 万元上的业务由溢额再保险合同处理，溢额再保险的最高责任额为成数再保险限额的 5 条线，即 500 万元。关于此混合再保险合同的保险责任和保险费分配，以及赔款分摊的计算如表 2 - 6 所示。

表 2 - 6　成数和溢额混合再保险的计算表　　　　　　　　　万元

		① 50	② 200	③ 500	④ 800	合计
总额	保额	50	200	500	800	
	保费	0.5	2	5	8	15.5
	赔款	2	30	60	0	92
自留部分	保额	10	20	20	220	
	自留比例/%	20	10	4	27.5	
	保费	0.1	0.2	0.2	2.2	2.7
	赔款	0.4	3	2.4	0	5.8

续表

成数分保	保额	40	80	80	80	
	分保比例/%	80	40	16	10	
	分保费	0.4	0.8	0.8	0.8	2.8
	分摊赔款	1.6	12	9.6	0	23.2
溢额分保	分保额	0	100	400	500	
	分保比例/%	0	50	80	62.5	
	分保费	0	1	4	5	10
	分摊赔款	0	15	48	0	63

由于第④笔业务的保险金额为 800 万元，超过了成数和溢额混合再保险合同 600 万元的限量，因此表 2-6 假定将超过的 200 万元全部由分出公司自留。

很显然，成数和溢额混合再保险是一种灵活方便的分散风险方式。一方面，能充分利用成数再保险手续简便的优点，用其解决数量较大的一般保额的业务保障问题；另一方面，又能利用溢额再保险超额保障的特点，用其解决较高保额的业务保障问题。

2.1.2 非比例再保险

非比例再保险（Non-proportional Reinsurance）是以赔款金额为基础来确定分出公司自负责任和接受公司分保责任的再保险方式。非比例再保险也称超过损失再保险（Excess of Loss Reinsurance），当分出公司的赔款超过约定的额度或标准时，其超过部分由接受公司在一定的额度和标准内负责。由此可知，非比例再保险合同有两个赔偿责任限额。一个是分出公司的自负责任额，即非比例再保险的起赔点（Priority/Underlying Retention）；另一个是接受公司承担的最高责任额（Top Quota）。这两个限额通常由再保险双方在合同中约定，一旦发生保险事故，就依照合同规定的限额进行赔付。非比例再保险具体有险位超赔再保险、事故超赔再保险、赔付率超赔再保险、卡本特超赔再保险、伞形超赔再保险、超过平均赔付率再保险、超过赔款中间数再保险等多种方式，其中以险位超赔再保险、事故超赔再保险和赔付率超赔再保险最为常用，以下分别进行介绍。

1. 险位超赔再保险

险位超赔再保险（In Excess of Loss Per Risk Basis）是以每一危险单位所发生的赔款为基础来确定分出公司自负责任额和接受公司分保责任额的再保险方式。合同双方约定，对每一危险单位所发生的赔款，分出公司自负一定的金额，接受公司负责超过部分的一定金额。如果发生在自负责任额之内，则由分出公司自行赔付，如果发生的赔款超出分出公司的自负责任额，则由接受公司对超过部分在一定限额内进行赔付。

【例 2-6】 假定分出公司的自负责任额为 100 万元，接受公司承担的最高责任额为 500 万元，则表示为"超过 100 万元以后的 500 万元"，用英文可表示为"5 000 000 In Excess of 1 000 000"，其赔款责任的分配如表 2-7 所示。

表 2-7　超过损失再保险赔款责任分配表　　　　　　　　　　　万元

业务序号	保险金额	赔款金额	自负免赔额	分保赔款项	其他
①	80	10	10	0	0
②	450	130	100	30	0
③	600	600	100	500	0
④	8 000	750	100	500	150

　　在险位超赔再保险中，对一次事故中的赔款计算有两种情况：①按危险单位分别计算，只有险位限额，没有总赔款的限制；②有每次事故总赔款的限制，一般为险位限额的 2～3倍，即每次事故再保险人只赔付 2～3 个危险单位的损失。现举例说明：假定有一份超过100 万元以后的 900 万元火险险位超赔分保合同，在一次事故中有 3 个危险单位遭受损失，每个危险单位损失 150 万元。如果每次事故对危险单位没有限制，则分出公司与接受公司对赔款的分摊情况如表 2-8 所示。

表 2-8　险位超赔再保险的赔款分摊表　　　　　　　　　　　万元

危险单位	发生赔款	分出公司自担赔款	接受公司分摊赔款
Ⅰ	150	100	50
Ⅱ	150	100	50
Ⅲ	150	100	50
合计	450	300	150

　　但如果每次事故有危险单位的限制，假定为险位限额的 2 倍，则分出公司与接受公司对赔款的分摊情况如表 2-9 所示。

表 2-9　（限额）险位超赔再保险的赔款分摊表　　　　　　　　　万元

危险单位	发生赔款	分出公司承担赔款	接受公司分摊赔款
Ⅰ	150	100	50
Ⅱ	150	100	50
Ⅲ	150	150	0
合计	450	350	100

　　由于对每次事故有 2 个危险单位赔款的限制，因此接受公司只承担前两个危险单位的超赔责任，而第三个危险单位的损失全部由分出公司自己负责。运用险位超赔再保险可以控制分出公司对每一危险单位的自负责任，使每次赔款成本得到限制。但险位超赔再保险方式通常只适用于一般性保险业务，对一般性的损失提供保障，分出公司的自负责任额大多偏低。所以，险位超赔再保险又称普通超赔保障（Working Cover）。

　　2. 事故超赔再保险

　　事故超赔再保险（Excess of Loss Per Event/Occurrence Basis）是以一次事故中所发生的总赔款为基础来确定分出公司自负责任额和接受公司分保责任额的再保险方式。按照事故超赔再保险方式，无论一次事故中涉及的风险单位有多少，保险金额有多大，只要总赔款是在分出公司自负责任限额内，就由分出公司自行赔付。当总赔款超过分出公司的自负责任额时，则超过部分由接受公司负责赔付至一定额度。事故超赔再保险的目的是保障一次事故造成的责任累积，常用于异常火灾或巨额风险的再保险，具有防范巨灾的作用，故又称为异常灾害再保险（Catastrophe Cover）。

在事故超赔再保险中，最为关键的问题是对一次事故的划分，只有明确一次事故的范围，才能确定分出公司和接受公司的责任。为此，在事故超赔再保险合同中通常订有"时间条款"，以作为划分"一次事故"的标准。例如，规定台风、飓风、暴风连续 48 小时内为一次事故；地震、洪水连续 72 小时内为一次事故。有的还有地区规定，如洪水是以河谷或以分水岭来划分洪水地区的。

由于异常灾害一旦发生，涉及面极广，损失非常惨重，所以要求保障的数额常常较高。事故超赔的最高责任额度，通常要视自负责任额的大小、业务的内容与密集程度，以及过去的赔款经验等情况来作决定，并经合同当事人协议。如果将最高责任额度订得过低，则不能满足分出公司的需要，若订得过高，则接受公司的责任会过重，而再保险费率也太高，因而产生了事故超赔再保险的分层做法。所谓分层再保险（Reinsuring in Layers），是设置若干层次的超赔分保，每一层的再保险额度虽然不高，但若将各层次的额度累计，则可达到相当高的金额，并且各层接受公司的责任额不致过重，再保险费率也较低廉，这样对分出公司和接受公司均有利。在事故超赔分层再保险中，第一层的起赔点就是分出公司的自负责任额，第二层的起赔点或称基数是第一层自负责任额和再保险责任额的合计，第三层的起赔点是第二层的起赔点与再保险责任额的合计，以下各层依次类推。

如业务需要安排一笔超过 50 万美元以后的 1 000 万美元的巨灾超赔分保，分出公司可以分 4 层安排如下。

第一层：超过 50 万美元以后的 50 万美元。
第二层：超过 100 万美元以后的 150 万美元。
第三层：超过 250 万美元以后的 250 万美元。
第四层：超过 500 万美元以后的 550 万美元。

分层安排结果，第一层再保险人承担 50 万美元，第二层再保险人承担 150 万美元，第三层再保险人承担 250 万美元，第四层再保险人承担 550 万美元，各层再保险人共计承担 1 000万美元的超赔责任。发生赔款时，由第一层再保险人先行赔付，尚有不足，从第二层开始依次往高层摊赔。

事故超赔再保险在火灾保险、海上保险、责任险、汽车险和意外伤害险等方面都有广泛的运用，主要是作为比例再保险方式的补充，防备异常灾害损失。

3. 赔付率超赔再保险

赔付率超赔再保险（Excess of Loss Ratio）是以某一业务在特定时期内的赔付率为基础来确定分出公司自负责任和接受公司分保责任的再保险方式。按照赔付率超赔再保险方式，分出公司对某一业务在特定时期内（通常为 1 年）的赔付率超过一定自负标准时，由接受公司就超过部分负责至某一赔付率或金额，两者以先达到者为限。由于这种再保险可以将分出公司某一年度的赔付率控制在一定的标准之内，即对于超过预定赔付率以上的损失，分出公司可以不再负责，所以赔付率超赔再保险又称为停止损失再保险或损失中止再保险（Stop Loss Reinsurance）。

【例 2-7】　假定有一赔付率超赔合同规定，赔付率在 70% 以下由分出公司负责；超过

70%至120%赔付率，即超过70%以后的50%，由接受公司负责；并规定60万元为赔付限额，两者以较小者为准。如果分出公司的净保费收入为100万元，已发生赔款为80万元，则赔付率为80%，分出公司负责70%赔付率的赔款，即70万元，接受公司负责超过70%赔付率部分的赔款，即10%赔付率的赔款，计10万元。但若已发生赔款为135万元，赔付率达到135%，则分出公司先负责70%赔付率的赔款，计70万元，接受公司负责超过70%以后的50%赔付率的赔款，计50万元（小于60万元），超过120%赔付率以上部分的赔款仍归由分出公司负责，计15万元。

在赔付率超赔再保险合同中，常有一项特别的规定，即再保险人对超过赔付率以上部分的赔款只负责90%，另10%的赔款仍由分出公司负责。这样规定的目的是使分出公司与超过约定赔付率以上部分的每一赔款都有相当的利害关系，以此来预防分出公司因松懈核保核赔而损害再保险人利益，这种做法称为共同再保险。

【例2-8】某赔付率超赔再保险合同规定，分出公司负责赔付率在60%以下的赔款，接受公司负责赔付率在60%以上至125%的赔款，双方的赔款分摊如表2-10所示。

表2-10　赔付率超赔再保险的赔款责任分摊表　　　　　万美元

业务序号	保费总额	赔款总额	赔付率/%	分出公司自付赔款		接受公司分摊赔款		其他
				无共保	90%共保	无共保	90%共保	
①	200	120	60	120	120	0	0	—
②	240	180	75	144	147.6	36	32.4	—
③	160	208	130	96	106.4	104.0	93.6	8

由于赔付率超赔再保险的分出公司和接受公司的责任分配是以赔付率为基础的，因此赔付率计算尤为重要。传统的赔付率计算方法采用"已发生赔款对满期保费"，其公式为：

赔付率＝已发生赔款/满期保费×100%

其中：

已发生赔款＝本年度已付赔款＋本年度未决赔款准备金－上年度未决赔款准备金

满期保费＝本年度保费＋上年度未满期保费准备金－本年度未满期保费准备金

由于传统的赔付率计算方法涉及未了责任，准确性差，缺乏合理性，而且手续烦琐，所以赔付率超赔再保险的赔付率按签单年度的赔款净额与同一年度净保费收入的比率来计算，公式为：

赔付率＝赔款净额/净保费收入×100%

其中：

赔款净额＝已发生赔款－追回的赔款－摊回的再保险赔款

净保费收入＝毛保费＋加保费－退保费－佣金－再保费支出－保费税－盈余佣金

考虑到分出公司的赔付率是按签单年度的会计账计算的，必须等所有签单的责任全部满期后，才能较为精确地计算，故虽然赔付率是每年计算的，但习惯上要延迟2个年度，于第三年年底进行计算调整，赔付率超赔再保险合同也因此以3～5年为合同期限，并通常约定5年为最终决算的年限。

赔付率超赔再保险是以分出公司的经营成果为对象的再保险，其功能是保护分出公司的承保业绩在某年度突然变化，即出现统计学中所谓的随机误差或随机波动，而遭受沉重打击时，业务亏损控制在分出公司的财力所能承受范围内。所以，赔付率超赔再保险主要适用于单位损失金额不大，但损失频率较高，或者损失较集中，累积责任沉重的业务，如农作物的冰雹灾害等，这些业务交易易出现亏损。赔付率超赔再保险方式是非比例再保险从点（险位超赔）到面（事故超赔）至空间（赔付率超赔）的立体发展的结果。

2.1.3　比例再保险与非比例再保险的比较

比例再保险与非比例再保险是两种不同的再保险方式，它们的区别主要有以下 10 个方面。

（1）在比例再保险方式下，接受公司参与对分出公司承保责任、保费和赔款的分配，并保持统一分配比例。而在非比例再保险方式下，接受公司不参与分出公司对承包责任的分配，仅在赔款超过分出公司自负责任时，对超过部分承担再保险责任。

（2）比例再保险是以保险金额为基础来分配分出公司的自负责任，而非比例再保险是以赔款金额为基础来确定分出公司的自负责任和接受公司的分保责任。

（3）比例再保险按原保险费率计收再保险费，而非比例再保险采用单独的费率制度，再保险费以合同年度的净保险费收入为基础另行计算。这样，非比例再保险的费率制定较为复杂，且随制定条件的变化而具不稳定性。

（4）比例再保险的接受公司对分入业务必须提存未满期责任准备金，而非比例再保险的接受公司无须提存未满期责任准备金。这样，对非比例再保险的接受公司较为有利，增加了可运用资金，但对非比例再保险的分出公司不利，分出公司得不到接受公司履约的货币保证。

（5）比例再保险的接受公司通常要支付再保险佣金，而非比例再保险的接受公司不必支付再保险佣金。这样，对比例再保险的分出公司较为有利，因为由接受公司分摊了相当的业务费用。相反，对非比例再保险的分出公司较为不利，因为得不到接受公司对业务费用的分摊，因而费用负担较重，对财务有一定影响。

（6）比例再保险赔款的偿付通常由账户处理，按期结算，而非比例再保险多以现金支付赔款。这样，对非比例再保险的分出公司较为有利，可以及时得到现金赔偿，以获得财务支持。

（7）在比例再保险方式下，分出公司一般可得到回头业务，而在非比例再保险方式下，分出公司通常得不到回头业务。这样，对比例再保险的分出公司较为有利，分出公司不仅可以避免业务数量的下降，减少分保费支出，而且可以进一步分散风险。

（8）非比例再保险方式在分保手续和账务核算方面较比例再保险方式简化。因为，非比例再保险合同订立后，分出公司无须编制各种记载个别风险的业务报表，只需按季或按年编送一份有关保险费总收入和应付再保险费的账单，按季或按年结算一次，这样既省时又省费用。

（9）比例再保险方式一般处理普通风险，而非比例再保险一般处理大额或巨额以及累积风险，分散风险和控制责任的功效更大，更有利于保障业务经营的稳定性。

（10）比例再保险合同通常是不定期的，而非比例再保险合同多为 1 年期的。1 年期的好处是灵活性大，分保成本可以随损失率的变化、保费收入的多少和保险市场的行情逐年调整，起到平衡和稳定每年经营成果的作用。但坏处是每年必须接洽续保事宜，既麻烦又无把握。

对比例再保险和非比例再保险两种方式进行比较，就可以根据它们各自的特点，合理加以运用，以达到有效分散风险的目的。

2.2　再保险安排

再保险的安排是保险企业管理中经营决策的重要一环，关系保险企业的业务稳定和经营收益。再保险安排是指分出公司与接受公司建立再保险关系的过程和方法。再保险安排的方法主要有临时再保险（亦称临时分保）、合同再保险（亦称合同分保）和预约再保险（亦称预约分保）3 种，其他还有互惠交换再保险（亦称互惠交换分保）、集团再保险（亦称集团分保）、转分保和法定分保。

2.2.1　临时分保

1. 临时分保的概念与特点

临时分保（Facultative Reinsurance）是由分出公司根据业务需要，将有关风险或责任临时选择分保接受人，经分保双方协商达成协议，逐笔成交的再保险安排方法。

临时分保是最古老的再保险安排方法，在安排时需要将分出业务的具体情况和分保条件逐笔告知对方，接受公司是否接受和接受多少业务成分均可自主决定；同样，分出公司可以自主决定是否分出和分出多少业务成分。临时分保的实质是再保险当事人对于业务的分出和接受具有完全自主权（Faculty），故称 Facultative Reinsurance，以突出其完全自主的选择性。临时分保具有以下特点。

(1) 临时分保双方均有完全自主选择权。分出公司可以根据承保业务的风险程度和本公司的自留能力决定是否安排分保，不具有强制性。再保险人也可以根据分出业务的质量、性质和本公司的承受能力决定是否接受。由此显示了临时再保险对于分保双方均有完全自主的选择权，均无义务必须分出或分入，即在合同尚未达成前对双方均无约束力，可以灵活、自由地为双方发展业务和稳定业务经营服务。值得注意的是，完全自主权可以充分体现分保双方的意愿，但同时隐含不稳定性因素。在临时分保关系确立之前，对分出公司来说，处于一种无保障地位可能丧失良机，影响业务的进展。

(2) 临时分保以个别保单或一个危险单位为分保基础，逐笔协商办理再保险，因为不是所有保单或危险单位都需要临时分保，它是分出公司对个别特殊保单或危险单位采取的一种临时风险处理措施。

(3) 临时分保安排方法的业务条件清楚，分保费支付较快。分出公司在临时分保时必须向接受公司提供业务详情即业务交底，便于接受公司作出选择。其优点是业务条件清楚，分保费支付较快，为一些接受公司所欢迎；缺点是不利于分出公司的业务竞争。

(4) 临时分保手续烦琐，开支较大，时间性强。由于逐笔安排办理再保险，所以手续烦琐，增加了营业费用开支。另外，分出公司在承保前必须将分保条件及时通知对方供其选择，延误时间将影响业务的争取，或者在分保合同订立前发生损失，分出公司将承担全部责任。

2. 临时分保的安排步骤

临时再保险的处理程序一般要经过以下 4 个步骤。

第一步：再保险的接洽。首先由分出公司将需要安排再保险的危险内容，包括原被保险人的姓名、地址、身份，业务性质、保险金额、保险费率，分出公司的自留额和分保条件等重要事项记载于再保险接洽书（Reinsurance Slip）中，将此接洽书分送至拟定的再保险人。再保险人则根据接洽书的内容，判断是否接受此项分保业务。如愿意接受，则由负责人在接洽书上签字，并注明接受的责任额或接受比例。再保险人的责任自其在接洽书上签字时开始，也可应分出公司的要求，从另一时间开始。但再保险人是否完全接受分保业务，有时还要以某些条件的具备为准，如对被保险标的的调查是否属实、采用的费率是否适当等。如果再保险人对有些要求的条件不满意时，则可取消其接受的分保业务。所以，再保险人签字的效力是有条件的①。

第二步：发送再保险要保书（Request Note）。各再保险接洽书经签字后，分出公司要向每一接受业务的再保险公司发送再保险要保书，正式通知再保险公司，表明分出公司要求再保险的意愿。

再保险要保书中要记载再保险的起讫日期、保险金额、原被保险人的姓名，以及分出公司的自留额。上述有关内容将记载于再保险接受书和再保险单内，作为再保险交易完成的要件，同时使分出公司可以确定再保险公司分担的责任及其对再保险公司要求分担赔款的权利。

第三步：出具再保险接受书（Take Note）。再保险人在收到再保险要保书后即发出再保险接受书，作为再保险人接受要保书所申请的再保险的书面凭证。在通常情况下，接受书即表示无条件接受分保业务，对再保险公司具有绝对约束力，且其有效日期自接洽书签字时开始。但如果接洽书签字时有些保留部分，而在接受书发出时尚未处理，则再保险公司必须将这些保留部分记载在接受书中。在此情形下，除非再保险公司对这些保留部分的处理已认为满意外，其承保并不是不可撤销的。

第四步：签发再保险单（Reinsurance Policy，Reinsurance Certificate）。临时分保最后步骤的完成是再保险单的签发。但在再保险单发出以前，分出公司必须将原保单副本送达再保险公司。习惯上，由分出公司向再保险人致送一份说明书（Specification），其内容包括被保险人的姓名、住址及职业，保险标的的内容、保险期限、原保单的保费，以及分给再保险公司的责任和保险费。说明书的内容要转记在再保险单内，作为再保险合同订立的基础。

上述烦琐的临时分保手续对每一项要安排再保险的危险都要履行，而且对同一危险而有多家再保险公司时也是如此，因而耗费的人力、费用均很大，使再保险的业务费用很高。受此影响，临时再保险的分保佣金便低于一般合同再保险。

对于上述烦琐手续，实务界已设法改进，以便节省人力、物力。所采用的方法有以下3种②：

（1）当再保险公司发出的接受书具备再保险单所应有的条件（如加盖再保险单所需的签证）时，如果双方当事人同意，即将此接受书作为再保险单，以避免签发再保险单的重复手续。

（2）在再保险接洽书签字后，分出公司即可确定再保险公司的再保险责任，不再发出申请书和接受书。在一定期间内，如每星期或每月，分出公司将所有分出业务编制包括有关重要事项的简单业务报表，用复写方式分送每一再保险公司一式二份，一份由再保险公司留存

---

① 对于分出公司的接洽，在没有绝对把握的情况下进行有条件接受是再保险人保护自己的有效手段。

② 在实务中，每种改进方式都是有条件或基础的，如再保险人与分出公司之间有过长期友好合作、基于合同再保险之上的临时再保险等。

备查，一份经再保险公司签发后送还分出公司，代替再保险单。这种方法可节省人力与费用，故已逐渐被普遍采用。

（3）采用所谓邮寄接受分保制度。分出公司与各再保险公司事先约定一个再保险限度，在此限度内，分出公司可随时在有业务需要分出时编制申请书寄送各再保险公司。再保险公司如拒绝接受，必须在收到申请书后48小时（如有特殊情况可延长至2周）内表示。如果在此期间未作拒绝表示，再保险公司就要受再保险的各种约束。这种制度可节省许多人力、物力，故为分出公司所乐于采用。要说明的是，这种制度仍为临时再保险，因为再保险公司的拒绝权依然存在。

3. 临时分保的适用范围

运用临时再保险的最大原则是，当风险过分巨大而集中，或者合同再保险无法容纳、必须立即设法减轻风险时，均须选择临时再保险以达到风险分散的目的。自从合同分保出现并被广泛采用后，临时分保的应用范围随之缩小，20世纪70—80年代曾有逐渐被合同分保取代之势。但是，在国际再保险市场上，最近20余年临时分保又有被日益广泛运用的上升势头。由于临时分保具有灵活的伸缩性，故仍被保险同业所重视。临时分保主要在以下情形中采用。

（1）用于超过分保合同限额的业务。一般再保险合同都有承保限额的限制，如遇大型建设项目、万吨巨轮、卫星等巨额标的，保额或赔款有可能超过分出公司的自留额和接受公司的最高责任限额，对于超过部分，如果分出公司不愿自己承担，则要进行临时分保安排。另外，分出公司还可以对属于合同分保的自留额部分安排临时分保，以减少其所承担的责任。

（2）用于合同规定的除外业务或不愿列入合同的业务。在合同分保中对于一些特殊性质的业务是除外不保的，如航空险合同有的将劫持险除外。还有一些业务质量较差，分出公司出于竞争的需要和通融而承保，但又不愿列入合同，以免影响合同的质量。对于这些业务，分出公司只能采取临时分保的方法转嫁责任。

（3）用于新开办的或不稳定的业务。由于新的保险公司不断涌现，开始时业务不稳定或因业务数量少尚无条件组织合同分保，可采用临时分保方法，探索经验，为业务的进一步发展创造条件。

运用临时分保方法进行再保险安排可以采用比例分保方式和非比例分保方式。

2.2.2　合同分保

1. 合同分保的概念与特点

合同分保（Treaty Reinsurance）亦称合同再保险、契约再保险，是再保险安排的最主要方法，由分出公司与分入公司预先订立分保合同，在一定时期内对一宗或一类业务进行缔约人之间的约束性的再保险安排。在分保合同中，分保双方经协商将分保方式及成分、业务范围、地区范围、除外责任、分保佣金、盈余佣金、自留额、合同最高限额、业务明细表的编送、再保险费账单的编送和结付、赔款的摊付、责任的开始与终了、货币的种类及汇率变动等各项分保条件，用条文方式予以固定，以明确双方的权利和义务。凡属合同规定范围的业务，分出公司自动分出，接受公司必须接受，对双方都有强制性。因此，这种分保方法又称为固定分保或义务分保（Obligatory Reinsurance）。合同再保险的实质体现为再保险关系的义务性、自动性和时间上的连续性。

合同分保方法具有以下特点。

（1）合同分保对分出公司和接受公司均具有约束力，订约双方无自由选择权，一切业务都按合同规定办理再保险。

（2）合同分保一般是不定期的，除非缔约双方的任何一方根据合同注销通知的规定在事前通知对方终止合同，否则合同长期有效。由于时间长、业务多、分保条件优越，对合同双方都较有利。

（3）合同分保以分出公司某种险别的全部业务为基础办理分保。分出公司要将业务放入合同就必须将某一险别的全部业务放入合同，不能有所取舍，有利于风险均衡，避免了逆选择，同时也简化了手续。

2. 合同分保的优势及其运用范围

合同分保双方分保关系固定，可以保证原保险人及时地转移风险责任，有利于稳定经营；对再保险人来说，也可以比较均衡地得到数量多、风险较为分散的整批分保业务。因此，它是国际再保险市场上普遍采用的主要分保方法。

合同分保广泛运用比例分保方式和非比例分保方式。

2.2.3 预约分保

1. 预约分保的概念与特点

预约分保（Facultative Obligatory Reinsurance）亦称预约再保险，是介于临时分保与合同分保之间的一种分保方法。对分出公司来说，可以像临时分保一样选择是否分出及分出成分；对接受公司来说却像合同分保一样，一旦有预约分保范围以内的分入业务则必须接受，无选择余地。

预约分保方法具有以下特点。

（1）预约分保对于分出公司具有临时分保的性质，对于接受公司具有合同分保的性质。预约分保的双方当事人事先签订有分保合同，对于分保业务范围及条件虽有预约规定，但分出公司有选择的自由，不一定将全部业务放入预约合同；而对于再保险接受人则具有强制性，只要是合同规定范围内的业务，分出人决定放入预约合同，接受人就有义务接受，故这种分保方法又称为临时固定再保险（Facultative Obligatory Reinsurance）。Facultative 是指分出人具有自由安排再保险的权利，Obligatory 是指分入人唯有接受的义务。对分出人而言，其做法与临时再保险相似，可称为半临时再保险（Semi Facultative Reinsurance）。

（2）预约分保较临时分保手续简单，节省时间。预约分保对于分出公司来说有业务预约合同，避免了临时分保的烦琐手续和反复磋商过程，有利于保障分出公司的利益。

（3）接受公司对预约分保的业务质量不易掌握。由于分出公司可以任意选择将其预约合同范围内的业务分给接受公司，而接受公司却无法有选择地接受，所以对分保业务质量很难掌握，特别是那些由经纪人中介服务的业务，则更难了解。

（4）预约分保业务对接受公司来说其稳定性一般较差。分出公司往往将稳定性好的业务自留，不予分出，而将稳定性较差的业务进行分保，以稳定自己的经营，获得较大受益。

2. 预约分保的运用范围和分保条件

预约分保既具有临时再保险的性质，又具有合同再保险的形式。预约分保往往用于对合同分保的一种补充。如果有大额业务，在合同分保限额之外仍有一定的溢额需办理分保时，若采取临时分保，手续烦琐、时间紧张；若组织另一合同分保，业务量又不够，此时运用预约分保的限额作为合同分保的补充，可以及时分散风险，而无须与接受公司临时磋商，逐笔办理分保。预约分保是通常用来解决特定地区、特定危险、特别巨大责任额时的权宜措施，因其对分出公司较为有利，所以接受公司一般不愿意接受这种分保方法，仅在业务关系密切且能够互相信赖的公司之间运用。对接受公司而言虽然有不利因素，但也能得到更多的业务，增加保险费收入，取得更好的平衡。因此，预约分保也有一定的市场。预约分保一般适用于比例分保方式，这样能使分出公司和接受公司之间的利益比较一致。

预约分保方法对分保双方是不尽公平的，因此在分保条件方面，与合同分保有所不同，主要的区别有如下。

（1）合同分保佣金较多，而预约分保的佣金较少。

（2）合同分保有盈余佣金，而预约分保则没有。

（3）合同分保一般不定期，如要取消合同，必须提前通知；而预约分保期限较短，通常为1年。

（4）合同分保的范围较广，常指某类危险，而预约分保的范围较小，常用于某一特定危险。

（5）合同分保在支付再保险费时可留存保费准备金，而预约分保无此规定。

在3种基本再保险方法中，再保险当事人之间的关系可归纳如下。分出人须（Must）再保，分入人须（Must）接受，为合同再保险；分出人可（May）再保，分入人可（May）接受，为临时再保险；分出人可（May）再保，分入人须（Must）接受，为预约再保险。

2.2.4　互惠交换分保

互惠交换分保是指有再保险关系的保险人之间互相交换业务，分出公司一方面将业务分出，同时又要求接受公司提供分入业务或回头业务。通过这种方式，保险人既能分散风险，又不会使保险费减少。

1. 互惠交换分保的优点

（1）提高保险公司的净保险费收入。保险公司最终获取的保险费收入不但包括自己的直接保险业务，还包括通过交换获得的回头业务，因此互惠分保在客观上增加了保险公司的净保险费收入。

（2）避免总保险业务的减少。保险公司用交换回来的业务弥补由于分出业务而减少的业务量，以维持保险公司的总业务量，有时甚至是扩大了业务量。

（3）进一步分散风险，稳定保险公司的经营成果。再保险人之间通过互惠交换业务，可以把原保险人的承保风险在更广泛的地域内分散，使发生重大损失时不至于影响整个承保结果。

（4）降低保险公司的费用开支。保险公司通过互惠交换可以获得再保险业务，这样就无须为争取再保险业务而设置各种特别的服务设施，节省了由此产生的各项费用，降低了总费用开支。

2. 进行互惠交换业务时应注意的问题

（1）注意风险分散的地域性。如果所交换的业务同属于一个地区时，就很容易发生责任累积，以至于风险过分集中。在英国有几家保险公司之间不再相互交换业务，主要是因为这几家公司经常参加同一笔原始业务的承保。这样一旦发生重大损失，他们的直接业务和再保险业务将同时遭受损失，从而不能起到风险分散的目的。一种有效的风险分散方式是与海外的保险公司进行互惠交换业务。

（2）对公司及交换业务的谨慎选择。互惠业务交换的成功与否主要取决于对交换业务的谨慎选择，以及对公司的谨慎选择。从公司方面来说，必须注意公司的管理水平、财务状况、承保业务的地域分散情况和过去的承保结果。从交换的业务方面来说，应该选择那些相对直接类型的业务和能够产生稳定结果的业务，如成数分保和第一溢额分保，因为高的保费收入就意味着大的损失可能。每次交换的保费规模应该保持在这样一个水平，就是能够减少任何一个地区的超额损失或业务不平衡的可能性，同时分入业务的责任不能超过直接承保业务的责任。

2.2.5 集团分保

集团分保是指参加集团的保险人将承保的约定风险放入集团，交付保险费，由集团集中处理风险，各集团成员按其参加的份额，承担责任并获取保险费。在发生损失时，各集团成员也按各自的份额承担摊赔责任。集团是保险人共同承担风险，共同收取保费，共同履行赔偿义务，具有共同利害关系的组织。但是，集团本身并不承担责任，只是，集中处理保险问题。这种再保险集团既有一个国家的，如美国核能互助集团既分保协会，也有地区性的或跨区域的，如亚非再保险航空集团和非洲再保险公司。

1. 集团分保的功能

（1）集团分保是增加对外竞争能力的手段。一些承保能力不大的公司，通过组成集团的形式进行联合经营，可以提高整个市场的承保能力，从而有利于对外竞争。

（2）集团分保是缓和内部恶性竞争的有效工具。集团分保可以调整集团内部业务的费率，通过限定价格对成员公司加以约束，从而缓解恶性价格竞争，避免自相残杀。

（3）集团分保可以帮助集团成员消化风险。对某些特殊的业务，由于风险单位数量较少，且其金额又大，风险又集中，难以满足大数法则。借助集团分保的方式，各成员可以将各自不同金额、不同种类的风险放入集团内，从而增加风险单位的数量，均衡保险金额，调整保险种类的偏差，为运用大数法则创造条件，达到分散风险的目的。

（4）集团分保可以降低成本。集团经营可以节省费用开支，降低成本，从而提供低费率，最终增加集团成员的竞争能力。

（5）集团分保可以减少保费外流。在外汇短缺的国家，可以利用集团分保的做法，扩大国内自留额，增加自留保费，从而减少因分保而造成的保费支出。

（6）集团分保具有再保险互惠机制。成员公司将承担的风险放入集团后，从集团中又分回若干成分。这样成员公司既是原保险人，又是再保险人，因此集团内的合同同时具有再保险和转分保的内容，这本身就是一种互惠机制，使各成员公司享受互惠业务。

2. 集团分保的适用范围

一般当保险公司面临以下几种情况时会采用集团分保的方式。

（1）承保一种意外的自然灾害，或者一种巨大风险需要相当大的承保能力，一个保险公司不可能独自承担。

（2）风险单位数量太少，不能运用大数法则。

（3）某些风险要求专业服务机构，而由一个单独的保险公司来提供保障是不经济的。

（4）涉及巨灾可能性的风险保障。

2.2.6 转分保

转分保是指分保接受人接受再保险分入业务后，为了减少自身承担的责任，通过分保方式将部分或全部责任转给其他再保险人。转分保实际上是在原分保合同的基础上重新组织安排的再保险合同，至少是对再保险业务的又一次分保。分出转分保业务的公司叫转分保分出人，接受公司叫转分保接受人。

转分保是再保险人的分保，通常有两种形式：一种是按原条件转分保一定的比例，即成数转分保方式；另一种是通过超额赔款的方式保障其自留部分的责任。其中，成数转分保的方式多于后者。通过这种转分保，转分保分出人可以分散风险，扩大承保能力，同时还可以收取转分手续费。转分手续费按转分保费的某一百分比计算，再保险业务每转分一次，转分保人就要收取一次转分手续费。

转分保接受人在接受转分保时一般都比较谨慎，因为转分保极易导致责任累积。例如，甲公司安排了一个航空分保合同，乙公司和丙公司都接受了一定成分，乙公司为了分散风险，又将本公司承保的所有航空险分保业务组织了一个转分保合同，如果甲公司和丙公司在该转分保合同中参加成分，肯定会出现责任累积现象。

专业再保险公司的分出业务大多属于转分保性质。由于转分保易造成责任累积，所以保险公司一般对业务质量非常好，或者与转分保分出人有特殊的业务关系，才接受转分保业务。

2.2.7　法定分保

法定分保是指保险公司必须按照国家法律或法令的规定，将其业务向国家再保险公司或指定的再保险公司进行的分保。法定分保是国家直接干预再保险业的措施，其主要目的是为了维护保险公司的偿付能力，控制和减少保费外流，限制外国保险公司的竞争，扶持民族保险业的发展。

许多发展中国家都实行法定分保，除了规定保险公司有义务向国内再保险公司强制性分保外，有些国家还规定必须给地区性再保险人分出部分保险业务。例如，非洲再保险公司要求各成员国的保险人5％的业务由其办理再保险；有的国家还规定，保险人在向国外分出保险业务之前，在其国内市场上的自留额必须达到某一比例，或者至少先在国内市场上进行分保。例如，印度尼西亚规定25％的再保险业务必须在国内办理，我国《保险法》第一百零五条规定："保险公司应当按照国务院保险监督管理机构的规定办理再保险，并审慎选择再保险接受人。"

复习思考题

1. 概念题

比例再保险　成数再保险　溢额再保险　非比例再保险　险位超赔再保险　事故超赔再保险　赔付率超赔再保险　临时分保　合同分保　预约分保

2. 思考题

(1) 什么是再保险方式？再保险方式有哪些种类？

(2) 什么是成数再保险？其有什么特点？成数再保险方式有哪些优点与不足？

(3) 什么是溢额再保险？其有什么特点？如何具体计算？

(4) 比例再保险与非比例再保险有什么区别？

(5) 什么是再保险的安排方法？再保险安排一般有哪些方法？

第 3 章
再保险合同及条款

再保险合同是再保险当事人双方履行自己的权利和义务的协议。虽然,再保险合同的法律依据是经济合同法,但其不仅在内容上与一般的经济合同有着很大的差别,而且与直接保险合同也有明显的差异。

再保险合同的条款是合同双方对有关再保险条件的一种约定。由于比例再保险合同和非比例再保险合同的保险范围及分保条件均不相同,所以这两种再保险方式的合同条款内容也有所不同。

3.1 再保险合同

3.1.1 再保险合同概述

1. 再保险合同的定义

再保险合同又称为分保合同,是分出公司和接受公司为实现一定经济目的而订立的一种在法律上具有约束力的协议。再保险合同约定再保险关系双方的权利和义务,双方必须遵守并互相约束。具体而言,分出公司必须按合同的规定将其承担的保险责任的一部分或全部分给接受公司,并支付相应的再保险费;接受公司向分出公司承诺对在其保险合同项下所发生的对被保险人的赔付,将按照再保险合同的条款和应由其负责的金额给予经济补偿。

再保险合同在国际间尚无标准格式,一般是由合同双方约定合同的主要条款,经双方签署后生效。合同多由分出公司拟订,但也可由接受公司编制。在合同拟订之前,对再保险的主要条件,通常由分出公司用分保条款或摘要表等文件递送给接受公司,作为缔约根据。

再保险合同的订约双方以最大诚信为基础,必须遵守合同中规定的订约双方的权利和义务,任何一方不遵守最大诚信或违反合同的规定,另一方就可宣布合同无效或合同违约终止。

2. 再保险合同的性质

原保险合同的风险责任的转移与分散,是再保险经济关系建立的核心。因此,关于再保险合同的性质,多数人持"保险合同说"的观点,即认为再保险合同是保险合同的一种。这一观点可以分为"原保险合同说"和"责任保险合同说"两种。

"原保险合同说"又称继承说,其观点认为,再保险合同与原保险合同性质一样,再保险合同的性质是源于原保险合同的性质。原保险是人身保险合同,再保险也是人身保险合同，即均属给付性合同；原保险为财产保险合同，再保险也是财产保险合同，即均属补偿性合同。德国《商法》第七百七十九条就是这样解释的。但是，这是从表象来看两者的关系。再保险合同与原保险合同所承担的危险基础固然相同，但两者在保险利益和保险标的方面是不一致的。所以，这种观点现在基本无人采用。

"责任保险合同说"认为，再保险是基于原保险人对被保险人的经济赔偿或给付责任的转嫁，以经济赔偿或给付责任为目的的一种责任保险。这是当今保险法学者所支持的通说。无论何种类型的保险，如海上保险、火灾保险、飞机保险、人身保险等，原保险人在原保险合同下对被保险人都负有损失补偿责任或给付责任，以此责任为基础，原保险人与再保险人签订再保险合同，实质上是属于责任保险的性质。

确切地说，再保险合同是一种性质特殊的责任保险合同，再保险合同的责任性与再保险合同标的密切相关。再保险合同标的是基于原保险合同标的的风险转嫁，没有原保险合同的成立，则再保险合同没有成立的基础。再保险合同不能离开原保险合同独立存在，原保险合同没有再保险合同的风险分散作后盾，则不能达到真正的分散风险责任的功能。从责任角度看，再保险合同的责任是建立在原保险合同的有效性基础上，两者在法律上是独立的，但在经济赔偿责任或给付责任方面又是相互依存的。再保险合同的责任性是依附于原保险合同可能产生的经济赔偿责任或给付责任。所以，比较恰当的观点应是，再保险合同是一种性质特殊的责任保险合同。

3. 再保险合同的标的

我国《经济合同法》第二十五条规定："保险合同中，应明确规定保险标的。"英国1906年《海上保险法》第二十六条明确了"保险标的必须在海上保险单中合理确定地标明"。标的是合同中权利和义务所指的对象，任何合同都必须有标的，这是经济合同的主要条款之一。没有标的，双方当事人就无法履行合同所规定的权利和义务，合同也就不成立。

保险标的是指保险对象的财产及其有关利益或人的寿命和身体。以财产及其有关利益为标的的业务是财产保险，其标的一般为物质财产和相关的利益，如第三者责任。财产保险标的的价格可以衡量确定，并以此作为发生保险事故时给予经济补偿的依据。以财产为保险标的的保险合同称为补偿性合同。以人的寿命和身体为保险标的的业务是人身保险，其价值难以确定，采用约定价值，即定额保险。当发生保险合同约定的事故时，按定额价值给予给付，而不是补偿，所以是给付性合同。

再保险合同中的标的是再保险合同的客体，即指双方当事人权利与义务所共同指向的对象，即分出人承担的损失补偿责任或给付责任。再保险合同中的标的是非物质的，是原保险人所承担的责任。再保险人不是直接对原保险合同标的损失给予补偿，而是对原保险人所承担的责任给予补偿。应该看到，再保险合同中这种非物质的保险标的，是以原保险合同中的物质的保险标的为基础的，两者密切相关。正是由于再保险合同的标的是原保险人的损失补偿责任，决定了再保险具有责任保险的性质。

再保险合同的标的是分出人承担的损失补偿责任或给付责任，为再保险合同的客体。由于分出公司对再保险标的具有经济利益关系，是构成再保险合同的有效条件，再保险合同实际保障的是分出公司对再保险标的的存在所具有的利益，即保险利益，所以也称再保险合同的客体是再保险利益。

4. 再保险合同与原保险合同之间的关系

再保险合同是以原保险合同为基础的合同，同时又是脱离原保险合同的独立合同。

（1）再保险合同是以原保险合同为基础的合同。再保险合同是以原保险合同的存在为前提的，主要表现在以下两个方面。

① 再保险合同的责任、保险金额和有效期均以原保险合同的范围和有效期为限。

② 原保险合同解除、失效或终止，再保险合同也随之解除、失效或终止。

（2）再保险合同在法律上是独立的合同。虽然，再保险合同源于原保险合同，但并不是原保险合同的从属合同，两者在法律上是各自独立的合同。

我国《保险法》第二十九条指出："再保险接受人不得向原保险的投保人要求支付保险费。原保险的被保险人或者受益人，不得向再保险接受人提出赔偿或者给付保险金的请求。再保险分出人不得以再保险接受人未履行再保险责任为由，拒绝履行或者迟延履行其原保险责任。"

由此可以看出，再保险合同有自己的双方当事人，即原保险人和再保险人；原保险合同中的一方当事人被保险人并不是再保险合同的主体。在权利与义务对价方面，原保险合同的被保险人不能直接向再保险合同的再保险人请求保险金赔偿，他们之间不直接产生权利与义务关系；反之，再保险人也不得向原保险合同投保人请求交付保险费。原保险人不得以再保险人不履行再保险给付义务为由，拒绝或延迟其对被保险方赔付或给付义务。

3.1.2　再保险合同的特点

保险合同的特点是保险本质在合同中的体现。再保险合同的特点是再保险本质在再保险合同中的体现。再保险合同是一种特殊形态的保险合同，因此具有与一般保险合同相似的特点。

1. 再保险合同是射幸合同

再保险合同是射幸合同，是由原保险合同的射幸性决定的。就某一个原保险合同而言，从质的方面表明，由于保险事故发生的不确定性，决定该保险合同赔偿责任履行的不确定性。从量的方面表明，原被保险人付出的保险费和得到的保险赔偿金额往往是不相等的，这是因为保险费率是按保险金额的一定比例计算的，也是由于保险事故发生的不确定性决定的。原保险合同的射幸性决定了再保险合同的射幸性。在合同有效期内，倘若再保险标的发生损失，原保险人可从再保险人处得到再保险责任赔偿金额，其金额会远远超过其所付出的再保险费；若无损失发生，则原保险人只付出再保险费而没有得到再保险赔付金额。此时，再保险人的情况是只收取保险费，而无须支付再保险赔偿金。再保险合同的射幸性是观察单个保险合同所得的特性。

如果观察整体保险合同，可以看到原保险合同的保险费与赔偿金额的关系是依据危险概率和大数法则计算出来的，原则上两者应该是相等的。因此，不存在射幸性。那么，基于原保险合同整体的再保险合同整体也就不存在射幸性。

2. 再保险合同是双务合同

双务合同是指当事人双方均须承担有对价关系的债务合同，表现在再保险合同是原保险人负有支付再保险费的义务，再保险人负有赔偿损失的义务。在依据概率论和大数法则计算出来的再保险费与赔偿金额之间，存在着对价关系。

再保险合同的双务性源于原保险合同的双务性。因此，在原则上不适用双务合同中"同时履行"原则。原保险人支付再保险费是一定的，再保险人承担的赔偿是以偶然的保险事故发生为条件的。体现为：原保险人的债务是确定的，再保险人的债务是不确定的。

3. 再保险合同是补偿性合同

无论原保险合同是财产保险还是人身保险，一旦它们再保险构成再保险合同，都是以补偿责任为目的，即再保险人对原保险人的直接支付的赔款的补偿，不再具有给付性质，均体现为补偿性质。

4. 再保险合同是诚信合同

再保险合同作为保险合同的一种，其的订立和履行都以合同当事人双方的诚信为基础，而且再保险合同较原保险合同要求更高的诚信。因为，再保险合同的当事人通常不在一个地方，保险业务在原保险人方进行，再保险人无法加以控制。在合同订立之前，再保险人决定是否接受业务及分保条件，完全依据原保险人告知的事实。在合同履行中，能否采取安全保障措施以避免或减少保险标的发生损失也主要取决于原保险人，所以再保险合同具有高度的属人性，双方当事人对于他方的品德、资信和行为极为重视，特别是再保险合同双方当事人均为保险同业，就更须遵守诚信原则，以保护双方权益，互惠互利。

3.1.3 再保险合同的种类划分

再保险合同依据不同的分类基础，可以分成各种不同的类型。

1. 按责任分配形式分类

按责任分配方式划分，再保险合同可以分为比例再保险合同和非比例再保险合同。

1）比例再保险合同

比例再保险合同是指以保险金额为责任分配计算的基础，规定再保险双方承担责任的比例。比例再保险合同又细分为以下 3 种。

（1）成数再保险合同。这是原保险人与再保险人订立合同，按照合同的规定，以保险金额的一定比例确定自留额和再保险额。

（2）溢额再保险合同。这是原保险人与再保险人订立合同，按照合同的规定，以一定的保险金额作为自留额，自留额的一定倍数作为再保险额。

（3）成数和溢额混合再保险合同。这是原保险人和再保险人订立合同，按照合同规定，以成数再保险承担的最高限额作为溢额再保险的自留额，以成数再保险的最高限额的一定倍数作为溢额再保险的最高限额。

2）非比例再保险合同

非比例再保险合同是指以赔款金额为基础确定原保险人责任和再保险人责任。非比例再保险合同包括以下 4 种。

（1）险位超额再保险合同。这是原保险人与再保险人订立合同，按照合同规定，以每一风险单位所发生的赔款来确定自负责任额和再保险责任额。

（2）事故超额赔款再保险合同。这是原保险人与再保险人订立合同，按照合同规定，以每一次事故所发生的赔款总和来确定自负责任额和再保险责任额。

（3）积累超额赔款再保险合同。这是原保险人与再保险人订立合同，按照合同规定，以一定时期（通常为一年）内所发生的赔款积累来确定自负责任额和再保险责任额。

（4）赔付率超额赔款再保险合同。这是原保险人与再保险人订立合同，按照合同规定，以一定时期（通常为一年）内的赔付率来确定自负责任额和再保险责任额。

2. 按安排方式分类

再保险安排方法基本上有 3 种：临时分保、合同分保和预约分保。因此，再保险合同可以分为临时分保合同、合同分保合同和预约分保合同。

1）临时分保合同

临时分保合同是分出公司根据业务需要，临时选择再保险人，经双方逐笔协商达成协议而签订的再保险合同。在此之前，双方并无再保险合同存在，对于临时分保业务的分出与接受，分出公司与接受公司均无义务，可以自由选择。临时再保险合同是再保险合同的最初形态，20 世纪 70—80 年代曾有逐渐被合同分保方式取代之势。但近些年来，在国际再保险市场又有日益广泛运用的上升趋势。究其原因如下。

（1）巨额标的保额超过再保险合同限额，如大的建设项目、卫星发射等。

（2）合同分保除外责任业务的存在。

（3）新公司不断出现，尚未安排合同分保。临时再保险合同的优点包括业务条件清楚、掌握业务情况、收费快、有利于资金运用。其局限性表现在手续较烦琐，分出人须将分保条件及时通知对方，对方是否接受事先无法掌握，容易影响原保险业务的承保。

2）合同分保合同（固定再保险合同）

合同分保合同是原保险人与再保险人预先订立合同，凡是合同中规定的业务，分出人有义务分出，再保险人有义务接受，对双方均产生约束，无权选择，即分出人必须分出，再保险人必须接受。

3）预约再保险合同

预约再保险合同的订约双方对于再保险业务范围有预约规定，对合同中规定的业务，分出人有业务选择自由，不必一定分出；再保险人则无权选择，有义务接受分保业务。预约再保险合同是介于临时再保险合同和合同再保险合同之间的一种再保险安排方式，是在临时再保险合同的基础上发展起来的一种再保险合同，它既具有临时再保险合同的性质，又具有合同再保险合同的形式。预约再保险合同往往用于合同再保险合同的一种补充。就分出人而言，预约再保险合同具有临时再保险的可选择性；就再保险人而言，预约再保险合同具有再保险的强制性。

3. 按分保对象分类

按分保对象划分，原保险人以原保险标的风险责任为基础与再保险人订立不同险种的合同，包括财产险再保险合同、货物运输险再保险合同、责任险再保险合同和人身险再保险合同。

1）财产险再保险合同

财产再保险合同是原保险人与再保险人订立合同，按照合同规定，再保险人对于原保险人所承担的保险财产的损毁、丢失等直接损失和间接损失的赔偿负补偿责任。

2）货物运输险再保险合同

货物运输再保险合同一般是指海洋运输货物保险，由原保险人与再保险人订立合同，按照合同规定，再保险人对于原保险人所承担的保险货物运输途中发生海难事故或其他的赔偿责任的单一危险的再保险合同。

3）责任险再保险合同

责任险再保险合同是原保险人与再保险人订立合同，按照合同规定，再保险人对于原保险人所承担的被保险人的民事法律赔偿责任或契约责任负补偿责任。

4）人身险再保险合同

人身险再保险合同是原保险人与再保险人订立合同，按照合同规定，再保险人对原保险人所承担的被保险人遭受人身伤害或死亡，以及发生到保险期满的给付责任负补偿责任。

4. 按责任转移目的分类

按责任转移的目的，再保险合同可以分为承担再保险合同和赔偿再保险合同。

1）承担再保险合同

承担再保险合同也称为未满期责任再保险。办理这种再保险的原因如下。

(1) 原保险人改变经营方针，专营某种业务而放弃原有的其他业务。

(2) 因经营地区的调整，决定停止某一地区的业务。

(3) 因两个保险公司实行合并，其中一公司将所有业务转移给另一公司。

(4) 因财务发生困难进行清算时，所有未满期业务，必须设法转移，以了清责任。

由于上述原因，原保险公司所有未了责任，可以通过再保险方式将其转移给其他保险公司承担。

2）赔偿再保险合同

赔偿再保险合同实际上是通常的再保险，即分出公司责任的一部分转移给再保险公司。

3.1.4　再保险合同适用的基本原则

再保险合同是脱离原保险合同的独立合同，但就其实质内容仍以原保险合同为基础。当前，在世界各国并没有关于再保险的专门法律，大多数国家都是在保险法或其他法令中包括有对再保险的某些规定。例如，我国《保险法》中就有十几条规定与再保险相关。英国《保险公司法》对于再保险并无规定，但按照法院判例解释，该法所谓保险包括再保险。因此，对于保险的法律规定也适用于再保险。在保险实践中必须遵循保险利益原则、最大诚信原则和损失补偿原则，保证保险合同得到顺利履行。再保险合同在其履行过程中同样适用这 3 个基本原则。

1. 保险利益原则

1）保险利益原则的概念

"无保险利益，无保险。"我国《保险法》第十二条规定：

"人身保险的投保人在保险合同订立时，对被保险人应当具有保险利益。"

"财产保险的被保险人在保险事故发生时，对保险标的应当具有保险利益。"

"人身保险是以人的寿命和身体为保险标的的保险。"

"财产保险是以财产及其有关利益为保险标的的保险。"

"被保险人是指其财产或者人身受保险合同保障，享有保险金请求权的人。投保人可以为被保险人。"

"保险利益是指投保人或者被保险人对保险标的具有的法律上承认的利益。"

保险利益是投保人或被保险人对于保险标的的所具有的经济利益。此经济利益表现为：由于保险标的发生保险事故，投保人或被投保人因此而受到经济损失；由于保险标的的未发生保险事故，投保人或被保险人因此而继续享有利益。如果不具有保险利益，即使危险事故发生，也无损失可言。因此，保险利益是保险合同有效性的前提条件。

保险利益原则可以表述为：订立保险合同，投保人以不具有保险利益的标的投保，保险合同无效；保险标的发生保险责任事故，投保方不得因保险而获得不属于保险利益范围内的额外利益。保险利益原则贯穿于承保与理赔的经营环节，其意义是有利于防止道德风险，避免赌博行为发生，并限定了保险赔偿和尺度，保障保险经营稳定。

2）保险利益原则在再保险合同中的适用

再保险合同的保险利益是指原保险人对再保险标的具有经济利益，并以此作为再保险合同有效的必要条件。原保险合同标的是指发生保险事故的财产和责任，再保险标的是原保险人的保险责任。原保险人对保险标的损失与否具有经济补偿与否的利害关系，这种经济利益，就是再保险的保险利益。

关于再保险的保险利益，有些法律做了专门说明。英国《海上保险法》第九条第一项规定："海上保险契约的保险人，就其所承保的标的具有保险利益，可以将有关所承担的责任进行再保险。"德国《商法》第七百七十九条和《海上保险法》第一条也有类似的规定。从以上法律规定可以看出，保险人在订立再保险合同时，由于原保险合同对被保险人负有经济赔偿的保险责任，这种基于有效合同而言产生的利益，可以作为再保险的保险利益。

再保险的保险利益的范围是以原保险责任范围为限，即再保险承保的条件与原保险的条件是一致的，再保险的保险责任范围与原保险的责任范围是一致的。否则，再保险的保险利益就不存在了。假设原保险人承保某财产的火灾保险，而该财产损失是由于盗窃危险导致，原保险人对此损失不承担赔偿责任，不具有保险利益，不能安排再保险。因为，所发生盗窃损失，原保险人不负赔偿责任，对原保险人不能形成经济利害关系。又假设原保险人承保某货物海上运输货物保险，战争险除外。该货物发生战争损失，属于原保险人的除外责任，不负经济赔偿责任。对此，原保险人不存在保险利益，不能进行再保险。当再保险的承保范围与原保险承保范围不相符合时，再保险利益已经不存在，再保险人不负赔偿责任。

关于保险利益的限度，对于原保险是用保险金额来确定的；而对于再保险则是用再保险的责任金额来确定的。再保险的责任金额表明了再保险利益的价值尺度，并以此作为计算再保险费的基础和再保险人承担赔偿责任的最高限度。再保险的责任金额在比例再保险中为再保险金额。上述有关再保险利益的限度确定是就再保险合同本身的经济利益而言的。不容忽视，当原保险合同产生合理的施救费用，引起原保险人的经济赔偿增加，则再保险合同也应承担相应部分的经济赔偿责任。

2. 最大诚信原则

最大诚信原则作为保险的基本原则，被认为是全法律最高的规范，有"帝王条项"之称。有的学者认为，最大诚信原则是一切法律关系的道德规律。保险合同是典型的射幸合同，保险费的交付和保险赔款的给付之间的平衡关系具有偶然性，取决于保险事故的发生和造成的损失。因此，保险合同要求当事人必须遵守最大诚信原则。

1）最大诚信原则的法律规定

我国《保险法》第四条规定："从事保险活动必须遵守法律、行政法规，遵循自愿和诚实信用的原则。"

我国《保险法》第十六条规定："订立保险合同，保险人就保险标的或者被保险人的有关情况提出询问的，投保人应当如实告知。

投保人故意或者因重大过失未履行前款规定的如实告知义务，足以影响保险人决定是否同意承保或者提高保险费率的，保险人有权解除合同。

前款规定的合同解除权，自保险人知道有解除事由之日起，超过三十日不行使而消灭。自合同成立之日起超过二年的，保险人不得解除合同；发生保险事故的，保险人应当承担赔偿或者给付保险金的责任。

投保人故意不履行如实告知义务的，保险人对于合同解除前发生的保险事故，不承担赔偿或者给付保险金的责任，并不退还保险费。

投保人因重大过失未履行如实告知义务，对保险事故的发生有严重影响的，保险人对于合同解除前发生的保险事故，不承担赔偿或者给付保险金的责任，但应当退还保险费。

保险人在合同订立时已经知道投保人未如实告知的情况的，保险人不得解除合同；发生保险事故的，保险人应当承担赔偿或者给付保险金的责任。

保险事故是指保险合同约定的保险责任范围内的事故。"

我国《保险法》第二十八条规定："应再保险接受人的要求，再保险分出人应当将其自负责任及原保险的有关情况书面告知再保险接受人。"

英国 1906 年《海上保险法》第二十七条规定："海上保险合同为基于最大诚信原则的合同，如果一方不信守诚信原则，另一方可宣布合同无效。"

2）最大诚信原则的含义

诚信即诚实守信，最大诚信较一般的诚信度要求得更为严格。

最大诚信原则可表述为：保险合同当事人订立合同及在合同有效期内，依法向对方提供影响对方作出订约与履行决定的全部实质性重要事实；同时绝对信守合同订立的认定与承诺。否则，受到损害的一方，可以此为由宣布合同无效或不履行合同约定义务或责任，甚至对此而受到的损害还可要求对方予以赔偿。最大诚信原则贯穿于保险合同的定约之前的签订时期及整个有效期。

3）最大诚信原则在再保险中的适用

再保险合同必须遵循最大诚信原则，而且要求更高程度的诚信。由于保险业务是在原保险人方面进行的，再保险人可能远在异国无法加以控制，只能依赖当事人的品德、诚信和商务行为。因此，再保险合同有高度的属人性，有"再保险为人品的核保工作"之誉，再保险合同的善意合同体现得更为完整和要求更高。

最大诚信原则是再保险的最基本要求，其内在原因可概括为 3 个方面。首先，再保险合同是以保险合同为基础的，而保险合同本身就是建立在最大诚信基础上的。其次，再保险合同订约双方都是保险同业，是双方同等的专家之间协商而成的交易，更能理解最大诚信原则的内涵及其在再保险方面的特殊要求。再次，再保险交易多为世界性业务。这种国际性保险业务交往更基于再保险合同双方的诚信基础。国际再保险业务之所以能够在世界范围内不断发展，国际保险合作不断加强，不能不归功于保险业恪守了最大诚信原则。

（1）再保险合同的告知义务。告知义务是履行最大诚信原则的具体实施。在订立再保险合同时，向分保接受人告知实质性情况的责任由原保险人承担。告知义务的履行不仅是在订立合同之前，并且贯穿于整个再保险合同有效期内。原保险人履行告知义务是再保险合同成立的基本条件。原保险人告知实质性情况一般包括分出人的承保条件、经营方法、自留额、保险费和以往赔款记录等有关影响接受人决定是否接受及接受额度的重要情况。原保险人必须如实陈述，才能维护再保险合同双方的利益。

另外，从合同的法理观点分析，原保险人履行告知义务是保持再保险合同当事人之间平衡地位的要求，因为再保险合同是射幸合同，原保险人必须如实告知其所掌握了解的一切影响再保险风险事故大小及可能性的重要事实，供再保险人分析并据以作出决定。否则，订立的再保险合同就破坏了当事人之间的平衡地位，有失公平。由此，告知义务是再保险合同诚信原则的具体实施。倘若原保险人违反告知义务，再保险合同就失效或解除。各国法律对此都有规定。

（2）最大诚信原则是再保险习惯的基础。再保险业务的法律依据出于各国有关的保险法。再保险业务的交易规则更重视其商务习惯，并起着重要准则的作用。再保险交易中的约定俗成被称为"不成文再保险合同法"。再保险的特殊习惯和一般准则在再保险交易中起着十分重要的作用。德国《商法》规定，再保险须遵从再保险习惯。法国 1947 年政令规定，再保险当事人应遵循再保险习惯，认为再保险习惯是适用于再保险法律方面的最高准绳。再保险习惯做法具体表现在优惠赔款、仲裁、跟随原保险人诉讼、代位求偿权及共命运原则等制度上。但是，不管如何依据再保险习惯，其基础就是最大诚信原则。再保险习惯是建立在遵守公共道德，维护商务良好秩序的前提基础。正是由于再保险合同的双方当事人恪守最大诚信原则，才使国际再保险业务在世界范围内不断发展，国际保险合作不断加强。

3. 损失补偿原则

1) 损失补偿原则的一般含义

损失补偿是保险的基本职能，损失补偿原则的含义为：①依据保险合同双方当事人的权利和义务关系，损失补偿是保险人对被保险人所承担的义务；②保险人对被保险人的损失补偿是以保险标的所遭受的实际损失为限，目的是防止被保险人从保险补偿中获利。在超额保险业务中，损失补偿原则适用于损害性保险业务，而不适用于非损害性保险业务。

2) 再保险合同的损失补偿原则

由于再保险合同的标的是原保险人的赔偿责任，因此损失补偿原则适用于再保险合同。再保险合同的损失补偿原则体现为：以原保险人实际损失为限，原保险人不能获得超过实际损失的赔偿。应该注意，再保险合同的补偿原则在实际运用中，虽然损失补偿是源于原保险合同，但同时再保险合同脱离原保险合同具有独立性，合同的当事人不同，因此，在损失补偿原则的具体做法中有特殊的规定。英国《海上保险法》第九条第二项规定："除非保险单另有约定外，原被保险人对再保险无利益或权利。"即原被保险人对再保险人无请求赔偿权，再保险人对原保险人没有损失补偿义务，只有原保险人有权向再保险人请求赔偿。同时强调，原保险人不能以再保险人没有履行赔偿为理由而拒绝履行其应对原被保险人的赔偿义务。再保险补偿原则进而规定：无论原保险人已尽或未尽赔偿被保险人的义务，再保险人都应向原保险人履行赔偿义务。这些规定明确了原保险合同和再保险合同的各自损失补偿责任，原保险人应该对原保险合同的保险责任负责，而再保险人应该对再保险合同的保险责任负责，两者责任不能互相混淆。

原保险人未尽赔偿义务的原因有以下几种情况。

（1）原保险人破产。当遇到原保险人破产时，再保险人的补偿责任仍应以再保险合同规定的责任为准，支付其应该支付的赔款，而不是原保险人对原被保险人的已支付的赔款金额。再保险人支付的赔款归破产公司的管理人所有，作为破产公司资产的一部分由债权人参与分配。原被保险人不能直接向再保险人请求赔偿，而只是作为普通无担保债权人参与分配。很显然，这种原被保险人没有直接请求权的情况，在原保险人破产时，其保险保障不能得到充分赔偿。对此，英美法在再保险合同中一般规定允许原被保险人在原保险人破产时，有直接向再保险人请求赔偿的权利，以保障被保险人的利益。中国人民保险公司在接受再保险业务时，一般不接受直接给付条款。另外，如果再保险人破产，原保险人可以参与清算，与一般债权人同等分配。若分配所得金额不足应得到的赔偿金额，原保险人也不得以此为理由，减少对原被保险人的赔偿。

（2）原保险人发生巨额赔款时，依据再保险合同可做现金摊赔。现金摊赔是指原保险人在一次赔款或在某一定期间内的赔款累积达到某种额度时，可向再保险人请求以现金摊付赔款，以解决财务调动上的困难。对再保险人而言，现金摊赔称为现金赔偿。现金摊赔是再保险合同中约定的，与原保险合同无关。因此，原保险人不能以再保险人未支付现金而拖延或拒付对原被保险人的赔款。

（3）原保险人与被保险人对于赔偿金额产生争议，需要仲裁时。原保险合同仲裁的内容是赔偿金额的多少，而赔偿责任是已经确定的。此时，再保险人不能因此而不尽或延迟履行补偿损失的义务。另外，当原保险人与再保险人发生争议需仲裁时，原保险人不能以此为理由，不尽或延迟履行对原被保险人的赔偿义务。

再保险合同损失补偿原则中的补偿范围确定，是以再保险标的范围为准，即使优惠赔款，仍以再保险合同的约定为限。再保险人对于原保险合同约定范围以外的损失无须负责。倘若原保险人以原保险单不必赔偿的赔款要求再保险人摊负，即使再保险合同印有"依约照付"的约定，再保险人也不必摊负。在再保险人履行赔偿义务时可向原保险人要求提供损失或损失原因的证据，原保险人负举证责任。原保险人若不能提供相应的证据，再保险人可以拒绝履行赔偿义务。

3.1.5　再保险人的权利与义务

再保险合同是再保险合同当事人的权利与义务关系。再保险合同条款明确了原保险人的权利与义务和再保险人的权利与义务，由法律确认并保证实施。在法律关系中，权利与义务具有对价性。

1. 再保险人的权利

（1）再保险人有权向原保险人收取再保险合同中为其规定的再保险费。

（2）再保险人有权要求原保险人履行保险合同中为其规定的义务。

（3）当原保险人不履行法定或约定义务时，再保险人有权根据具体情况提出解除或终止再保险合同。

（4）如有损余收回或向第三者责任方追回款项时，再保险人可以向分出公司要求按分保比例摊回有关款项。

（5）在工作需要时，再保险人可以向原保险人要求行使检查权利。再保险合同中的检查条款规定："一切有关本合同的账册、登记本、记录单证和文件，在任何时候均可由接受公司所授权的代表进行检查。"

检查条款的目的是保护再保险人的利益。当对合同的经营发生怀疑或双方发生争执，需要进行查账时，再保险人应先通知原保险人，并承担查账和复印文件的所有费用。

原保险人全权处理再保险事务，可视为受再保险人的委托。从受托人的立场而言，原保险人为表示诚意，愿意随时接受再保险人的检查。再保险人为了某一目的，有权行使检查权利。检查范围为有关再保险的事务，包括自留的取舍、危险的分散与安排、再保险费的计算、赔款等。检查对象为上述各项有关的账册、单据、文件等记录。

检查的结果，如发现有不诚实或未尽再保险实务应尽的义务或有处理不当的事情时，可请求原保险人改正，也可以据此解除合同。

在实务中，再保险人实际行使检查权利的极少。因为，再保险合同的签订，是基于双方高度的诚信与相互信赖的基础。

（6）指示权利。再保险人在认为有必要时，可指示原保险人采取防止损失扩大与减轻的措施，这种指示可以在订立合同时直接规定，也可以于保险事故发生后给予指示。

2. 再保险人的义务

（1）再保险人应按合同规定接受分担额的义务。再保险合同成立后，除非法律或合同规定，接受公司不得在保险有效期内终止合同。在固定再保险合同情况下，基于合同条款的规定，再保险人有继续、自动接受原保险人分入业务的义务。

（2）在约定的保险责任产生时，再保险人应按合同规定履行损失补偿义务。在再保险事故发生时，再保险人有支付再保险金以填补原保险人损失的义务。

（3）再保险人应按合同规定对再保险佣金与盈余佣金履行支付义务。再保险人对原保险人负有支付一定百分率再保险佣金的义务，此项佣金通常为 30％左右。此外，有的再保险合同中规定，再保险人在再保险业务的盈余中，应提出一定百分比（通常为 5％～10％）作为盈余佣金，支付给原保险人，作为对原保险人谨慎选择业务的奖励。

（4）再保险人按合同规定对保费准备金和赔款准备金提存与管理履行承认义务。原保险人按合同规定，从应支付再保险费中扣存保险费准备金和赔款准备金，目的是确保再保险人能够履行赔款义务。对此，再保险人履行承认义务，以作为对原保险人的财务保证。

（5）原保险人为维护合同双方共同利益而支出的切实合理费用，再保险人有按比例承担的义务。

（6）当原保险人的赔偿责任超过约定数额时，再保险人应按照再保险合同规定进行现金摊赔。

（7）再保险人应分担原保险人因列入合同的业务所发生的税款。

通过对再保险合同当事人双方权利与义务的考察，可以看出双方的权利与义务是对应的。一方的义务体现为另一方的权利；反之亦然。

3.1.6 再保险合同的基本内容

1. 再保险合同的基本条款

再保险合同的种类繁多，条款根据不同的再保险方式和业务类别也多有差异。再保险合同的基本条款在国际再保险业务中通用，这些条款为保险界所熟知，所以不用事先约定，而只需在合同中列明。这些基本条款主要有共命运条款、错误和遗漏条款、保护缔约双方权利条款和仲裁条款等。

1）共命运条款

共命运条款通常表述为：兹特约定凡属本合同约定的任何事宜，再保险人在其利害关系范围内，与原保险人同一命运。此条款规定再保险人与原保险人在利益与义务上共命运，主要是根据再保险业务的特点需要而作出的。原保险人与再保险人往往属于不同地区或国家，再保险人不可能介入原保险业务。

共命运条款的具体内容为：凡是有关保费收取、赔款结付、对受损标的的施救、损余收回、向第三者追偿、避免诉讼或提起诉讼等事项，授权原保险人为维护共同利益作出决定，或者出面签订协议，由此而产生的一切权利和义务都由双方按达成的协议规定共同分享和分担。这些规定有利于原保险人能够在合同约定的范围内积极灵活地开展业务，正确合理地制定费率，恰当谨慎地处理赔款，从而保证双方更多的保险利润。

可以看出，同一命运是针对双方的利益。原保险人为了单方面利益而产生的费用，如刊登广告、发布公告等，再保险人无须同一命运，不负共同责任，也不承担所发生的费用。同时，应该指出的是，再保险人与原保险人的同一命运是保险命运而非商业命运。保险命运是指原保险人按照原保险合同约定所承担的保险责任，再保险人由于接受其责任的转移，所以须与其同一命运。商业命运是指原保险人本身财务上的问题，如原保险人因员工或经纪人侵吞保险费或原被保险人不交付保险费等所致的损失。对于原保险人这些商业上的损失，再保险人不承担责任。也就是说，共命运是基于再保险合同基础上的保险命运。另外，共命运条款也不能要求再保险人负责超过合同规定限额以上的损失，以及合同规定责任范围以外的灾害事故造成的损失。

共命运条款沿用甚久，已为国际保险市场普遍承认。但由于近年来国际再保险市场不景气，有些再保险人已提出重新考虑这个条款，特别要求原保险人在决定通融赔付和发生争议付诸诉讼前，需征得再保险人的同意。

2）错误和遗漏条款

由于分保手续十分烦琐，从再保险协商、危险责任的分配与安排，到账单编制、再保险费的交付等一系列具体工作中，难免有错误、遗漏，以及延迟等情况发生。为避免由此引起纠纷时影响再保险业务的开展，在再保险合同中一般订有错误和遗漏条款。条款规定，订约双方的一方不能因另一方在工作中发生的错误、遗漏或延迟而推卸对其原应承担的责任，只要这类错误、遗漏或延迟不是故意过失或疏忽造成的，就不影响合同的有效性，合同双方应本着同一命运的原则，负责到底。

错误和遗漏条款的规定，主要目的是保护分出公司，避免由于偶然的错误和遗漏而导致十分不利的后果。在实务中，发生错误与遗漏的一般情况为：应纳入分保合同的业务而未办理分出；应予登记的业务未做登记或登记错误；应办理再保险账而未办理或办理有错误；应通知再保险人的事项而在业务报表中未做通知或未及时通知。上述错误和遗漏的发生，并不影响再保险人继续承担责任，且责任追溯到正常情形下所应开始的时间。如果错误或遗漏发现时损失已经发生，则分出公司必须仍维持通常的标准决定自留额的规模。

应该明确，本条款的规定主要针对当分出公司非故意过失或疏忽造成的错误、遗漏或延迟，给予弥补的机会，以利于再保险业务的发展。这也就更强烈地要求原保险人具有最大诚信，否则将会滋生原保险人的侥幸和依赖心理，给再保险交易带来损失。所以，这种错误和遗漏一经发现，必须立即通知再保险人，并及时纠正错误。

3）保护缔约双方权利条款

再保险合同赋予缔约双方不同的权利，这些权利用条款形式加以明确，以保护双方权利的实现。再保险人给予保险人选择承保标的、制定费率和处理赔款等权利。这主要是出于再保险人对原保险人的充分信任，避免双方之间的反复周折，便于再保险交易有效顺利地进行。原保险人赋予再保险人查核账单及其他业务文件，如保单、保费、报表及赔案卷宗等权利，允许再保险人有这些权利，有利于再保险人能够更多地了解分出业务经营管理、承保风险和赔款处理、损失记录等情况，有利于掌握与其他业务的累积责任；同时，也有利于保证再保险交易的公平进行，防止出现对再保险人不利的结果。在实务中，除非发生特殊问题，这些权利很少运用，尤其在友好公司之间，双方都不要求使用这样的条款。只有在缔约双方发生争执，有可能付诸诉讼时才运用本条款。

4）仲裁条款

仲裁条款通常表述为：有关本合同或其项下的业务发生争执或分歧，当不能友好解决时，可提交仲裁法庭，由合同双方各自指派其仲裁人，并由这两名仲裁人指派公断人。如果任何一方在对方以挂号信提出该要求 4 个星期内不能指派其仲裁人，或者这两名仲裁人对公断人的指派不能取得一致意见，第三名仲裁人或公断人可由保险专员指派。

仲裁人和公断人应是公正、无偏袒的人员，必须是保险公司或再保险公司的高级人员，并与该项争议无利害关系。仲裁人可免除一切司法手续，并从实际的观点和根据衡平法，而不是按照严格的法律意义对合同进行解释。仲裁人的裁决应在他们被任命后的 6 个月内作出，并对合同双方均具有约束力，仲裁程序中的费用应按仲裁人的决定分摊。

再保险仲裁是解决再保险争议的一种通用方式。在再保险交易中，交易的各方往往分处不同国家或地区，合同的履行在很大程度上受各国政治、经济和自然条件等因素的影响，情况复杂多变，双方当事人在执行合同的过程中发生各种各样的争议是难以避免的。仲裁条款为解决争议提供了一种双方认可的准则。再保险业务争议发生时，再保险合同双方一般都愿意采用仲裁方式来解决争端。

仲裁协议是在双方自愿的基础上达成的一种书面协议，表明双方当事人愿意把争议交付仲裁解决。依据仲裁协议仲裁机构和仲裁员受理争议案件。

再保险仲裁的范围一般为再保险合同效力、条款解释、订约双方权利和义务等。

再保险合同仲裁条款包括仲裁地点、仲裁机构、仲裁程序和仲裁裁决的法律效力 4 个方面。

（1）仲裁地点。仲裁地点是仲裁条款的主要内容，在商定仲裁条款时，合同双方一般都力争在本国仲裁。这一方面是由于当事人对自己所在国的法律和仲裁做法比较了解与信任，而对外国仲裁制度则往往不十分了解，有所顾虑；另一方面是由于仲裁地点与仲裁所应适用的程序法与合同所采用的实体法密切相关。按一般法律规定，在哪个国家仲裁，就要适应哪个国家的仲裁法规和法律冲突规则。再保险仲裁地点通常约定为分出公司的所在地，因为保险标的坐落于此，较为方便，工程保险则约定在应诉方的所在地进行仲裁。我国的船舶险和海洋运输货物保险等合同都规定在我国仲裁。中国人民保险（集团）公司（以下简称中保（集团））的再保险通用条文明确仲裁地点在中国北京，仲裁程序依照我国法律。

（2）仲裁机构。仲裁机构分为常设的仲裁机构和临时仲裁庭两种，前者为常设机构，后者为双方当事人直接指定的仲裁员自行组成仲裁庭，案件处理完毕即自动解散。再保险仲裁适用于以上两种机构。我国常设的仲裁机构有对外贸易仲裁委员会和海事仲裁委员会。在我国一般都在这两个机构进行仲裁。国外的全国性仲裁机构有英国伦敦仲裁院、美国仲裁协会、瑞典斯德哥尔摩商会仲裁院、瑞士苏黎世商会仲裁院、日本国际商事仲裁协会、意大利仲裁协会等。这些均是根据各国的仲裁法而成立的。国际性仲裁机构主要是联合国国际贸易法委员会和国际商会仲裁院。

（3）仲裁程序。仲裁程序规定了仲裁进行的过程，包括提出仲裁申请、确定仲裁人、仲裁审理、仲裁裁决。再保险合同的仲裁条款一般规定，在发生争议时，可由合同的任何一方在仲裁开始前一个月内，提出仲裁申请及各种资料，另一方在收到申请书1个月内提出答辩书，然后由订约双方各自指定一名仲裁人进行仲裁。为了使在仲裁双方意见不一致时，仲裁仍能顺利进行，在仲裁之前，往往由双方仲裁人另行选定一个公断人。由两名仲裁人组成的第一层仲裁能达成协议，则仲裁就告结束，当事人应共同遵守仲裁所作结论。如果第一层仲裁未能作出决断，则由公断人继续仲裁。公断人所作结论是最终裁决，对当事人双方均有约束力。仲裁人和公断人通常由保险界的高级职员或有名望的人士担任。如果双方仲裁人在30日内不能推选出公断人，则通常由仲裁地的保险同业公会理事长或商会理事长指定。

公断人必须具备的基本条件是：①公正；②与事情本身无利害关系；③具有丰富的商业知识与经验；④具有保险、再保险的专门知识。仲裁费用经仲裁人决定由一方或双方承担，或者按约定方法处理。多数合同规定第一层仲裁人的费用，由各法人自理，所需共同费用，由当事人双方共同负担，或者由公断人决定处理方法。对于产生的公断人费用，由双方当事人共同负担。仲裁程序必须严格遵循仲裁程序规则，这是为当事人和仲裁人提供的仲裁行为准则。仲裁规则有各国仲裁机构自行制定的，也有国际性和地区性的。例如，我国的《对外贸易仲裁委员会仲裁暂行规则》和《海事仲裁委员会仲裁程序暂行规则》属于前者，国际性的《联合国国际贸易委员会仲裁规则》属于后者。

（4）仲裁裁决。仲裁裁决的法律效力主要是指裁决是否具有终局性，对双方当事人的约束力如何，能否再向法院提起上诉等问题。为了明确仲裁裁决的效力，避免引起复杂的上诉程序，再保险合同的仲裁条款一般都明确规定：仲裁裁决是终局裁决。我国的民事诉讼法也规定，"经中华人民共和国的涉外仲裁机构裁决的案件当事人不得向法院提起上诉"。

国际上再保险合同中常用的仲裁条款是1975年英国再保险人联合会和伦敦承保人协会制定的标准再保险仲裁条款，但实际中运用的还有很多不同的仲裁条款。

2. 再保险合同的相关组成部分

再保险合同的格式和程序，目前国际上并无统一标准文本。这是由于保险人要求不同和再保险方式的互异，同时也由于各国金融监管部门对保险人和保费自留数、赔款准备金等都有规定。具有一定规模的再保险人，都有自己的一套适用于各种再保险格式的标准文本，包括不同要求的批改条文。在实务中，同类性质的合同也会有各种不同的条文。无论保险人的要求和再保险方式如何不同，各类再保险合同都必须由某些重要的、共同的、基本的内容组成。这些基本的组成部分主要包括以下内容。

（1）缔约双方的名称。

（2）合同开始日期。比例再保险合同一般是不定期的，非比例再保险合同一般为1年期。

（3）执行条款。规定再保险方式（成数、溢额或超额赔款）、再保险业务种类（火险、水险或其他险别)、地理范围(本国、地区或全世界)及责任范围(自负责任、再保险责任和合同限额)。

(4) 除外责任。明确载明合同中不保的危险和责任。

(5) 保费条款。详细说明计算再保险费的基础和方法,包括再保险人需要支付给保险人的税款及其他费用。

(6) 手续费条款。规定再保险人向分出公司支付手续费和计算手续费的方法,如有纯益手续费,也要说明计算方法。

(7) 赔款条款。规定原保险人处理赔款的权利和赔款发生后及时通知再保险人的义务。如发生巨额赔款,规定原保险人可向再保险人请求现金摊赔。

(8) 账务条款。规定关于账单的编制、寄送和账务结算的事宜。

(9) 仲裁条款。规定再保险合同的仲裁范围、仲裁地点、仲裁机构、仲裁程序和仲裁裁决的法律效力等。如果双方对解释和执行合同发生争议,通常由双方协商解决,如果双方各持己见不能达成协议,则按本条款规定的解决争议的程序进行仲裁。

(10) 合同终止条款。规定终止合同的通知和了清责任的方法。

(11) 货币条款。说明保费和赔款使用何种货币,结付时应用的折合率(汇率)。

3.2　再保险合同的主要条款

3.2.1　比例再保险合同的主要条款

1. 关于责任和范围划分的条款

1) 业务范围条款

成数再保险或溢额再保险合同的业务一般是限于同一险种的保险业务。如海险(或水险)合同,一般包括海上运输各项业务;货运险合同一般包括海、陆、空运的各项业务;火险业务应包括分出公司所经营的全部火灾保险业务等。但各保险公司对于各种业务所承保的责任范围互不一致,如火险业务,有的公司仅承保由于火灾造成的财产损失,而有的公司承保的责任范围较为广泛,包括地震、洪水、台风和盗窃等危险。一般来说,国际上常用"非水险"业务来代替火险业务,以表示在火险基础上的附加险、责任险都包括在内。因此,在国际分保实务中,常见"水险"、"非水险"、"汽车险"、"航空险"等术语,其中"非水险"并非完全指水险以外的所有业务,在再保险合同中,必须尽可能表述清楚。

在再保险合同中,业务范围必须明确,除了列明一般的业务范围外,还要明确规定除外责任范围,以免发生损失时,由于责任范围不明确而互相推诿。原则上,除外责任与原保险单的规定相同,比较特别的主要是指战争风险和原子能风险。

2) 再保险对象与地区范围条款

再保险合同一般规定其对象为直接承保的业务和通过再保险吸收的业务。将再保险业务容纳于合同内,性质上属于转再保险,这个规定对双方而言均是有益的。对原保险人而言,通过转再保险可避免危险的重复与累积;对再保险人而言,可扩大业务来源,甚至可弥补原保险人所欠缺的业务来源,虽有危险累积与重复之虑,但有限额的保护。

地区范围要说明列入合同的某一险种业务的地理区域范围。例如，凡是分出公司（包括其分支机构和代理机构）经营的某种业务全部列入合同，而无论业务来自什么地区，但也可以将某些地区除外。如有的合同有这样的条文："……situated in any part of the world excluding the United States of America and Canada"，意即合同在地区方面是世界性的，但却将美国、加拿大除外。这是因为美国、加拿大的业务有很多特殊的做法，性质特殊，危险性高，巨大灾害经常发生，若要承保，也往往另行处理，其再保险条件是有差别的。

3）责任范围条款

就再保险承担的危险而言，原则上与原保险单承担的危险相同。

责任范围的划分，要明确分出公司与接受公司双方的责任，即规定对每一危险单位分出公司的自留责任和接受公司的最高分保责任是多少，在溢额合同中要规定分保线数是多少。例如，溢额合同规定每一危险单位的自留额为 10 万元，分保限额为 10 线，最高分保责任额为 100 万元，若接受公司接受 20％的成分，则接受额为 20 万元。关于如何构成一个危险单位，合同一般规定由分出公司决定。接受公司对本合同项下业务的责任应同分出公司同时开始及终止，并按分出公司的原保单或更改条件负责。

对于上述 3 个方面的内容，以最常见的溢额再保险为例，在火险溢额再保险的合同中，可能有以下条款内容。

甲方同意须将其火灾保险部分直接承保或经由再保险接受的在（　　）境内的火灾及其他危险的业务，就超过本身的自留与第一溢额限额的总额后的第二溢额的固定成分（　　），向乙方再保险，乙方须同意接受。

对于每一危险单位，再保险人接受的金额，不得超过甲方对于这一危险单位所做自留额的（　　）倍。

甲方的自留限额表及本合同的最高额度及第一溢额合同的最高额度，均附存于本合同内，并成为本合同的一部分。

甲方保险单对于所承保标的分别列示费率时，甲方自留的金额应按保险单所载的建筑物或建筑的装置，或者两者的全部或部分计算。按本合同进行的再保险，可以任何标的为对象来安排，不必与自留的标的相同，但遇有损失时，按第（　　）条规定甲方所记录的账册，属于同险的所有标的，均须比例分摊；但无论如何，乙方所负担的金额不得超过本条第二段所规定的甲方自留的倍数。

倘若甲方所承保的某一危险单位的总保险金额，超过其对分支机构或代理人所指示的额度时，乙方对该超过部分仍按该再保险的比例负责，但乙方对于任何一个危险单位的责任仍不超过上述甲方自留的倍数。

关于如何构成一个危险单位，乙方同意遵照甲方的决定，甲方的决定属最终决定，对乙方具有约束力。

无论原保单或本合同内有任何相反的约定，本合同不适用于直接或间接因战争、侵略、外敌行为、谋反、民众骚扰、暴动、军队或强力霸占所致标的物的任何毁损或灭失。

以承保原子能或核能危险为目的所组成的保险或再保险所负任何损失或赔偿责任，均不属于本合同再保险范围之内。

在这一条款内，对再保险范围、再保险成分、自留额、除外责任和原保险的某些权利等都做了具体说明。还可以注意到，虽然这是一个第二溢额再保险合同，但仍对原保险人的自留限额做了要求。

2. 再保险费率和再保险准备金条款

比例再保险业务的费率一般都是按原保单上规定的费率办理，在合同中常以"如原条件"表示，所用货币也与原保单一致。

为确保再保险人能依约履行义务，原保险人将应付再保险费的一部分留存一定期间，以备将来之需。留存的这笔款项，称为再保险费准备金。

原保险人提存准备金的数额，一般为应付再保险费的 35%、40% 或 50%，而以 40% 最为普遍。

准备金是从每季度应付的再保险费内扣提的，每季度办理一次，至第四季度止，其合计达全年总保费的 40%。留存准备金的期限为 12 个月。因此，至第二年第一季度，归还上年第一季度提存的准备金，同时要就新的再保险费重新提存准备金。分出公司在归还准备金时，还应支付与接受公司议定的利息。

上述有关内容，在合同中的条款大致如下。

"为确保乙方善尽本合同义务，甲方有权保留每季终了后应付乙方的再保险费的（　　）%。此项保留金额，应以至该季终了起 12 个月为限。"

"本合同终止时，按本条规定所保留的款项，应充做乙方赔款及返还再保险费之用，且继续由甲方保留至乙方所有责任均已确定并全部履行时止，尚有余额，应退还给乙方。若甲方所保留的款项，不足以抵偿乙方应付甲方的赔款时，乙方仍须依本合同各项规定，对甲方负责清理。"

"甲方就其所保留的再保险费，应按年息（　　）%支付给乙方利益。此项利息应逐笔自保留之日起计算。"

3. 再保险佣金与盈余佣金条款

1）再保险佣金条款

再保险手续费即分保佣金，是成数和溢额分保实务中的重点项目之一，它是接受公司根据再保险费支付给分出公司的一定费用，用以分担分出公司为招揽业务及业务经营管理等所产生的费用开支。例如，分出公司调查危险、签发保单、处理赔款等所支出的适当费用，接受公司对此并无任何支出，故以佣金的方式负担一部分。

关于费率和佣金，合同中可能有以下条款。

"凡本合同的再保险，均与原保险单同一货币、同一基本条款与特约条款，且同按（　　）火险费率规章规定的费率办理，并扣除经纪人佣金（　　）%后，再就其余额扣除（　　）%的再保险佣金办理。"

现代保险实务中，展业费用不断上升，再保险佣金率也表现出增长趋势。以英国为例，火险合同国内佣金率由原来的 25% 左右提高到 35%，国外佣金率则为 32.5%～35%，意外保险国外业务的佣金率还要高一些。美国的再保险佣金率通常较高，自最低 28% 到最高 47%。对于再保险佣金，分出公司和接受公司双方都很重视。就接受公司而言，赔款、佣金及费用为三大支出项目，佣金支出的大小对将来利润有直接影响；就分出公司而言，各种佣金收入，可否补偿其分出业务的承揽成本，与收益密切相关。因引，再保险的当事人双方，应在合同中明确佣金的给付办法。

2）盈余佣金条款

盈余佣金是再保险佣金的一种特殊形态。在比例再保险合同内，常有此项佣金约定，是再保险人将再保险合同业务中所获利润的一部分，退还给原保险人。用意是鼓励原保险人谨慎核保，使合同业务能产生利润，或者报答原保险人努力致合同获得利润。

盈余佣金在实务上一般有以下 3 种计算方式。

（1）一年基准法。这种方式按每一年度计算合同利润，依此利润，再计算盈余佣金。所谓每一年度，是单独个别的年度，与过去年度无关。由于再保险业务的利润变动很大，除非合同利润非常稳定，一般不用这种方法。事实上，这种方式使用得很少。如果按每一年度的合同利润单独计算给付的盈余佣金，则获利的年度中再保险人要支付盈余佣金，若遇到亏损年度，再保险人就无从弥补自己的亏损，因为盈余年度的盈余已支付了一部分给原保险人。这样，即使有若干年度获利，也会因遭受一次亏损，将过去所获利润尽失，造成对若干年度总利润亏损的合同，再保险人也要先行给付盈余佣金的矛盾现象，从而对再保险人非常不利。

（2）三年平均法。为补救一年基准法的缺点，可将当年度合同利润与过去两个年度的合同利润予以平均，然后就所得 3 年的平均利润计算盈余佣金。因此，过去某一年度所发生的亏损，将被后两年的合同利润所平均。这种方式比一年基准法对再保险人较为有利，也比较公平，已广为各国保险业所采用。三年平均法所考虑年数，并非严格限于 3 年，也可以按 2 年或 4 年平均计算。所以正确地说，应为数年平均法，只是一般认为 3 年平均最适当而普遍采用，因而在惯例上称三年平均法。

（3）亏损转移法。在亏损转移法方式下，任何年度的亏损，均继续转入次一年度以计算盈余，直至该项亏损全部消失为止。若次一年度成绩因此增加其亏损，也须将此全部亏损继续转入再下一年度，如此转移至全部亏损抵消而有盈余为止，再保险人才开始支付盈余佣金。换言之，再保险人仅在合同的累积利润有盈余时，才开始给付盈余佣金，在亏损没有全部消失以前，不必支付，这对于再保险人而言是一个最有利的方法。这种方式在意外险或业绩不佳或合同不稳定的情况下采用较多。

4．未了责任转移条款

未了责任有两种情况：保费未了责任和赔款未了责任。

未了责任转移是指分出人为了结束某个业务年度的账务将保费未了责任和赔款未了责任转移由下一业务年度新的接受人承担。

有的合同是采用"结清"的方式结束账务。因此，为了未了责任的转移，分出人按保费的 35％和未决赔款的 90％分别提取转移未满期保费及转移未决赔款结转由下一业务年度的接受人收进作为报酬。

有的合同采用"满期"的方式，即在某业务年度结束后的一定期间，如 3 年或 5 年后，才结束该业务年度的账务。由于该业务年度的全部业务已经到期，故已无未满期保费，因而也就没有保费未了责任的转移。但如尚有未决赔款，分出人可选择合适时间按未决赔款的 90％予以结清，将未了责任全部转移给其他接受人或由分出人自己承担。

由于未决赔款金额是当账务结束时的估计数，因此有的合同还规定，如以后实际赔付金额与估计金额有较大的差额，一般为超过 10％的幅度，对赔款未了责任转移金额可进行调整。

上述有关内容，在合同中的条款大致如下。

"当每个业务年度的账务进行结算时，分出人可向接受人收保费 35％和未决赔款 90％，将未了责任转让，以结束该年度的账务。"

5. 赔款处理条款

一般比例再保险合同规定，分出公司有全权处理赔款，包括全部赔付、部分赔付、通融赔付和拒绝赔付等。

虽然，分出公司有全权处理赔款，但在发生赔款超过一定数额时，分出公司要将出现的情况、估计的损失金额、出险日期和出险原因等用函电通知接受公司。分出公司在发生巨额赔款时，为了向接受公司及时摊回赔款，合同规定任何一笔赔款及费用总额按 100％计算，达到或超过双方约定的一定金额时，分出公司可向接受公司立即摊回现金赔款，接受公司在收到现金赔款通知后 7 日或 14 日内给予支付。

关于赔款处理的条款大致如下。

"甲方有绝对权利处理赔款，无论以协议或优惠赔偿或以其他方式处理，均无条件约束乙方。"

"甲方可对于任何赔偿请求进行抗诉，或者在认为适宜时关于赔偿请求提出诉讼。乙方对于赔款及理赔费用，按其再保险成分负责任。但乙方对于该项赔款的救护或追偿所得，按其再保险成分，具有权利。"

"凡赔款总额预计超过（　　　）美元时，甲方应立即通知乙方。其他赔款均以季报表通知乙方，且甲方应将本合同应负的未决赔款于每年 12 月 31 日截止的估计金额通知乙方。本合同所有再保险人应摊负的赔款达到或超过（　　　）美元时，经甲方请求，乙方对其应摊负部分应立即支付。其他赔款均在季账内借方列记。"

关于赔款的处理，在实务中要注意的 3 点是：①原保险人的通知义务；②原保险人对赔款的处理权；③现金摊赔。

6. 再保险账单和结算条款

在再保险实务中，最重要而繁重的工作是危险的安排和账务处理两项，但危险的安排及以后的整理工作等，到后来也要归于编制再保险账单、结付再保险费。所以，再保险账务是再保险交易的归结，其结果也是再保险当事人双方最关心的。

再保险账单的编送可以按每月、每季、每半年或每年办理。其中，按季办理最为普遍，按半年办理的也开始增多，按月办理的往往限于同一国内，按年办理的则很少见。在规定的期限内，再保险账单由分出公司尽可能快地编制并送给接受公司。

接受公司在收到账单后，一般有 2～3 周的复证期，即接受公司要就账单的内容、计算方法和数据正确与否，根据合同的条件或事先约定加以核算。复证的方法通常在原保险人所寄达账单的副本上，加上再保险人的签署寄回。如果再保险人逾期不复证，则视为确认。这个规定无论对原保险人还是再保险人都是有利的。对于原保险人将业务分给多个再保险人时，可免除等候各再保险人一一回证之烦；而对于再保险人，在许多情况下可省掉复证手续。

经确认后的账单在规定天数（一般为 30 日）内由欠方向收方进行结算。账单的编制和结算按合同规定的货币办理，如有规定以外的其他货币，由分出公司按实际付款当天的汇兑率折成合同规定的货币向对方进行结算。由于目前国际再保险市场对再保险资金的运用十分关注，因此编制账单和结算日期也为接受公司所关心。

上述有关条款内容大致如下。

"甲乙双方的账务，甲方应按季于每季终了后，迅速办理。乙方在接到账单后15日之内，应向甲方作同意或不同意的表示，若不作表示，则认为乙方已同意该项账单。任何一方的负额，均须于前述同意后15日内，或者可能范围内尽快给付。"

"上述账务应以承保的货币计算，甲方应付的再保险费亦应以承保时的货币，存放于乙方设置于（　　　　）银行的账户，并另行通知乙方。又甲方应摊回的赔款，亦应以同一货币由乙方给付。再保险费或结余款项的汇兑，应遵照（　　　　）国的规定办理。"

7. 报表条款

原保险人办理再保险，要按规定向接受公司编送业务报表、业务更改报表等。首先，原保险人要在有关账册或表格中，载明自留金额和再保险金额，还要登记保单号码、被保险人姓名、标的物及其地址、保险期间、保险金额、限额号码、地段号码、再保险号码等。这种记录往往称为再保险登记簿。这项登记是再保险交易最基本的记录，原保险人可据此编制业务明细表及再保险账单寄送再保险人。此外，在必要时，这种登记也是再保险人查对的重要记录。

由于就各项报表的内容来说，均属于明细表，故在再保险实务中称为再保险明细表。编制再保险明细表是原保险人告知与通知义务的具体体现。

再保险明细表有业务明细表与损失明细表两大类。业务明细表又分为初步业务明细表、确定业务明细表和变动业务明细表等；损失明细表有初步明细表及确定赔款明细表。

在传统上，初步业务明细表由原保险人每星期寄送给再保险人。但随着业务日趋频繁与复杂，加之最后以确定业务明细表为准，遇有变动时，又要按业务变动明细表办理，故初步业务明细表对于原保险人和再保险人都已失去原有的价值，因而在实务中已不采用。现在所说的业务明细表，通常是指确定业务明细表。

确定业务明细表和变动业务明细表通常按月分别编制，合并寄送给再保险人。明细表的内容，由于险种的不同而略有差别。确定业务明细表的内容包括保单号码、被保险人姓名、保险标的的内容与所在地、保险期间、保险条件、保险金额、保险费率、保险费等项，以及再保险号码、自留额、再保险金额、再保险费等。

所谓变动业务明细表，是指对已确定的再保险业务在发生减保、加保、退保等，都将直接增加或减少再保险人的责任与再保险费，故必须以变动明细表的方式通知再保险人。

业务明细表是再保险人掌握危险情况及全盘管理业务的需要。在实际操作中，再保险人可根据明细表，了解原保险人所办理再保险的实况。例如，业务的大小、业务的种类与分布状况、业务的品质标准、费率的适用情形、危险的累积或集中程度等。此外，原保险人、再保险人均可依此计算再保险责任与再保险费，遇有赔款发生，再保险人则根据报表查对并核计本身应摊付的金额。总之，再保险业务明细表是再保险业务的基本资料。

当某一再保险人与同一市场内大部分保险人订有同一性质的再保险合同时，可根据各原保险人寄送的报表另制卡片，整理同险，以避免危险的重复承担而导致累计。

再保险业务明细表虽然重要，但对原保险人有两个不利之处：①明细表的编制要花费大量的人力和物力，且要分送每一再保险人，其复制更是加重了工作负担，所以在国际上有废除的趋势，现仅编送首席再保险人，其余再保险人一概不送；②担心业务机密外泄，故在选择再保险人时要特别慎重，在业务竞争日益剧烈的情况下，原保险人往往寻找与自身业务竞争无利害关系的外国再保险人。当然，再保险人为原保险人保守业务机密，乃是职业道德的基本要求。

关于报表，合同中可有以下条款。

"甲方不得无正当理由延迟将每一危险的自留金额及再保险金额登录在其总公司的账册或表格上，以备查用。"

"乙方不得将甲方依本合同所提供的业务明细表，或者任何其他文件转交、泄露、制作副本给任何人或公司。"

"乙方对于新业务或续保业务，按参加本合同的百分比所负的责任，从甲方的责任超过自留额及第一溢额限额时同时开始，但若上述账册或表格记载责任开始日期为其他日期时，则从其他日期开始。又在本合同有效期间内，有关再保险的原保险业务已经承受，或者已承受的通知由甲方总公司收到者，无论该再保险的生效日期为何时，甲方有权决定所属再保险年度，并将该再保险业务划归为本合同的对象。"

"若甲方或代理人承保危险后，在将自留与再保险的金额记载在账册或表格之前发生损失，而损失涉及所承保的该危险时，甲方的自留金额仍须按本合同所附的自留限额表办理。"

"按照本合同，分与乙方的所有再保险业务，均须于每月终了后，尽快以月表明细表通知乙方。乙方按本合同的约定，同意与甲方同时自动受该项减保或退保的约束。"

8. 合同的修改和终止条款

1) 合同的修改条款

再保险合同在有效期内，可由任何一方取得对方同意，对合同的内容、条件等进行变更或修改，其方式可用函件或附约办理。

变更或修改的内容在性质上较为轻度非正式者，往往以信函处理。其方法由双方指定的人或负责实务的人交换签署函件，或者以一方签署的函件，由对方再签署复证后寄回存查。有时为争取时效，要用电报交换互证。例如，火险再保险合同原不保盗窃险，但某一标的须加保盗窃险，原保险人拟将加保的盗窃险也放入合同内再保，于是用电报通知再保险人。电报之后，往往再补函件由对方签署复证以示慎重。

变更修改的内容在性质上较为重大者，要采用附约的方法。例如，再保险佣金的更改，或者盈余佣金的计算方法的补充约定，多要以附约方式办理。

无论信函还是电报，只要对方同意，就将附约视为合同的一部分。附约和合同文本的处理方式一样，一式两份，经双方签字后，各执一份为凭。

上述有关内容在合同中的条文如下。

"甲、乙双方认为有必要，并相互同意，可用附约或通信变更或修改本合同，载示变更或修改的信件应视为构成本合同的一部分约束甲、乙双方。"

2) 合同的终止条款

一般再保险合同均规定本合同从某年1月1日零时起生效。合同的终止时间大约有3种情况，即期满终止、通知终止、特殊终止。但比例再保险合同一般是不定期的，故期满终止很少采用，主要以通知终止和特殊终止为准。

通知终止合同是指合同当事人任何一方，在事先表示其愿意终止合同的意思。所谓事先，是指提前3～6个月时间通知，其中以提前3个月最为普遍。提前通知的目的是使当事人双方有充足的时间准备，特别是对于原保险人，有充分的时间另找其他的再保险人。

通知的方式常为信函。通知的信函均须挂号寄发。用信函的方式提前通知，往往是接受公司为了取得主动，以便根据分出公司业务的成绩来作最后决定。所以，在通知信函中大多要强调，或者至少都要带上一句"此次通知仅属暂时性"，被称为"暂时性通知"。但对于合同的终止，并没有所谓的"决定性通知"，通知一经寄出，期限一到，则合同终止。当然，在寄出终止通知信函后，尚未到终止时间，如果认为对方业绩还可以，仍有意保持分保关系，可再发一函，收回前函的终止通知。这期间若要更改合同条件和内容，应同时交涉洽商，并将决定事项以附约交换签署存证。但有些实务工作者认为，既然终止通知已发，虽声明为"暂时性"，延续后的合同应属于新合同。

合同终止的时间，通常为 12 月 31 日 24 时。但为配合原保险人的会计年度，也可以是其他时间。例如，会计年度是自 7 月 1 日至第二年 6 月 30 日的，其合同终止时间要定为 6 月 30 日。发送终止通知的时间性是很强的，如规定年底前 3 个月通知，则必须在 9 月 30 日前发出终止通知才有效，过了 9 月 30 日则无效了。所以，某一分保公司如果业绩不好，因工作疏忽忘记发终止通知，就可能给接受公司带来一年的损失。由于合同的生效日期在不同的国家有不同的规定，有的 1 月 1 日、有的 4 月 1 日、有的 7 月 1 日、有的 10 月 1 日。因此，提前发终止通知的时间也不同，如不细心加以掌握，逾期不发通知，就会给工作和经济上带来损失。

有的再保险合同订明在特殊情况下立即终止合同，即特殊终止。这种特殊终止，不是性质特殊，便是在时间上须紧急处理，不宜受前述通知期限的约束。这种终止适用的是所谓突然死亡条款。特殊终止的情况大致为以下 3 种情形。

（1）由于双方无法控制的法律或事实上的原因使合同无法履行，如法令新颁布实施或修改后，现行合同规定与之发生抵触，此时即使合同不终止，也将失去其效力。

（2）由于经营方面的原因，导致合同关系无法持续。例如，合同一方因经营不善，丧失已缴资本的全部或一部分；合同的一方被宣布清理、破产或吊销营业执照；合同的一方被其他公司收购、合并或被其他公司控制经营权；合同的一方违反合同所规定的应尽义务；合同的一方停办与合同有关的业务。

（3）由于战争的发生，不得不终止合同。这种情形适用所谓战争条款。例如，当事人双方国家之间发生敌对行为，遇有这种情形，合同自动终止，再保险人的责任自发生敌对行为之日起终止，这是理所当然的事，所以有的合同已省略这项规定。又如，合同当事人的一方国家在政治上受他国统治，或者被他国军队占领，无法开展正常的商业活动，此时合同自动终止。此外，有些合同进一步订明，再保险人不得将原保险人分与的业务直接或间接转分给原保险人的敌对国，或者与该敌对国友好的国家，或者禁止或不欢迎从事贸易的国家的任何人。

上述终止也要一方以书面通知或以其他通信方式通知对方。合同终止时，要同时决定如何结束现有的再保险责任，如何结算已付未付的再保险费，以及已发生而未决赔款的问题。这些问题不但相互关联，而且还涉及责任准备金的解除与再保险佣金的退还等问题。在实际中，解决的方法有两种：自然满期方式和结清方式。通常由原保险人自行选择采用何种方式。

上述有关内容，在合同中可有以下条文。

"本合同自（ ）年1月1日起生效。"

"甲、乙任何一方，应于3个月前以书面挂号通知对方，于（ ）年（ ）月（ ）日终止本合同。"

甲、乙任何一方，若在任何时间，①丧失其已缴资本金的一部分或全部，或②进行清算或其破产管理人已被指定，或③与其他公司合并或受其他公司控制，或④违反本合同的规定，或⑤停止经营与本合同有关的业务时，任何一方有权在任何时间以书面挂号通知对方，立即终止本合同。"

"倘有法令规章施行，使本合同内任何规定成为不合法，甲方应以书面通知乙方立即将本合同的一部分或全部终止。终止的日期，除非通知书内指定日期外，应为通知之日。"

"甲方将所承保的业务，依本合同规定，继续办理再保险，直至本合同终止之日止。经办理的再保险，无论于终止通知前或后所为，均继续有效，乙方的责任在正常业务情况下，应继续至各该再保险满期为止。终止本合同时，自终止之日起，甲方将现存再保险的未满期责任收回。此时，乙方应将终止前4季的账内所分与的再保险业务的未满期保费，按1/24计算，并将第（ ）条规定的再保险佣金及其他费用扣除后退还给甲方。"

"甲方自本合同终止起，将未满期再保险责任收回时，甲方可将于终止之日所估计未决赔款的90%的金额，按乙方再保险的比例摊回。在遇有特殊情形，以致上述结账有欠公平时，甲方有权视其需要重新计算。"

"甲、乙双方所在地的国家发生敌对行为，或者甲、乙任何一方所在地的国家或地区，在政治上或军事上被外国力量统治时，本合同立即自行终止，乙方对于现存的再保险责任，也自上述任何情形发生之时起停止，但对于停止前所发生的赔款，则仍应负责。若账务的调整及清理，受阻难办时，应延至可以办理时为止。"

需要注意的是，再保险合同的终止与再保险关系的终止并不相同，两者可以同时终了，但也可能再保险关系终止而合同仍然存在。例如，在溢额再保险中，同一危险（或称"同险"）范围内，对于新旧危险的取舍，可使原有危险终止再保险关系，同时因新危险承接而合同仍然存续。又如，某危险标的发生全损，该危险标的的再保险关系即告消失，但对合同的存在，并无影响。

3.2.2 非比例再保险合同的主要条款

非比例再保险合同的一般性条款内容，如业务范围和地区范围、除外责任、检查、错误或遗漏、仲裁等条款，通常沿用比例再保险的相关条文，这里不再赘述。本节主要就非比例再保险合同所特有的条款加以说明。

1. 业务类条款

1）承保条款

承保条款的内容主要订明分出公司的自负责任和接受公司的责任限额与责任基础，应包括4个要件：①最后赔款净额；②每一次事故；③自负赔款净额；④再保险最高责任额。由于这4个要件各有独立的内容，在承保条款之外，还要另设条款，以阐明其含义及范围，避免当事人之间发生争执。除上述4个要件外，还同时要将再保险费及除外事项等合并在本条款内。不同的合同，其承保条款略有不同。

2）合同期限条款

非比例再保险合同的合同期限一般为 1 年，但也有和一般比例再保险合同一样，期限为继续性而不定期的。事实上，非比例再保险合同的期限有两个特点：①对合同继续性的要求比其他合同要强烈得多；②合同虽然是继续性的，但实际上更倾向于以每一年度为合同期限的做法。

上述两个特点似乎有点矛盾，但其实两者的基本精神并不相悖。就第一点而言，非比例再保险多以巨额赔款为对象，无论从再保险人还是原保险人的立场来看，都希望再保险关系持久。就第二点来说，因为非比例再保险有其专门的费率制度，要根据实际赔款，年年调整，所以每年要结算再保险费并商定下一年度的费率。

非比例再保险对于合同到期时的未了责任，有两种不同的处理方式。一种是按保单签发基础处理。假定合同期限规定为 1 年，凡在合同有效期内所签发的保单和续转的业务都是合同应承担的责任，即使在合同到期时还有未了责任，仍由接受公司继续负责至责任终了为止。另一种是按赔款发生基础处理。凡是合同期内所发生的赔款，无论原保单是当年或上年签发的，都是分保合同应承担的责任；在合同有效期内所签发的保单，在合同到期时还有未了责任，则由下一年度的接受公司负责，但分出公司也可以采取加费的办法由原接受公司继续负责至责任终了为止。

3）业务范围和地区范围条款

业务范围和地区范围条款的内容通常沿用比例再保险合同的相关条文。

4）除外责任条款

除外责任条款沿用比例再保险合同的相关条文。

5）赔款处理条款

赔款处理条款是有关赔款的通知及赔款账单的编送和摊回的规定。一般在合同中应订明，如有赔款发生并可能涉及接受公司的责任时，分出公司应及时通知。接受公司在接到赔款账单后，应在规定的期限内向分出公司摊付赔款。

6）责任恢复条款

责任恢复是非比例再保险的重要特点之一。责任恢复是在发生赔款使分保责任减少后，为了获得充分保障，将分保责任恢复至原有的额度。例如，有一超过 50 万元以后的 50 万元的超额赔款再保险，其分保责任额为 50 万元。现发生了 75 万元的损失，超额赔款再保险人赔付了 25 万元，使再保险责任额由 50 万元减少至 25 万元。如有恢复责任的规定，则可在一定方式下将再保险责任额仍恢复至原有的额度即 50 万元。

恢复的额度以原再保险责任额为一个单位，通常以恢复一个（一次）再保险责任额为度，即合同的总责任额为原责任额的 2 倍。也有不少合同约定可恢复 2 个（2 次）责任额，此时合同的总责任额为原责任额的 3 倍。有些合同对于恢复是免费的，称为自动恢复。但一般情况下，责任恢复要加缴再保险费，加费的标准一般按原保费加 50% 或 100%，有的以原保费的 100% 为基础，并按实际未到期的期间来计算，有的以原保费的 50% 为基础，而不考虑未到期的期间。

关于责任的恢复，要将量和费用两者联系起来考虑。所谓量，即恢复的再保险责任额；所谓费用，是为恢复责任所付出的保费情况。这两者的配合，变化还是很多的，原保险人和再保险人都十分重视衡量这二者之间的关系，作为调整再保险条件的要素。

【例3-1】 有一超过200万元以后的300万元的火险超额赔款再保险，现有两种不同的再保险条件。甲保险人所得的再保险恢复责任条件为：

年再保费	20 000元
责任恢复	一次
加费	100%

乙保险人所得的再保险恢复责任条件为：

年再保险费	30 000元
责任恢复	两次
加费	50%

在上述条件下，甲保险人负担再保险费40 000元，可得到600万元的保障；乙保险人负担再保险费45 000元，可得到900万元的保障。乙保险人虽多缴5 000元保费，但多得300万元的保障，故比甲保险人合算。

2. 定义类条款

1）最后净赔款额条款

最后净赔款额是指赔案全部应付赔款和应收款项已处理完毕后的最终赔款净额。它等于一次事故造成的赔款总额（包括经接受公司同意的一切与处理赔款有关的费用），减去足以减少分出公司赔款的各种金额，如损余、向第三者的追回款及其他再保险的摊回赔款，无论其是否实际收回皆应抵冲。由于当赔款超过接受公司的最高限额时，超过部分赔款复归分出公司负责，这种超过部分的赔款是赔款的顶层，故收回的款项应首先抵冲这一部分，然后是接受公司的责任额，最后是分出公司的自负额。

本条款的内容通常有以下几点：①原保险人确实理付的赔款金额；②对于应扣除款项，已从赔款内扣除，或有追偿所得已从赔款内抵冲；③如另有再保险，其摊回赔款应从第①项中扣除；④理赔费用可并入第①项内计算，但为第②项追偿所支付的费用，则要从该项内扣除；⑤理付赔款一段时间后，若有第②、③项的追偿或摊回赔款时，无论是已收或未收，仍应将原计最后赔款净额重新计算调整（这不仅关系再保险人的赔款负担，也关系原保险人的再保险费负担）；⑥最后赔款净额，并非一经理算就不能更改，将来若有追偿、摊赔时，仍可再按实际赔付金额进行调整。

2）净自留赔款条款

超额赔款分保有关责任的计算可分为分出公司的自负责任额和接受公司的分保责任额两个部分。例如，超过10万元以后的20万元的超额赔款分保，其中10万元为自负责任额，20万元为分保责任额。但有时分出公司还可以对自负责任额再进行分保安排，如10万元的自负责任额中再安排超过2万元以后的8万元的超额赔款分保，则2万元称为净自留赔款。如有这种情况，在合同中应予明确，即用净自留赔款条款说明。

上述的超额赔款分保实际上可分为以下两层。

第一层：超过2万元以后的8万元。

第二层：超过10万元以后的20万元。

第一层的自负责任额为2万元，是分出公司根据其自身财力所确定的净自留赔款。第二层的自负责任额为10万元，是第一层的自负责任额2万元和分保责任额8万元的总和。概括地说，多层次的超额赔款分保中的高层次的自负责任额，等于低层次的自负责任额和分保责任额的总和。为此，在超额赔款分保中，自负责任额又可称为扣除额或免赔额。

非比例再保险与比例再保险的结合运用很普遍，现举例说明如下。

（1）超额赔款再保险的自负赔款为 100 万元，对于 100 万元的自负赔款，又安排了 60% 的成数再保险。如若发生赔款 150 万元，则超额赔款再保险人承担 50 万元（150 万元－100 万元），成数再保险人承担 60 万元（100 万元×60%），原保险净自留赔款为 40 万元（100 万元×40%）。

（2）现有一份 20 线的溢额再保险合同，每线 50 万元。为避免自留部分危险过分集中，原保险人对自留部分安排了 20 万元以后的 30 万元的超额赔款再保险。现发生赔款 500 万元，则溢额再保险人承担 476.19 万元〔500 万元×1 000/（1 000＋50）〕，自留赔款 23.81 万元（500 万元－476.19 万元），其中原保险人净自赔款 20 万元，超额赔款再保险人承担 3.81 万元。

应当注意的是，各接受公司对原保险人（分出公司）分别各自负再保险责任，而不互相负连带责任。所以，如有某接受公司不能履行给付责任时，分出公司不得借净自留赔款的计算，将该再保险人的责任归并由其他再保险人负担。

3. 任何一次事故条款

最后赔款净额的确定，在时间上和空间上均有一定界限，这种界限由"任何一次事故"来划定。在实务中，任何一次事故的表达方式有多种，如 any one event，any one occurrence，any one accident，any one cause 等。其发生可能造成单一的结果也可能由同一原因造成一连串的事故损失。接受公司承担由近因原则所致分出公司的超额赔款责任。

由于保险业务的发展，危险的概念已超出原来的界限，包括由事故在继续状态中所发生的损失，无论在时间上、空间上都有一定的延伸。所以，任何一次事故的范围，有时很难确认。例如，冰雹灾害保险，某一次冰雹灾害的终了与另一次冰雹灾害的开始，其界限极为模糊。又如，地震保险，一次地震后，往往会有几次余震，一次事故的确定很困难。因此，在非比例再保险实务中，常常用"一次事故特殊扩展条款"或称"时间条款"，对一次事故条款从时间及地区两个方面加以人为的限制。现举例如下。

（1）暴风、冰雹。在连续 24 小时或 48 小时或 72 小时，无论发生多少次，均认为是一次事故。上述时间的长短，因合同而异，开始计算的时间，由原保险人决定，但不得早于原保险人负责第一次赔款之时，也不得在前一次事故时限未完成之前。

（2）地震、海啸、潮汐、火山爆发。在连续 48 小时或 72 小时或 168 小时内，无论发生多少次，均按一次事故处理。开始计算的时点，仍由原保险人决定，但在前一次事故时限未完成前，不得开始计算。

（3）洪水。在连续 168 小时内所发生者，认为是一次洪水事故。洪水在 168 小时（或其他时间内），将涉及很大的区域，故另有地区的规定，通常以河谷或分水岭为划分同一洪水区域的依据。但由气象条件所引起的洪水，则无地区界限，均按一次事故处理。洪水开始的时点，由原保险人决定，但开始的时点不得在前次洪水的时限内。

（4）罢工、暴动等。在连续 72 小时内发生者，认为是一次事故，但也有地区的限制，如在同一市、镇、村辖区内所发生，且在 72 小时内者，无论发生多少次，均作为一次事故。开始的时点，仍由原保险人决定，但不得在上次事故时限内起算本次事故。

4. 物价指数条款

由于通货膨胀的影响，非比例再保险合同常发生使再保险人责任增大的不公平现象。由于原保险人有自负责任的限制，所以通货膨胀使实际赔款额增大时，这种增大的后果将主要由再保险人承担（当然，如果增大后的赔款仍在自留责任内，则再保险人不受影响）。例如，有一超过 20 000 美元以后 80 000 美元的超额赔款合同，现发生赔款 19 000 美元，再保险人不承担赔款。但由于该赔案数年后才解决，由于通货膨胀，该赔款上升为 25 000 美元，再保险人负责 5 000 美元赔款。

1）指数条款的内容

为了公平起见，同时也为了保障再保险当事人双方的利益，非比例再保险合同中均订有指数条款。其主要内容大致如下。

（1）再保险人的责任额与原保险人的自负赔款额，应维持在合同生效日或双方同意之日为基准的一定货币价值关系上。

（2）在以后任何时间内所理付的赔款，均将用第（1）项的货币价值关系来重新核算。货币价值关系以指数予以表示，故再保险人应负责的赔款额与原保险人的自负赔款额，均按指数上下比例增减。

（3）同一案件分次赔款时，对于每一次赔款，均应按当时指数计算，至全案最后解决后，将各次计算所得汇总，以求自负赔款的平均指数。

（4）对于预付赔款，虽然为减轻原保险人的财务负荷，但对于通货膨胀的影响，仍同样处理，并应于赔款最后终结时，用指数来调整。

在指数条款中，还应说明所采用的指数。由于按指数调整比较麻烦，所以在通货膨胀率增幅较小时，也可不予调整，合同中一般要规定一个标准，如超过某一百分比时才进行调整。

2）指数条款的运用

关于指数条款的运用还应注意以上两点。

（1）运用指数条款的结果，合同起点额已提高，但再保险责任额往往并不提高。

（2）指数条款不能从根本上解决通货膨胀对再保险人和原保险人的影响，特别是对原保险人的影响。

5. 汇率变动条款

一个保险人所承保的业务往往涉及多种货币，这就给超额赔款合同分保的限额计算带来了很多不便，因此超额赔款分保合同规定，对不同货币要折成合同中规定的使用货币。例如，合同规定自负责任和超额赔款责任是单一货币（英镑），当发生同一赔案包含有多种不同的货币（美元、瑞士法郎等）时，则应根据不同的汇率将各种不同的货币换算成英镑后再按各种货币所占的比例分摊赔款。

【例 3-2】 某公司签订一份超过 50 万英镑以后 100 万英镑的事故超额赔款再保险合同。合同有效期内发生一次事故导致 4 项标的受损，其中，A 标的赔款为 80 万美元，B 标的赔款为 120 万瑞士法郎，C 标的赔款为 50 万英镑，D 标的赔款为 100 万澳大利亚元。

已知合同起期时的汇率为：1 英镑＝1.7 美元＝4.3 瑞士法郎＝1.6 澳大利亚元。在不计其他因素条件下，问各标的赔款该如何在分出人和分入人之间分摊？

（1）按合同起期时的汇率将用英镑表示的合同限额折算成各种货币表示的限额，分别是如下。

① 超过 85 万美元以后的 170 万美元。

② 超过 215 万瑞士法郎以后的 430 万瑞士法郎。

③ 超过 80 万澳大利亚元以后的 160 万澳大利亚元。

（2）按合同起期时的汇率将各种货币赔款额折算成英镑，并计算其各占总赔款的比例。

① 80 万美元赔款折合 470588 英镑，占 25.103%。

② 120 万瑞士法郎赔款折合 279070 英镑，占 14.886%。

③ 50 万英镑赔款，占 26.672%。

④ 100 万澳大利亚元赔款折合 625 000 英镑，占 33.339%。

（3）按各种货币表示的合同限额及各种货币赔款额占总赔款的比例，计算各种货币的自负责任限额和分保责任限额。

① 各种货币的自负责任限额。

◆ 美元的自负责任限额：$850\,000 \times 25.103\% = 213\,376$

◆ 瑞士法郎的自负责任限额：$2\,150\,000 \times 14.886\% = 320\,049$

◆ 英镑的自负责任限额：$500\,000 \times 26.672\% = 133\,360$

◆ 澳大利亚元的自负责任限额：$800\,000 \times 33.339\% = 266\,712$

② 各种货币的超额赔款责任限额。

◆ 美元的超额赔款责任限额：$1\,700\,000 \times 25.103\% = 426752$

◆ 瑞士法郎的超额赔款责任限额：$4\,300\,000 \times 14.886\% = 640098$

◆ 英镑的超额赔款责任限额：$1\,000\,000 \times 26.672\% = 266\,720$

◆ 澳大利亚元的超额赔款责任限额：$1\,600\,000 \times 33.339\% = 533\,424$

（4）按各种货币所分配的自负责任限额和超额赔款责任限额计算分出人和分入人应分摊的各种货币赔款。

① 80 万美元赔款：分出人承担 213 376 美元，分入人分摊 426 752 美元，剩余的 159 872 美元仍由分出人承担。

② 120 万瑞士法郎赔款：分出人承担 320 049 瑞士法郎，分入人分摊 640 098 瑞士法郎，剩余的 239 853 瑞士法郎仍由分出人承担。

③ 50 万英镑赔款：分出人承担 133 360 英镑，分入人分摊 266 720 英镑，剩余的 99 920 英镑仍由分出人承担。

④ 100 万澳大利亚元赔款：分出人承担 266 712 澳大利亚元，分入人分摊 533 424 澳大利亚元，剩余的 199 864 澳大利亚元仍由分出人承担。

6. 非比例再保险的分保费条款

费率即保险的价格。若费率偏高，则投保人的负担过重，保险需求将受抑制，业务难以拓展；若费率偏低，则保险人的负担过重，甚至可能入不敷出，发生经营亏损，保险的经济补偿功能将发生障碍。因此，制定保险费率时必须慎重考虑，力求公正合理。非比例再保险也不例外。实际上，费率的厘定不乏类似直接保险费率厘定的现象，其作用也有许多类似的地方。

对于非比例分保的当事人来说，合理公正的再保险费率是再保险关系稳定的需要，是再保险关系能否成立与持续的关键。与直接保险一样，非比例再保险的费率也由纯费率与附加费率构成。所不同的是，非比例再保险的附加费率所占的比例较大。

在直接保险业务中，费率制定后，经过一定时期（通常 3~5 年），将根据有关情况进行调整。非比例再保险的费率制定后，也要根据实际情况进行调整，甚至根据当年的损失情况在次年进行费率调整者居多。

对过去的赔款进行分析是制定费率的关键性步骤，需要对某一险种的赔款进行全面的统计分析，如赔款规模及等级、赔款金额、赔案件数和平均每案的赔款金额等，都要予以分析，从而确定初步的纯再保险费率。

按过去经验对将来进行预测，免不了会产生误差，同时考虑将来可能发生不利变化，往往要对上述得到的初步纯再保险费率，再加上一个安全系数，其方法可参照直接保险费率的方法来调整。

复习思考题

1. 概念题

再保险佣金条款　盈余佣金条款　未了责任转移条款　亏损转移法　责任恢复条款　最后净赔款额条款　任何一次事故条款　物价指数条款　汇率变动条款　再保险合同　共命运条款　错误和遗漏条款　仲裁条款

2. 思考题

（1）试述再保险合同基本条款的内容。

（2）简述再保险合同的特点。

（3）比较分析原保险人和再保险人的权利与义务。

（4）结合实例说明保险利益原则、最大诚信原则和损失补偿原则在再保险合同中的具体运用。

（5）试分析再保险仲裁的重要性。

（6）简述指数条款的作用。

（7）比较分析责任恢复条款的两种加费方式。

第 4 章 财产保险的再保险

财产保险业务的再保险有广义和狭义之分。本章所说的财产保险的再保险是狭义的再保险，是指对分出公司承保的坐落于某一地点或存放在某一场所的企业或居民家庭等主体财产的火险责任提供保障的再保险。当分出公司承保的企业或家庭等主体财产因火灾爆炸等一般性灾害事故发生损失，且分出公司的赔偿责任已经发生，由分入公司按比例承担赔偿责任；或者分出公司的赔偿责任超过其自负责任时，由分入公司对超过的部分承担赔偿责任。

4.1　财产保险的危险分析和再保险

4.1.1　财产保险的危险分析

在财产再保险规划中，分出公司首先要对承担的危险责任进行全面的综合分析，在此基础上选用合适的再保险方式，达到规划的合理性。

分出公司一般从以下 4 个方面进行危险分析。

1. 较大危险或损失的识别

所谓较大危险或损失，一般而言应从相对意义上进行判断。其有时可能是指保险标的的金额巨大，即巨额危险，如某个危险单位的保额或损失达到或超过 1 000 万元，对一个小型保险公司来说属于巨额危险；有时也可以从保额与损失的对比关系上来识别，当损失达到或超过保额的 70％或 80％时，则认为是较大的危险或损失。但是，以上判断在实际业务中很难把握。从保险公司对于危险的承担、转让和分散上考虑，关于大的危险或损失，应从承保危险单位结构和保费收入这两方面来识别和估量。例如，甲公司承保 10 万个危险单位，假设每个危险单位的保额相同，均为 100 万元，如按 1％的净费率计算，则净保费收入总额为 10 亿元，足够赔付 1 000 个危险单位的全部损失。对于甲公司来说，有几个或数十个危险单位发生损失甚至全损，也不致影响业务经营的稳定性。因此，保额或损失为 100 万元的危险单位，对于甲公司来说不认为是较大的。又如，乙公司同样承保 10 万个危险单位，但每个危险单位的保额不均等，在 5 000 元至 100 万元之间，差距很大，且绝大部分在 100 万元以下，故保费收入较少，如有几个或数十个保额为 100 万元的危险单位发生损失，其赔付额可能超过保费收入，从而影响该公司业务经营的稳定性。因此，对于乙公司来说，100 万元的保额或损失，被认为是较大的危险单位。由于较大的危险单位或损失可能给保险公司带来冲击，直接影响保险业务的稳定性，因此在制定再保险规划时要给予足够的重视，安排适当的再保险。

2. 中小危险的损失变动

各保险公司承保的较大危险单位一般来说是少量的，而承保的中、小危险单位却是大量的，且各中、小危险单位的保额差距不会太大，大致上是均等的。少数中、小危险单位发生损失，不至于影响保险业务的稳定性。但是，危险的发生在年与年之间是不平衡的，由于危险的不确定性，各个业务年度的损失也处于上升或下降的变动过程中，在一些年份如果大量中、小危险单位发生损失，则可能使赔款额超过保费收入，导致业务经营发生较大波动。因此，针对中、小危险的损失变动，再保险规划中应有恰当的安排。

3. 一次事故中的损失累积

保险公司一般是以危险单位为基础承担责任的。但是，保险事故发生时，损失的范围是不确定的，往往涉及多个危险单位，使一次保险事故损失的累积责任很大，如火灾一旦蔓延将会导致多个危险单位同时受损，特别是诸如洪水、地震等巨灾事故一旦发生，其损失范围就更大了，赔款的累积是巨大的。因此，在制定再保险规划时，不仅要按单个危险单位安排，而且要考虑巨灾事故中一系列危险单位的再保险安排，以保障分出公司的累积责任。

4. 一个业务年度的损失累积

上述 3 种情况基本上是分别按业务种类考虑再保险规划的。然而，在一个业务年度，某种业务或各种业务的经营结果综合起来，可能出现损失累积较大，赔款总额超过保费收入总额，对此在再保险规划中也应充分考虑并给予安排。

根据以上对危险的分析及各种再保险方式的特点，制定分保规划并选择分保方式与方法的一般原则为：对于较大危险或损失可以采用溢额分保和超赔分保方式；对于中、小危险单位可采用成数分保方式；对于巨灾事故的损失累积可以采用事故超赔分保方式；对于一个业务年度中各种业务综合的损失累积可以采用赔付率超赔分保方式；各种业务分保人多数宜采用合同分保方法，以利于建立一种稳定的分保关系；对于巨额危险、巨灾危险等责任较大的业务，还可以采用预约分保、临时分保作为补充。在实际业务中，由于造成各种业务项下损失的因素不是单一的，而是多方面的，因此制定再保险规划时，各种分保方式与方法可以根据具体业务综合运用，以期取得全面可靠的保障。此外，由于客观情况经常发生变化，对再保险规划还应及时总结并进行相应的调整。

4.1.2　财产保险的再保险规划

1. 自留额的确定

自留额不仅仅是指溢额分保中的自留额，从广义上说，凡是分出公司所承担的责任限额都是自留额。在比例分保方式中，自留额是按保额的一定成数或金额来确定的；在非比例分保方式中，自留额即自负责任限额是按赔款的一定数额来确定的。总之，再保险必然涉及分保双方的责任分配，即涉及自留额与分保额的确定，并在此基础上分配保费和分摊赔款。所以，再保险双方分配责任的关键是要先确定自留额，这是再保险规划中十分重要的环节。自留额确定得是否适当，关系到分出公司的收益，更关系到其经营的稳定性。

确定自留额取决于多方面的因素，如政府再保险法中的有关再保险规定、市场情况、保险公司的经营方针、财务和业务发展情况等，其中财务和业务发展情况是确定自留额的基本因素。对于某种单一危险单位的自留额的确定，仅从分出公司的业务和财务上考虑，则主要有以下几个影响因素。

（1）资本金。各国保险法规定，保险公司开业必须具备一定数量的最低资本金，并对每一危险单位的自留额与资本金的比例作出限制规定。我国《保险法》第一百零三条规定："保险公司对每一危险单位，即对一次保险事故可能造成的最大损失范围所承担的责任，不得超过其实有资本金加公积金总和的百分之十；超过的部分应当办理再保险。"这种规定是为了确保保险公司的偿付能力和业务稳定性。自留额的大小是与公司的资本成正比例的，保险公司的资本金越多，表明其财力越雄厚，业务承保能力和偿付能力越强，则其自留额可定高一些；反之，自留额则宜定低一些。

在实际中，从资本金的角度考虑自留额必须顾及亏损问题，一般是根据两个或更多一些亏损年度来考虑确定自留额。假定某保险公司资本额为 3 000 万美元，对某种业务所能承担的亏损确定为资本金的 10%，即 300 万美元，经预测未来 3 年有两个年度会发生亏损，则平均每年可承担的亏损额为 150 万美元，占资本金的 5%，则自留额可订为 150 万美元。如果有充分的理由认为在未来几年中分出公司不会发生亏损，则可相应提高自留额，以取得较好的经济效益和增强公司的竞争力。

据英国、德国、瑞士等国保险市场的资料表明，保险公司的主要业务如火险 水险等，对于每一个危险单位的最高自留额一般为资本额的 0.5%～5% 时，可以认为不会影响业务经营的稳定性。这个经验数据对不同大小的保险公司来说差别很大，小的保险公司因为资本额较少，自留额比例一般比大公司高，但自留额的绝对数却比大公司要低。因此，自留额占资本金的一定比率是确定自留额的重要参数，但很难说哪个比率是正确的，而且只能说哪个比率是较为合适的。保险公司的资本金及累积的总准备金越多，其自留额可高一些。

（2）业务量。保险公司业务量的大小对自留额的确定有重要影响。如公司业务量增加，其承保危险单位的数量就增加，在保险费率不变的情况下，公司的保费收入就会增加，积累的资产额也会相应增加，其承保能力和偿付能力自然增强，则自留额可以相应提高。

关于自留额与保费收入之间的数量关系，按西欧保险市场的资料，每一危险单位的自留额与年保费收入之间的比例保持在 0.5%～3% 比较适宜。一般在 1% 左右，但也有高达 10% 的。根据前例，某保险公司资本额为 3 000 万美元，如计划年度保费收入为资本的 3 倍，计 9 000 万美元，按上述资本因素确定的自留额是 150 万美元，自留额占年保费收入的 1.67%，是符合一般市场情况的。

由于业务的发展，保费收入增加自留额可以相应提高，但是为了保持业务经营的稳定性，不能按保费增长的比例调整自留额。根据西欧保险市场的资料，保险费每增长 50%，自留额一般可提高 20%。仍按前例，如果保费增长 50% 即 13 500 万美元，自留额调高 20%，即 180 万美元，此时资本额（包括总准备金）增加到 3 800 万美元，自留额占资本额的 4.74%，占年保费收入的 1.33%，仍保持在适度幅度内。

保费收入增加并不意味着都要提高自留额，而应根据影响保费收入的不同情况区别对待。影响保费收入增加的情况一般有：①同一危险单位保险金额增加，而危险单位数量不变；②由于损失率的增高，导致费率上升；③由于危险单位数量增加使保费收入随之增加。在前两种情况下，危险程度增加，自留额宜稳定不变甚至适当调低；在第三种情况下，由于危险趋于分散，业务稳定性提高，可适当提高自留额。

（3）危险的损失概率。损失概率就是危险发生的可能性，如某个危险单位发生损失的可能性较大，那么根据大数法则和概率论对同类危险所确定的费率对这个单个危险单位来说就显偏低，这时保险公司就应该降低该危险单位的自留额。相反，对于损失率不大的危险单位应该提高自留额，以增加保费收入和积累保险公司资产。

（4）保险费率。保险费率是根据大数法则和概率论科学制定的，如保险公司制定的费率公平合理，保险公司保费收入和赔偿责任之间就容易取得平衡，这时公司的自留额就可以提高。由于竞争或其他原因，公司有时对某些危险单位确定很低的费率，对此类危险单位直接承保公司的自留额应相应缩小，但分保接受人是否接受该项业务往往持审慎态度。

（5）保险金额。保险金额的大小取决于所保危险是否集中或责任是否有累积，若危险集中或责任累积的可能性较大，则其保险金额就大，如对航天飞机和人造卫星等的保险，由于其价值很高，风险十分集中，保险金额很高，保险公司对这类危险单位的自留额应视保额的变化来确定，保额增大时，自留额可以相应增大，亦可以保持不变。

在确定自留额时需要把分保额、承保能力和分保方式等问题联系起来考虑。例如，某类危险单位的保额一般在 400 万元左右，分出公司的承保能力可以承保，每一危险单位的自留额确定为 100 万元，尚有 300 万元的责任需要安排分保。可供选用的再保险方式有成数分保、溢额分保、险位超赔分保。现分述如下。

① 成数分保。自留 25%，自留额为 100 万元，分出 75%，分保额为 300 万元，共计 400 万元。

② 溢额分保。自留额为 100 万元，分保额为 3 线计 300 万元，共计 400 万元。

③ 险位超赔分保。按超过 100 万元以后的 300 万元分保，共计 400 万元。

上述 3 种分保方式，自留额均为 100 万元，但实际上分出公司承担的责任是不同的。前两种方式，赔款由分保双方按一定比例分担；而在第三种方式中，100 万元以下的赔款全部由分出公司自己承担。因此，采用不同的分保方式，对自留额应作一定的调整。单一危险单位的自留额与分保额安排之后，还要考虑累积责任的超赔保障问题。由于有些危险单位比较集中，在一次事故中可能有两个以上的危险单位遭受损失，影响业务经营的稳定性。所以，一次事故中自留额的责任累积还需要超赔保障。如果按 10 个危险单位的全部损失来考虑，自留责任累积为 1 000 万元，假定对事故超赔的自留额确定为单一危险自留额的两倍计 200 万元，则需要安排超过 200 万元以后的 800 万元的事故超赔分保。

2. 对经营收益匡算

分出公司在进行再保险规划时，对拟选用的分保方式要进行经营收益的匡算，通过比较权衡，来判定再保险规划的合理性。下面通过举例对经营收益匡算问题加以说明。

某保险公司火险业务的基本情况如下。

全年保费收入 100 万元；费用开支为保费的 35%，计 35 万元；赔款为保费的 50%，计 50 万元；全年火险业务经营收益率为 15%，计 15 万元；单一危险单位自留额为保费的 10%，计 10 万元；所需承保能力为 50 万元，尚有余额 40 万无须办理分保。成数、溢额和险位超赔 3 种分保方式均可运用于单一危险单位的分保，现分别匡算如下。

1）成数分保

在成数分保方式下，分出公司对每一危险单位的承保能力为 50 万元，分出公司自留 20%，自留额为 10 万元，接受公司承担 80%，分保额为 40 万元，分保手续费比例为 40%。

全年保费分配如下。

分出公司：100 万×20％＝20 万（元）

接受公司：100 万×80％＝80 万（元）

全年收益分配如下。

分出公司：20 万（保费）－35 万（费用）－10 万（赔款）＋32 万（分保手续费）＝7 万（元）

接受公司：80 万（分保费）－32 万（分保手续费）－40 万（赔款）＝8 万（元）

由于成数分保方式要将全部业务（包括保额在自留额以内的业务）按固定比例分给接受公司，并且按相同比例分配保费，分保费支出较多，分出公司收益较少，经营收益匡算如表 4－1 所示。

表 4－1　分出公司收益匡算（成数分保）　元

项目	借方	贷方
保费收入		1 000 000
费用开支 35％	350 000	
付出分保费（1 000 000×80％）	800 000	
减分保手续费（8 000 000×40％）	3 200 000	830 000
		170 000
赔款	500 000	
减摊回赔款（5 000 000×80％）	1 000 000	
		1 000 000
净收益		70 000

2）溢额分保

在溢额分保方式下，每一危险单位的自留额为 10 万元，分保额为 4 线计 40 万元，分出公司对每一危险单位的承保能力为 50 万元，分保手续费为 35％。

由于溢额分保可将单一危险单位保险金额在自留 10 万元以内的业务全部自留，不必分出，只将超过自留额的业务部分分出，故自留的保费比成数分保相对增加，分保费支出相对减少，假定为 60 万元，同时摊回赔款也将减少，假定减少到 32 万元。

因此，分出公司的收益相对较多，为 8 万元，接受公司的收益则减至 7 万元。分出公司经营收益匡算如表 4－2 所示。

表 4－2　分出公司经营收益匡算（溢额分保）　元

项目	借方	贷方
保费收入		1 000 000
费用开支 35％	350 000	
付出分保费	600 000	
减分保手续费（600 000×35％）	210 000	740 000
		260 000
赔款	500 000	
减摊回赔款	320 000	
净收益		80 000

3）险位超赔分保

在险位超赔分保方式下，每一危险单位的自留额为 10 万元，接受公司责任限额为超过 10 万元以后的 40 万元，分保费占保费的 20%，计 20 万元。假定在 50 万元赔款中发生超额赔款 10 笔，共计 15 万元，即分出公司可获得摊回赔款 15 万元。在这种分保方式下，接受公司不支付分保手续费。

由于险位超赔分保是以赔款为基础分配责任，分保费率不按原保险费率计算，而是由分保双方按业务情况议定，如业务质量好，费率可低一些，因而分出公司自留保费较多。经匡算，全年收益 15 万元，分出公司获得 10 万元，接受公司获得 5 万元。分出公司经营收益匡算如表 4 - 3 所示。

表 4 - 3　分出公司经营收益匡算（险位超赔分保）　　　　　元

项目	借方	贷方
保费收入		1 000 000
费用开支 35%	350 000	
付出分摊费（1 000 000×20%）	200 000	
		450 000
赔款	500 000	
减摊回赔款	150 000	350 000
净收益		100 000

以上 3 种分保方式，经营收益结果表明，如果选用超赔分保，分出公司的收益较多，但是超赔分保不能用于业务交换，没有回头业务保费收入，并且费率每年都可能变动，有较大的波动性，如选用成数和溢额分保，虽然收益少一些，却可以进行业务交换，获得回头业务保费收入和盈利机会，且有利于建立保险同业之间长期稳定的业务合作关系。所以，分出公司应根据其经营方针和具体业务，权衡利弊作出选择。

4.2　火险业务的再保险

4.2.1　自留额和分保额

火灾保险的危险性质或程度，因财产占用性质、建筑材料与结构等因素有较大差别，并且不同标的的保额差别较大。因此，火险分保安排一般采用溢额分保方式。关于火灾保险分保的自留额和分保额的规定，基本上分为以下两种情况。

1. 按保险金额和危险分类等级规定

单一危险单位一般按其危险性质或程度分为若干类等级，按其分类等级和保险金额规定自留额和分保额。例如，规定一类危险单位的自留额为 10 万元，分保额为自留额的 4 倍即 40 万元，最高承保能力为 50 万元；二类危险单位的自留额为一类危险单位自留额的 60% 即 6 万元，分保额为自留额的 4 倍即 24 万元，最高承保能力为 30 万元；三类危险单位的自留额为一类危险单位自留额的 30% 即 3 万元，分保额为自留额的 4 倍即 12 万元，最高承保能力为 15 万元，如表 4-4 所示。

表 4-4　按危险分类的自留额和分保额　　　　元

危险分类	百分率/%	自留额	分保额	承保能力
一等	100	100 000	400 000	500 000
二等	60	60 000	240 000	300 000
三等	30	30 000	120 000	150 000

2. 按最大可能损失规定

由于承保的大的工业和商业单位的火险标的可能分布在若干地点，即使在同一地点也可能划分为若干危险单位，并且保险金额很大，但这种标的一般不会在同一事故中遭受全部损失，因而分出公司对一个危险单位采用估计的最大可能损失而不是按保险金额作为自留额和分保额的基础。例如，有一工厂保额为 1 000 万元，估计最大可能损失为保额的 10%，计100 万元，现将分别按保险金额和最大可能损失这两种不同的基础所规定的自留额和安排分保时的情况比较如下。按保险金额安排如表 4-5 所示；按最大可能损失安排如表 4-6所示。

表 4-5　按保险金额安排　　　　元

自留额	百分率/%	溢额分保	百分率/%	临时分保	百分率/%	共计保额	百分率/%
200 000	2	800 000	8	9 000 000	90	1 000 000	100

表 4-6　按最大可能损失安排　　　　元

自留额	百分率/%	溢额分保	百分率/%	最大可能损失	共计相当于保额	百分率/%
200 000	2	800 000	8	1 000 000	1 000 000	100

需要说明的是，这种最大可能损失办法的采用，仅仅同分出公司和接受公司之间的责任分配有关，而不影响对保户所承担的责任，即分出公司仍按保额和实际发生的损失负责赔款，接受公司也应按实际损失摊付赔款。例如，发生的实际损失为 300 万元，而不是估计的100 万元，则分出公司对保户应赔偿 300 万元。其中，分出公司承担 60 万元（300 万×20%），接受公司摊付 240 万元（300 万×80%）。采用这种方法，分出公司在这笔业务中所占的责任成分由 2% 增加为 20%，所承担的风险也相应增加了。如果对最大可能损失估计误差较大并发生较大损失，则有可能出现超出合同限额赔款而增加双方责任的情况。因此，为防止分出公司对危险所造成的损失估计过低，在实际业务中，对最大可能损失的估计是有适当规定的，对接受人所承担的责任也有所限制。也有一些以最大可能损失估计为根据计算限额的合同规定，当估计偏差太大时，分出人对超过部分要分摊一定的百分比。

4.2.2　再保险规划

火险业务再保险规划一般包括以下两个部分。

1. 单一危险单位的责任

某公司制定的火险再保险规划，组成第一溢额和第二溢额两个溢额合同，此外还有一个预约分保合同，承保能力为 400 万元，具体分配如下。

自留额	200 000
第一溢额（8 线）	1 600 000
第二溢额（6 线）	1 200 000
预约分保（5 线）	1 000 000
总承保能力	4 000 000

2. 一次事故中的累积责任

针对一次巨大火灾或其他灾害事故造成的一系列损失后果，由于涉及若干危险单位，产生了累积责任，可以采用事故超赔方式给予保障。这里，确定分出公司自负责任额为溢额分保自留额的两倍计 40 万元，最高分保责任额为 400 万元，可规划安排 3 层事故超赔分保合同如下：

第一层：超过 400 000 元以后的 600 000 元。

第二层：超过 1 000 000 元以后的 1 000 000 元。

第三层：超过 2 000 000 元以后的 2 000 000 元。

如果发生一次大火，延烧及甲、乙、丙 3 个危险单位发生部分损失，按单一危险单位责任分保安排，各项保额、损失和赔款分摊情况计算如表 4-7 所示。

表 4-7　各项保额、损失和赔款分摊情况

甲危险单位	保额 1 500 000 元		损失 750 000 元
项目	保险金额/元	百分率/%	赔款/元
自留额	200 000	13.33	99 975
第一溢额	1 300 000	86.67	650 025
共计	1 500 000	100	750 000

乙危险单位	保额 3 000 000 元		损失 2 000 000 元
项目	保险金额/元	百分率/%	赔款/元
自留额	200 000	6.66	133 200
第一溢额	1 600 000	53.34	1 066 800
第二溢额	1 200 000	40	800 000
共计	3 000 000	100	2 000 000

丙危险单位	保额 5 000 000 元		损失 4 500 000 元
项目	保险金额/元	百分率/%	赔款/元
自留额	200 000	4	180 000
第一溢额	1 600 000	32	1 440 000
第二溢额	1 200 000	24	1 080 000
预约分保	1 000 000	20	900 000
临时分保	1 000 000	20	900 000
共计	5 000 000	100	4 500 000

对于上述 3 个危险单位，分出公司在溢额合同自留额项下累计赔款为 413 175 元，超过了分出公司中第一层自负责任额 400 000 元，按照一次事故的累积责任分保安排，在事故超赔分保合同项下，第一层接受公司应摊付超过的 13 175 元赔款。

在这次火灾事故中，3个危险单位累计赔款为7 250 000元，分摊到各分保项目中分保双方责任分摊情况如下。

第一溢额合同：3 156 825元，占43.55%。

第二溢额合同：1 880 000元，占25.93%。

预约分保合同：900 000元，占12.41%。

临时分保合同：900 000元，占12.41%。

事故超赔合同：13 175元，占0.18%。

分出公司自负责任：400 000元，占5.52%。

赔款总额：7 250 000元，占100%。

4.3　财产保险的法定再保险

前面探讨的是财产风险的商业再保险，这种再保险的自留责任额虽然也要受到保险法律或法规的严格限制，但超过法律或法规限制的部分和未超过法律或法规限制的部分的再保险安排，完全由分出公司自己决定，政府并不进行干预。为了保护被保险人的利益，加强对保险业的监管，促使保险企业的稳健经营，在财产保险发展的初期及以后的一个时期内，国家通过法律手段强制经营财产保险业务的保险企业必须按照国家规定的比例，将其所承保的保险业务的一部分首先分给国家专门设立的再保险机构或国家指定的再保险机构，由此形成了法定再保险。

4.3.1　财产保险法定再保险的发展历程

在我国，1995年以前，《保险企业管理暂行条例》中规定，保险企业必须至少将其经营的全部保险业务的30%向中国人民保险公司办理再保险。这是我国以法规的形式对法定保险所作的规定。截至1995年6月底，中国人民保险公司再保部从国内市场上分入的毛分保费达18亿元人民币，分摊再保险赔款近10亿元人民币。这些保费收入主要来自法定再保险业务，分摊的再保险赔款也主要是法定再保险业务的赔款。1995年10月，我国第一部保险法即《中华人民共和国保险法》开始实施。其第一百零一条规定："除人寿保险业务外，保险公司应当将其承保的每笔业务的百分之二十按照国家的有关规定办理再保险。"这是我国第一次以法律的形式对法定再保险作出的规定。1996年初，中保集团再保险有限公司成立，代行国家再保险公司的职能。1999年，国务院在中保集团再保险有限公司的基础上组建了中国再保险公司，并从中保集团分离出来，专门行使国家再保险公司的职能。1999年，中国再保险公司分保费收入达122.14亿元，年末总资产达120亿元，比成立之初增长了295.52%；总资产中货币资产占90%以上；长期责任准备金也比成立之初增长了54.74%。在该年度全部分保费收入中，法定再保险业务的分保费收入占90%左右。由此可见，法定再保险在我国再保险业的发展中曾占有非常重要的地位。2002年10月修订的我国《保险法》第一百零二条"保险公司应当按照保险监督管理机构的有关规定办理再保险。"第一百零三条"保险公司需要办理再保险分出业务的，应当优先向中国境内的保险公司办理。"第一百零四条"保险监督管理机构有权限制或者禁止保险公司向中国境外的保险公司办理再保险分出业务或者接受中国境外再保险分入业务。"则是针对我国已经加入世界贸易组织的客观情况，对法定再保险的规定作出的重大修改。2009 年 2 月修订的我国《保险法》第一百零五条"保险公司应当按照国务院保险监督管理机构的规定办理再保险，并审慎选择再保险接受人。"此次修改为了更好地与 WTO 承诺的有关规定保持一致，删除了国内优先分保和限制分保的规定。出于维护国内市场安全的考虑，加之在国际经济日益一体化的今天，为防止世界性金融风险通过再保险方式的传导，仍有必要加强对再保险业务的监督管理。因此，修订后的我国《保险法》新增规定保险公司应审慎选择再保险接受人，这一修改对我国再保险的发展产生了重要影响。

4.3.2　法定再保险的作用

法定再保险的主要作用如下。

1. 保护民族保险企业

实施法定再保险是发展中国家普遍采用的保护民族保险业的重要方法之一。新加坡、韩国、印度、埃及、伊拉克、阿尔及利亚、巴基斯坦、智利和阿根廷等国，都曾用法律或法规规定国内保险公司将其承保的某一项或全部保险业务，按规定向政府指定的专业再保险公司办理再保险。改革开放伊始，我国国内保险业务也在经历了 20 年的中断之后开始恢复。在国内保险业务恢复和发展的初期，经营财产保险业务的保险公司实力较弱，偿付能力极为有限，有些保险公司甚至刚刚成立，在这种情况下，各保险企业合理的自留责任比例都较低，在客观上对再保险市场有较大的依赖性。法定再保险为经营财产保险业务的保险企业提供了分散风险，保障财务稳定的条件。同时，由于法定保险为国内的保险企业提供了必要的再保险保障，使国内保险企业能够避免对国际再保险市场的依赖，从而也就避免了国际再保险市场的动荡对国内保险企业财务稳定的影响。这对保护民族保险企业，使其能够迅速成长和健康发展，无疑是十分重要的。

2. 保护保单持有人的合法利益

保险企业不同于一般的工商企业，其客户涉及各行各业、千家万户，具有极强的公众性和社会性，并且保险标的存在的状况直接与企业的生产和人们的生活联系在一起，如果保险企业偿付能力不足，甚至破产倒闭，保险标的出险后将得不到应得的保险赔偿，损害众多保单持有人的合法权益，影响被保险人的正常生产和生活，甚至危及社会的正常秩序。法定再保险制度的实施，以及国家通过法律对保险企业的经营规模进行的限制，可以在很大程度上消除保险企业赔偿责任过大而偿付能力不足的矛盾，从而保护保单持有人的合法利益。

3. 有利于维护保险市场秩序

通过法定再保险，保险监管机构可以详尽地掌握保险企业的经营状况和财务状况，便于对保险企业实施有效的监管。这对于维护保险市场秩序，为各保险企业创造公平的市场环境，无疑是非常有利的。

4.3.3　法定再保险的中止

法定再保险是国家通过法律手段强制实施的。在财产保险发展的初期及以后一段时期内，对于保护被保险人的利益，加强对保险业的监管，促使保险企业的稳健经营，促进民族保险业的发展，是必不可少的。但这种再保险与再保险的商业本质，是与世界贸易组织的原则相矛盾的。在我国已经加入世界贸易组织的背景下，我国的法定再保险制度将逐渐被取消，我国政府在申请和正式加入世界贸易组织时已经作出承诺，从我国加入世界贸易组织开始，在 5 年的适应期内每一年将法定再保险的比例降低 5%，直到 2005 年降至 0。也就是说，自 2005 年起我国已取消了法定再保险。我国在 2002 年 10 月通过的重新修订的《保险法》中，取消了原《保险法》第一百零一条的规定："除人寿保险业务外，保险公司应当将其承保的每笔保险业务的百分之二十按照国家有关规定办理再保险。"而代之以第一百零二条的规定是："保险公司应当按照保险监督管理机构的有关规定办理再保险。"我国 2009 年修订的《保险法》又删去了 2002 年《保险法》第一百零三条，"保险公司需要办理再保险分出业务的，应当优先向中国境内的保险公司办理"和第一百零四条"保险监督管理机构有权限制或者禁止保险公司向中国境外的保险公司办理再保险分出业务或者接受中国境外再保险分入业务"。根据我国重新修订的《保险法》的规定，各经营财产保险业务的保险企业，应按照保险监督管理机构的有关法律规定办理再保险。改变经营理念，熟悉国际再保险经营规则，调整好人员结构，尽快发展商业再保险，扩大商业再保险的市场份额，这是中国再保险公司生存与发展的关键。

复习思考题

1. 概念题

较大危险损失　法定再保险

2. 思考题

(1) 如何对财产保险进行危险分析？

(2) 对财产保险业务进行再保险，如何进行设计规划？

(3) 分出公司在进行再保险规划时，对经营收益如何进行匡算？

(4) 法定再保险有哪些主要作用？

(5) 为何要中止法定再保险？

第 5 章
运输保险的再保险

运输保险包括货物运输保险与运输工具保险。在货物运输保险中又包括陆上货物运输保险、海上货物运输保险和空中货物运输保险。运输工具保险则包括汽车、船舶和飞机等运输工具保险。运输保险的再保险是运输货物、运输工具保险分保业务的统称。具体可分为运输货物保险的再保险和运输工具保险的再保险。

5.1 运输货物保险的再保险

5.1.1 运输货物再保险的特点

运输货物再保险一般有以下特点。

（1）运输货物再保险合同承保的风险通常只包括基本风险，即货物在运输过程中所遭遇的自然灾害和意外事故及一般外来风险。自然灾害风险是指不以人的意志为转移的自然界力量所引起的灾害，如恶劣气候、雷电、海啸、地震、洪水及其他人力不可抗拒的灾害。意外事故则是指由于运输工具遭遇外来的、突然的、非意料中的事故而引起的货物损失，如船舶搁浅、碰撞、触礁、火灾、爆炸等事故。一般外来风险是指货物遭遇运输过程中的一般外来原因所造成的损失，而非必然的，如发霉、串味、玷污、渗漏、钩损、锈损等。对于这些风险，保险人可按基本险和普通附加险分别予以承保。

对于一些特定风险，如拒收风险不予承保；对于战争风险，由于运输货物保险单通常将其包括在内，所以运输货物再保险合同一般也包括之，但需按特别条件承保，而且常与普通的海上运输货物基本风险合同按同一成分进行分保。其承保范围只限于船上所载货物在水上运输过程中面临的战争风险，并且对船抵达目的港后的时间有所限制。

（2）运输货物再保险合同通常可以将普通货物及贵重物品包括在内，但后者须采用特别条件予以分保。某些特殊的标的，如活牲畜通常被排除在外。

（3）运输货物再保险对于单一危险单位的分保安排，一般是以成数分保为基础，以适合中小业务的需要，再结合溢额分保以满足较大业务的承保要求。当所承保的业务超过合同限额时，就可设法安排预约分保或临时分保，以达到充分保障的目的。据有关数据显示，近年来，通过超额损失再保险来承保运输货物的累积风险越来越普遍。

（4）运输货物再保险中危险单位的确定方法是以每一危险单位为基础和以每一艘船的每个航次为基础，并可根据船舶的种类、船龄来确定。由于同一船只可能承运多份保单项下的货物，为了避免责任累积，通常采用后一种方法确定危险单位，也可以将二者结合起来确定危险单位。

（5）运输货物再保险在其安排时必须注意责任累积。运输货物保险通常是采用预约保单来承保的，凡是在原保险合同当事人双方协商范围内的货物，只要被保险人如实申报，则一经启运，原保险人即自动承保。因此，再保险开始之后与保险人收到被保险人所申报的明细材料之间有一段相当的时间距离，有可能使保险人在事后才发现同时装载于同一船上的货物的价值已经超过了自己的承保能力。为了解决这一问题，一般须安排超额损失再保险，自留额通常按两个危险单位掌握，最高限额视具体情况而定，并可分层次安排。

（6）在运输货物再保险中，不会有未满期业务的转入或转出。这是因为货物运输保险单是短期的，无法界定风险的起讫时间和确定损失发生的确切时间，再保险人承担的责任直到风险自然终止。因此，其账单必须按承保年度编制，特定年度的初期保险费、初期保险费的加费或退费、全部赔偿或追偿一律记入同一承保年度的账单。

"特定年度的初期保费"是指与特定年度相对应的全部保费，如自 2011 年 1 月 1 日到 2011 年 12 月 31 日期间签发的所有保单的保险费加上全部发生在预约保单下申报业务的全部保费，而无论这些保费是否已经收到。

"初期保险费的加费或退费"是指特定年度（如 2011 年度）签发的全部有关保单的注销或退费或加费均应包括在这一年度的统计之内，而无论注销或退费的日期是否已经超过此年度。

"全部赔偿或追偿"是指在该特定年度内签发的任何保单或在预约保单项下发生的业务损失及损余、追偿都应计入该年度，损失日期、赔偿支付时间、追偿时间与之无关。

5.1.2   危险单位的确定

危险单位是指保险标的发生一次事故可能波及的损失范围。一次大的灾害事故可能涉及一系列危险单位的责任或损失，再保险术语上称为"累积责任"。自留额和分保限额一般是按照危险单位确定的，因此危险单位的划分很重要，同时也很复杂。危险单位通常都是根据不同险别来确定的。例如，船舶险以每一艘船只为一个危险单位；汽车险以每一辆车为一个危险单位，等等。

在运输货物再保险业务中，危险单位确定的方法有以下 3 种。

1. 以每艘船只的每个航次为基础确定危险单位

这种方法是将一次航程中装运于同一艘船只上的所有货物的保险金额或最大可能损失确定为一个危险单位。它是在运输货物再保险中，确定危险单位最经常采用的一种方法。若有混合航程，即采用两种或两种以上的运输工具运输货物时，则要按航程中承受最大风险运输工具所载货物的保险金额或最大可能损失（如船只）来确定危险单位及其限额。确定危险单位时首先要编制船卡，将属于同一航程的同一运输工具上的运输货物保险单中的承保情况逐笔登记，将全部保单的总保险金额确定为一个危险单位的限额，如表 5 - 1 所示。

表 5 - 1 危险单位限额的确定

船名		业务年度	2011		航次
日期	保单号	被保险人	保险金额	保费	赔款
—	0000001		400 000	—	—
—	0000002		600 000	—	—
—	0000003		1 200 000	—	—
—	0000004		800 000	—	—
合计	0000005		3 000 000	—	—

以上 5 份保单中的全部保险金额为 3 000 000 元，即为一个危险单位的限额，分出公司可以该限额为基础，根据再保险合同中约定的条件确定实际自留额和分保额、自留保费和分保费、自负赔款和摊回赔款。

2. 以每一保单、申报或提单为基础确定危险单位

无论货物通过何种运输工具运送和同一运输工具上载运多少保单或提单的货物，均根据签发的每一保单、预约保险中的每次申报或提单确定危险单位。在这种方式中，无须编制船卡。

3. 混合方式

在一些情况下，由于事先无法知道托运货物的运输工具，因此可以先以每一保单、申报或提单为基础确定危险单位，一旦这些信息确定后，再按照每一船只的每一航次确定危险单位；而一旦损失发生，则不作此调整。

上述几种确定危险单位的方式各有利弊。第一种方式可以最大限度地确定自留额，而且对其自留额一般仅需要巨灾事故再保险的保护；其不利之处是需要编制船卡，确定危险单位，管理上烦琐，需要大量的人力、时间和费用。第二种方式虽然在管理上简单易行，但分出额较大，且其自留额是针对单一危险单位而言的。究竟采用何种方式，可由再保险合同当事人双方协商选择采用，而一旦确定后，双方便受其约束，在合同期限内不得改变。在实际业务中，大多以第一种方式来确定危险单位。

5.1.3 自留额的影响因素及确定方法

自留额是指保险公司承担单一风险或一系列风险、单一损失或一系列损失的限额；也可以表述为保险公司将超过其承保能力或承保意愿的风险分给再保险公司后，自己承担的责任，它通常以货币金额或以风险的百分比表示。在再保险和再保险实务中，自留额是一个非常关键的概念，它限定了保险人对每一个风险承担的责任。

由于风险的多样性和复杂性，保险公司在确定自留额时，虽然也运用了一些数学方法，但自留额的确定更多是基于经验的判断。确定自留额一般要考虑以下因素：资本金、自留准备金、偿付能力、业务量、保费、业务成本、利润率、业务险别和风险等级；损失发生的频率和大小；再保险的安排方式；公司的发展战略等。

自留额的确定不仅反映了分出公司的意愿，对业务的负责程度，同时也体现了分出公司的偿付能力。我国《保险法》第一百零三条对保险公司的自留责任作了明确规定："保险公司对每一危险单位，即对一次保险事故可能造成的最大损失范围所承担的责任，不能超过其实有资本金加公积金的百分之十；超过的部分应当办理再保险。"

5.1.4　运输货物再保险的方式

对于运输货物再保险，分出公司可选择合同再保险中的比例再保险方式，也可以选择临时再保险方式。

1.　比例再保险方式

比例再保险，是以保险金额为计算基础安排的分保方式。其最大的特点是保险人和再保险人按照比例分享保费、分担责任，并按照同一比例分担赔款，同一再保险按照比例支付手续费。比例再保险可分为成数再保险和溢额再保险两种主要方式。

运输货物再保险的分出公司通常采用成数分保或溢额分保的形式，以及采用二者混合运用的方式向外分出。其原因是运输货物具有流动性的特点，并且一个保险人所承保的货物在运输过程中所发生的保险损失通常又仅限于装载于单个运输工具上的货物损失，而不大可能出现一次保险事故中装载于多个运输工具上的同一保险人承保的货物同时损失，以及出现多个危险单位的损失累积。因此，运输货物风险的再保险通常是以单个危险为分保对象。

（1）成数再保险合同和溢额再保险合同。假定根据以往数据判断，在海上运输货物保险中，通常一个危险单位所需要的保险金额不超过 5 000 万元，经过风险分析，分出公司确定自己的实际承保能力为 1 000 万元。如果分出公司安排一个比例再保险合同就可以消化4 000万元的保险责任，则其可以有两种选择：①按照 1∶4 的比例与一个分入公司签订一份成数再保险合同；②按自留额为 1 000 万元，分入公司分入 4 线的条件与一个分入公司签订一份溢额再保险合同。

（2）溢额再保险合同的分层设计和成数合同与溢额合同的混合运用。如果该分层公司不能接受 4 000 万元的保险责任，而只能接受 2 000 万元的保险责任，则分出公司可以考虑溢额再保险的分层设计，也可以考虑成数再保险与溢额再保险的混合运用。假定分出公司选择了后者，则其会与两个或两个以上的分入公司签订两份或两份以上的不同类型但却相互连接的比例再保险合同。

分出公司可以首先与一个分入公司签订一份成数再保险合同。该成数合同的基本分保条件为：分出公司自留比例为 60%，分入公司分入比例为 40%，合同限额为 5 000 万元。当实际业务的保险金额达到 5 000 万元时，分出公司的自留额为 3 000 万元，而分入公司分入的保险金额为 2 000 万元。

由于 3 000 万元大大超过分出公司的实际承保能力，分出公司可以在成数再保险的基础上再与另一家分入公司签订一个溢额再保险合同。该溢额再保险合同的分保条件为：分出公司的自留额为 1 000 万元，分入公司分入 2 线，即最高分入限额为 2 000万元。

需要注意的是，货物运输再保险合同与其他财产再保险有所不同，主要有以下 3 点。

① 在运输货物再保险中，采用比例再保险方式时，通常除了寄送季度账单外，不再寄送其他资料，如保费报表、赔款报表等。但若是新的合同，为了了解原保险人分出业务的情况及承保方针，则再保险人一般要求在一段时间内寄送报表。

② 运输货物再保险在再保险佣金的计算基础上因市场习惯而有所不同，英美市场一般采用净保费为依据加以计算，一般在 7% 左右；而其他市场则采用以毛保费为基础来计算，

一般在 27% 左右。

③ 由于运输货物保险的事故发生原因非常复杂、涉及多方面的问题，在赔案处理方面需要花费一年甚至几年的时间，因此其盈余佣金的核算须在签单年度结束后的一定年度进行，并定期进行调整。

2. 非比例再保险方式

为了转移运输货物保险的承保责任，分出公司也可以运用非比例再保险的方式。对于单个危险单位的风险责任，除了比例再保险的两种方式，以及这两种方式的混合运用之外，分出公司也可以采用险位超赔再保险的方式将其一部分承保责任分给分入公司。

（1）险位超赔再保险合同及其分层设计。在前例中，分出公司可以从自己对赔款责任的实际承受能力出发，确定自负责任额为 1 000 万元，分入公司的责任为超过 1 000 万元以后的 4 000 万元。

如果一家分入公司无法承担 4 000 万元的赔款责任，分出公司可以分层设计两个或两个以上的险位超赔再保险合同。例如，分出公司可以先与分入公司甲签订一份基本分保条件为超过 1 000 万元以后的 2 000 万元的险位超赔再保险合同，然后再与分入公司乙签订一份基本分保条件为超过 3 000 万元以后的 1 000 万元的险位超赔再保险合同，最后与分入公司丙签订一份基本分保条件为超过 4 000 万元以后的 1 000 万元的超赔再保险合同。这种分层设计的险位超赔再保险合同的结构可以表示如下。

第一层：超过 1 000 万元以后的 2 000 万元。

第二层：超过 3 000 万元以后的 1 000 万元。

第三层：超过 4 000 万元以后的 1 000 万元。

这样，分出公司承保业务中可能发生的 5 000 万元保险损失的风险责任，就大部分分给了分入公司，而只保留了与自己对赔款责任的实际承受能力相适应的 1 000 万元的保险损失的承保责任。

（2）事故超赔再保险合同及其分层设计。在运输货物保险中，经常发生货物堆积在港口或仓库的情况。因此，需要采用事故超赔分保，以保障分出公司在港口和码头仓库的累积责任。假定分出公司经过风险分析，将自负责任额确定为 200 万元，而货物在港口或仓库的累积责任最高可能达到 3 000 万元。分出公司为此设计了 3 个层次的事故超赔再保险合同。

第一层次：超过 200 万元以后的 400 万元。

第二层次：超过 600 万元以后的 400 万元。

第三层次：超过 1 000 万元以后的 2 000 万元。

若货物在港口仓库等待装船时遭遇火灾，致使货物损失 800 万元。按照分保合同条件，分出公司负责 200 万元，第一层次的分入公司负责 400 万元，第二层次的分入公司负责 200 万元。

（3）事故超赔再保险合同与比例再保险合同的结合运用。对于上述在港口和码头仓库的累积责任，分出公司也可以将事故超赔再保险与比例再保险中的成数再保险、溢额再保险结合起来向外分出。

分出公司可以先安排一份成数再保险合同，合同的基本条件为自留比例 20%、分出比例 80%，合同容量为 1 000 万元。然后，在成数合同之上再安排一个溢额再保险合同，合同容量为成数合同的 3 倍，即将成数保险合同的容量作为溢额合同的自留额，分入公司分入的最高限额为 2 线，即 2 000 万元。如果分出公司认为成数再保险合同中的自留额过大，它还可以就该自留额部分与其他分入公司签订一个事故超赔再保险合同。假定该事故超赔合同的基本分保条件为超过 100 万元以上的 100 万元。

若有一批保险金额为 2 500 万元的货物在港口仓库等待装船时遭遇火灾，所受损失为 1 400 万元。按照这一组再保险合同的分保条件安排，分出公司和各分入公司分摊的赔款计算如见表 5 - 2 所示。

表 5 - 2　分出公司和各分入公司分摊的赔款

项目	溢额合同		成数合同		事故赔偿合同	
	分入公司	分出公司	分入公司	分出公司	分入公司	分出公司
保险金额 2 500 万元	1 500 万元	1 000 万元	800 万元	200 万元		
分配比例	60%	40%	80%	20%		
发生赔款 1 400 万元	840 万元	560 万元	448 万元	112 万元	100 万元	12 万元

通过安排组合式的再保险合同，对于火灾事故的损失累计 1 400 万元，分出公司可以从溢额再保险合同的分入公司摊回赔款 840 万元，从成数再保险合同的分入公司摊回赔款 448 万元，从事故超赔合同的分入公司摊回赔款 12 万元，而其本身最终只需承担 100 万元的赔款。由此可见，分出公司的风险责任得到了高度的分散。

（4）需要注意的问题。运输货物再保险采用非比例再保险合同分保时，通常采用损失发生制，而非签单承保制。因为，运输货物保险的保险期限通常以仓至仓条款为准，保险人承保货物在某一个特定航程中遭遇的损失，有一些航程保单会跨越签单年度，在第二年仍有未了责任。为了使再保险人在再保险合同结束后，不再承担支付赔款的责任，一般采用损失发生制。

3. 临时再保险

运输货物保险大多采用固定分保形式，以使再保险当事人双方的权利与义务关系得以稳定下来，但是有一部分业务采用临时再保险的形式分保出去，这一方面为那些不易分出去的业务提供保障；另一方面也是为了再保险当事人双方的利益，在征得再保险人同意的情况下，安排临时再保险以获得更充分的保障。

运输货物再保险采用临时再保险合同进行分保时，通常采用比例再保险的形式。这种形式手续简单，且易于操作。

5.2　运输工具再保险

运输工具再保险主要包括船舶再保险、汽车再保险和飞机再保险。

5.2.1　船舶再保险

船舶是一种配有各种设备和动力并具有复杂结构的水上运输或作业工具。船舶的航行区域广泛，其面临的自然灾害和意外事故多种多样，而且船员的素质参差不齐，人为事故时有发生。特别是随着航海技术的日益现代化和船舶吨位的不断增加，船舶价值越来越高，风险相对集中，一旦发生损失，保险人将支付巨额赔款，因此船舶保险人在其经营船舶保险业务的过程中都会办理再保险。

1. 船舶再保险的特点

船舶险保额较高，且每时都在水上，特别是海上船舶在无际的大海中行驶或在港口装卸，风险集中程度不比其他，一般赔付率也较高。尤其近年来，船舶险利润普遍为负数。除较大保险和再保险公司及专业承保公司外，其他分入人对接受单纯的船舶险业务均持审慎态度，若承保也要全面了解该船队的基本情况，如是否单船公司、船级船龄、所经营承运业务种类、经常航行的区域、船队经营受理水平和船东信誉等，以及近5年的承保统计资料和首席分保接受人的情况等。在实务中，溢额合同比成数合同应用更普遍，超额合同一般用于保障船舶全损或碰撞、船和货物的累积责任。此外，船舶险再保险是按照承保年度方式进行核算和账单编制，没有未满期业务的转入和转出。

2. 船舶再保险的自留额及其影响因素

1) 船舶再保险自留责任额的确定

船舶再保险，一般是以每一船只作为一个危险单位，分出公司的自留责任额，可以按每艘船舶分别确定。

2) 影响自留责任额的因素

影响船舶风险再保险自留责任额的因素主要包括以下5个方面。

（1）船舶的类型。从事不同业务的船舶所面临的风险是不同的。对于从事风险程度较高业务的船舶，其保险人承担的风险也较大。因此，在考虑其他条件的假定条件下，分出公司自留责任额应当订得比较低；反之，则相反。

（2）船舶的吨位。在其他条件相同的假定条件下，船舶的吨位越大，抵抗海上风险的能力越强，其保险人承担的风险责任也就相对较小。因此，在不考虑其他条件的假定条件下，分出公司自留责任额应当订得比较高；反之，则相反。

（3）船舶检验时的检验机构和定级。检验机构的权威或信誉度越高，由其所认定的船级越能比较可靠地反映船舶的实际技术性能；由其所认定的船级所代表的船舶技术性能越高，其在海上航行时的安全性也就越高。因此，在不考虑其他条件下的假定条件下，分出公司自留责任额应当订得比较高；反之，则相反。

（4）船龄。船龄既能反映船舶的老化程度，也能反映船舶制造时在技术上的先进程度。在不考虑其他条件的假定条件下，船龄越小，分出公司自留责任额应当订得越高；反之，则相反。

（5）以往船舶出险和索赔的记录。船舶出险和索赔的记录，一方面反映船舶本身的技术性能；另一方面反映船舶的管理状况乃至船舶公司的管理水平。船舶无出险和索赔的记录，或者出险和索赔记录较少，可以在一定程度上反映出船舶本身的技术性能较好，船舶的管理状况较好和船舶公司的管理水平较高。因此，在不考虑其他条件的假定条件下，分出公司自留责任额应当订得比较高；反之，则相反。

3. 船舶再保险的方式

船舶再保险对于单一危险责任的分保安排基本上可以采用两种方式：①与货物运输险相似，以成数分保合同为基础，并安排溢额再保险；②以溢额再保险为基础，并结合多层次的溢额分保以扩大承保能力。由于船舶的保险金额在承保时即可以掌握，同时也为了便于按船舶等级规定不同的自留责任额，因此更多情况下是采用后一种方式。若上述安排仍不能满足承保要求，还可以安排预约分保或临时分保作为补充。

例如，在劳合社登记或同等船检定级为 100AI，直至最高 15 年船龄并有 1 000 总吨位以上的海洋船舶的自留额确定为 800 000 英镑，所需要承保能力 6 000 000 英镑；其他海上船舶的自留额为 600 000 英镑，所需要承保能力 4 000 000 英镑，沿海船舶的自留额为 400 000 英镑，所需要承保能力 2 000 000 英镑。分出公司可以作出以下分保安排，如表 5 - 3 所示。

表 5 - 3　分出公司对船舶保险的分保安排

项目	在劳合社登记，船龄 15 年以下 1 000 总吨位以上的海洋船舶	其他海上船舶	沿海船舶
承保能力	6 000 000	4 000 000	2 000 000
自留额	800 000	600 000	400 000
第一溢额（2 线）	1 600 000	1 200 000	800 000
第二溢额（3 线）	2 400 000	1 800 000	800 000
预约分保（1 线）	800 000	400 000	0
临时分保	400 000	0	0

4. 船舶再保险中需要注意的问题

（1）船舶比例再保险中的自留额与限额大多根据船舶种类、船籍等因素分级确定，但也有为简化手续起见，采用单一的自留额与限额。

（2）船舶再保险中的再保险佣金的计算基础可以是毛保费，也可是净保费。一般来说，采用毛保费计算的佣金率比采用净保费为基础的佣金率高 2.5%～5%。

（3）报表、盈余佣金等与运输货物比例再保险相同。

（4）船舶再保险中采用非比例再保险的趋势，大多采用超额赔款再保险。

（5）船舶超额赔款再保险中再保险费率的计算一般不使用通常的赔款成本法，而是采用以下方法。

① 估计再保险人可能承担的责任总额，即通过计算每艘船舶可能超过分出公司的自负责任额的部分来获得。

② 计算有关船舶的全损费率。

③ 根据再保险人的管理费用和利润，以及可能分摊到的巨额损失等因素，在全损费率上附加一定成数，得出总费率。

④将责任总额乘以总费率，得出所需的保费。

⑤以上述保费除以分出公司的当期净保费，即为非比例再保险的再保险费率。

关于非比例再保险的再保险费率举例如下。

经估计，再保险人承担责任总额为 1 000 万元，船舶全损费率为 0.8%，附加系数为 50%，分出公司的当期总净保费为 400 万元，则再保险费率为：$1\ 000 \times (0.8\% + 0.8\% \times 50\%)/400 = 3\%$。

（6）船舶再保险的安排通常采用固定分保形式，但也有相当一部分业务是通过临时再保险的形式分保出去的。采用临时再保险时，大多是以比例再保险安排，但美国市场的船舶保险通常以非比例再保险合同为基础进行分保安排。

5.2.2　汽车再保险

1. 汽车再保险的特点

汽车险的特点是对车身损坏的保险金额比较统一，除了某些例外，高档车与低档车的价值差额一般是 5∶1。在大多数情况下，第三者责任保险的限额在同一个市场范围内是统一的。由于这些原因，成数分保是唯一可考虑的比例分保形式。因为，溢额分保的管理费用很高，并且虽然汽车险是现金流动的来源，但其微薄的承保利润使得分入人不愿签订成数分保合同。因此，汽车险分保大部分是在超赔基础上安排的，这些合同通常是分为二层或更多层，较低的几层接近自负责任，常常遭受损失，而且其结果类似于财产险的险位超额。远离免赔额的保障类似于一个巨灾超赔，这些保障是无限制的，关键是这个国家或地区的法律。

2. 汽车再保险的自留责任额和再保险方式

汽车再保险规划中，一般采用非比例再保险形式加以保障，险位超赔很少采用，因为一次事故的损失范围可能涉及一辆汽车，也可能涉及几辆汽车，其危险单位的划分比火灾保险更为困难，所以一般可按每次事故安排超赔分保。虽然，汽车保险中对车身损失的保险金额比较统一，但可能造成巨大的第三者责任、旅客责任，产生责任累积，因此在制定再保险规划时应考虑这些因素而分层次安排分保。

超赔分保合同可以分层设计。在确定合同中的自留责任额时要考虑分出公司自身的财政承受能力，一般自留责任额相当于或少于年保费总量的 1%。这样，中、小损失的大部分都由分出公司来承担。

例如，汽车车身保险金额为 100 000 元，第三者责任赔偿限额（每次事故）为 1 000 000 元，旅客责任赔偿限额（每次事故）为 200 000 元，总计为 1 300 000 元，全年保费收入，10 000 000 元。

根据上述资料和分出公司自身情况，将自留责任额确定为保费的 1%，即 100 000 元。最高赔偿限额根据汽车保险金额、第三者责任和旅客的赔偿金额确定为 1 300 000 元。可安排 3 个层次的事故超赔分保合同如下。

第一层次：超过 100 000 元以后的 300 000 元。

第二层次：超过 400 000 元以后的 400 000 元。

第三层次：超过 800 000 元以后的 500 000 元。

5.2.3　航空再保险

航空保险原称飞机保险，是在海上保险和人身意外伤害保险基础上发展起来的一个较新的险种。飞机保险是以飞机及与飞机有关的责任为保险标的，承保飞机在航行或运输中由于遭受自然灾害或意外事故造成的机身损失、货物损失和旅客人身伤亡，依法由被保险人承担的赔偿责任。飞机保险一般包括基本保险与附加险。

1. 飞机险的基本险

飞机险的基本险是指飞机机身险。

1）飞机机身险的特点

(1) 在飞机机身险中，享有保险利益的被保险人可以是任何航空公司、飞机拥有者，与飞机有利害关系及看管、控制飞机的任何人。

（2）飞机损失可分为飞行、滑行、地面、停航的 4 个阶段。

（3）飞机机身险是属于高科技、高风险和高利润的险种。

2）飞机机身险的保险责任和除外责任

飞机机身险的保险责任范围包括火灾、坠落、地面静止状态下的损失、风暴和偷窃。一些保单承保的损失还包括火灾、坠落、风暴、地震、洪水，以及其他可能损害飞机的风险。

关于飞机机身险的除外责任，中国人民财产保险股份有限公司（以下简称人保财险）的飞机保险单的除外责任包括飞机不符合适航条件而起飞；被保险人的故意行为；飞机任何部件的自然磨损、制造及机械的缺陷（但因此而对飞机造成的损失和损坏，本保险仍予负责）；本公司飞机战争、劫持险条款规定的承保和除外责任。

2. 飞机险的附加险

飞机险的附加险包括第三者责任险、旅客法定责任保险及战争险。对于战争、劫持两种险是作为飞机保险单的一种特别附加险承保的。除此之外，飞机险还有一些其他险别，如机场及操作人员责任保险、飞机产品责任保险、丧失执照保险等。

3. 飞机险的再保险

航空险业务特别是民航机队的特点是保额高、单笔业务保费量大。一旦发生损失，赔偿金额基本上都会超过保费。20 世纪 90 年代和 21 世纪初期，因天灾人祸各大再保险人均遭受了巨大损失。在许多市场上，航空险业务都是集团承保的，这些集团由当地公司组合而成，以便汇集大家的力量，帮助解决技术难题和承保能力问题。成数合同和溢额合同一般搭配使用，临时分保业务也较为常见，超赔合同一般保障自留额的累积损失和较高的责任风险。

综上所述，飞机险的再保险有以下 4 个特点。

（1）飞机险涉及飞机机身的物质损失，以及航空公司应承担的旅客和第三者的人身伤亡及财产损失责任，因此对于飞机险主要是按照每次事故安排超赔分保，保障范围可以包括机身险和各种责任险。如果一次事故发生所造成的损失不止一项而是两项或多项时，赔款可累计计算。

（2）飞机险基本上采用临时再保险形式安排分保。

（3）飞机险再保险合同中通常载明承保的对象，如机身、责任、个人意外等；保障通常只限于在分出人所在国登记的飞机，若想保障在其他国家登记的飞机必须与再保险人协商处理。

（4）在许多地区飞机业务采用集团联营的形式承保，这些集团由当地的公司组成，共同解决技术难题和承保能力的问题。

4. 飞机再保险的自负责任额和再保险方式

由于飞机险涉及的内容很多，包括机身、责任、个人意外等，因此一旦发生事故，累积的责任很大，加之飞机还有可能在机库修理或机场等处发生大火、飓风等巨灾事故，因此一般要安排事故超赔分保，并分层进行，以使巨额责任顺利分摊出去。

此外，因飞机的机型不同，若发生事故，所产生的赔偿责任也大不相同。在国际分保市场上通常将飞机分为 3 种机队：宽机身机队（包括波音 747、757、767、空中客车、DC - 10 等）、窄机身机队（包括波音 707、727、三叉戟、伊尔等）、混合型机队（包括波音 737、

DC－8、DC－9 等）。在采用事故超赔分保时，可以根据上述飞机的机型或种类分别确定自负责任额。

例如，保险人承保某航空公司的宽机身机队，全年保险费为 3 亿元，自负责任额按年保费收入的 1‰确定，为 300 万元。该航空公司投保的险种有机身险，每架飞机保险金额 5 000 万元；第三者责任保险，每次事故赔偿限额为 600 万元；旅客法定责任保险，每次事故赔偿限额为 4 000 万元；货物法定责任保险，每次事故赔偿限额为 400 万元；则每次事故最高赔偿额度为 1 亿元。

可以分层次安排事故超赔分保如下。

第一层：超过 300 万元以后的 500 万元。

第二层：超过 800 万元以后的 1 200 万元。

第三层：超过 2 000 万元以后的 3 000 万元。

第四层：超过 5 000 万元以后的 5 000 万元。

复习思考题

1. 概念题

运输货物再保险　运输工具再保险　危险单位

2. 思考题

(1) 运输货物再保险有什么特点？

(2) 运输工具中船舶再保险有什么特点？飞机再保险有什么特点？

第6章
巨灾保险业务的再保险

目前，巨灾风险和巨额风险已经成为人们普遍关心的一个问题。巨灾风险可以由各种因素造成，除台风、洪水、地震等自然灾害外，还包括火灾、爆炸、民变等意外事故。随着经济的发展，人口增加，建筑物密集，财产增值，使巨灾风险、巨额风险累积趋于复杂，导致世界各地对保险和再保险保障需求的增加。例如，随着现代化工业和商品经济的不断发展，工业和贸易中心城市的形成，交通运输的发达，社会财富的日益增加与集中，科学技术在生产中的广泛运用，使一次灾害事故可能造成的物质财富损毁和人身伤害的程度不断扩大。大型飞机、万吨级油轮、化工工业、大型建筑工程、核电站，以及石油开发、通信工程等财产保险及某些责任保险的保险金额巨大，一旦发生灾害事故，所造成的损失绝非一个保险公司或几个保险公司所能全部承担。

巨额风险和巨灾风险的存在促进了人们对保险的需求。例如，"美国9·11"恐怖袭击事件后，在我国购买航空意外险的比例从不到40%急剧上升到90%以上。这一方面给保险公司发展带来了机遇，而另一方面潜在的巨大损失又使保险人更加依赖再保险的支持。

由于巨灾风险常常涉及广大领域，随机性大，所以保险费率和自留额不能按常规处理，需要由政府、企业风险管理和保险公司联系在一起综合处理，形成必要的基金和补偿机制，以及特殊的分散风险的保险方式。下面分别说明地震风险、风暴风险、农业风险的再保险，以及核责任风险的再保险方式。

6.1　地震保险的再保险

地震是由于移动的地壳板块之间的摩擦所造成的，大量的密集人口和财产处于靠近主要地震的断层地区，如果发生严重的地震，就会造成巨灾性的损失。表6-1是一家主要的地震分析公司对有高风险的三大城市的地震损失的估计。

表6-1　最严重的地震情况　　　　　　　　　　　　　　10亿元

城市	财产损失	营业中断损失	死亡人数	受伤人数	总损失
旧金山	125～170	30～35	3 000～8 000	8 000～18 000	175～225
洛杉矶	130～180	30～40	2 000～5 000	8 000～12 000	180～250
东京	900～1 200	350～550	40 000～60 000	80 000～100 000	1 500～2 100

资料来源：Professer Harsh Shah. RMS, 1995.

2011 年 3 月 11 日，日本遭遇历史上最强烈的大地震和最大海啸。里氏 9.0 级的地震引发高达 10 米的海啸，淹没面积 400 平方公里的土地。截至同年 4 月 25 日 16 时，已确认造成 14 358 人死亡、11 889 人失踪，其中 90％死于海啸，死亡人数在发达国家罕见。在地震中受损的日本福岛核电站更是险情不断，民众纷纷被转移，核辐射不同程度的蔓延扩散到全球。此外，地震导致炼油厂发生火灾，燃料供应紧张，支柱工业和货运物流陷入瘫痪。此次地震在重创日本经济的同时，全球依赖日本供应链的企业也受到不同程度的影响，保险业和再保险业蒙受了巨大损失。此次地震给日本造成的直接经济损失估计为 16 万亿～20 万亿日元（约合 1 790 亿～3 080 亿美元），保险业的估损为 200 亿～300 亿美元（AIR）。目前，国际主要再保险公司最新公布的日本地震损失数据如表 6-2 所示。

表 6-2 主要再保险公司的日本地震损失数据

再保险公司名称	预计保险损失
瑞士再保险公司	12 亿美元
法国再保险公司	1.85 亿欧元
美国国际集团	7 亿美元
慕尼黑再保险公司	15 亿欧元
澳洲昆士兰（国际）保险有限公司（QBE）	1.25 亿欧元
美商安达集团（ACE）	2 亿～2.5 亿美元
汉诺威再保险公司	2.5 亿欧元
伯克希尔哈撒韦公司	10 亿～20 亿美元
太平洋再保险公司（香港）	7 500 万～1 亿港币

资料来源：中国保险报（京），2011-5-10.

除地震海啸造成的损失外，由于核电站危机及供电紧张等因素影响，日本汽车、电子、化工、钢铁等多家知名企业陆续停产，导致相关产业的零部件供应短缺，以及进出口贸易无法正常进行等情况。另外，此次地震给 2011 年 4 月 1 日起期的巨灾超赔再保险的合约续转和工业风险定价方面也带来了影响，通过精算估测的超赔再保险费也小幅上扬。承保条件相应收紧，再保险人倾向于把地震作为特殊的巨灾风险单独考虑。此次灾害的结果主要影响了再保险人的利润、现金流和财务灵活性，对再保险承保方面影响不大。

在我国，无论是 2008 年的四川汶川地震，还是 2013 年的"4·20"芦山地震都造成了众多的人员伤亡及重大的财产损失。保险业对汶川地震已累计赔付支出 886.02 亿人民币，对芦山地震保险业也正在积极组织理赔中。

由此可见，如果要对地震风险进行承保，对保险人来说，必须尽最大可能在国际再保险市场上广泛地分散风险责任。由于地震风险责任很大，因此在国际再保险市场上其分保的前提条件是要有充分的保费和合理的分保条件，符合直接保险水平并能及时汇付保费，同时每个再保险市场上的分保接受人都事先决定愿意接受的份额并加以控制，以避免遭受巨大损失。

6.1.1 地震保险的分保方式

对地震风险的分保方式主要有比例分保和非比例分保两种。

1. 地震保险的比例分保方式

在许多情况下，地震保险的超赔分保合同是以比例分保作为基础的。由于巨灾的性质，不宜单独组织比例分保合同，所以经常与火险业务结合在一起。

地震保险的保额不能超过火险的保额，只有当建筑物的房基也包括在保险责任内时，作为管理再保险业务责任的整体，地震保险的保额可以高于火险的保额。地震保险的分保费按承担风险的比例计算。

2. 地震保险的非比例分保方式

地震保险的非比例分保方式通常与比例再保险结合应用，以保障地震保险人可能的巨大损失累积。非比例分保的年保费是根据巨灾的最大可能损失，以及分出人的自负责任和合同责任的大小来计算的，其计算原理与直接保险的地震保费计算大致相似，要考虑许多以前的损失资料。

6.1.2　构建我国多层次的地震巨灾管理体系

2011 年我国的《政府工作报告》中提出，我国要"建立农业再保险和巨灾风险分散机制"。长期以来，我国对灾害的补偿主要依靠财政支持、社会援助，地震巨灾保险制度尚不完善，商业保险在补偿地震巨灾损失方面发挥的作用有限。

为了促进和完善我国地震风险管理体系的规范化和制度化，结合我国的国情，应从以下 5 个方面入手。

1. 政府推动是构建中国地震风险管理体系的基本保障

在成熟的地震风险管理体系中，政府推动和政策支持是建立与完善地震风险管理的重要前提及保证。随着财产保险行业的发展和保险行业对巨灾风险损失补偿能力的逐步提高，政府应该充分发挥引导作用，利用保险的商业运作能力和风险管理技术优势，促进商业保险在国家层面的地震风险管理中发挥更重要的作用。

同时，立法保障也是必要的前提。如果在城市规划和建设进程中考虑对重点区域与设施的建造标准及建造方式进行立法规范，则会在防止地震巨灾损失方面起到很好的作用。在屡次遭受地震巨灾打击之后，日本在历次的复兴计划和城市建设中，一方面，根据历史最严重地震损失经历制定地震设防标准（如 1923 年 9 月 1 日的关东大地震后，包括东京都等地的地震灾害预测和建筑地震设防标准，都是以类似关东大地震同等烈度的地震为条件进行设防的）；另一方面，特别注意城市避难场所的设置、河川和公园防火带的建设、各社区防灾据点的规划等，并且逐步形成了比较健全和完善的法制体系。这也是使日本地震风险成为全球公认的可保风险的重要前提。

2. 建立政府政策引导与商业保险相结合的运营模式

随着经济的发展、家庭财富的积累、人民的风险保障意识增强，针对住宅和家庭财产的地震风险保障供给却非常有限。我国汶川地震后，全部经济损失为 8 640 亿元，政府投入上万亿元进行灾后重建，而保险损失在全部经济损失中的占比仅为 0.23%，约为 18 亿元。长期来看，重大灾害完全由政府买单的做法会无限地加重政府的负担，不具有可持续性。借鉴日本等其他国家的地震保险体系，保险行业可以结合政策性农民住房统保、城市居民住宅保险的经验，在政府统一指导和管理下，逐步建立社会多层次的地震巨灾保险商业运营模式。

经营地震保险应以非营利保险的模式为主。所谓非营利保险，是指由政府成立直接管理地震巨灾风险的非营利机构，同时与现有的商业保险机构相结合，共同构建全社会参与的地震巨灾风险管理体系。

首先，针对个人家庭财产，可以采取商业保险（保险公司、再保险公司）、非盈利保险（政府＋保险公司＋再保险公司）和投保人个人自负三位一体相结合的方法，三方共同承担地震险保费，不断充实地震保险补偿基金规模，并由政府委托再保险公司统一管理；其次，针对企业（工、商业）财产，仍然采取商业保险和投保人自担部分风险的方式。但这两种方式都应以风险分析技术（危险性分析、结构易损性和破坏/损失预测）和风险控制技术（合理费率、责任累积）作为前提和保障。

3. 建立多渠道的地震损害补偿制度

一个国家或地区的经济总量决定了其分散风险的能力。对于地理面积狭小、地震风险频繁的地区（如日本、智利和中国台湾），一个仅仅是 500 年重现期的地震灾害（相当于年发生频率只有 2‰）所造成的损失，就足以超过这个地区全年所有的非寿险保费收入。为了更好地分散地震风险，通过商业保险、政府和个体投保者参与的方式，建立广泛的地震风险保障基金制度是必要的前提。

此外，从风险分散工具和资本管理手段方面考虑，加强对地震保险基金、地震巨灾保险证券化等领域的研究和规划也十分必要。随着非寿险风险转移渠道和资本管理手段的日益多样化，一些创新型的风险转移和资本管理机制应运而生。学习和借鉴国际市场的巨灾风险非传统转移方式，结合如巨灾债券、巨灾互换、行业损失担保、应急资本和交易所买卖期权等非传统的财务手段进行风险分散，将保险风险向资本市场转移，丰富我国资本市场的交易品种，也是解决地震保险风险管理的一个重要途径。

4. 为完善地震风险管理机制提供制度保证

这里的制度保证包括以下 3 个方面内容。

（1）保证"强制投保地震保险"的有效性。在政府立法或管理的"强制投保"的模式下，再保险公司需要最大数量的个体投保者的参与和保费贡献，以创造更高程度的"地震巨灾风险分散系统"，从而支持整个系统长期有效运作，提升社会经济的整体稳定性。

（2）合理定价。这包括对地震风险的测度和对地震风险累积的测度两部分。对风险的测度是指对标的物的地理分布、财产价值的分布和标的物抗震性能的评估，是用以年为单位的长期损失率加上年平均损失发生率测算出长期的费率。对风险累积的测度则需要借助专门用于地震风险损失超赔概率计算的精算模型工具并依赖于比较详细的风险分布数据。

（3）完善流程管理。在确定保险标的、改进产品设计、促进数据归集等方面创造一个良好的流程和环境，从而扩大地震保险的覆盖面。

5. 进一步发挥再保险公司的职能和作用

从发达国家的经验来看，再保险公司在地震风险体系中发挥着重要的作用。首先，再保险公司是最主要的风险承担者，通过独立承保和交换承保大量同质地震风险，能够达到最大限度分散风险和分摊损失的目的，能有效地消除单一地震巨灾风险对区域经济造成毁灭性打击的潜在威胁；其次。再保险公司通过综合评估和更大范围的保费收入分享机制来达到平衡本地区地震巨灾风险的目的，使同一笔风险资本能多次使用，在提高承保能力的同时，大大降低了整体风险转移的交易和使用成本。再次，再保险公司可以利用在数据及保险经营方面的经验，通过构建地震巨灾评估模型和定价模型，整理并分析损失基础数据，不断推进地震风险评估技术的发展，使地震保险更加精准并满足不同的风险保障需要。

基于以上种种分析，在中国地震风险的区域多样性与保险的广度尚不平衡的情况下，建立由政府引导的多层次的地震风险管理机制可以逐渐消除这种不平衡，从而抵御地震灾害给人们带来的潜在影响。

资料阅读

日本地震巨灾风险管理的经验对我国地震巨灾风险管理的启示

1. 日本地震损害补偿机制简介

由于日本是地震多发国家，地震保险在日本较为发达。日本地震保险分为家庭财产地震保险和企业财产地震保险。家庭财产地震保险损失由日本地震再保险株式会社（JER）、商业保险公司和政府共同承担；企业财产地震保险则完全由商业保险承保，政府不介入。根据EQE公司最新公布的数据，2011年3月11日，日本地震的经济损失在1 000亿美元以上，保险损失金额预计在120亿～250亿美元，其中地震造成的保险损失金额为80亿～150亿美元（预计其中的25％分给了JER），车险损失在0亿～10亿美元，水险损失10亿～30亿美元，寿险损失20亿～30亿美元，人意险损失10亿～20亿美元。

在智利地震及新西兰地震中，大部分的损失最终是由再保险人承担的。而本次日本地震造成的住宅和家庭财产损失将主要由日本政府及JER留存的准备金赔付。由于JER自留一部分风险，超出的损失再转嫁给政府和再保险人。由此，估计日本的保险公司通过JER的准备金赔付约75亿美元，日本政府可能会负担120亿～160亿美元的损失。

2. 日本地震对我国地震巨灾风险管理的启示[①]

当前，我国非寿险保险市场主要还是由传统的工业、商业设施的财产险和工程险主导，针对个体投保者的保险品种和保险深度还远远落后于发达国家。我国目前还没有专门从事地震风险保障和经营的机构。目前，商业保险的主要险种中，只有工程险保单中有地震风险保险，财产保险单需要对地震风险单独扩展，而其他大量的个人住宅的保险还没有纳入到地震巨灾保障的体系中来。在已承保的地震风险中，也有一部分商业保单按险位超赔或事故超赔方式购买的再保险，以和约方式转移到再保险市场。总体来说，中国的地震保险巨灾保障体系的覆盖面还有待拓宽。

（1）加强对地震保险经营的监管

由于我国目前尚未建立完善的巨灾保险保障体系，保险损失仅能在商业保险和再保险行业内进行分散，一旦地震发生在经济较发达地区，巨额赔付可能导致财产保险行业的偿付危机，甚至危及某些保险公司的生存。监管部门应考虑以地震巨灾情景的偿付能力压力测试、经营地震风险的资本约束、巨灾风险再保险安排的安全程度、地震风险的地区责任累积控制、地震风险费率指引和地震风险承保数据标准化等措施，加强对财产保险公司承保地震风险的监管，保障行业的健康发展。

（2）地震灾害损失模拟评估势在必行

早期的地震损失评估更多地关注地震本身的危险性，即以研究房屋建筑物倒塌的地震工

---

① 李昕. 日本地震对中国地震巨灾风险管理的启示. 中国保险报（京），2011－5－10.

程学为主要方向的工程措施减灾手段，而近十几年来，由于在许多国家地震灾害造成的损失记录不断被刷新，现代社会在遭受地震灾害的易损性方面，变得越来越脆弱（如 1994 年美国北岭地震、1999 年台湾地震、2001 年印度宵吉拉特邦 7.7 级地震，以及我国汶川、芦山地震等都造成了巨大的生命和财产损失）。所以，目前应从对地震危险性的研究逐渐过渡到对地震危害性的研究。另外，随着地震次生灾害导致损失的不断攀升，对地震造成的社会灾害损失的关注也逐渐超越了传统的工程灾害。以此次日本大地震为例，90％的人员伤亡和财产损失都是由海啸和火灾等次生灾害等造成的。此外，商业中断、社会功能瘫痪、信息丢失等非工程损失在总损失中所占比例越来越大。特别是在经济发达、城市化水平较高的地区，一旦发生破坏性地震将会造成巨大的社会综合损失，危害程度也越来越严重。因此，由于我国地震多发，特别是在重要经济区和人口密集区，开展城市地震危害性评价工作变得非常紧迫。

中国财产再保险股份有限公司（以下简称中再产险）多年来一直致力于地震灾害损失模型的开发和应用。针对此次日本大地震，中再产险在第一时间用精算模型工具对近似震级的地震灾害损失进行了模拟评估。通过巨灾模型和损失比例的方法估算出以下主要直辖市和地震高发地区在突发地震时所遭受的相对破坏程度，如表 6-3 所示。

表 6-3　中国主要城市及地区地震损失模拟预测

城市	千年一遇/%	五千年一遇/%	万年一遇/%	最大可能损失/%	最大可能损失对应震级
北京	30.60	48.00	53.5	55.7	7.7
上海	0.95	5.80	9.7	23.0	6.7
天津	20.00	36.30	41.8	46.7	8.2
云南	15.20	27.15	31.5	33.9	8.2

资料来源：中国保险报（京），2011-5-10.

以上统计结果基于中再产险使用的中国地震模型。通过假设某一地区可预见的最强震级，对处在不同时间段内的全部保险标的最大可能损失比例进行估算。

（3）地震风险应合理的定价

近年来，在监管部门的推动下，保险行业协会针对大型商业风险发布了纯风险损失率表，各地行业协会也先后以自律公约的形式规范了财产保险市场的价格竞争行为，但非理性定价的现象依然存在。在实务操作中，工程险中的地震责任、企业财产险中附加的地震责任扩展条款往往难以单独核算费率，承保的地震风险与实际保费水平并不完全匹配。合理的定价水平是承保地震风险的基础，地震灾害的理论研究和地震损失的数据积累则是合理定价的依据。财产保险行业应借鉴再保险公司和地震研究机构的科研成果，科学地厘定地震保险费率。

6.2　风暴风险的再保险

6.2.1　风暴再保险的概念及安排

风暴和洪水是发生比较频繁和威胁人们经济生活的最主要的世界性自然灾害，最近 4 年在西欧连续发生的 4 次重大风暴，不仅标志灾害事故发生频率的增加，而且每次事故造成的保险损失和经济损失也日益增大。4 次灾害事故造成的损失分别是 34 亿美元、16 亿美元、45 亿美元和 100 亿美元。这给保险业带来了与地震相似的甚至更加广泛的影响。风暴灾害的巨大潜在累积责任，无疑要求巨额再保险的保障。风暴的再保险安排，既可以采用比例分保的形式，也可以采用非比例分保的形式。在理论上，比例分保合同中的风暴风险可以包括在一般财产保险合同范围内承保，也可以分开承保，并且要求分保费与承保的风险等量。但在实际中，风暴风险的分保市场还缺乏基于良好承保原则的适当的风暴费率表，一般是把风暴包括在火险或财产险保单中增加一个金额，这样就难以实现分保费与承保的风险等量。在这种情况下，只能在计算分保费时与原保费偏离：由签约双方协议确定分保费，或者降低分保手续费，或者对每次事故损失规定一个免赔额。在非比例分保合同中，无论是巨灾超赔保障，还是赔付率超赔保障，对任何一次事故都有一个特定的限额，同时还必须有时间条款的限制。在德国、法国和英国，水雹灾害损失也包括在风暴项下，以规定的地区和时间结构来限制一次损失事故的组成。

6.2.2　风暴再保险安排要注意的问题

1. 比例分保合同

（1）必须应用适当的累积控制制度保证关于承担风暴责任的充分透明度。

（2）在任何时候发现分保业务的原保费不足时，应计算合适的分保价格。

（3）如果可行，对每一个国家或地区决定分保序列或损失限额。

2. 非比例分保合同

（1）同样要求对承保风险范围保持充分的透明度。

（2）支付适当的分保费。

6.3　农业保险的再保险

农业保险已被发达国家的经验证明具有分散风险、补偿损失、提高农业综合生产能力的作用，是一种有效的规避风险机制。

6.3.1　农业保险的风险特点

农业与其他行业最显著的区别就是农业活动与自然条件的紧密结合，因而也成为受自然灾害影响最大的行业。即便是在无巨灾的年份，中国每年仍然有 4 000 多万公顷的农田遭受不同程度干旱、雨涝、低温、干热风、冰雹、台风等灾害，粮食减产量常达数百亿斤。因此，有必要全面认识农业风险，才能更深入地分析农业保险的风险。我国作为一个农业大国，整个国民经济的发展直接受农业经济发展状况的制约。由于农业生产在很大程度上受各种自然因素的影响，与一般商业保险的风险相比，农业保险的风险具有以下特点。

（1）普遍性。从时间和空间上看，我国每年都有一些地区遭受不同程度、不同种类的自然灾害，且受灾面积呈递增趋势。1949—1959 年，每年平均受灾面积为 3.29 亿亩；1960—1669 年，上升至 5.17 亿亩；1970—1979 年为 5.69 亿亩；1980—1992 年，更是每年平均受灾面积上升至 6.77 亿亩，占农作物播种面积的 30%。近 10 年来，受灾面积仍在 30% 上下徘徊。

（2）季节性。我国气象灾害的季节性问题比较突出。例如，旱涝灾害，春季一般是南涝北旱，夏季则是南旱北涝。霜冻春季主要发生在北方冬小麦区，秋季主要发生在东北、华北及西北地区，冬季则主要发生在江南、华南及西南地区。

（3）区域性。我国自然灾害种类繁多，发生频率高，具有一定的区域性。北方旱灾多，南方雨涝多。同一地区、同一灾害，如冰雹，山区多，平原和盆地少；迎风坡多，背风坡少；山脉南坡多，北坡少。

（4）持续性。灾害的持续性表现在同一类灾害常常连季、连年发生。

（5）伴发性。一种灾害往往诱发其他灾害同时发生。例如，台风往往伴有暴雨；如冰雹灾害和大风、暴雨同时发生等。

（6）不均衡性。风险的发生在年度间不均衡。就种植业而言，灾害周期可能长达几年、十几年。

（7）难以预测性。在现有统计和科技条件下，灾害发生规律还难以预测。

6.3.2　农业再保险的一般做法与经验

1. 农业再保险市场的分类和选择

世界上有 40 多个国家推行农业保险，根据国际上各国农业保险的发展历史、特点、地域特征，以及法律制度、社会制度、经济发展水平、大众意识、传统观念等因素，形成了以美国、加拿大、俄罗斯、日本、法国、德国、斯里兰卡、菲律宾等国家的农业保险制度为典型的制度模式。

由于农业风险具有时间和空间上的高度关联性与集中性，一旦发生大的灾害事故，在短时间内就会导致巨额损失。为了业务稳健经营、降低自留风险、扩大承保能力，一般运用再保险技术对相关的风险和责任分出到国内与国际再保险市场，从而实现风险的控制和转移。按照再保险的分出形式，农险再保险一般主要分为临时再保险与合同再保险两种，同时也运用其他一些再保险形式分散直接保险市场的风险。

2. 国际市场再保险形式介绍

1）保障范围

根据现有农业再保险合约的安排情况，再保险合约保障范围与分出公司原保单的保障范围基本一致。其中，种植业保障范围主要包括火灾、气象自然灾害、空中飞行坠落、病虫害；养殖业保障范围主要包括火灾、爆炸、气象及地质自然灾害、建筑物或结构坍塌、坠落物砸伤、牲畜疫病；水产养殖业保障范围主要包括自然灾害造成溃坎、漫坎致使在养水产品逃逸，自然灾害致使供电设备中断供电，造成增氧设备和水泵等有关设施无法正常运作而发生泛塘。

2）除外责任

国际再保险市场对农业保险的一般标准除外责任主要包括战争、敌对行为、军事行为、恐怖活动、武装冲突、罢工、骚乱、暴动，核辐射或放射性污染，被保险人的敌意、违法行为，或者重大管理、操作、技术失误，政府执法或司法行为所致损失，盗窃导致的损失，保险事故引起的各种间接损失；种植业除外责任主要包括政府征用、占用土地所致损失，政府命令蓄洪、泄洪、滞洪造成的损失，种植物的自然死亡和损失；养殖业除外责任主要包括没有按防疫规定接种疫苗或治疗、冻饿、中暑、互斗、走失、被野兽伤害、不符合要求而被淘汰宰杀、运输过程中发生意外导致的损失、由禽流感及口蹄疫直接造成的损失，以及为了控制疫情而执行的政府屠杀行为；水产养殖业除外责任主要包括哄抢、投毒和水质污染，水产品疾病防治和治疗，政府命令蓄洪、泄洪、滞洪造成的损失。

3. 国际市场农业再保险简介

农业保险的展业与可持续经营必须获得与之相匹配的农业再保险的支持，这样才能分散和转移由资本金、保险费率、业务量、巨灾而带来的相应风险，从而降低自留风险，使业务稳健经营。从再保险分类可知，农业再保险主要包括临时再保险和合同再保险两种。国际市场农业保险业务普遍以合同再保险中的成数和超赔形式安排再保险。

4. 农业再保险合同的主要形式

（1）成数合同。要求分出公司农业险保费规模不低于 5 000 万美元；历史平均赔付小于75％；具备以往 10 年的统计数据；再保险手续费小于 10％。

（2）巨灾超赔合同。合同规定起赔点和超赔限额；分出公司承担起赔点以内的损失；再保人保障起赔点以上到限额以内的每次事故直接引起或累积事故的损失总额，同一事故可累积不同保单责任；由于指定天气灾害而引起的作物病虫害不能计入事故损失之内，对这部分损失，再保险人不予承担。

（3）赔付率超赔合同。按赔款与保费的比例，即赔付率，来规定免赔额及超赔限额；按赔付率确定起赔点和超赔限额；赔付率＝已发生赔款/满期保费（％），即 $L/R=$ Occured Loss/GWP（％）；起赔点一般设在赔付率100％水平之上；分出公司承担约定赔付率以下损失，再保险人承担约定赔付率以上损失。

（4）保额超赔合同。这是指按分出公司年度总保额的一定百分比为基础来确定起赔点及超赔限额，该百分比由分出公司和再保险人共同约定，设起赔点和每次累计超赔赔偿限额。

5. 再保险人承保考虑的因素

再保险人承保主要考虑的因素包括但不限于保险范围：保额、保费费率的厘定及计算方法、除外责任，免赔额，如何避免道德风险，以往年度保费及出险记录，展业地区的地域范围、自然地理环境和气候特征，理赔程序和估损标准。

资料阅读

美国农业再保险体系发展的经验及启示

2012 年，我国中央一号文件再提"健全农业再保险体系"，成为中央指导再保险工作的重要信号。目前，我国农业再保险体系是以商业再保险市场为主，仍处于探索阶段，可以通过借鉴国际成熟的理论和经验，结合我国农业保险近年来发展的实际情况，对农业再保险体系建设进行深入探讨。

为此，笔者着重对美国农业再保险体系的主要情况进行了了解。美国农业再保险体系20 世纪 80 年代开始实施，在抵御农业大灾中发挥了重要作用。然而，在其 30 年的运行期间也产生了一些问题和缺陷，经历了历次重大的修订（包括最近 2010 年的修订），所积累的经验颇有参考价值。

1. 美国农业再保险体系

美国农业再保险体系由美国联邦政府建立。政府通过其自身设立的联邦农作物保险公司，在一定范围内向经营农业保险的直接保险公司提供成本相对低廉的比例和非比例再保险保障。超出范围的自留部分，由直接保险公司通过商业再保险市场自行安排再保险。

联邦农作物保险公司与直接保险公司的再保险保障的安排方案必须遵循双方签订的《标准再保险协议》（Standard Reinsurance Agreement），这也成为其农业再保险体系的核心环节。《标准再保险协议》是由联邦农作物保险公司依据《联邦农业改革法案》制定，其内容主要体现在以下 4 个方面。

（1）联邦农作物保险公司要求各直接保险公司在每年开展业务之前，必须提交农作物保险计划，说明要开展业务的地域范围、品种类别、投放规模，并遵此依法、合规执行，并据此提供再保险保障。

（2）联邦农作物保险公司为各直接保险公司提供了多种再保险保障的选项。总体而言，这些再保险保障可以分为两个层面。①业务层面的再保险保障，通过分配型保障基金（Assigned Risk Fund）和自由型保障基金（Commercial Fund）进行分保。保险公司根据其自身的农业保险经营计划，以州为单位，自由选择将其承保的业务放入合适的基金。通常，保险公司认定高风险部分的保单可在分配型保障基金中享受较高的成数分保，较低风险的保单在自由型保障基金中分保成数要求较低，保险公司自留部分较高。各个风险基金对分保的比例作出最高和最低的限定，在此区间内，保险公司可以自行组合分配。在成数分保的基础上，保险公司与风险基金依照分层赔付率进行不同比例的利润共享（当赔付率低于 100% 时），以及不同比例的超赔分保（当赔付率高于 100% 时），实现风险共担。②公司层面的再保险保障，通过一揽子成数分保合约（Net Book Quota Share）对公司自留部分的承保结果进行分保。由于风险和收益已经通过两个保障基金的分保安排实现了一定的风险中和，一揽子成数分保合约的平衡性加强，即对联邦农作物保险公司而言，可以获得较平稳的经营结果，以此产生盈余来维持其运作及管理。

（3）联邦农作物保险公司为保险公司提供经营费用补贴和巨灾定损费用补贴。补贴比例按照农业保险保单的不同情况进行区分。

（4）保险公司应按承保农业保险保单的一定比例向联邦农作物保险公司缴纳管理费。如未及时缴纳，保险公司不得销售农业保险保单。协议对保险公司在经营农业保险过程中的风险控制、合规操作、培训和汇报机制、再保险账户清算、信息数据收集和争议解决处理等方面均提出了严格的要求。

虽然《标准再保险协议》历经多年的运行和完善，内容已颇为详尽，实施也趋于顺畅，然而在 2000—2010 年的运行过程中还是产生了一系列问题和缺陷，直接导致了 2010 年联邦农作物保险公司和美国农业部风险管理局（RMA）对其作出重大修订。此次修订针对的主要问题包括以下方面。

由于《标准再保险协议》中多个再保险选项，以及相关分保参数设定于 20 世纪美国农业保险的高赔付率时代，随着费率系统的不断精确化，农业保险规模的扩大和自然灾害造成的损失率降低，本世纪以来，政府由《标准再保险协议》造成的财政负担不断加大，而保险公司的收益不断攀高，部分甚至达到净利润 30% 以上。由于有政府的保障基金吸收高风险保单和超赔部分，保险公司对于改进承保机制和风险防范制度的热忱不进反退，政府资金投入的总体效益降低。

随着历史承保数据的不断积累，各保险公司对各类作物在各州的风险状况提高了认识。而《标准再保险协议》中对各州再保险安排中的参数差异体现得并不充分，造成了本身风险状况较低的州成为各家保险公司争夺的焦点，而风险较高的州却没有保险公司经营业务。

《标准再保险协议》规定的针对保险公司提供的经营费用补贴与保单和保费收入直接挂钩。近年来，随着农产品价格飙升，保费收入大幅提高，造成经营费用补贴和政府财政负担不断增加，而补贴本身超出了保险公司实际的经营费用开支，反而成为对保险公司利润的补贴。

鉴于以上问题和缺陷，《标准再保险协议》在2010年作出了将各州按照承保历史进行风险等级分组，突出低风险组别和中、高风险组别的分保，以及超赔比例的差异性；总体提高利润共享比率，降低超赔分担比率；提高一揽子分保合约成数用以补贴高风险组别的承保结果；降低经营费用补贴等一系列重大修订，以进行弥补。

2. 美国农业再保险体系的经验

总结美国农业再保险体系的经验，对于建立一个覆盖面宽广的农业再保险体系，以下方面显得尤为重要。

(1) 政府支持。从提出思路到实施推进，可以发现美国政府对《标准再保险协议》的支持明确且主动，稳定且持续，不仅解决了悬在保险公司头上的达摩克利斯之剑，提高了保险经营机构的积极性，而且充分发挥了巨灾保障作用，有效平抑了保险公司的经营波动，实现了农业保险的稳定经营。

(2) 设计灵活，切合市场。再保险体系中提供的保障可以选择不以硬性指标的方式强加给保险公司，而是通过合理的多项指标设计，让保险公司对比选择，从而实现量身定做。这样既可以督促保险公司向农民出售保单，又可以指导保险公司管理风险。而当市场情况发生变化造成与设计初衷不符时，及时作出调整，将政府资金的作用最大化。做到标准明确，分类细致，比例合适，可以满足不同经营情况的保险公司的成本分配和再保险安排需求。

(3) 数据的重要性。联邦农作物保险公司通过建立农作物保险数据库，实现了农作物保险的数据集中，进而实现风险组别的划分、保险的费率、再保险的比例安排、成本的分摊等方面的测算准确可靠。

(4) 调控市场。在客观评估市场风险状况的基础上，该体系应积极引导保险企业对于风险区别认识，促进经营的合理性，鼓励对保险缺失区域的积极投放，监督保险公司的规范经营，充分发挥农业保险的效应。

(5) 不断改进。任何事物在其初始阶段，都存在一些问题，或者是当时无法解决，或者是迫于形势只能忽视，但在发展的过程中这些问题应能被解决，包括发展中出现的新问题也要一并解决。这一思路在《标准再保险协议》的修订工作上体现得格外突出。美国政府在2010年与各经营保险公司协力合作，对《标准再保险协议》进行了多达3次的重要修改，使《标准再保险协议》发挥出最大化的政策效率和最优化的市场作用。

资料来源：中国保险报，2012-2-21.

6.4　核责任保险的再保险

除了地震、风暴和洪水等自然巨灾之外，人为因素巨灾如公共责任风险、漏油、化学和原子巨灾，也会给人们带来严重的损失。以核事故造成的公众责任为例，美国三哩岛和前苏联切尔诺贝利核释放事故造成的财产和人身伤害损失惊人，原来各国签订的补偿公约数字根本不足以赔付这些损失。据估计，核工厂主和政府的潜在责任，在法国、德国和比利时损失可达 600 亿美元，分摊到 100 个核工厂主，每个为 6 亿美元。这样特殊高的风险责任，是任何保险人所无法承担的，必须要动用全世界的承保能力才能承担如此高额的风险。

目前，每个拥有核工业的国家一般采用以下方式来分散风险。一方面，通过组织该国的核保险集团，把全国所有承保这类业务的保险公司的承保能力集中起来，共同承保核风险业务；另一方面，把超过本国承保能力部分在国际上各国的核保险集团之间办理分保，如瑞典的 12 个核工厂要求有 12 亿美元的保障，除国内保险集团根据政府签订的公约规定自己负责承保之外，超过部分向国际保险市场分保。一般来说，各国核保险集团同时经营分出业务和分入业务。由于风险较大，所以在核保险集团以外几乎不可能再找到其他分保接受人，因此原保险人在与保户商谈保险责任时，首先必须考虑是否可能得到各国核保险集团的分保支持，否则将独自承担巨额风险。

6.4.1 核电建设现状

从 1954 年前苏联建成第一座核电厂以来，核电在全世界得到广泛的发展。截至 2009 年 12 月 31 日，全球共有 437 台运营的核电机组，分布在 31 个国家和地区，装机容量 370 506 MW，发电量约占全球总发电量的 1/6。从 20 世纪 50 年代发展至今，核电的安全性、经济性等各方面水平都有了巨大提高。核电厂最显著的优势是清洁性和可靠性，不向外排放二氧化碳和二氧化硫，能量大，技术成熟。在减少温室气体排放和电力需求的双重影响下，近年来，在世界范围内掀起了新一轮核电发展的热潮。我国从 20 世纪 70 年代开始进行核电设计，1985 年开始建造第一座自主设计的秦山一期核电厂，并于 1991 年并网发电。截至 2010 年 12 月 31 日，我国共有 7 座核电厂 13 个核电机组运行，装机容量 10 058 MW，约占全国发电量的 1.6%；共有 27 台核电机组开工建设，占全球在建核电机组总数的 40%。然而，与清洁高效相对应的恰恰是核电的安全问题。

20 世纪 70 年代是核电发展的黄金时期。然而，1979 年发生的美国三哩岛事故和 1986 年前苏联切尔诺贝利事故使全球的核电发展出现了重大转折，从此核电发展一蹶不振。除少数国家外，大多数国家均停止核电厂建设。这一状况持续了将近 20 年。2011 年 3 月 11 日日本福岛第一核电站由于地震引发的核事故创造了多台机组受损的先例，再次把核电站建设推向风口浪尖，令世界人民对核风险产生极大的关注。

6.4.2 核风险的管理

核风险的巨灾性、长期性、难评估、难分散等特点，决定了核风险一直都是常规保险的除外风险。一般财产保险保单不保放射性核风险，再保险合同也将其列为除外责任。由于核事故的巨灾本质，某一家或几家保险公司的财务实力是有限的，需要集合更多甚至全球的保险公司来应对。

目前，世界上大部分核电厂的运营期风险是通过核保险共同体（核共体）来承保和分散的。主要核电国家如美国、英国、法国、德国、日本等国的核共体成立于 20 世纪五六十年代，至今运行 50 多年。核共体是一国范围内的众多保险公司联合体，通过将各保险公司有限的核保险承保能力集中起来共同为核电厂提供保险保障。过去多年的实践表明，核共体这种方式适应了核电厂运营期风险的特点，是核电行业和保险行业共同选择的结果。

核保险共同体的优势是将有限的承保能力集中起来使用，弥补了单一保险公司核风险承保能力有限的缺陷；通过集中市场业务和成员公司技术力量，以相对小的成本组建了一支专业化的队伍，适应了核保险市场规模小、专业性强、培养专业人员难度大的现实情况；通过引入连带赔偿责任制度，强化了核共体集体的稳定性，弱化了单一成员公司变化对整体承保能力的影响，满足了核电厂对核保险保障的安全性、可靠性和长期性的要求。

1. 国际核共体体系

分散、平衡和控制风险是国际核共体体系的根本目的。单个核共体的优势通过融入国际核共体体系而获得了最大化。目前，国际核共体体系约有 25 家核共体，集中了全球 400 多家保险和再保险公司的核风险承保能力。国际核共体之间采用统一的国际分保规则，具有风险信息畅通有序、分保费用低廉等特点。国际核共体通过集中各方面的技术力量，共享风险检验工程师队伍，为各国核共体所承保的核电厂提供定期现场风险检验。另外，国际核共体体系还定期举办各种国际会议，如每年一次的国际核共体经理年会和 3 年一次的国际核共体主席大会，以进行各种交流。

经过 50 多年的发展，国际核共体体系形成了业务互换、风险分散、技术和信息共享的合作关系。随着我国保险业的发展壮大，中国核共体在国际核共体体系中的地位和作用日益显著。

2. 中国核保险共同体

中国核保险共同体（中国核共体）由中国再保险公司、中国人民财产保险公司、中国太平洋财产保险公司和中国平安财产保险公司共同发起成立于 1999 年 9 月 2 日，现在有 21 家国内财产保险公司、再保险公司会员，集中了国内绝大部分的核风险承保能力，建立了与国际核共体体系相适应的核风险保障机制，为国内核电客户提供了更经济、更广泛的保险保障。核保险共同体成员公司是核风险的最终承担人，是核共体的重要基石。因此，核共体对成员公司资质的认定非常严格，一般要求成员公司具有良好的偿付能力和评级要求，成员公司之间须承担连带赔偿责任，须按净承保能力原则申报核风险承保能力，不得将核风险进行转分。

3. 中国核共体提供的核电厂保险保障

中国核共体承保了国内核电站的核物质损失险、核第三者责任险、核物质运输第三者责任险等险种，覆盖了核电站安全生产各环节的风险点。核物质损失险主要承保核电厂内财产因核风险、常规风险所导致的财产损失，保险金额在 10 亿～16 亿美元。核第三者责任险承保因核电厂内发生的核辐射导致第三者遭受人身伤害或财产损失的风险，保险金额根据国家规定为 3 亿元人民币。核物质运输第三者责任险承保因核物质在运输途中发生的核辐射而导致第三者遭受人身伤害或财产损失的风险。

中国核共体与国际上主要的核共体有业务互换，承保了部分国际核电站核保险业务，还介入核燃料循环的各环节，为天然铀富集厂、核燃料制造厂、乏燃料处理厂、核废料处理厂等民用核设施提供部分的保险保障。

6.4.3　中国核损害赔偿法律体系的构建

核事故的特殊危害性决定了核损害赔偿制度的特殊重要性。半个世纪以来，伴随核电的兴起和发展，为保证受害者不受歧视地获得赔偿，国际上已逐步形成了较成熟的核损害第三者（民事）责任制度，其中最有代表性的是 1960 年以来各缔约方签署和修正的《关于核能领域第三方责任的巴黎公约》、1963 年以来各缔约方签署和修正的《关于核损害民事责任的维也纳公约》、1997 年签署的《核损害补充赔偿公约》（布鲁塞尔公约），以及 2004 年巴黎公约和布鲁塞尔公约的修约议定书（待生效）。

上述国际公约的要点是对缔约国国内法所规定的核损害最低赔偿限额及其财务保证作出统一要求；在运营者核损害责任限额之上建立缔约国公共基金（维也纳公约没有建立缔约国之间的公共基金），通过由缔约国分摊的基金统筹机制，提高核损害责任限额，并增强赔偿的财务可靠性；就核损害的定义、责任范围、诉讼时效等作出统一的规定。

这些公约规定，核损害责任人对受害人承担绝对责任和唯一责任，并需作出强制性财务保证，同时规定了每一核事故的赔偿限额（上限或下限）和诉讼时效。核损害民事责任制度的作用是调整核损害事故责任人与受害人之间的关系，将核事故成本在核电厂运营商、政府和社会公众之间进行分摊，从而有助于维持核电发展与公众安全之间的平衡关系。世界上绝大多数有核电厂的国家或地区，都遵循上述公约的基本原则，制定了本国或地区的核损害责任法律或行政法规，并适时进行修订。

国际上核损害赔偿责任分为有限责任和无限责任两类。德国、瑞士、日本、美国、俄罗斯等国家采用无限责任，其他国家采用有限责任。实行有限责任制的国家，对于核电站运营商的赔偿责任一般介于 2.5 亿～10 亿美元，个别国家会更高。2004 年的巴黎协议规定核电站运营商对于一次核事故造成的第三方赔偿责任规定为 7 亿欧元。

在我国，国务院于 2007 年 6 月就核损害责任问题向国家原子能机构作出了《国务院关于核事故损害赔偿责任问题的批复》（国函〔2007〕64 号文）。64 号文件明确了核电站或核设施运营者的定义范围，引入了环境损害责任，提高了核事故损害赔偿限额，并新增了强制保险条款。在赔偿限额方面规定，核电站营运者和乏燃料贮存、运输、后处理的营运者对一次核事故所造成的核事故损害的最高赔偿额为 3 亿元人民币，其他营运者的最高赔偿额为 1 亿元人民币；应赔总额超过规定的最高赔偿额的，国家提供最高限额为 8 亿元人民币的补偿。

应该说，我国当前的核损害赔偿法律制度滞后于经济社会发展。考虑到核损害问题的重大性和全局性，以及我国社会经济的发展和人民生活水平的提高，需要提高核损害赔偿的限额，使核损害责任及赔偿的规定更加完备，并上升到法律层面。我国正在实施大规模的核电建设计划，核电装机容量增长迅猛，地域分布也渐趋广泛，社会影响日益扩大，客观上对核风险管理及核损害立法提出了更高的要求。特别是在经济社会发展水平较高的东部沿海地区，今后核电厂数量多、密度高，而且大多邻近人口和财产集中的城市地区，万一发生严重的核事故，其造成的第三方损害可能是空前的，相关的赔偿工作也将复杂而艰巨。要妥善应对这种潜在的重大挑战，势必需要立法上的完善。

2011 年 3 月 11 日，日本福岛核事故的突发，显著加剧了全球公众包括我国公众对核安全的关注和担忧。在我国核电快速发展的形势下，我国亟待推进核损害赔偿立法工作，以适应国家核电发展、社会财富增长、国民收入提高的现实。应根据我国中长期核电发展形势，立足国情变化，借鉴国际经验，使核损害责任与赔偿法律尽快走向完备和成熟。在具体操作上，可以考虑将核损害赔偿规定的内容写入《原子能法》，或者考虑单独制定《核损害赔偿法》（单行法律），解决我国核损害赔偿法律制度滞后的问题。

我国积极发展核电的政策对核电厂风险管理提出了更高的要求。中国核保险共同体需要从制度、组织、管理、人才、技术等各方面加快创新和积极准备，以迎接核电运营高峰对核保险提出的大量、深度的需求，特别是要培养一支专业的核保险、核工程人才队伍，从核保险管理和核工程技术两个方面为核电厂风险管理提供良好的专业化服务，并逐步确立在境内外市场的核心竞争力。总之，在我国核电事业发展中，中国核保险共同体应当着眼长远，保持对核电建设步伐的动态适应，在我国核电厂风险管理体系中发挥日益广泛和深入的积极作用。

资料阅读

地震重挫国际再保险公司

自 2011 年 3 月 11 日日本发生 9.0 级大地震至今，已有多家大型全球保险机构公布损失报告。其中，再保险三巨头——慕尼黑再保险、瑞士再保险和汉诺威再保险 3 家公司的相关赔付额总计已达 40 亿美元，且这一数字还可能进一步调整。相关机构认为，现在就对地震给保险业带来的最终损失进行预估为时尚早，预计地震带来的经济损失将超过千亿美元，保险业的相关赔付额可能达到数百亿美元。

1. 国际再保险巨头遭重挫

慕尼黑再保险公司 3 月 22 日发布公告预计，日本大地震及海啸给其带来的赔付损失为 15 亿欧元（约合 21 亿美元）。如果加上第一季度发生在新西兰、澳大利亚的地震和洪水等灾害，慕尼黑再保险公司共计蒙受 25 亿欧元理赔损失，其 2013 年 24 亿欧元的盈利目标将不可能实现。统计显示，2012 年全年慕尼黑再保险公司因自然灾害遭受的损失为 15.6 亿欧元，这一规模是过去 3 年的总和。

慕尼黑再保险公司并非唯一一家被"震伤"的保险公司。规模仅次于慕尼黑再保险公司的瑞士再保险公司预计，日本地震及海啸给其带来的赔付损失为 12 亿美元。全球第三大再保险公司——汉诺威再保险公司同样因日本大地震遭遇至少 2.5 亿欧元（约合 3.5 亿美元）的损失，且汉诺威再保险公司表示，这一预估尚未确定。此前另一保险巨头——美国国际集团（AIG）宣布，日本地震和海啸给其带来的赔付损失为 7 亿美元。

由于市场担忧保险业将面临日本地震带来的巨额理赔损失，地震发生后的首个交易日里，再保险三巨头的股价纷纷大幅下挫。

专门从事保险公司信用评级的贝氏评级（A. M. Best）发布报告称，目前评估日本地震及海啸给保险业带来的损失为时尚早，但毫无疑问，这对保险和再保险业而言是个"大事件"。

2. 日本保险公司受轻伤

风险评估公司 RMS 在 3 月 21 日发布的报告中预计，日本地震带来的经济损失将达到 2 000 亿～3 000 亿美元，而其中大部分没有保险。同类公司 AIR 全球预计，保险业最终的理赔账单可能达 350 亿美元，这还不包括核泄漏问题带来的影响。

但是，业内人士认为，由于日本保险市场的独特性，此次地震给全球保险业带来的影响可能比较有限。RMS 高管文德勒表示，相比 2005 年美国"卡特里娜"飓风灾害而言，日本地震给保险业带来的损失占整体经济损失的比例可能更小。

由于地震频发且风险巨大，日本的地震险采取的是商业保险公司与政府共同承担风险的方式。根据该制度设计，日本成立了完全国有的地震再保险公司——日本地震再保险株式会社（JERC）。日本商业保险公司收到的地震险保费，将全部注入 JERC，后者再将其中的超额部分分给日本政府，由日本政府承担超额风险。

根据这种制度设计，如果日本商业保险公司因地震导致的赔付金额在 1 150 亿日元以下，这部分由商业保险公司承担 100% 赔付责任；如果在 1 150 亿～19 250 亿日元，则由商业保险公司与政府各承担 50%；如果在 19 250 亿日元以上，则由政府承担 95% 赔付责任，商业保险公司只承担 5%。这意味着，本次大地震带来的严重损失，将主要由日本政府承担赔付责任。

资料阅读

震后两周年，福岛仍在痛（节选）

2013 年 3 月 1 日，一群日本记者在福岛第一核电站内的污水贮藏罐前采访。日益增多的核污水是当前事故抢修工作面临的主要难题之一。

……

世界卫生组织（WHO）2 月 28 日公布了有关福岛核事故对周边居民及核电站工作人员健康影响的报告书。报告显示，核电站周边 1 岁女婴的甲状腺癌发病风险最高。福岛县浪江町女婴的甲状腺癌发病几率上升了 0.52 个百分点，达到 1.29%，是日本 1 岁女婴平均发病几率的 1.7 倍。

……

2013 年 3 月 1 日，东京电力公司再次向媒体公开了福岛核电站的事故抢修情况。从电视画面上看，目前的福岛核电站与两年前相比发生了一些变化。覆盖一号机组厂房的大棚早已建成，四号机组旁正在搭建一栋建筑用于转移燃料棒。但当镜头转向沿海一侧时，又会发现什么都没有变，被海啸掀翻的卡车等杂物仍然四处散落。一至四号机组的修理工作已出现严重失衡。事故发生时正在停机检查的四号机组目前进度最快，东电公司计划在 2013 年 11 月开始取出四号机组乏燃料池内的燃料棒从而启动反应堆报废的工作。然而，在事故受损最重的三号机组，由于辐射强度依然较大（厂房外为每小时 1 080 微希弗），施工人员难以接近，修理工作几乎无从展开。

目前，每天大约有 3 000 名工作人员奋战在福岛核电站。他们一方面要完成复杂的施工任务；另一方面要采取万无一失的防辐射措施。不过，对他们来说恐惧并不可怕，最致命的是长期在这种环境里工作逐渐对无色无味的核辐射丧失警惕。因此，施工方正在考虑如何避免工作人员"适应"这种表面上看不出来的极度危险的工作环境。从健康的角度来说，最好是经常更换在事故现场工作的人员。然而，处理核事故又是一个需要高度熟练技术的工作，施工方在换不换人的问题上也面临着两难选择。

尽管工作环境恶劣、工作周期长，但事故抢修人员的工资待遇却大不如从前。因为，日本政府和东电公司认为最紧急的时候已经过去了，现在福岛核电站的修理工作已开始采用招投标制，承包方为了拿下订单相互压价，最终现场工人的工资只得一降再降。

……

福岛核电站事故泄漏出来的大量放射性物质飘落在福岛县境内的村庄、田地、城镇、山林。3 月 2 日，东京农工大学和北海道大学的研究小组宣布，他们通过调查发现，在福岛县二本松市山林内栖息的某些生物所含的放射铯浓度竟高达每千克数千贝克勒尔。而日本政府制定的一般性食品的放射性标准值仅为每千克 100 贝克勒尔。对于福岛县民众来说，要想早日重返家园，尽快开始灾后重建，必须认真做好去除核污染的工作。然而，去污工作也面临着与核电站内相似的难题——大量受到放射性物质污染的废弃物无处堆放。不仅是福岛之外的各个县，就连福岛县内的各个地区也不愿意在自己境内建造临时放置这些特殊垃圾的贮藏设施。只是，旧的废弃物无处堆放，新的去污工作就无法开展，所谓的灾后重建也只能是一句空话。

资料来源：光明日报，2013 - 3 - 13.

复习思考题

1. 概念题

地震风险　风暴风险　农业风险再保险　核责任风险再保险

2. 思考题

(1) 地震风险有哪些分保方式？

(2) 我国应怎样构建地震巨灾风险管理体系？

(3) 日本地震对我国地震巨灾风险管理有什么启示？

(4) 何谓风暴风险再保险？对风暴风险再保险应注意哪些问题？

(5) 农业保险具有哪些风险特点？

(6) 对农业再保险应如何进行安排？

(7) 核风险有什么特点？应如何进行管理？

第7章

责任再保险

责任再保险是以原保险人承保的责任保险可能发生的保险赔偿责任为标的的再保险。法律风险是原保险的风险责任，原保险人承担的责任保险的赔偿责任是责任再保险的标的。责任再保险的实质是原保险人承担的法律责任风险进行再次的风险分散。进入 20 世纪 70 年代以后，国际责任保险市场的赔偿额增长幅度很大，其原因主要是受害人的民事责任不断膨胀，法院裁决赔偿金额大幅增加，导致保险人赔款的大幅增长。为此，保险人一方面提高责任保险费率，一方面寻求再保险分散风险，以平衡责任风险保障的供求。本章介绍责任再保险的一般规律和责任再保险的规划，其实质是再保险原理在责任保险巨额风险分散中的运用。

7.1　责任再保险的一般规律

7.1.1　责任再保险

责任保险的高速发展，一方面，伴随着物质文明程度的提高，产生了新的不安全因素，工业化国家普遍存在工业损害问题，如大量的工厂事故、交通事故、环境污染、产品致人伤害等事故，大大增强了对社会公众人身伤害和财产损失的不可预见性；另一方面，社会法律制度的健全和人们法律观念的增强，对意外事故的损害赔偿要求日益增加，法律也越来越倾向有利于保护受害者的利益。

伴随着责任保险发展，责任保险的"长尾巴"问题导致保险人寻求责任再保险，以分散棘手的责任赔偿风险。在美国，责任险保费收入占非寿险保费收入的 50% 左右。欧洲发达国家占 35% 左右。美国的"9·11"（2001 年）事件是迄今为止人类历史上最为惨重的人为灾害事故，此次事件中的非寿险保险人赔付占总赔款的 93.3%，其中责任险赔款占总财险赔款的 35% 以上。并且，随着时间的推移，还引发了一系列的责任赔款。例如，直接受"9·11"事件侵害的幸存者和死亡或丧失劳动能力者的家属对今后生存的保险金求偿；间接受"9·11"事件侵害的人群难以估计其受害程度，如世贸中心倒塌后形成的巨大灰尘雾中含有诸如石棉、汞、铅等致癌物质，周围居民因此而患有严重疾病或癌症时提出了索赔。这种责任保险的"长尾巴"现象，可以从 1994 年 1 月 17 日，洛杉矶大地震引起的保险损失事件中加以理解。洛杉矶大地震后 8 个月的保险损失估计为 90 亿美元。但是，至 2001 年，保险实际赔款却升至 167 亿多美元。由此可见，"9·11"事件引起的责任保险的责任赔偿也已成为非常棘手的问题。

对于值得注意的国际责任保险危机，应该引以为鉴。责任保险危机的表现是受害人的民事责任不断膨胀，法院裁决赔偿金额的大幅增加，保险赔款惊人增长，保险公司不得不大幅度提高责任保险费，甚至退出某些责任保险市场，进而导致投保人难以获得保险，或者需要付出很高的代价才能获得保险。

国际责任保险危机在以下3个方面表现得尤为突出。

(1) 董事和高级职员责任保险危机。在20世纪80年中期，在北美出现的"董事责任和高级职员责任保险危机"中，由于法院判决了众多的高额赔偿案件，保险公司为了弥补亏损，不得不大幅度提高保费，从而导致保险市场发生了激烈的变化。

1987年，美国、加拿大等国董事责任和高级职员责任保险保费狂涨，上涨的幅度从200%到2 000%不等。进入20世纪以后，由于美国的安然、世通等公司在证券市场上存在严重的虚假陈述和欺诈等行为，引发证券投资者对企业及董事、高级职员的新一轮诉讼，很多保险公司纷纷以投保人未履行如实告知义务而提出解除保险合同或要求宣告保险合同无效，董事和高级职员责任保险再一次陷入危机。

(2) 医疗责任保险危机。在美国，医疗责任保险也存在很大的危机。从1976年到2000年，由于法院对医疗事故的受害人过分保护，医疗赔偿费用大幅度上升，保险赔款支出不断增长，导致保险公司不断提高费率水平，或者干脆退出责任保险市场。据统计，这段时期全美医疗责任保险的平均保险费率上升505%，其中佛罗里达州的保险费率上升了2 654%。部分高风险的医疗领域（如妇产手术、脑精神外科手术等）医疗责任保险费率上扬幅度更加惊人。在这种情况下，从20世纪70年代开始，由于索赔案件不断增多，索赔金额越来越高，许多保险人开始逐步撤离医疗过失责任保险市场。直至目前，医疗赔偿诉讼的赔偿金额仍然居高不下。

(3) 客观对责任保险的急切需求与政府有关立法及支持力度间的矛盾。高风险行业和重点建筑工程等领域加快推动责任保险的发展，以保障社会公众的合法权益。因此，各国需要通过地方立法或地方条例的形式，在公共服务、交通运输和建筑工程等领域推行责任保险，包括娱乐场所、学校、宾馆、商场的公众责任险，采矿业、建筑安装等雇主责任险等做法，将责任保险纳入政府公共突发事件应急机制建设体系中，以更好地发挥责任保险的社会功能。

7.1.2　责任再保险的一般规律

1. 责任再保险与责任保险

责任再保险是以原保险人承保的责任保险业务可能发生的保险赔偿责任为标的的再保险。在原责任保险合同中被保险人对第三者伤害承担的损害赔偿责任发生后，原保险人按保险合同的规定必须赔偿被保险人的赔偿责任损失时，再保险人按照再保险合同的规定对原保险人所承担的赔偿责任损失给予赔偿。

依据责任保险的业务划分，责任再保险也相应地分为公众责任再保险、产品责任再保险、雇主责任再保险、汽车第三者责任再保险和职业责任再保险。

瑞士西格玛资料显示，近年来，全球一些主要国家责任险的索赔额增长很快，从而引起责任再保险需求大量增加。责任险索赔的增长受到诸多因素的影响，如利率水平、医疗费用、地产价值和法律等因素；不断增加工资水平；社会的发展趋势和更长的生命周期；与法律体系相关联的费用，以及责任保险类别的数量等。

总体上说，影响责任保险发展的最主要因素是社会发展和法律的完善。社会的发展趋势能够影响责任保险风险事故的严重程度及频率，或者是每年发生的索赔数量。法律操作与立法的变化影响着确定处理责任索赔的费用。社会通过法庭及法律程序来决定在什么情况下，什么数量和什么样的伤害需要赔偿。

绝大多数的国家对责任保险业务的需求比经济增长的速度要快，向保险公司索赔的责任案例亦在所增长。美国拥有世界上最为庞大的民事侵权体系，并且美国的法律发展趋势正在向其他的国家及经济地区蔓延，从而提高了全球范围内对责任保险业务的需求。

同其他非寿险业务一样，责任保险也不能达到类似于寿险精算上的精确程度。因此，随着保险业务范围的扩大和业务量的增长，竞争的加剧及其所带来的保费水平下降，被保险人索赔意识的增强，经济环境和法律、法规的变动，保险人在偿付能力方面面临巨大的风险。所以，责任险的准备金远远高于一般财产保险的准备金。美国的非寿险市场、侵权法律制度发展迅速，对责任险索赔和保险人赔款准备金的提取产生巨大的影响，赔款责任的长期性显著增加了赔款的不确定性，因此对再保险的需求也随之而来。

2. 责任再保险的运用方式与方法

再保险中的比例再保险、非比例再保险的方式和临时再保险方法，都可以运用于责任再保险。

1）比例再保险方式

比例再保险是以保险金额为基础，确定分出公司和接受公司之间的自留额与接受额，并规定一定的比例。分保比例也是计算双方再保险费和分摊赔款的依据。显然，比例再保险方式可以使再保险双方处于同一命运。由于责任保险在我国的许多领域中属于拓展性新市场，在再保险的运用中应首选比例再保险方式。这是因为成数合同分保比较适合新成立的保险公司安排分保保障，或者分出公司在开拓新市场、新险种时，由于没有充分的经验数据，所以较多采用这种方式。成数分保对一系列中、小型风险的保障比较有效，能克服新业务的成绩波动，较充分地扩大分出公司的承保能力，并且能收取较高的分保手续费，分保成本相对不高。

溢额分保与成数分保相比，相同点是保险条件遵循原保单条款。最大的不同是，溢额分保是将超过分出人自留额的责任办理分保，而不是将每一风险的一定比例分出，从而可依据业务种类、质量和性质来确定不同的自留额。溢额分保方式对分出公司承保的大量同质风险的保障比较有利。根据责任风险的差异，在实务操作中，一般适合于大、中型各类风险的分保安排。溢额分保的手续费比成数分保的手续费低。对分出公司而言，分出人可以选择风险的自留额，有一定的灵活性，但风险的安排比例基本上要逐笔确定，从而增加了管理成本。值得注意的是，溢额分保方式对巨灾中的责任累积保障的作用具有局限性。

在一些发展中国家，如东欧，更倾向于比例再保险。这一地区的保险公司缺乏足够的资本金来独立承保各种业务组合，因此更偏好再保险人以比例方式分入。同时，分担风险的再保险人经常会提供承保业务技术的帮助和培训，并协助他们的伙伴拓展原保险业务。

责任再保险还可以采用成数和溢额混合方式，可以弥补成数和溢额两种方式单独运用时的不足，取长补短，既可以克服成数分保付出过多分保费的弊端，又可以达到溢额分保项下保费和责任的相对平衡，从而有利于维护再保险双方的利益。

2）非比例再保险方式

非比例再保险以超赔分保为代表形式，其与比例再保险方式的最大区别是以赔款为基础确定再保险责任。"超赔"就是超过赔款之意。

其中，险位超赔是为分散单独风险的赔款而运用的再保险，比较适合保障涵盖责任风险复杂的业务；事故超赔是分散因一次单独事故的发生涉及多张保单，弥补造成赔款累积风险的有效方法。责任再保险运用事故超赔方式，可以避免一次事故造成的多项财产损失和多位人身伤害累计赔款额过大的损失，从而平衡原保险人的财务。赔付率超赔是根据业务的赔付率变动确定超赔保障，多用于第三者责任再保险。赔付率超赔分保实质上是止损再保险，即赔付率超过原保险人的财务偿付能力时（按年为计算单位），通过赔付率超赔方式补偿原保险人的财务损失。赔付率超赔方式补偿是在其他再保险已完成赔偿后才负责的一种在时间上扩展的最后保障。赔付率超赔经常是在责任保险市场不景气的时候使用。这种方式可以避免再保险人保费收入的大幅波动。

超额分保是责任再保险的标准再保险方式，既可以承保某一类责任保险，也可以承保小额综合责任险。免赔额因地区的不同而有所不同。再保险人可以承保无限额汽车责任险的地区，可以将再保险的限额扩展至无限额。费率以基础保费的百分比表示。对于较低层数（Lower Layers）的费率计算是再保险人的历史赔付率基础上加一个收益（Margin），这个收益由经纪费用（通常为保费的10%）、再保险人的经营费用和一定的利润构成。对于较高层数（Upper Layers）的费率，因为没有既定的规律可循，通常是根据承保的风险程度或由较低层数的赔付率推算出来的。

3）临时再保险方法

临时再保险是分出人根据业务需要和再保险人临时达成协议的分保方法。比例再保险和非比例再保险方式均可运用于临时再保险方法中。一般而言，临时分保的功能是满足分出人对那些性质、地域、规模或数额超过合同分保所能承纳的范围或承受额的独特风险保障。

最近若干年，由于风险规模扩大和潜在损失严重性增加，加上总的经济和技术趋向使风险因素复杂，许多国家货币贬值，造成保险价值或保险额的巨大增加，临时再保险的功能又显突出，应用有增加的趋势。

这种趋势日益增长并正在持续发展，临时再保险市场不断扩大。由特殊业务再保险人承保的不同险别的临时分保业务，据估计可能已占全部业务的5%～30%，主要领域是工业财产险、火险和火险利润损失险、工程险、水险和航空险、综合责任险和人寿保险。

在实践中，临时再保险方法在以下情况下能够发挥独特的作用。

（1）当个别风险的规模和潜在损失的严重性超过一个固定分保合同时，它可以提供给分保接受人一个更好的、更符合实际的有关风险评估信息的基础，使订约双方有可能充分提供可用的有效承保能力。临时分保方法明显地弥补了固定合同分保方法的不足。

（2）有些国家的再保险市场对某种风险习惯做法用特定条款从固定分保合同中除外，除非经过分保接受人同意后才能列入合同。例如，美国和德国的保险市场，一般应用火灾保险的"标的风险除外条款"和"总保险价值条款"、"高峰风险条款"表明某些风险规模和潜在损失严重性超过规定条件的不能列入固定分保合同。以德国保险市场普遍应用的高峰风险条款（Peak Risks Clause）规定，全部工业火险与利润损失险结合的保单，两者保险总金额超过10亿马克的应从合同中除外，并规定有关炼油厂、化工厂、合成制品的制造和加工厂的保险金不能超过 2.5 亿马克。同样，美国的综合责任险和其他险别中也有类似的除外条款。对于以上这些从合同分保中除外的风险责任往往用临时分保的方式使分保接受人对涉及责任的情况、信息有更清楚的了解，在有更多机会协商的前提下进入临时分保市场。

（3）当风险的地域超出固定分保合同的地区范围时，因为分保合同包括的地理范围通常是分出人正常营业的地区，分出人认为地区以外的业务属于个别情况就愿意在合同以外与分保接受人另行商议临时分保。

或者因为超过合约分保限额，或者因为超出主合同的承保地区，或者因为属于合约分保的某种除外责任，都可以安排临时再保险。临时再保险通常采用事故超赔（On an Excess of Loss）的分保形式。临时再保险的分保形式费时、费力，经纪费用（Brokerage）也较高。采用临时再保险时，分出人可以随时分出业务，再保险人有接受的义务。如果分出公司频繁分出业务，则处理起来相当麻烦。

3. 责任保险临时再保险的标准除外责任

责任保险临时再保险的标准除外责任适用于任何一种责任保险的临时分保。这些除外责任包括战争和类似风险、核能风险、合同分保业务、超赔分保业务。其中，核能风险能在核保险中获得补偿，如核电站一切险、核第三者责任险。核责任保险的条款明确负责"由于核事故所造成的对他人人身伤亡、病残、财产损失，依法应由被保险人承担的损害赔偿责任"。

除外条款是对经营条款的承保业务范围的补充和限定，进一步明确本合同的除外风险和业务。

7.2　责任再保险规划

7.2.1　责任再保险的一般规划

责任保险的种类较多，有公众责任险、雇主责任险、产品责任险和职业责任保险等，所包括的责任大致可以划分为 3 个方面，即人身伤亡、物质损失和经济损失。责任保险的特点是在一次事故中可能涉及多方面的责任。例如，一个工厂发生爆炸事故，受到人身伤害的可能不仅是工厂的工作人员，还可能危及工厂以外的其他人员。造成的财产损失，可能不仅是本厂的物质财产，还可能危及工厂以外的物质财产。对于这种情况应分清雇主责任和一般公众责任，分别由雇主责任险保单和公众责任险保单承担赔偿责任。

因此，对于责任险的再保险规划可安排综合的事故超赔分保，按不同的种类责任险分别规定自留额和赔款限额。也可以根据业务经营的具体情况，按责任险的不同种类分别采用比例或超赔方式安排再保险。并且，为了保障分出公司全年全部业务自留额部分的责任累积，可安排赔付率超赔分保。所以，责任险的再保险规划主要包括以下两个部分。

1. 一次事故的责任

现以公众责任险为例。自留额一般是在保费的 0.5%～5%，如全年保费为 200 万元，以 2.5% 计算，则自留额为 5 万元。确定分保额度的依据是保单中规定的赔偿限额。这在保单中一般是分别列明的。假如有一张保单中分别列明一次事故中人身伤亡和财产损失的赔偿限额分别为 30 万元和 20 万元，共计 50 万元，或者以 50 万元作为保单每次事故的综合赔偿限额，而不分别列明项目。据此可安排成数分保或事故超赔分保如下。

成数分保：

承保限额　　　　　50 万元

自留额（10%）　5 万元

分保额（90%）　45 万元

合计　　　　　　　50 万元

事故超赔分保：

第一层：超过 5 万元以后的 5 万元。

第二层：超过 10 万元以后的 15 万元。

第三层：超过 25 万元以后的 25 万元。

2. 年度的累积责任

年度的累积责任可采用赔付率超赔分保方式。例如，对于分出的责任额和接受公司的分保额规定如下。

分出公司自负责任额：年度赔付率为净保费的 80% 以下的部分。

接受公司承担的分保责任额：年度赔付率的 80% 以后至 120%，即超过 80% 以后的 40%，并对接受公司的责任额有 90% 的共同再保险规定，即接受人只承担 90% 的赔偿责任。

现举例说明如下。

假定全年净保费为 500 万元，赔款为 450 万元，全年赔付率为净保费的 90%。分出公司和接受公司的赔款责任计算如下。

分出公司自负责任额为 80%：$500 \times 80\% = 400$（万元）

接受公司责任额为 10%：$450 - 400 = 50$（万元）

在 90% 的共同再保险条件下，50 万元赔款中：

分出公司总自负责任为 $50 \times 10\% = 5$（万元）

接受公司责任为 $50 \times 90\% = 45$（万元）

由于公众责任险包含的事项十分广泛，每一风险的潜在损失估计都是十分困难的，所以只能制定一张比较实用的限额表。目前，市场上对美国和加拿大承保的公众责任险的风险限制是很严格的，甚至某些产品的责任保险已被认为是不可保的，如石棉、烟草产品等。一般来说，一个承保公众责任险业务量较大的公司，也可以考虑安排一个超赔保障。

7.2.2　公众责任再保险规划

公众责任保险是因被保险人引起违反法定义务造成他人（公众）人身伤亡或财产损失而应承担的赔偿责任为标的的责任保险。实际上，国外的公众责任风险是指除了特定的专门责任保险以外的所有责任风险。

公众责任再保险是以原保险人承保的公众责任保险业务可能发生的保险赔偿责任为标的的再保险。在原责任保险合同中的规定必须赔偿被保险人的公众赔偿责任损失时，再保险人按照再保险合同的规定对原保险人所承担的赔偿责任损失给予赔偿。

1. 公众责任再保险分入业务要注意的问题

尽管原保险人在承揽责任保险业务时会采用适用于有关业务的保单，以便如实反映相关的风险信息。但是，作为再保险分入人为了维护自己的权益，仍然需要有关承保类别、承保区域等更详细的信息。对于公众责任再保险，实务上再保险人通常需要考虑以下内容。

（1）再保险人首先要了解保险人承保业务的性质。因为，公众责任保险以被保险人的经营性质限定保险人的给付责任，只有被保险人的行为属于保单约定的业务性质范围内的行为，且造成第三人损害而应当承担的赔偿责任，保险人才对之承担保险责任。因此，要考察承保企业的性质是什么，是商业还是工业，以及规模大小。

（2）明确对人身伤害和财产损失的限额。在英国，公众责任保单承保的最大限额一般是每次事故（One Event）200 万～1 000 万英镑；对于高风险的客户也可以有更高的限额，保额划分为若干层（通常是在一个专门的市场中进行），如果保险人承保的是超赔部分，而再保险人与保险人又签订了超赔分保合约，那么对这种超赔之上的超赔，再保险人在厘定费率时要格外谨慎。

（3）保险对于污染责任只承保"突然和意外"发生的情况。原保单中是否承保了污染所致的责任，污染是否严格限定于突然的、意外的（Sudden and Accident）损害事故，这是公众责任再保险人要重点考虑的问题。保险对于污染责任只承保"突然和意外"发生的情况。也就是说，只有发生在特定地点和时间的意外事故才予以承保，如化学药品的突发泄漏或爆炸；而渐发损失（Gradual Losses），如油罐渗漏多年所致损失，则不属于保险责任；故意的排放污染物所致损失亦属于除外责任。在英国，渐发污染可以单独签发保单承保，这种单独签发的保单称之为环境损害责任险（Environmental Lmpairment Liability）。

（4）以往损失的历史损失数据。公众责任再保险人要考虑其损失数据中是否包括已发生但未报告的损失（Incurred but Not Reported Losses/IBNR）。

（5）原保单承担保险责任的基础是什么，是以期内索赔式为基础（claims Made Basis），还是以期内事故发生为基础（Occurrence Basis）。

（6）原保单中诉讼费用的规定。原保险承担的诉讼费用是包含于保单限额之内，还是在这个限额之外另计。

（7）对每个索赔的平均理赔时间。

（8）分出人应提供原保单除外责任的细则，如果分出人承保了再保险人标准除外责任中的风险，则要提供该风险的全部细则。

2. 公众责任再保险规划方式

公众责任再保险规划可以采用成数再保险、事故超赔再保险、赔付率超赔再保险等。

1）成数再保险方式

责任保险一般都有限额的规定。保险人的赔偿责任一般不超过赔偿限额。成数分保的基础就是这一限额。就一次责任事故而言，公众责任保险的保险责任往往包括多个人人身伤亡和多项财产损失的赔偿，在公众责任风险的再保险合同中，作为分保对象的责任限额一般按人身伤亡和财产损失分项列明。例如，一次事故中人身伤亡的责任限额是 1 200 000 元，财产损失的责任限额为 600 000 元，全部责任限额为 1 800 000 元。当然，也可不分类别，在公众责任风险的再保险合同中只列明总的限额。例如，在本例中只列明总限额 1 800 000 元。

分出公司通常是按全年保费收入的 0.5％～5％来确定自留责任额的。假定分出公司的年保费收入为 9 000 000 元，其自留额确定为年保费收入的 2％，即 180 000 元。据此，对于 1 800 000 元的责任限额，分出公司在安排成数分保时，可将自留责任比例确定为 10％，其余 90％分出。因此，所形成的成数分保关系如下。

合同限额：1 800 000 元

分出公司自留比例为 10％；自留额为：1 800 000×10％＝180 000 元

分入公司分入比例为 90％；分入额为：1 800 000×90％＝620 000 元

如果在合同有效期内的一次责任事故所导致的保险赔偿金额为 240000 元，则分出公司负责其中的 24 000 元（240 000×10％）；分入公司负责其中的 216 000 元（240 000×90％）。

2）事故超赔再保险方式

对于上述 1 800 000 元的责任限额，分出公司采用事故超赔再保险方式。规划为：假定分出公司自负责任额确定为 180 000 元，考虑由一个分入公司承担余下的 1 620 000 元责任额可能存在困难，分出公司可以选择多家分入公司进行多层次的超额分保。

第一层：超过 180 000 以后的 320 000 元。

第二层：超过 500 000 元以后的 500 000 元。

第三层：超过 1 000 000 元以后的 500 000 元。

第四层：超过 1 500 000 元以后的 300 000 元。

假设在合同有效期内的一次责任事故所导致的保险赔偿金额为 240 000 元，则分出公司应负责赔偿其中的 180 000 元，第一层次事故超赔合同的分入公司负责赔偿余下的 60 000 元。

3）赔付率超赔再保险方式

对于分出公司来说，采用赔付率超赔再保险的目的是将一年中的赔付率控制在一定限度内，以保持分出公司的财务稳定。假定分出公司在赔付率超赔再保险合同中将自负责任比率确定为 90％，将分出责任比率确定为超过 90％以后的 50％，即分入公司负责超过 90％～140％的赔款。如果分出公司全年公众责任保险的净保费收入为 4 200 000 元，净赔款为 5 400 000 元，则分出公司的赔付率约为 128.6％。

分出公司应负责的赔款为：4 200 000×90％＝3 780 000 元

分入公司应分摊的赔款为 4 200 000×38.6％＝1 620 000 元

如果分入公司要求，在合同中规定对于赔付率超过 90％以上至 140％的赔款，分出公司负责其中的 10％，分入公司负责其中的 90％，以促使分出公司合理处理赔案，那么对于上述分入公司承担的 1 620 000 元赔款，分出公司还应承担其中的 162 000 元，则分入公司实际分摊赔款 1 458 000 元。

3. 公众责任险合同再保险的一般除外责任

（1）因涉及可能受损物体价值高昂而除外，如航空器、船只及与造船有关的一切事宜、船坞等。

（2）因为有高度的出险倾向而除外，如采矿、采气、挖石、开凿、爆破、水下作业、高空作业等。

（3）因其易导致大量第三者财产损失索赔而除外，如拆除。

（4）因其在一次事故中导致大量责任累积而除外，如石油公司。

（5）因其存在不可预测的潜在风险而除外，如污染（突然和意外发生的不在此限）、石棉业、烟草业。

（6）其他保单承保。

7.2.3　产品责任再保险规划

产品责任保险是指以产品的生产者或销售者因生产或销售的产品存在缺陷造成产品使用者、消费者或其他人的人身伤亡、残疾或财产损失而应承担的损害赔偿责任为标的的责任保险。保险人的赔偿责任以因产品存在缺陷造成人身伤亡、残疾，缺陷产品以外的其他财产损失应当由被保险人承担的赔偿责任为限。对缺陷产品自身损失的赔偿责任，不属于产品责任。因产品生产者或制造者故意生产有缺陷的产品致人损害的，保险人不承担保险责任。

产品责任具有分布广、发生频率高和索赔金额大的特点。产品责任在地域上分布广，不局限于少数国家、少数地区，而是世界范围、全球性的。根据美国数十年的产品责任记录，大约三分之二的赔款用于人身伤害，平均每次索赔金额为 14 000 美元，三分之一用于财产损失，平均每次索赔金额 4 000 美元。并且，近年来，产品责任诉讼案件数以每年 30% 的比例递增，平均每年的产品责任诉讼案件数高达 14 万件。正因为如此，承保产品责任保险业务的保险人也面临着巨大的赔偿责任风险。

产品责任风险的再保险是其转移这种赔偿责任的有效途径。产品责任再保险是以原保险人承保的产品责任保险业务可能发生的保险赔偿责任为标的的再保险。是原责任保险合同中的被保险人对第三人承担的产品损害赔偿责任发生后，原保险人按保险合同的规定必须承担被保险人的产品赔偿责任损失时，再保险人按照再保险合同的规定对原保险人所承担的赔偿责任损失给予赔偿。

1. 产品责任再保险分入业务应注意的问题

对于产品责任再保险分入业务，除了需要注意与公众责任保险近似的信息之外，还要求分出人提供下列信息。

（1）一份再保险合约中承保的最高或平均限额，同时确认原保单是否以总额限额为基础签发的。风险集中程度对产品责任险承保人利益的影响并不显著。因此，承保人并不十分担心一次巨额损失发生在同一地区，其担心的是同一产品引起的连锁索赔损失（Series of Losses），如某项新药投入使用后可能会造成大量服用者的人身伤害。因此，产品责任再保险合同中通常包括一个年度责任累积条款。

（2）保险人承保的产品在设计缺陷方面的信息，并确认产品保证（Products Guarantee）和回收（Recall）所致损失排除在原保单之外。

2. 产品责任险合约再保险的除外责任

（1）因涉及可能受损物体价值高昂而除外，如航空器。

（2）因为有高度的出险倾向而除外，如有毒或易爆化学品、工业锅炉。

（3）因其易导致大量第三者财产损失索赔而除外，如便携式燃油加热器。

（4）因其在一次事故中导致大量责任累积而除外，如药品、血液和血浆制品。

（5）因其存在不可预测的潜在风险而除外，如烟草业。

（6）其他保单承保的风险，如产品回收风险、产品保证风险等。

在这里应区分产品回收保险和产品保证保险。

产品回收保险（Products Recall Insurance）承担因回收一批有缺陷的产品而引起的成本费用。回收是被保险的制造商发起的行为，包括公告缺陷事实并替换回收进来的缺陷产品。此类业务应注意道德风险，被保险人可能出于公共关系的目的回收那些仅有轻微缺陷的产品。因其不属于责任保险，标准再保险合同不包括这些内容。

产品保证保险（Products Guarantee Insurance）承保的是因产品功能障碍而引致的索赔。产品保证会带来无法估计的损失索赔，并且由于没有财产损失或人身伤害的发生而不属于除外责任。

（7）纯粹的财产损失（Pure Financial Loss）属于除外责任，因为产品责任保险的目的是赔偿因产品而引起的第三者身体伤害和财产损失。纯粹的财务损失不会引致人身伤害或财产损失，如果承认其可保，会不合理地扩展产品责任保险的责任范围。

【例 7-1】　产品责任再保险规划案例。

临时分保业务摘要表如下。

1. 分出公司：三 A 财产保险公司

2. 分入公司：×××再保险公司

3. 被保险人：AA 防弹衣有限公司

4. 保险标的：防弹衣、防刺衣（销售区域是中华人民共和国除港、澳、台以外的地区）

5. 投保险别：产品责任保险

6. 保险期限：2004-3-19—2005-3-18

7. 预计产品销售额：2 000 万元人民币；保费：2 万元人民币

8. 赔偿限额：每次事故赔偿限额　　　　800 000 元人民币

　　　　　　累计赔偿限额　　　　　　5 000 000 元人民币

　　　　　　每次事故每人赔偿限额　　200 000 元人民币

9. 免赔条件：免赔额 2%

10. 司法管辖：中华人民共和国

11. 临时分保比例：10%

12. 分保手续费（含税）：25%

说明：2004 年法定分保比例为 10%，2004 年度公司的非溢额合约不支持责任险类业务，按业管部风险转移的需求采用临时分保方法。此保单业务的法定分保为：2 万元×10%＝2 000 元；临时分保为：2 万元×10%＝20 000 元；剩余部分（80%）全部自留。

7.2.4　雇主责任再保险规划

雇主责任保险是指以雇主（被保险人）对其雇用的员工从事保险合同列明的被保险人的业务而发生意外事故所受伤亡和疾病而应承担的赔偿责任为标的的责任保险。被保险人雇用的员工，包括短期工、临时工、季节工和徒工等。但是，被保险人雇用的员工不包括为雇主提供劳务或服务的独立承包商雇用的员工，无论雇主对独立承包商雇用的员工是否直接支付劳务费用。

雇主责任风险的再保险是以原保险人承保的雇主责任保险业务可能发生的保险赔偿责任为标的的再保险。在原责任保险合同中的被保险人对其雇员承担的赔偿责任发生后，原保险人按保险合同的规定必须承担被保险人的雇员赔偿责任损失时，再保险人按照再保险合同的规定对原保险人所承担的赔偿责任损失给予赔偿。

1. 雇主责任再保险的规划

超赔分保是雇主责任再保险规划中最常见的方式。如果保险人承保了超过 1 000 万英镑（标准限额）最多不超过 1 500 万英镑的雇主责任保障，就会购买相应的再保险分出超出的部分。雇主责任再保险的费率厘定既可以使用经验费率法，也可以使用手册费率法。

2. 雇主责任再保险分入业务应注意的问题

（1）再保险分入人应注意合同中应明确承保业务的地区范围，并熟悉当地的劳工法律。再保险分入人要求合同明确承保业务的地区范围和责任限额的规定。再保险人由此了解分出人业务所在国家有关法定劳工赔偿的计划和安排。

（2）再保险分入人应要求分出人提供相关的历史损失数据，包括发生的最大损失的全部状况记录。

（3）再保险人须明确责任限额的增长是否有追溯力，这一点对评估潜在责任很重要。当责任限额提高时，这个新的限额是仅仅适用于限额更改日之后发生的索赔，还是同样也适用于正在进行的索赔。

（4）保险人要求分出人列明其承保业务的除外责任。

值得注意的是，雇主责任再保险中存在一些特殊问题，职业病就是其一。因职业病而发生的索赔案件近年来呈上升趋势。职业病给保险行业带来了相当大的损失。雇主责任保险业务承保以责任事故发生为基础，即雇员在特定的可能产生职业病的场所工作期间而所患的疾病。由于这些职业病可能有多年的潜伏期，保险人会发现他们可能要支付其几十年前签发的保单。这就导致了典型的已发生但未报告损失（IBNR）。这个表现在账务处理上的"长尾巴"（Longtail）使保险人很难预期风险，只能大致估计未来的索赔状况。同时，要考虑通货膨胀和可能的法律变动的影响。如果法律有追溯力，将会影响保险人的责任。同时，医疗技术的进步使医生能够准确地认定是因工负伤还是疾病，这将导致更多的索赔。在保险实务中使用 ACOD/B 条款，通过将每个雇员的索赔定义为一次事故来解决上述问题，因为单个索赔很少会超过再保险的免赔额。当一次意外事故导致多个雇员死亡或伤残，再保险会将其视为是一次事故。

3. 雇主责任保险合同再保险的标准除外责任

（1）雇员大量集中于一地，会因一次灾难而全部招致人身伤害，如机组成员或船员。

（2）雇员大量处于未知风险之中，如海外雇员。

（3）大量雇员在有限空间之内从事危险工作并受到职业病的威胁，如矿工。

（4）雇员接触如爆炸物、化学药品或石棉等危险物品，而处于爆炸或职业病等威胁之中。

（5）处于易致人伤害的高潜在风险的作业环境中，如水下作业人员。

7.2.5 职业责任再保险规划

1. 职业责任保险的概念

职业责任保险又称专家责任保险，是指以提供专门职业服务的被保险人，因专业行为（Professional's Activity）致第三人伤害而应当承担的赔偿责任为保险标的的责任保险。

专业人员是指具有特定的专门技能和知识，并以提供技能或知识服务为业的人员，主要包括律师、建筑师、医生、美容师、注册会计师、评估师、保险辅助人等。专业人员具有以下的特征。

（1）工作性质具有高度的专门性，其核心为精神的、脑力的而非体力的工作。

（2）专业人员与顾客之间因有专家高度的职业道德，而存在特殊的信赖关系。

（3）具有从事专业服务的资格，以及与这一资格相适应的业务水平。

（4）具有较高的社会地位，具有较高的收入水准。

在西方发达国家，专家通常购买职业责任保险以便于在其领域开展业务或成为专家团体的成员，因此职业责任保险成为一种强制保险。但是，如计算机咨询员，他们可以自愿购买并非强制。此外，公司董事和经理责任保险（Direct and Officer's Liability Insurance /D&O）也属于职业责任保险的范畴。

职业责任再保险是以原保险人承保的职业责任保险业务可能发生的保险赔偿责任为标的的再保险。在原保险合同中的被保险人因专家行为致第三人损害，对第三人承担的赔偿责任发生后，原保险人按保险合同的规定必须承担被保险人的第三者损害赔偿责任损失时，再保险人按照再保险合同的规定对原保险人所承担的赔偿责任损失给予赔偿。

2. 职业责任再保险分入业务应注意的问题

（1）再保险分出人专业资质水平。因此职业责任保险的业务专业性强，再保险人会注意分出人所具有的专业承保经验是否充分。

（2）赔偿限额规定。赔偿限额是指一次索赔的限额，有时也指一定期间内的总额。

（3）明确保险索赔基础。职业责任保险一般是以索赔发生为基础。之所以采用以索赔发生为基础的保单，是因为保险人难以确认损失或事故确切发生。例如，如果律师起草的一份遗嘱有疏漏，那么事故的起始时间是起草文件的时间，还是当事人死亡后受益人发现遗嘱无效的时间。通过规定以索赔为基础可以解决这一问题，即规定事故的起始时间为被保险人收到索赔通知并告知保险人的时间。以索赔发生为基础对保险人和再保险人的好处是克服了"长尾巴"风险，并且可以根据现在的风险状况厘定适当的保险费率。

（4）对未来可能事故的谨慎声明的关注。被保险人必须非常谨慎地声明未来可能发生的所有索赔情况，否则保险合同中将其视为除外责任。

7.2.6 机动车辆责任再保险

机动车辆责任保险即机动车辆第三者责任险。它是指以机动车辆所有人或使用人对事故受害人应当承担的损害赔偿责任为标的的责任保险。机动车辆第三者责任保险通常采用强制性保险方式。机动车辆第三者责任险是责任险中的主要险种，其保费收入和赔款支出通常在一国责任险中占绝大部分。由于机动车辆第三者责任险中保险人的赔偿责任风险很大，因此有必要就其责任风险进行再保险。

机动车辆第三者责任再保险，是以原保险人承保的机动车辆第三者责任业务可能发生的保险赔偿责任为标的的再保险。在原保险合同中的被保险人对事故受害人承担的赔偿责任发生后，原保险人按保险合同的规定必须承担被保险人的第三者赔偿责任损失时，再保险人按照再保险合同的规定对原保险人所承担的赔偿责任损失给予赔偿。

1. 机动车辆第三者责任再保险的分保规划

成数再保险或超赔再保险是机动车辆第三者责任再保险的分保规划最为常见的方式。在英国，汽车责任再保险很少选择溢额合同再保险的方式，因为这种方式有一固定限额，而很多国家的汽车险是没有限额的。不发达地区的保险公司通常采用成数合同再保险的方式分保，尽管成数合同再保险并没有消除保险人赔款额无限制的风险，其目的是在保证偿付能力的同时扩大业务。因为汽车险的利润常常很低，在竞争异常激烈的发达地区，对汽车险业务安排成数合同再保险，对再保险人没有什么吸引力。保险人消除无限制赔偿额风险的唯一方式是采用无限额的超赔合同再保险。

2. 机动车辆第三者责任再保险分入业务应注意的问题

（1）保险人对人身伤害和财产损失的限额，以及法定的最小赔偿限额。

（2）为更准确地判断保险人的业务状况，再保险人需要至少近 5 年的保费收入明细表，这些数据要包括对当年及第二年的保费收入估计。私用车和商用车的保费收入要分别列明，因为商用车更容易引起大量的第三者财产损失。

（3）对商用车，特别是那些承载危险品的商用车设定赔偿限额。

（4）原保单承保的海外风险的具体内容。

（5）保险人是否承保了高价值、高风险的车辆（如赛车），或者承保的车辆过于集中。再保险人对自然灾害如洪水、暴风等造成的损失通常规定一个限额，并且不愿承保超出车身价值的车身附属物的损失及其失窃风险。如果承保车辆集中一地，因起火而导致的风险就会加大，如入库的公交车。

（6）谨慎承保态度。对高风险的驾驶者如初学驾驶者或驾龄短无经验者，应慎重承保。

3. 机动车辆第三者责任再保险的除外责任

（1）因从事高度危险的活动而除外，如赛车、军用车辆等。

（2）因承载危险品可能会引起泄漏或爆炸而除外，如装载炸药的车辆。

（3）因第三者受损的财产价值过高而除外，如飞机场。

（4）因风险较高而不保，但可以加费承保，如长途汽车、公交车等。

复习思考题

1. 概念题

责任再保险　责任再保险规划　公众责任再保险　产品责任再保险　雇主责任再保险　职业责任再保险

2. 思考题

（1）试述责任再保险高速发展的动因。

（2）责任再保险的主要类别有哪些？

（3）试述公众责任再保险规划中关于分入业务应注意的问题。

（4）试述产品责任再保险规划中关于分入业务应注意的问题。

（5）试述雇主责任再保险规划中关于分入业务应注意的问题。

（6）试述职业责任再保险规划中分入业务应注意的问题。

第 8 章
人身保险业务的再保险

8.1 人身保险业务再保险分析的特殊意义

人身保险业务每一危险单位的保额不高，因此利用再保险分散风险的重要性不显著。但是，随着经济的发展和人们收入水平的不断提高，以及保险意识的增强，个人高额保险单和团体保险日渐增多，保险人的累积责任增大，使再保险的重要性相对提高。

8.1.1 人身再保险的意义

人身再保险的意义主要表现在以下几个方面。

1. 有利于稳定经营成果

由于一些难以预料的偶发因素，使生命危险集中，如飞机、船舶失事，可能导致多名乘客死亡；艾滋病及其他一些传染病蔓延，将导致某一地区死亡人数超常。其结果是使一定时期、一定范围内的实际死亡率可能超过生命表上的预定死亡率，使纯保费收入不足以应付给付需要，危及保险财务稳定。运用再保险，虽不能改变死亡率，却可以平衡和稳定保险公司的赔付率，保持保险经营的稳定。

2. 减少准备金提存与费用负担

人寿保险随业务发展每年都要签发大量新保单，而所需新契约费（原始费用）和责任准备金的提存在有些年份可能超过保费收入，对于新成立的保险公司和业务发展较快的公司表现尤为明显，这将对保险公司的财务利润产生较大影响。运用再保险，由分保双方共同提存准备金和分担费用，可以使分出公司减少准备金提存和费用负担，无后顾之忧地开展新业务，并均衡地获取利润。所以，人寿保险的再保险计划与财务问题应成为分出公司考虑的重点。

3. 有利于承保次健体业务

次健体业务危险性较高，保险公司因业务竞争的需要勉强承保，但因缺乏大数法则基础，需要转移风险由再保险人承担。再保险人通过接受各方面分来的大量次健体业务，具有承担次健体业务的丰富经验与专业知识，可以使业务符合大数法则的经营原则，化解分出公司的经营风险。

8.1.2 人身再保险的特点

1. 业务的多元性

人身保险既有面向个人的分散性业务，又有对各类集体组织的团体业务，其危险单位虽然分散，但也有危险集中的情况出现，如发生空难、地震等事故。同时，人身保险既有标准体保险，又有次健体保险，保额有高有低，期限有长有短。根据这些特点，针对不同种类的业务，人身再保险可选用比例再保险、非比例再保险、固定再保险、临时再保险、预约再保险方法，并且可以结合运用。

2. 人身再保险大多采用比例再保险方式

比例再保险的计算基础有两种。一种是按原始条件再保险，由原保险人分出一部分保险金额给再保险人为责任基础，再保险费率与原保险相同，再保险人按接受业务的比例提存责任准备金。另一种是以危险保险费为计算基础的再保险，这种计算方法仅适用于死亡险的再保险。使用这种方法，原保险人仅对净危险保额办理再保险。所谓净危险保额，是按保险金额扣除当年保单责任准备金后的余额。由于责任准备金逐年变化，净危险保额亦逐年变化。再保险人的给付责任为人身事件发生当年分保部分的净危险保额，再保险费是依净危险保额计算的危险保险费，再保险费的计算完全脱离原保险单的均衡保费而采用自然保费制。由于每年净危险保额不同，费率也不同，故需要编制每一保险单的净危险保额表及再保险费率表，用以计算各年的净危险保额与再保险费。例如，某保险人签发一份年龄为 35 岁、保险金额为 50 万元的终身寿险保单，自留额为 10 万元，分保额为 40 万元。当被保险人死亡时，再保险人对原保险人的给付金额实际上并不是 40 万元，而是 40 万元下的净危险保额。若被保险人在投保后第八保单年内死亡，再保险人给付金额为 40 万元减去第八年末责任准备金后的净额。在原保险人分出 40 万元给再保险人时，其责任准备金由原保险人提存，故当被保险人死亡时，再保险人给付金额加上原保险人提存的责任准备金合并应给付 40 万元。原保险人自留的 10 万元也由净危险保额与累积责任准备金组成。原保险人对被保险人的给付金额包括自留额和分保额共计 50 万元。

非比例再保险的险位超赔、事故超赔和赔付率超赔 3 种方式均可用于人身再保险。但是，人身保险的巨额危险较少，加之赔付率不如财产保险起伏大，故险位超赔和赔付率超赔应用较少。为了防止巨灾危险带来的危险集中恶果，人身再保险较多地运用事故超赔方式。

人身保险对于单一危险单位的自留额主要根据业务种类及其危险性质、保险公司的资本和业务量、保险金额等因素综合确定，并根据业务经营绩效及时调整。

8.2 人身保险再保险业务规划

8.2.1 寿险业务规划

一般而言，对于团体寿险业务，当每一被保险人的保险金额均相当高，或者原保险人预期盈余有沉重压力，需要通过再保险协助财务时，可采用成数再保险方式或成数和溢额混合再保险方式。对于新成立的保险公司或推行的新险种，因缺乏市场经验与资料，也可以采用成数再保险方式。个人寿险的保额差别较大，而溢额再保险的优点是能依危险性质订立自留额的高低，故对于那些个人寿险高额保单比较适用。

为了预防一次事故或一连串事故所造成的责任累积，特别是团体寿险业务，还需要再安排事故超赔分保合同以加强保障。在分保合同中可以约定合同期内的累计赔款，通常为每次事故最高赔偿限额的 1.5～2 倍，累计赔偿金额用完，合同即告终止。有些分保合同订有恢复再保险金额的规定，即在合同中仅规定每一事故最高赔偿限额，当该额度用完时，可以免费或加费恢复再保险金额。

现根据以上所述，对寿险业务再保险规划举例如下。

某煤矿为其 500 名矿工投保了团体定期寿险，每位矿工保险金额为 10 万元，总保额为 5 000 万元。原保险人与再保险人分别订立了成数分保合同和事故超赔分保合同，成数分保合同对每一矿工的自留比例为 40％，计 4 万元；分出 60％，计 6 万元。超赔分保合同自负责任额为成数分保合同自留额的 25 倍，计 100 万元，分 5 个层次安排。该寿险分保规划由两个分保合同组成，其结构如下。

1. 成数分保合同

寿险的成数分保合同如下。

自留额（40％）：40 000 元

分保额（60％）：60 000 元

2. 事故超赔分保合同

寿险的事故超赔分保合同如下。

第一层：超过 1 000 000 元以后的 1 500 000 元。

第二层：超过 2 500 000 元以后的 2 500 000 元。

第三层：超过 5 000 000 元以后的 5 000 000 元。

第四层：超过 10 000 000 元以后的 10 000 000 元。

第五层：超过 20 000 000 元以后的 20 000 000 元。

8.2.2　意外伤害险及健康险业务规划

关于意外伤害险和健康险单一危险单位的责任，因个人业务和团体业务而有所不同。对于个人业务，意外伤害险主要采取溢额分保方式，健康险主要采取成数分保方式；对于团体业务，意外伤害险和健康险均可先安排成数分保，根据需要可在此基础上再安排溢额分保。由于意外伤害险常有无法预知的责任累积，如飞机、火车、汽车和船舶等发生事故，可能同时有许多旅客遭受人身伤亡，为此应再安排事故超赔分保，以保障分出公司和接受公司的利益。

意外伤害险保单对于每个投保者关于死亡、永久残废和医药费用是分别列明赔付额的，因此关于单一危险单位的自留额和分保额也应按此规定。例如，保单中对于死亡、永久残废和医药费用的赔付额分别为 10 万元、20 万元和 1 万元，成数分保合同规定的自留比例为 10％，分出比例为 90％，则自留额分别为 1 万元、2 万元和 0.1 万元，分保额分别为 9 万元、18 万元和 0.9 万元。事故超赔分保合同的自留额一般是死亡赔付责任的 3～5 倍，最高额度可根据业务情况和对一次事故中可能达到的伤亡人数的估计来确定。如一次事故中可能有 20 人伤亡，按对每人赔付 10 万元计，则总共为 200 万元，可分层次安排。据此，意外伤害险的分保规划可由两个分保合同组成，其结构如下。

1. 成数分保合同

意外伤害险的成数分保合同如表 8-1 所示。

表 8-1 意外伤害险的成数分保合同

项目	保额/元	自留额（10%）/元	分保额（90%）/元
死亡	100 000	10 000	90 000
永久残废	200 000	20 000	180 000
医药费用	10 000	1 000	9 000

2. 事故超赔分保合同

意外伤害险的事故超赔分保合同如下。

第一层：超过 400 000 元以后的 600 000 元。

第二层：超过 1 000 000 元以后的 1 000 000 元。

复习思考题

1. 概念题

次健体业务　净危险保额　溢额再保险　成数再保险

2. 思考题

(1) 人身再保险有什么特殊意义？

(2) 人身再保险通常采用哪种方式承保？

第9章
金融化趋势下的再保险新发展

保险金融化是 21 世纪保险和再保险行业发展的主要方向。自 20 世纪 90 年代以来，保险业波涛汹涌的创新潮流大多以金融化形式体现，银行保险、保险风险证券化、应急资本、有限风险再保险等保险制度创新和产品创新屡见不鲜，成为保险业和传统金融行业不断融合的鲜活实例。

9.1　再保险金融化概述

9.1.1　再保险金融化的含义

1. 保险金融性

保险金融性特征由来已久，自保险制度诞生以来就一直蕴含在其承保业务所反映的资金运动规律中。保险业的保障性是以风险融资这一金融活动为依托的，保险的保障功能并不能消除或规避风险事件本身，只是通过事先参与风险融资活动为其在遭遇风险事件后获得经济补偿提供机会。随着社会财富不断增加，保险业也不断发展壮大，保险的金融性则更多的是通过保险资产的投资业务得到体现。金融性作为贯穿保险承保业务和投资业务两大业务种类的基本属性，已成为保险公司生存发展不可忽视的重要方面。

保险的传统理论大多只注重风险分散和保障功能的发挥，但却对保险基金在投资领域中所体现出来的保险经营的金融属性关注研究甚少。一般为人们熟知和接受的保险观念更多的是作为一类风险保障机制而非融资机制的制度安排。但事实并非如此。保险具有金融索取权特征。金融是社会财富的索取权，任何一个社会集团或一个国家，只要拥有了金融资源开发配置权，就获得了支配相同比例的社会财富的权力，保险即是这样一种资源。无论是在财产险还是人身险领域，保险开发商通过开展风险承保和风险融资业务，都可以聚集巨额的保险基金并加以有效利用，获取保险单的发行收益。近年来，由于金融市场上大量保险证券化和保险衍生工具的使用，也使保险产品的金融属性更加凸显，保险业深藏在风险承保职能背后的风险融资功能逐步显露。

2. 保险金融化

当保险金融性不再局限于保险业务领域，而逐步走向保险企业经营、管理、业务、组织形式等各个领域时，则标志着保险金融化趋势基本形成，保险和银行等传统金融业之间的行业界限日益模糊，金融行业整体呈现"大一统"格局。戈登·史密斯根据金融结构的主要特征，将金融结构的发展分成几个阶段，从中可以看出保险金融化发展是金融结构发展的必然趋势。20世纪以前的金融发展为初级阶段，金融体系中商业银行占主导地位，保险公司的市场力量还很薄弱；20世纪70年代以前的发展阶段，金融中介率提高，保险证券机构地位开始上升；20世纪80年代以来，非银行金融机构地位明显上升，直接金融发展速度超过间接金融，成为主要融资方式；自21世纪以来，金融结构的高级阶段表现为各种金融机构的相互交叉，金融业务呈综合化发展态势，金融结构差异逐渐缩小、趋同，保险和资本市场间建立通畅的资金流通渠道，间接融资和直接融资的界限日益模糊，保险向金融本业靠近的保险金融化，以及金融一体化发展趋势已成为时代潮流。

金融化是保险金融性特征发展的高级阶段，是金融自由化和金融一体化在保险领域的具体表现形式，是保险逐步回归金融中介本质特征的动态演化进程。相对于其他金融机构而言，保险业的经营成本更高，利润实现周期更长，不进行适时的金融化产品创新和技术创新将难以获得更佳的发展空间，保险业在金融系统中的地位和贡献度将逐步弱化，甚至有被边缘化的危险。现代保险金融化趋势不仅仅体现为保险基金的筹集运用和保险投资功能的完善，在保险投资的带动下，保险业正涌现出全面金融化发展的强劲势头。

保险金融化的标志之一是保险产品金融化。不断问世的创新产品大多集中在金融市场上的产品投资保证及选择权的估价评估认定，多以未来经营的高支出性为切入口，以借助资本市场获取高额风险融资为经营目标，更加关注风险回报原理，从而促使保险业更加注重资本管理。这些保险公司提供的"泛保险"产品已经跳出了传统产品的设计束缚，综合融资咨询服务、资产经营管理进行投资增值，从而使保险产品成为一种广义上的金融投资工具，保险产品开始由提供风险保障向资产管理方面转变。作为金融产业的一个组成部分，保险业和整个资本市场之间的良性互动关系越来越紧密。保险金融化使保险业不再局限于封闭狭小的保险市场空间，不再成为金融体系内相对独立的金融部门。保险业与其他金融行业间的信息交流和资金融通得到加强，使保险在资本结构、风险管理、资源配置、社会融资等方面所发挥的作用越来越强。保险在整体金融系统中的地位和影响逐步上升，保险和金融越来越密不可分。其外在表现是大量与银行、基金、证券公司相关的产品创新不断涌现，保险市场与资本市场、货币市场等各主要金融子市场的融通渠道变得更加畅通，保险业与银行业、基金业、投资银行等其他金融中介构成一个更加完整的、能互通有无的金融体系。

保险金融化不等于金融一体化，二者既有联系又有区别。一体化（Integration）是指不同部分融为一个整体。金融一体化是指国与国之间的金融活动相互渗透、相互影响而形成一个联动整体的发展态势，更多着眼于宏观金融体系的发展变化规律。金融一体化变革使金融子系统专业特色不断淡化和削弱，最终模糊并使之消失。一体化下的金融机构和金融体系重新统一成单一的组织形式，从事着相同的业务模块组合。金融一体化是双向的、相互的交汇与渗透，内部结构可分为银行与保险的融合、银行与证券的融合和保险与证券的融合。保险金融化则是指在金融市场化、自由化背景下，保险业运用直接金融经营模式全方位地不断逼近金融行业核心特征，与金融机制不断融合的、单向的和动态的过程。保险金融化强调金融体系内各子系统之间的相互融合和渗透的一个方面，金融各业之间相互混业经营，各子系统都在保持各自本质特征的同时，有意无意地接受其他金融行业对自身的影响，从而不断改变、吸收、完善自身的行业特征和业务系统。保险金融化是金融一体化发展的局部和阶段性要求，是金融一体化不可缺少的重要组成部分。从经济系统视角分析，保险金融化就是金融和保险在风险管理制度上融合过程中的一个方面，是金融市场和保险这两种制度安排随着经济发展的实际要求而不断加以调整，保险逐渐向银行证券业领域延伸和拓展的历史进程。

从功能上看，保险金融化从保险行业角度出发考察保险业未来的发展方向。以目前保险产业中资产与金融总资产比重的国际比较看，保险金融化是缩短国内外保险发展差距的重要途径之一，通过金融化途径才能迅速提升保险业在整个金融体系内的地位和作用，才能突出保险业在整个金融体系中的特殊重要性。保险金融化坚持保险业的本质属性，坚持和加强风险规避功能是保险金融化可持续发展的必要保证。保险的风险保障功能来源于其自然垄断特性所导致的大数法则，但是在当代众多种类的风险序列中，仅凭大数法则和概率论等保险经营数理基础已难以切实有效地分散风险，唯有修订和改变大数法则的前提条件，合理利用金融市场才能更好地维护保险的基本功能。金融化作为保险经营的基本特征，一方面增强和巩固了保险既有的风险保障这一"立业之本"；另一方面又为拓展保险风险融资提供了充足的理论依据。保险虽然是金融体系重要的"三驾马车"之一，但长期以来金融属性及金融化特征并未受到应有的重视，致使相当多的社会成员将保险与国家财政补助制度相提并论，保险业的发展因此受到制约和束缚。

从业务上看，金融一体化是不同性质的金融业务在营销渠道、产品开发技术、战略合作高度等方面充分借鉴和融合，充分整合各类金融资源以便有效利用的产物。理论上金融一体化的对象可以包括银行、证券、保险、基金、信托等所有金融业务。保险金融化是从保险投资业务基础上发展而来的，从承保业务的资金运动到投资业务的收益回报，保险的金融化发展脉络越来越清晰。保险金融化是在自身业务发展的特定市场需求基础上产生的，保险金融化有特定的产品界限，保险金融化并不适合所有金融产品的加入，金融化产品及金融化业务主要集中在证券市场和证券化品种上，包括公司资产的投资业务、公司资产的证券化和负债的证券化。

3. 再保险金融化

无论哪种学说，保险的本质属性都离不开对风险的认识和风险管理方法的理解。从最初的海上保险到全面的财产保险，以及后期的各种人身保险，保险契约都是针对未来可能遭受的不确定风险而设计的，风险观念始终贯穿其中。早在保险功能形成的初始阶段，人们已经认识到保险和金融机构的相似之处，由相互金融说出发，保险作为风险保障机制其资金流动规律就被人们所认识，货币的收付和风险的转嫁紧密结合在一起，保险内在的风险及损失转移本质可以透过资金运动表象反映出来。再保险领域更是如此。

作为保险市场的子市场，再保险领域也出现了金融化浪潮。再保险公司不仅在风险管理功能上发挥保障保险公司财务安全、维护市场稳定的金融功能，而且还是资本市场上的重要机构投资者。再保险公司和保险公司、基金公司、投资银行等一起构成资本市场上最重要的金融交易机构主体。从理论上，在一个规模相对有限的市场上，对同一类险种，由一家或少数几家保险公司经营比有很多家保险公司经营，受益的确定性和经营的稳定性都要高出许多。自然垄断特征使世界范围内的再保险业务仅局限于少数几家再保险公司，其垄断性要求既不同于普通的、分散的竞争性行业，也要明显高于普通的直接保险市场。由于再保险的经营对象是同质的保险赔偿责任，再保险公司可以利用金融工程工具为再保险合同标的合理定价，这一前提为再保险交易的金融化提供了现实基础。

再保险金融化的核心内涵是结构性风险融资，这是因为各个相对独立的金融服务机构的集中整合为传统从事批发性风险管理产品的再保险业提供了更多的创新机会，结构性风险融资就是其中一项很有生命力的创新业务险种。

结构性风险融资又称为风险证券化，可以作为保险人管理资产负债的工具，提高内部资金运用效率，增进资本收益。保险金融化的核心是结构性风险融资。宾夕法尼亚州立大学沃顿商学院教授多尔蒂和施勒西格（Doherty & Schlesinger，2002）认为，近年来，自然灾害和人为风险高度相关，风险日益集中，大量风险无法通过传统再保险方式转嫁。证券化作为风险转移工具，能有效转嫁传统保险市场无法转嫁的风险。保险市场通过核保技术可筛选系统风险，而证券化则可以辅助再保险合约分离出非系统风险，通过资本市场转换为具有流动性的可供投资的有价证券。近年来，国际保险证券化商品的发行，充分支持资本市场与传统保险市场的整合趋势，保险证券化商品更是成为保险人和被保险人更具弹性的资本管理工具。

证券化过程形成了保险合约的二级市场。保险合约由于涉及条款内容及各具特色的被保险人的承保条件，大多数国家只存在保险合约的初级市场，保单所有人只能通过保单贴现的方式获得保险资金，不能在更大范围内实现保单的价值。随着资本市场的扩大，资本市场与保险市场互动频繁，传统的保险价值链被有效拆分。保险公司的核心优势是承保风险、管理风险和风险融资，开发风险转移工具；资本市场的主要参与者——投资银行则擅长证券直销，熟悉交易结构化过程，协助股权证券顺利发行上市，因此保险公司尤其是在保险公司借助风险证券过程分离出非系统风险，运用批发风险管理工具转移非核心业务风险，从而大幅度提高企业的价值。

9.1.2　再保险金融化的表现特征

围绕专业保险机构展开的再保险业务是以高超的保险技术实现高风险业务的分散，相对产品和服务而言，再保险的技术更为关键。金融市场及市场操作更是常见的对付风险的场所和手段，虽然价格风险和政策风险是金融市场风险的主要表现形式，自然灾害风险尚未成为金融市场的主要风险种类，但风险共同的特征却决定了再保险企业可以利用金融市场技术达到分散自然风险的目的。时至今日，保险资金运用功能不再只是保险企业发展壮大的衍生功能，现代保险业的诸多创新业务也不是投资功能所能涵盖的，从业务创新、经营理念到组织形式的变化都昭示着保险金融化趋势日益浮出水面。

概括来看，保险金融化趋势的特征主要包括以下 3 个方面。

1. 从保险机制向金融机制转变

机制最初是指机器构造和动作原理，以后逐渐被许多学科经过类比借用，其含义引申为事物的内在结构及其相互联系。保险作为专业的风险保障机制，在三足鼎立的金融体系当中扮演着相对独立的金融角色。与银行业及证券业的融资功能不同的是，保险业的主要功能是风险分散和保障。所谓保险机制，就是 3 个环环相扣的企业行动，即准确评估风险的或然率，对投保者提出合理的行为约束，分担个别投保者遭遇的损失。凡是同时具有上述 3 项行动的社会机制，都是有形或无形的保险机制。而商业保险制度是充分发挥保险机制的经济保障制度。保险机制的实质是一种"株连"。一旦出现无人能事前准确预测的意外，那么意外的直接承受人可以得到预先约定的全部补偿，而意外造成的损失，将漫延至所有参加同种保险的投保人——是他们共同承担了某人本来要独自承担的损失。由于保险风险是一类独特的自然风险和人身保险，因此保险机制是建立在风险的自我消化和吸收基础上的，传统的保险机制可看做是风险仓储（Risk Warehousing）模型，保险产品的定价是基于保险精算技术。保险市场内的风险交易很难与其他金融市场建立资金通道，以实现市场间资本的流动和交易的升级。金融机制的核心是在实施全面风险管理基础上更好地提高资本效率，促进资金合理配置。以风险换取收益是金融机制的基本特征，在金融市场上资产定价依赖于无套利方法。在金融机制下，投资者进行投资决策时力图寻找高风险、高回报的投资机会，在自身的风险承受能力范围内愿意承担与其投资回报比实际回报（产出）低的可能性，在高度开放的资本市场内运用市场价格机制和竞争机制调动市场各种要素，并最终实现资金增值和风险规避的目的。

2. 从保险市场（Insurance Market）向资本市场（Capital Market）扩展

承保业务是保险公司的基本业务。传统风险承保业务的各个环节一般都存在于保险市场范围内。无论是保险营销还是风险控制，保险公司还是保险中介组织，都是在特定投保人群体和保险机构之间开展的经济交易活动。保险发展到后期，投资业务比重不断攀升，保险的资金融通功能日益强化。保险在集聚资金、金融中介和高效营运资金等方面发挥了重要作用，对社会储蓄形成一定的分流作用，且在国债、证券投资基金和同业拆借等资本市场及货币市场上逐渐占有一席之地，日益成为各金融市场上的重要参与者。2012 年，我国保费收入 1.545 万亿元，保险资产总额 7.355 万亿元[①]，保险市场规模达到了一个新的历史高度。

一般来说，一项交易活动的本质通过从事该交易的企业组织的负债业务得到表现。负债业务特征较好地定义和刻画了经济企业的行业特征，而资产及资本业务则更多受企业规模的影响而不是行业特征的要求，众多跨国企业在资产达到一定规模后往往从事高风险金融投资即是一例。保险企业的负债业务主要是各类保险产品的销售和保险服务的提供，传统负债类的保险业务与其他金融机构及市场的依赖度不高，而创新的保险产品无论是投资连结保险还是巨灾保险债券，都离不开金融市场尤其是资本市场的介入，金融商品化倾向已十分明显。保险企业发行类似金融产品可以在面临偿付能力不足危机的前提下，迅速筹集资金承担赔偿责任，同时承担日后资金偿还的义务。以往保险市场上的可承保风险和不可承保风险通过证券化技术转移到资本市场上，资本市场成为保险企业经营获利的重要舞台。

金融市场尤其是资本市场是保险金融化发展的主要舞台。资本市场的市场结构和传统保险市场相比有明显的不足之处。首先，资本市场上的买方和卖方均为势均力敌、地位相当的交易商；其次，资本市场上的价格形成比保险市场的交易价格更加灵活；最后，资本市场上的信息不对称现象更为复杂。市场交易者都是精明的职业投资者，他们对市场的了解相当充分。虽然，市场上也会出现大量的内幕交易，内幕交易者对产品的价格比其他人知道得更多，但证券交易和价格的形成会迅速把这一内幕消息传递给市场上的其他人，人们会立刻调整对证券交易的预期，并对未来的市场交易引起足够的警惕和重视。这种透明和公开性从根本上把资本市场交易这一直接金融方式和银行、保险及其他金融机构提供服务的媒介金融方式区分开来。保险金融化是以市场直接融资为主，与资本市场的主要载体保险和金融相互融合的过程。和金融一体化相比，保险金融化更强调保险企业作为金融市场的普通参与者进入

---

① 中国保险监督管理委员会，http：//www.circ.gov.cn/web/site0/tab454/i234401.htm.

直接的市场交易。

3. 从风险仓储（Risk Warehousing）向风险媒介（Risk Intermediation）转变

保险是对付可保的纯粹风险的重要风险融资工具。传统的保险公司遵循风险仓储式的商业经营模式，先将资产与负债留在公司内部，类似仓储业囤积风险，再利用类似物流业的方法将无法承受的资产与负债转移给再保险人。风险仓储式经营有很多劣势，如在特定保障和区域范围内，由于自然或人为巨灾的发生，大数法则所要求的独立性很少能够满足，大数法则失灵，风险将随着组合规模增加而增加。另外，保险人持有的保险合约对于市场是不透明的，投资者和市场专业机构难以评估其风险，从而增加了保险人的资金成本，合约的复杂性和不透明性可能会导致相对较高的代理成本等。

风险媒介模型可用一家投资银行的运作策略来描述。投资银行主要从事信息密集型活动，而不是关注于类似风险承保和资金信贷等资本密集型活动，它的核心价值定位是通过向投资者提供信息和交易的服务完成经纪人的角色。当投资银行承销债券或股票时，它们寻求的是共同承销或分销这些证券，而不会将这些证券的大部分保留在自己的账户上。不管这些证券的后期表现如何，投资银行都能将承销收费记为自己的利润。在理想情况下，风险媒介在交易中自留风险很少或几乎没有。

现有的保险公司和再保险公司通常是风险仓储与风险媒介模型的组合。在这种合成资产的内部结构中，风险仓储保留了部分风险，风险媒介则将剩余风险转移给资本市场。那些证券化利益明显超过成本的风险优先用于证券化，其他利益/成本权衡接近于零的风险则自留在仓储中，保险公司内部持有风险都是私人价值特别高的信息，难以转移。在这种融合模型中，风险媒介功能已经显现，并和风险仓储组合在一起。风险媒介模型将金融风险引入到保险产品中，是金融市场发展的重要补充，而不是替代，风险媒介在保险市场中的作用应该视为一种新型中介在转移保险风险中的参与，而不是"脱媒"。

随着风险意识和风险管理概念的演变，保险业参与和承担风险融资的业务比重越来越高，一些创新型保险产品如风险债券等，已体现出风险融资产品的特征。风险融资与传统风险控制的最大区别在于，控制型风险转移将承担损失的法律责任转移了出去，而融资型风险转移只是将损失的经济后果转由他人承担，法律责任并没有转移，一旦接受方没有能力支付，损失最终还是由转出方支付，转出方承担损失的本质没有改变。风险融资产品不再仅针对纯粹风险损失，还大量应用于对投资和保障、期望获利和希望转移损失管理方面。保险的风险融资功能是保险金融化发展趋势的重要特征。和传统保险不同的是，现代保险业所处的市场环境与以往相比已发生很大变化，面临的风险和挑战大增，一些创新型保险企业开始将目光投向金融市场上的债权型融资产品，借助资本市场资金的力量抗衡市场竞争对企业风险承受能力造成的不利影响，通过运用金融技术将合同项下的不确定风险作为交易对象抵押出去，最终达到融资目的。保险公司尤其是再保险公司将成为以资本市场避险为主转移风险的风险中介机构。

9.1.3　国际再保险在金融化趋势下创新发展的动因

1. 财务稳定性成为保险公司经营的重要诉求

在全球金融自由化趋势下，保险业的经营遵循"业务从宽，财务从严"的政策导向，财务安全已经成为保险企业日益关注的重大问题。为保险业寻求财务安全和财务稳定的保障将成为原保险人购买再保险的主要动因之一。保险企业的经营管理包括业务管理和财务管理两个方面，业务稳定是保险企业经营获利的重要内容之一，财务安全和稳定性要求也是保险企业产生利润的重要环节。然而，在金融混业经营、全球保险监管趋于放松的大前提下，大量非传统承保风险频繁出现，时间风险、投资风险等市场风险对保险企业经营业绩的影响程度越来越大，导致保险企业经营波动幅度不断加大，经营周期内利润损失难以避免。追求财务稳定性越来越成为保险企业经营者的主导诉求之一。

为原保险人提供财务优化服务应成为再保险人未来业务创新的主要方向。传统的再保险企业仅仅从风险承接和转嫁角度，即承保风险的分散和分摊保险赔款来保证保险企业业务经营的稳定，对保险经营的财务稳定需求则关注不多。事实上，再保险技术是原保险企业实现财务优化的重要手段，并且这一手段在金融化趋势下通过创新取得的经济效应越来越明显。首先，从传统再保险机制来看，分出人通过办理再保险可以享受税收减免的好处；其次，近十年来，国际上大量出现的融资再保险在平滑承保周期内公司收益波动和稳定财务状况具有显著的优势；最后，金融化发展趋势使再保险企业的经营理念逐渐由风险保障业务向金融服务业务转变，专业再保险企业通过提供风险咨询、资本管理、决策分析等专业金融服务可以帮助分出人更好地预防风险，改善分出机构的财务经营环境，从而降低整体保险行业风险，有利于降低行业系统风险。作为为保险企业服务的再保险企业要发展壮大，必须从保险企业的实际需求出发，为保险企业实现财务稳定和盈利最大化创造条件。

金融化趋势是发达国家保险市场的特征。在保险发达国家和市场内，保险和金融、寿险和非寿险业务之间的界限被打破，显现出明显的相互渗透和相互融合的趋势。当前，再保险金融化趋势不仅仅是金融类业务独立纵深的发展模式，而且是将风险保障和金融化手段更紧密地结合在一起，更多地关注如何用金融化手段使风险分散效果达到最佳，如何借助金融市场机制使传统的风险保障功能发挥得更加淋漓尽致。通过合理运用金融管理方法和金融市场途径达到保险市场整体风险均衡分布的目的是再保险金融化的根本特征。

金融化趋势对全球再保险业未来的发展动向影响巨大。在保险制度框架内，再保险是开放最彻底、国际化程度最高的保险领域，无疑也是金融化程度最高的风险管理领域。金融化的影响不仅体现在再保险人对原保险人转嫁的风险整合管理技术手段和技术效率的提高，而且还体现在再保险业乃至整个保险业整体经营理念、再保险需求、再保险企业组织形式、再保险产品体系的变化上。面对当前竞争日益激烈的国际原保险市场整体承保能力已经出现过剩的背景下，原保险公司转嫁各类经营性风险的愿望越来越强烈，为了追求企业最终盈利最大化，以及经营过程中的财务稳定性，创新型再保险的需求不断上升。

巨灾损失风险、再保险机构之间的合并、国际再保险市场竞争加剧等因素一起决定了未来再保险市场的发展态势。与原保险相比，再保险的经营特点决定了再保险人承担的保险责任下的具体风险特征已经弱化，各类原保险合同项下的不同风险责任演变成同一的赔偿责任的集合，这就为再保险人采取金融化手段处置和分散风险提供了技术上的可能。在传统的再保险方式继续发挥重要且有效的分散巨灾风险功能之外，新型再保险方式正日益影响着再保险业的发展格局。证券化、不可抗力债券、期权等各类分散巨灾风险的金融工具的不断涌现和完善将取得更大的成功，资产管理和咨询等金融服务体系会更加健全，保险市场和资本市场的结合与对接会更加深入。借助金融市场名目繁多的创新工具的运用，再保险机构将创造出更多的抵抗保险风险的避险产品，再保险的金融化取向在资本市场上达到了完美的体现。

融资再保险和风险证券化成为典型的再保险金融化表现形式。

2. 融资再保险是金融化趋势下再保险产品创新的典型代表

融资再保险（Financial Reinsurance）产生于 20 世纪 90 年代中期。融资再保险的发展对于原保险人的财产安全非常重要。为了稳定获取企业利润，追求企业财务稳定性，各类金融风险开始成为保险公司关注和企图化解的焦点，因此衍生出全新的再保险需求种类。作为自由化浪潮先锋的金融服务业，适时推出创新的再保险产品以满足这一需求的变化。融资再保险和传统再保险的不同之处在于其明确区分了 3 类风险：承保风险、时间风险和投资风险。传统再保险合同仅仅承担合同规定的、超过预期损失和费用的承保风险（Insurance Risk），而融资再保险则将由于持有资金的时间短于预期时间所引起的投资收入损失的可能性导致的时间风险（Timing Risk）和损失赔偿金支付之前资金的投资收益低于预计收益而带来的投资风险（Investment Risk）也纳入到再保险合同可接受的风险范围之内。时间风险和投资风险是作为稳健经营的保险企业在经营管理过程中对经营收益带来重要影响的、不可忽视的两类风险因素，融资再保险的初衷即是为分出公司提供合法的经济收益（Economic Substance），这些收益通过盈余释放、平衡财务结果和增加承保能力等途径获取，再保险人可实施对承保风险、信用风险、投资风险、时间风险和其他风险的变动性管理及资本融资。这一再保险的创新不仅全面更新了再保险业在风险管理领域的承保传统和投资管理领域的操作理念，而且将再保险承保的风险种类作了全面的设计和推进。作为再保险金融化处理的一种方式，融资再保险接受的已不仅仅是承保技术风险，还可以接受公司财务风险的转嫁。

不仅如此，融资再保险还有助于金融并购交易的进行。根据瑞士再保险公司的调查显示，大多数追溯性融资再保险（Retroactive Financial Reinsurance）被保险公司用于开展金融并购交易。一般非保险金融产业因为不存在"长尾巴"业务，并且更习惯利用各种金融衍生工具规划管理财务风险而对融资再保险兴趣不大，而保险公司则受到业务评价、不良债权和"长尾巴"业务争议等问题而在金融并购交易中处于不利地位，融资再保险通过赔款责任转移方式有助于解决上述问题，并有助于保险企业并购交易的顺利进行。

虽然，融资再保险的地位和身份在一些国家（如美国）还没有最终确认，各国监管机构正密切关注融资再保险的发展动向，但显而易见的是，财务分保这一创新可以在风险转嫁的同时应用财务手段为原保险企业获取资本融资、利润平滑等好处，避免因赔款支出过多导致财务亏损的结果。融资再保险的出现使保险领域和金融领域的界限进一步变得模糊，再保险业正借助金融技术和手段不断完善与创新自身的经营领域。

3. 保险风险证券化是金融化趋势下再保险技术创新的重要表现

保险风险证券化的出现体现了再保险制度自身发展变迁的规律。传统再保险可以集合全球所有保险供给主体的力量为巨灾风险提供保障。但是，在巨灾频发的现代经济社会中，传统再保险机制所倚重的风险积聚和转移原理得不到满足，再保险机制面临无法提供社会无限需求的巨灾风险保障的挑战，以经营利润和股东利益为目标的商业保险公司必然陷入经济利益和社会利益相矛盾的尴尬局面。由于再保险企业经营的风险多为存在较大损失面的可保风险，再保险公司在风险处理上更需要接触各类金融工具，进入各类金融市场为自身的风险业务寻求合适的规避渠道。如果说传统的再保险机制使保险制度需求者（投保人）以地域分散、人员分散的方式化解风险的话，那么巨灾风险证券则是对保险制度的供给者（承保人）进行了同样的处理，通过金融市场的纽带作用把保险行业内风险转嫁到全体金融市场供给者群体，最大限度地应用风险分散原则。随着一系列保险连接证券（Insurance Linked security，ILs）品牌的问世，这一再保险制度的重大变革得以实现。

金融化趋势使再保险公司的产品系列丰富化，越来越接近于金融性产品。证券化产品不仅把再保险市场和资本市场紧密结合起来，而且还有助于再保险公司开展和其他金融机构的业务合作。银行组合资产信用互换（a Portfolio of Assets，CDS）是这一创新思维下的产物。一方面，再保险创新将保险业内的风险通过风险证券化转移到资本市场，成功完成风险外溢，扩大自身的承保能力；另一方面，再保险公司还广泛接触各类商业银行、投资银行等金融机构，接受商业银行等信贷资产风险转嫁的要求，扩大再保险公司的客户群体。再保险公司的客户不仅是原保险公司，还包括德意志银行这样的商业银行。在金融一体化趋势下，再保险公司已经和越来越多的大型国际金融机构开展风险管理工作，通过银行组合资产信用互换机制进行风险跨行业交换，以符合风险组合的多样化和非相关性要求。这样既能回避金融管制，又能扩展经营范围领域，对互换双方都能带来降低风险、稳定经营的好处。证券化交易的基本原理是再保险中风险分层次处理的原理和定价技术，这一点在资产组合型信用证券中表现得非常典型。一个典型的资产组合安排，所采用的损失责任的层次划分、顺序安排，以及相应的产品定价——保险付费，所有这些涉及的都是典型的再保险理论和技术。由此可见，通过再保险创新，再保险人在扩大自身供给能力和有实际需求的客户队伍方面，都和金融市场及金融体系达成完美的融合。

以巨灾债券为代表的保险风险证券化发展的意义是双重的。一方面，它既为保险风险再分散开辟了一个新的市场和途径，便利再保险公司转移和分散保险风险，解决了再保险能力不足，保险资金缺乏的世界难题；又为投资者提供了新的风险投资渠道，使其能够直接进入只有专业经营机构才可能进入的灾害保险和再保险领域，增加了风险组合的种类，使投资组合进一步优化。另一方面，风险保险证券化的发展是对传统保险业一次革命性的变革。证券化产品的大量出现分流了不少再保险需求，限于传统再保险的局限性，原保险公司纷纷转向资本市场分散风险，借助金融市场大量衍生工具的创新得以迅速筹集损失赔偿资金，传统的行业分保在一定程度上被金融市场所"替代"。再保险市场和金融衍生品市场是相互促进、相互影响的两大相关市场。证券化产品并不仅仅由再保险公司所提供，大量原保险公司尤其是寿险公司也纷纷参与其中，金融市场成为原保险人和再保险人共同转嫁保险风险、提高技术手段的场所。再保险人作为传统行业风险处置者的地位受到挑战。

4. 提供资产管理等金融服务是未来再保险发展的必然取向

除了提供传统再保险服务之外，再保险人还可以在很多方面为原保险人提供服务。再保险人提供的服务可以包括技术服务和金融服务两大类。其中，专业的风险评估鉴定、费率确定和财务安全咨询等是专业再保险人提供传统技术服务的主要内容。保险市场是典型的信息不对称市场。原保险市场上被保险人和保险人之间建立的委托——代理关系存在较大的道德风险，显然被保险人拥有比保险人更多、更充分的标的物损失可能性的信息，保险人处于不利地位。再保险人则不然。再保险人对承保风险的了解程度远超过原保险人的认知水平，原保险人是否承保标的物风险的决策在很大程度上取决于再保险人提供的技术服务项目。由于再保险人对技术强、要求高的业务具有专业权威，因此其在分散风险及控制小概率事件的发生这两方面将更具有实际效率。再保险人对小概率事件的发生所具有的实际经验可以以增值服务的方式向与之有业务关系的原保险人提供，如费率厘定和有关勘定损失赔偿的信息。提供专业全面的风险管理技术服务已经成为当前全球著名再保险集团公司蓬勃开展的主要业务经营领域之一。

资本资产管理和决策分析服务是再保险公司可以提供的另一类金融服务项目。直接保险人面临的经营风险除了接受转嫁的承保风险之外，还包括创新产品的开发风险、费用增加及定价错误的风险、监管法则和会计制度变更的风险；期限不匹配和市场风险与现金流不匹配的风险等。再保险制度可以降低保险人的上述部分风险。原保险人需要专业权威机构为其经营管理提供经营稳定性的保障，尽可能降低企业经营管理全过程出现的各类不确定性。再保险人在专业、经验、有关知识等方面都具有比较优势，可以为原保险人提供相关决策咨询等金融服务。例如，再保险人可以凭借拥有的比较优势及对市场的了解程度帮助保险人进入新的市场；再保险人还可以接受保险人不愿意承担的某一特定地理区域或某一特定险种的赔偿责任，以此帮助保险人退出该险种的承保市场。

按照金融理论，金融机构的经营管理理论可分为资产管理理论、负债管理理论、资产负债联合管理理论和表外业务管理理论。再保险人的资产业务包括以现金及银行存款为主的流动资产、长期投资、固定资产、无形资产等；负债业务包括以未决赔款准备金为主的流动负债、长期责任准备金为主的长期负债等。再保险人既注重资产质量的安全性、投资品种和投资收益的实现，又强调各类责任准备金的充足，时刻关注是否符合监管当局的偿付能力标准。再保险人还充分重视自身所能开展的各类金融服务，以综合性的全面服务增加险种附加值，并以此扩大自身的业务范围和险种影响力。其主要表现为：为客户（保险人）提供全面的资产管理服务、资本适足性考量、资本咨询顾问和承保风险评估等，向保险人提供相关行业分析、新产品和新市场分析，为保险人获取经营利润减少不确定性障碍。凭借再保险人卓越的专家技能，再保险人在综合性金融服务领域有较大的业务发展空间。

综上所述，金融化趋势对再保险业务经营发展的影响，如图9-1所示。

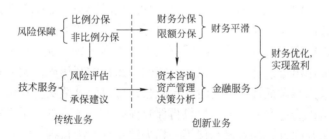

图9-1 金融化趋势下再保险经营演进趋势

自20世纪80年代以来，金融管制的放松和自由化浪潮的掀起，导致了更加严酷的市场竞争，大大促进了包括保险公司在内的金融机构向一体化的方向发展，保险金融化趋势日益明显。资本市场的日益完善，各种投资工具和投资组合不断涌现，加速了保险公司投资业务的发展，促进了保险及再保险行业大规模金融化趋势的形成。

9.1.4 再保险产品金融化发展路径与市场风险

再保险公司向融资中介本质回归的过程离不开公司产品结构的调整，离不开大量金融化产品的开发创新。金融范畴的界定可以表述为：凡是涉及货币运动，银行与非银行信用，以证券交易为操作特征的投资及类似形式进行运作的所有交易行为的集合①。以此定义出发，金融化产品创新可以分为资本市场创新和货币财务领域创新两类，其中以资本市场，尤其是以资本市场上的结构性金融产品为主。创新是与风险并行的，金融化产品创新，必然也会伴随着市场风险发生的可能性。

1. 再保险产品金融化发展路径

1) 结构性风险融资——保险证券化

结构性风险融资是指通过改变公司的股本结构、债权结构甚至资产结构达到融资的目的。近10年来，金融领域的创新特征主要有两点：①杠杆效应，大部分金融创新产品具有杠杆效应，可以用较少的资产来形成巨大的交易量，从而创造更多的流动性；②风险的结构化设计，资产经过结构化设计后，被区分为高风险、中风险、低风险类别，便于向不同风险偏好的投资者销售②。不仅再保险公司的负债可以通过证券化方式转移到资本市场，再保险公司的资产也同样可以运用证券化方式获取资产流动性和实现融资的目的。结构信贷方案就是一例。再保险公司可以通过结构信贷方案对信用卡应收款项、抵押和汽车贷款等的未来现金流进行具有资产担保性质的证券化。结构信贷方案是一套包含保险、再保险和资本市场产品在内的特制方案，以满足商业银行、投资银行、多险种保险公司和企业寻求资本、风险以及组合管理的需要。这一方案既包括市场需求旺盛且易于变现的资产担保证券（如抵押担保证券），也包括针对并不为人熟知的资产类别开发的资产担保证券。再保险公司提供的具有代表性的融资手段就是信用增级，为从资本市场借款的机构提供信用增级和财务保证，降低客户的借款成本。与银行相比，保险公司往往拥有更多的承保经验，能对新的资产种类进行风险评估和定价。新的不熟悉的资产类别包括设备的剩余价值、共同基金费用和特许权费用等。当这些资产在资本市场寻求证券化方式变现时，往往因其资产特殊性而难以实现。保险公司利用专业的风险分析和承保技术，在对第一层风险进行保险安排后，证券发行人（一般是专为此类交易而设立的特殊用途机构 SPV）就可以在资本市场销售剩余的风险。保险公司不仅自身接受转移的风险，而且其参与本身也意味着证券的信用增级。以特许权费用证券化为例，一家快餐连锁企业为了以较低的筹资成本从资本市场上筹集资金，可以将其知识产权和未来的特许权费用出售给特殊用途机构，特殊用途机构利用固定利率票据私募进行证券化时，这些资产就被用来做抵押品。同时，保险公司可以为这笔交易提供保险，信用评级最高的再保险公司还可以为这家保险公司提供再保险保障。由此可见，再保险公司在结构化市场上可以多种形式参与融资，如直接承保第一损失层；针对为抵押品提供财务担保的单一险种公司提供再保险保障；提供结构化的保险产品等，结构融资方案为资本金充足的再保险公司提供了传统保险领域以外的巨大商机。

2) 结构性风险投资——信用衍生产品

结构性金融产品的问世为再保险公司改善投资品种种类、优化资产结构提供了新的选择。再保险公司的业务特长是风险管控，在投资结构金融产品时有充分的专业技能辨别风险，寻找具有投资价值的结构产品。作为普通的资本市场投资者和金融资产管理人，再保险公司的投资理念和投资原则与其他金融机构并无大的差异。信用增级是保险公司代表性的融

---

①　黄达. 金融学. 北京：中国人民大学出版社，2003.
②　巴曙松. 观察流动性过剩的国际视角. 中国金融，2007（10）.

资手段，在对抵押债券权益证券中的中、高档层进行信用增级方面，保险公司表现很活跃，主要提供各种保障信用风险的信用衍生产品，如信用违约互换（CDS）。信用衍生产品在保留资产的前提下，将贷款或债券的信用风险从其他风险中剥离出来，在市场上被定价，并转移给愿意承担风险的投资者。

（1）再保险公司是信用增级机构。当一项新的金融产品刚产生时，其信用级别通常较低，需要对新产品的原始信用进行辨析、分离、重组和提升，这一过程即称为信用增级。信用增级是资本市场产品销售的重要环节。通过信用增级可以增强金融产品的市场流动性，扩大证券发行规模。结构性融资产品拥有内部信用增级功能。由结构性产品的典型结构分析可知，通过结构化分层设计，高级系列部分的支付信用度由股本系列及中、低级系列的投资者作出担保，信用程度大大增加。

再保险企业是担保债务凭证生产过程中的外部信用增强机构，为那些从资本市场借款的机构提供财务保证保险或信用保险互换，降低客户的借款成本。（再）保险公司依据自身的专业承保技术优势可以为不广为人知的资产证券化提供信用担保。（再）保险公司先分析抵押物，然后基于他们的分析，承包第一层损失并收取保费。对第一层风险安排保险后，证券发行人就可以在资本市场销售剩余的风险。除了接受转移的风险，保险公司的参与对投资者来说也意味着信用增级。一方面，保险公司参与该证券的发行本身就是该证券信用可靠的强烈信号。保险公司是谨慎的保险经营者，其处理风险的能力要远超过其他金融同业的操作水平，保险公司的承保行为意味着保险公司对该证券风险控制程度的认可。另一方面，保险和再保险公司还可提供单独的信用衍生产品以减少债务担保风险，转移与贷款、债券等资产相关的信用风险。保险公司作为一方当事人向对方当事人出售信用保证，承诺当双方约定的参考资产发生违约事件，信用保证协议买方遭受损失时，由保险公司提供信用保护。再保险企业参与资本市场服务，是因为可以根据保险人面临的各类市场风险和自然风险，凭借自身多年的风险管理经验，能准确核定各种衍生产品价格，有助于和投资银行合作实现公司风险向资本市场的完美转移。

（2）再保险公司的主要参与方式。在结构性金融市场上，再保险企业既和保险企业一样发挥信用保障的作用，同时又承担为金融市场高度融合的保险企业提供再保险保障的职责，对降低保险企业信用风险违约度具有重要的意义。再保险公司在结构化市场上以多种方式参与融资，其主要方式如下。

① 直接承保结构化产品的第一损失层。保险公司向第一损失层投资者提供传统信用保险服务。

② 提供市场不常见的结构化保险产品。市场上既有已经开发成熟易于变现的资产担保证券，也有新的、不熟悉的、不标准的资产类别证券化的产品需求，如共同基金费用（属于应收账款之一）证券化、特许权费用（属于知识产权资产之一）证券化等。保险公司对那些与自身业务没有相关性且掌握一定专业技术的行业的资产有兴趣，如电力能源业、知识产权、电影、专利和特许权等文化事业、受天气变化影响大的行业等，在分散风险的基础上实现业务的多样性。由于银行在承保风险方面的经验不足，银行只参与发展较为成熟的资产类别业务，如抵押贷款合约、信用卡和学生贷款等。与银行相比，保险公司往往拥有更多的承保经验，能对新的资产种类进行风险评估和定价。

③ 通过信用衍生产品为第一风险损失层提供保险保障。保险和再保险公司是信用衍生

产品的主要制造方。通过信用衍生产品交易，特定资产的信用风险被剥离出来成为独立的交易对象。保险和再保险公司接受一定费用后承诺对特定资产提供信用保护。

④ 针对为抵押品提供财务担保的单一险种公司，再保险公司提供再保险保障。再保险公司可以提供传统的商业信用再保险服务，建立赔款准备金，也可以将承保的信用风险予以证券化转移到资本市场。

⑤ 通过设立特殊目的机构提供财务保障。SPV 是开展资产证券化业务的前提。

⑥ 投资购买结构化融资产品。

（3）再保险公司的市场参与程度。信用衍生产品作为信用风险的转移和规避工具，最早在银行贷款信用风险管理中得到运用。随着信用衍生产品技术的发展和市场拓展，越来越多的机构已经参与到信用衍生产品的交易中，包括投资银行、保险公司、对冲基金、养老基金和其他的大型公司等。交易当事人主体的扩大使银行的信用风险得到充分分散，这有利于银行新业务的开展和资产质量的改善。通过资产支持证券和信用违约互换等工具把资产收益及信用风险转移出去的方式，保险公司已成为除了银行之外最大的信用支持的出售方。

（4）再保险公司参与信用交易的利弊分析。信用违约互换（Credit Default Swap，CDS）是再保险公司投资较多的一类结构性金融产品，再保险公司、保险公司等机构是资产组合信用违约互换的最大卖方。再保险公司参与信用交易的收益如下。

① 经营成本低，经营效益明显。信用保障买方按照基础资产金额定期向再保险人支付年费。这些信用交易产品类似于银行的中间业务，它不占用保险公司自身资金，却可以为保险公司带来定期流入的违约保险金。

② 分享银行贷款项目的收益。信用衍生产品既是管理信用风险的工具，又是一种新型的投资产品。对投资者而言，信用衍生产品的应用打破了银行业独占贷款市场的传统局面。在风险调整的基础上银行贷款的资产质量优于几乎所有其他的资产类别。根据 1991—2002 年的统计数据表明，美国银行界贷款比率在所有资产中是最高的，贷款业务具有高额收益和低风险的特征。信用衍生产品的出现，为一直渴望进入贷款市场的金融机构投资者敞开了大门。再保险企业通过这种方式进入通常难以涉及的公司信贷领域，有利于扭转信用过度集中在银行系统的做法，优化风险结构的同时增进了自身盈利能力。如今，信用衍生产品已经成为全球金融市场的新型投资产品，不仅改善了资本市场投资者的资产组合结构，也扩展了市场的深度和广度，提高了金融体系的运行效率。

③ 参与结构化产品交易，有利于保险公司开拓金融市场业务，分享金融市场的高成长性。对结构融资市场而言，有利于市场的安全和稳健。

毫无疑问，信用交易产品中的信用风险大小直接影响保险公司的险种效益，与资产相关的财务信息透明度成为交易市场活跃与否的重要指标。保险公司为此类高度复杂的风险融资证券提供担保前，必须对风险的特性，以及投资该证券的风险、收益与各种衍生品的价值有完整的了解。信用交易带来的弊端也很明显，再保险在结构融资产品中面临的潜在损失来自以下 3 个方面。

① 提供信用增级，承担违约风险。和直接保险公司一样，再保险企业也参与证券化产品的信用增级服务。根据国际经验，发行资产支持证券已经成为保险公司的主要融资方向之一。国际保险公司的资产证券化产品主要集中在保险公司拥有或持有的房地产等不动产产权、住房抵押贷款和信用卡贷款，以及汽车等消费品信贷资产领域。另外，寿险业也在尝试

进入保险证券化领域，如英国 NIP 公司利用特殊目的公司发行债券筹集资金，以此来提高保险基金的盈余比例。

② 以自身资产投资证券化产品，暴露在基础资产的信用风险中。从 20 世纪 60 年代起，保险公司成为资产证券化交易中活跃的投资者，并且保险资金投入资产证券化市场的比重越来越大。另外，它还持有不少金融机构等私人部门发行的资产支持证券。虽然，证券化产品资产池内的基础资产已经按照风险相异性要求配置，但仍有可能发生资产违约。基础资产是一组种类繁多且不易追踪与研究其风险历史的债权，这使证券化产品的投资者极易遭受违约风险带来的损失。保险公司纷纷用保险资金认购或参与开发资产支持证券等资产证券化产品，致使保险公司受金融市场风险的影响越来越大，金融风险已经成为令保险公司利益受损的主要威胁之一。2007 年 7 月开始的美国次级抵押贷款危机就是一例。由于美国银行业次级贷款违约率和拖欠率不断上升，以这些贷款作为抵押担保品的债券纷纷违约，债券的保险商遭受到前所未有的偿付压力。

③ 作为创始机构发起设立证券化产品，承担信用风险。以抵押债券权益证券为例，再保险企业可以发行以次级贷款和资产证券化产品为支撑的债券抵押证券（CDO），作为对冲信用风险的工具。当基础资产的债务出现集中性到期未能支付情形时，证券买方就会要求在保险公司支付约定的补偿金额，再保险机构就面临巨额索赔。2007 年 8 月爆发的美国次级抵押贷款危机使世界第一大再保险公司——瑞士再保险公司损失惨重。到 2007 年 11 月底，瑞士再保险公司已将其出售的 CDO 产品全部做坏账处理，损失达 12 亿瑞士法郎，是再保险业受影响最大的一家企业，慕尼黑再保险公司和汉诺威再保险公司也在此次危机中损失5.48 亿美元和 1 460 万美元。信用风险的危害可见一斑。

3）融资再保险——财务管理领域内的金融化创新

20 世纪 90 年代后期，国际保险监管机构加大了对保险公司偿付能力监管的力度，各直接保险公司的财务稳定性受到前所未有的重视。与业务经营放松管制相反，许多国家的保险监管机构对保险公司实行严格的财务监管，内容涉及资本充足性、偿付能力边界、资产负债匹配管理、资金运用渠道，以及财务检查和财务报告等各个方面。监管机构一方面实行风险资本（RBC）监管方法，充分考虑各类经营风险对财务稳定性的考验，提高资本充足程度；另一方面由于万能保险、变额人寿保险等利率感应性产品的兴起，保险公司的资产业务风险随之增大，一味针对负债评估公司的偿付能力不能充分确保偿付能力的充足性，因此加强资产负债的综合审核就成为提高财务监管要求的另一特征。保险财务监管的日趋紧缩对保险公司的财务健全性提出了更高的要求。为了达到监管部门的标准，保险公司除了选用再保险工具转移部分风险外，更是频频通过办理融资再保险转移时间风险，平滑公司承保周期内的经营结果。

融资再保险具有诸多功能，可以提高财务管理的效果，减少因承保周期的不同阶段，以及产品销售期内费用提取时间不均衡引起的经营业绩变化，越来越多的保险公司纷纷使用融资再保险以达到各自预期的目的。虽然，融资再保险的兴起引起各国保险监管层的高度关注，一些与融资再保险相关的公司财务处理甚至涉嫌财务丑闻案引起了人们普遍的恐慌，纷纷讨论融资再保险的合理使用边界。但在全球范围内，融资再保险的交易额逐年提高，使用群体迅速扩大的事实客观存在，显示出市场对融资再保险的巨大需求。

融资再保险可以应用到财产保险和人身保险。通过融资再保险，财产保险可以转移承保风险和时间风险，人身保险则视业务种类及合同期限的不同，转移包括死亡率、生存率、残疾率、解约率、投资报酬率或费用风险等一个或多个风险。如果能正确充分地披露信息，融资再保险实为解决暂时的财务困境最有效、成本最低的一条途径。

2. 金融化趋势下再保险产品的市场风险

金融化取向可以为再保险争取更多资源，开拓更多的业务渠道以扩大再保险的承保能力，但也给再保险经营带来更多的风险挑战。金融市场风险是未来大型再保险公司必须面临的新的风险来源。投资风险是指由投资业务所引起的风险，主要包括市场风险（包括利率风险、权益市场波动、汇率风险等）、信用风险和流动性风险等。时至今日，传统承保保险已可以通过巨灾债券等证券形式将风险转移到金融市场，但不可避免的是，金融市场上的各种变化也开始向再保险公司传递，市场利率、汇率、通货膨胀、股票及商品价格等的波动都有可能造成再保险公司的交易损失。再保险赔案的特点是存在大量"长尾巴"业务，从事故发生到被保险人索赔，以及保险公司理赔行为的时间间隔可以长达 25 年甚至更长，因通货膨胀风险引起的赔款增加在再保险中非常普遍。由于国际分保，汇率风险成为再保险公司区别直接保险公司的一项重要风险来源，保费收取和赔款支付之间的不同时点会带来汇率风险。

在金融一体化的今天，保险及再保险的经营必须关注整体金融市场的表现，市场利率及汇率的波动都将影响保险业的整体经营业绩。2001 年美国"9·11"事件发生后，由于对国际再保险市场的需求急剧增加，国际再保险业的价格随之大幅提升，保费收入也迅速增长。瑞士再保险集团的保费从 2001 年上半年的 118.98 亿瑞士法郎增长到 2002 年同期的 138.36 亿瑞士法郎，增长了 16％。但是，良好的经营业绩却被资本市场的衰弱所抵消。2003—2005 年，全球股市下跌不止，股价暴跌致使再保险集团利润遭到巨大损失。

9.1.5　国际再保险公司金融化发展对我国的启示

综观上述几家国际大型再保险集团公司的业务结构可以发现，再保险公司未来发展将更多关注资本市场的投资机会。资本市场不仅是提供风险分散，加强风险保障功能的最新方式，而且有助于再保险公司实现风险融资职能，改善资本结构，成为资本市场融资中介体系的重要组成部分。金融市场和金融工具成为再保险公司未来开发新业务领域和产品创新不可或缺的重要参考因素。再保险公司的产品结构发展出现以下趋势。

1. 资产管理和金融服务成为再保险产品服务体系的重要构成

资产管理和金融服务已成为国际大型再保险公司重要的主导业务。再保险公司的金融服务内容多种多样，除了从事保险资产投资，还可以向客户提供从各类单一的 ART 产品到为客户量身定制的复杂风险管理解决方案等不同的风险管理服务，无不体现了公司为客户创造企业价值的专业水准和风险管理技术优势。例如，瑞士再保险集团具有较强的资本实力，除了提供再保险服务以外，还经常活跃在国际金融市场和资本管理市场上。

2. 再保险产品需求结构发生变化

除了自然巨灾再保险保持持续增长外，经济发达的工业化国家的寿险再保险业务量也出现非常良好的增长势头。寿险再保险业务的激增带来再保险产品功能的转变。传统财产再保险产品仅仅从风险承接和转嫁角度，即承保风险的分散和分摊保险赔款来保证保险企业业务经营的稳定，对保险经营的财务稳定需求则关注不多。在新时期下，保险业的经营遵循"业务从宽，财务从严"的政策导向，寿险再保险的创新——融资再保险则关注保险公司的财务安全，将各类金融风险作为产品开发的重点，为保险公司提供财务安全和财务稳定的保障。因此，以财务风险和金融风险为代表的新型可保风险将成为再保险人未来产品创新的主要方向。

3. 再保险产品金融化逐渐成为国际保险业的发展趋势

再保险产品金融化逐渐成为国际保险业的发展趋势主要表现在保险业职能发生了变化，由一个简单地履行赔付功能的行业，演变为既有补偿职能，又具有重要融资职能的非银行金融机构，投资部成为再保险业特别是寿险再保险业的核心部门；大型再保险公司向投资银行及证券部门渗透，两者由原先的各自平行发展，转为相互渗透、相互融合；现代保险经营方式不断创新，保险公司的风险管理手段由传统的再保险转向将巨灾风险证券化，其中最有代表性的是保险期货和巨灾债券；资产管理和金融服务不断拓展，使再保险集团越来越成为资本市场上重要的融资中介。时至今日，再保险公司的经营已不再局限于传统保险市场，新的可保风险种类如恐怖主义风险所带来的危害和不断扩大的传统巨灾风险程度已超出了保险市场的抗风险极限，通过资本市场上再保险产品创新将风险转嫁需求和金融技术结合在一起，可以解决高风险对象的承保难题。保险公司对财务稳定性的要求越来越高，需要再保险融资性产品的需求增加，有限风险产品及系列寿险证券化业务也使再保险的风险融资功能逐步体现。

4. 结构性融资会成为再保险公司极具发展潜力的产品品种

结构性融资又称资产证券化，保险证券化产品通过结构化分层设计，将市场风险和自然风险纳入同一个风险管理框架中，使各类相异风险互相抵消。再保险公司参与结构融资可以有效提升结构性融资产品的信用程度，是增强证券化产品流动性的重要措施。这一金融市场需求为再保险公司创新产品及开发新的业务领域提供了良好的市场前景预期。对再保险公司而言，通过参与结构融资，一方面可以提高资本效率，减少经营成本；另一方面还可以分享银行高收益资产业务的利润，提高金融市场的参与度。

5. 再保险公司的经营风险上升

资本市场创新产品带来公司盈利能力增加的同时，经营风险也随之上升。全面介入资本市场业务，容易感染资本市场传递的风险。资本市场变幻莫测，市场风险难以掌握，不积极防范风险会损害再保险公司的稳健经营。2007 年，受美国次级抵押贷款危机的影响，瑞士再保险集团因其客户参与债务抵押证券投资而导致集团 12 亿瑞士法郎（折合 11 亿美元）的损失。同期慕尼黑再保险集团也因次级抵押贷款风波损失达到 5.48 亿美元，汉诺威再保险公司的损失则为 1 460 万美元左右。控制市场风险是再保险公司介入资本市场运作后必须重视的关键所在。

9.1.6 金融化趋势下再保险产品的发展战略

为加强我国再保险企业和再保险产品的国际竞争力，及早确立产品发展战略目标是关系到再保险企业未来参与国际竞争成败的关键因素。当前，我国再保险企业根据《再保险市场发展规划》的内容，坚持产品市场化运作模式，利用当前政府加大政策扶持力度的有利条件，加快再保险产品创新，优化再保险产品结构，建立以再保险为核心业务，直接保险、再保险、资产管理为三大业务支柱的产品战略架构，形成多元化的金融产品布局，确保承保收益和金融投资收益持续稳定增长。

保险证券化在西方发达国家发展势头正猛，随着我国金融市场的发达和完善，金融工具的不断创新，防范金融体制风险的保险形式也将逐渐产生，各类 ART 产品将成为转嫁风险和实现风险融资的重要渠道。众所周知，巨灾债券是国际上应用最成功的 ART 产品，我国再保险产品的创新也可以从巨灾债券入手，逐步推出系列金融性再保险产品。

"十六大"以来，我国保险业的快速发展，对再保险业创新发展提出了越来越迫切的要求。《中国再保险市场发展规划》已明确指出，要不断创新再保险产品和再保险业务管理模式，积极研究并合理使用新型风险转移工具，在扩大"可保风险"范围、运用金融工程技术、借助资本市场的强大资金实力扩充保险人承保能力与市场容量等方面发挥作用，并加强对新型风险转移工具和实质风险转移的监管。这表明，当前发展新型风险转移产品已得到保监会的支持。

我国再保险产品发展战略的实施离不开产品创新机制，以及技术改进、法制监管配套、人才队伍建设等各项基础配套措施的建立。按照《中国再保险市场发展规划》确定的总体目标，我国再保险产品体系的构建按照下列步骤正在积极稳步推进。

1. 改进再保险承保方式，提高溢额分保合同份额

我国现有的再保险合约大多以成数再保险为主，形式陈旧、单调，不能满足保险人现实分保需求。溢额分保是国际分保市场采用最多的比例分保方式。溢额分保可以有效解决分出公司的承保能力，又能根据需要分散风险。分出公司可以通过分保手续费摊回业务成本，还可以通过纯益手续费参与利润分配。分出公司和接受公司按比例承担风险责任，真正实现共命运，对分保接受人也很公平。

2. 开展国际合作，尤其要加强再保险经纪公司的技术交流

技术力量是支撑再保险产品市场信誉度的关键因素。我国再保险发展滞后的重要表现就是再保险专业技术的匮乏。以地震风险为例，由于地震损失模型的建立涉及地质、土木、非寿险精算、信息技术等多种专业，标的物的风险评估、费率厘定、定损理赔等许多方面尚缺乏客观扎实的数据分析，无论是传统巨灾产品定价还是巨灾风险证券化，许多相关问题都有待进一步的研究。

随着外资投资者在国内纷纷开设再保险公司，我国再保险技术市场正在形成，中资公司可以通过与国际著名再保险企业的交流合作，广泛利用外部技术资源，学习借鉴和深入研究成熟再保险产品的特征，为企业产品的模仿创新和集成创新提供所需的信息与技术来源。再保险经纪公司是再保险企业重要的技术合作伙伴，再保险经纪公司提供的风险分析模型不仅是有效评估风险，而且还是绘制特定区域风险图的重要基础。在航空航天、海上石油开发等重大项目领域，再保险经纪公司一直是不可或缺的承保技术权威。开发大项目下的再保产品离不开再保险经纪公司的合作参与，从而提高产品创新能力，推动和支持直接再保险公司风险技术和管理水平的提高。

3. 加快法制和配套制度建设，为推动新型风险转移产品创新做好准备

(1) 政策准备。2004 年，国务院发布了《关于推进资本市场改革开放和稳定发展的若干意见》，开始重视发展资本市场，注重加强债券市场、股票市场和货币市场之间的发展协调问题。

(2) 机构准备。开发保险证券化产品离不开信用评级机构的评级。我国现有的信用评级范围主要限于金融信贷市场，以及传统债券评级和企业资信评级，保险信用评级领域还是一

片空白，无法与国际金融市场发展潮流相匹配。因此，需要建立再保险企业信用评级制度，设计一套健全完善的评级指标体系，以便于推出和扩大保险证券化产品的市场销售量。设立公司型特殊目的机构，建立证券化资产的真实出售机制，确保证券化资产与发起人之间的风险隔离。资产证券化的本质特征即为通过真实出售模式构建风险隔离机制。在国际上，根据特殊目的机构设立方式的不同，可分为信托型、公司型和有限合伙型 3 类。我国已有的数个证券化成功案例中发起人均为境外设立的特殊目的机构，现行的法律制度需尽快对特殊目的机构的法律形式作出明确规定。为实现真正意义上的风险隔离目的，可考虑设立具有完全法人实体资格的公司型特殊目的机构，由再保险公司发起设立。一旦保险公司接受资产转移的价款就丧失了资产的所有权，即可确保转移资产的所有权真正属于特殊目的机构，发挥风险隔离作用。

（3）市场准备。我国保险业和证券业都处于发展的起步阶段，保险业与证券业相互之间的了解合作十分有限。金融化再保险产品能够成功的重要因素之一，是如何透过信用评级机构或投资公开说明，使投资者能够充分了解新产品的市场投资价值。目前，我国保险和证券行业的市场公开程度、信息披露制度、商业诚信方面仍存在许多亟待解决的问题，需要经过一段时间的发展和市场培育，才有可能为保险风险证券化提供一个良好的生长环境。

4. 优化产品结构，拓宽产品及服务领域

优化产品结构，拓宽产品及服务领域，满足消费者日益增长的保障及风险管理需求。在创新产品大量推出并日臻成熟的基础上，从传统和新型再保险产品两条线形成丰富多样的再保险系列产品，逐步提高非传统风险转移产品的比重，发挥不同产品需求，积极创造条件开发各类综合性风险管理解决方案，为公司客户创造更大的企业价值。

（1）巩固传统业务，增加再保险产品种类。加快国内灾害损失数据库建设，为合理确定风险价格及开发灾害类再保险产品奠定坚实的数据基础。加大高风险防范产品的开发力度，不断推出责任保险、大型项目保险和特殊保险产品，完善巨灾保险和农业保险的分保体系。

（2）加快寿险再保险产品开发，形成完整的寿险再保险产品体系。相对于财产再保险业务而言，我国寿险再保险起步晚、起点低。由于寿险产品低保额、低风险的特征，使寿险公司自留风险往往比较集中。要从了解掌握我国寿险再保险市场需求入手，充分发挥寿险再保险减少赔付波动和稳定企业经营结果的作用，扩大寿险再保险产品的市场影响力，提高寿险再保险产品的市场份额。

（3）积极发展高端再保险产品，开发新的再保险市场领域。稳步推出融资再保险系列产品，发挥融资再保险的资金融通功能，更好地满足不同客户的分保需求。2006 年，我国直接保险公司投保融资再保险的分出保费已达 9.18 亿元，占总分出保费的 2.7%，标志着融资再保险产品在我国早已开始形成市场需求，需加快保险证券化产品创新试点工作。鉴于国内金融市场并不发达，再保险产品的证券化可先在中、低风险的固定收益产品市场中首先试点，开发以债券为基础，结合风险转移的再保险产品，如巨灾债券等。待金融市场逐渐成熟后再考虑推出保险期货、保险期权、信用衍生产品等高风险证券化产品则更为现实。

5. 注重再保险人才专业化队伍建设

再保险产品发展的核心之一是高素质、专业化的人才。和其他金融产品类似，再保险产品难以实施产权保护，唯有保持源源不断的产品创新能力才能在激烈的市场竞争中保持不败之地。我国再保险业总体上缺少高素质的精算人才和高级研究人才，这对于加强再保险产品研发，促进产品升级换代、推陈出新极其不利。为此，一方面从全球范围寻找和引进优秀的

产品研发专业人才，并按照现代企业对人力资本的使用方法，用期权等方式把其与企业的利益联系起来，使之与企业共进退；另一方面要加强产品研发人员的在职培训，注重产品开发前期的市场调研工作，增加保险精算人才接触市场、了解实际公司分保需求的机会，激励研发人员开发出满足市场需要的合格产品，提高现有再保险人才的专业素质。

6. 再保险金融化产品开发的顺序

我国年轻的再保险业发展必须有一个适合中国国情和市场经济的运作流程。无论是靠保险业还是证券业关起门来闭门造车，都必将在实际运作中失败。保险业和证券业必须加强沟通，共同探讨，走中国自己的保险风险证券化之路。再保险的产品开发创新受众多相关因素的共同影响，尤其是高端新型风险转移产品的开发设计，更是需要相关法律、法规的修订完善和相互协调。目前，我国关于再保险的法律、法规还比较缺乏，宏观上亦缺乏对再保险未来发展规划的方向指引，从而对再保险产品的发展带来不利影响。

农业保险和灾害债券、天气保险期权可以在我国率先尝试开发经营。国际社会预期，灾害债券是各种尖端保险金融化产品中最具生命力和推广价值的。这是因为，首先，在结构上它最容易理解、运作和为市场交易者所接受；其次，功能上最符合保险风险分散的功能，有利于解决和应对灾害风险扩大的全球发展趋势。在我国，由于农业及其他巨灾保险有效市场需求并不发达，灾害债券的交易市场还未形成。但随着我国农业经济的规模发展、农业收入水平的提高，以及农业保险的需要，灾害证券作为处理巨灾风险的有效创新产品品种，有必要提前做好市场实践的准备。随着我国政策性农业保险企业的建立，政府除了应该向其输血，提供合理的财政补贴和税收优惠以外，还应该在利用尖端创新产品方面提供特许优惠。这样，一方面可以解决农业和灾害保险的风险经营资金来源问题；另一方面可以为尖端再保险产品的尝试提供一个平台。

气候衍生产品的开发也可以在我国先行一步。气候衍生产品的可操作性比较强。首先，这种产品可以通过金融机构柜台和保险销售网络直接交易，不一定需要建立专门的交易场所和交易平台；其次，合同的价值和利益比较容易认定，主要取决于气候因素，只要具备充分的气象信息服务就可以实行；再次，它对于金融市场的依赖度和联动性比较弱，可以不受我国金融市场发展成熟程度制约，摆脱中国金融市场对保险产品创新的制约和消极影响。此类产品经营的主要难度是产品开发环节，即设计合理的条款，保证相应现金流量的平衡。但是，这种困难仅是金融工程技术方面的，产品研发环节的可控性较强，只要具有相应的气象资料和气象服务基础即可进行，可以作为财产再保险公司创新产品品种和挖掘市场潜力的一个突破口。

值得指出的是，受中国传统文化的影响，消费者比较偏好具有投资性能的保险产品。传统再保险产品承袭了财产保险保障性功能为主的产品特性，对中国市场交易者缺乏足够的吸引力。气候衍生产品不仅具有纯粹风险保险的特点，作为固定收益的证券化品种，还能为投资者带来投资收益回报，有利于迅速打开市场需求，提高金融化创新产品的市场比重，改善再保险产品结构。

9.2　再保险金融化趋势下的创新型产品

近年来，世界各国纷纷打破贸易障碍，走向自由化，保险业在市场自由化过程中，产生了一系列剧烈的变化，业界竞争日趋激烈，营销渠道改变，市场合并，各大保险人纷纷加速开发新产品。过去，许多保险人选择再保险方式来分散风险，同时扩大自身承保能力，增强业务经营的稳定性，提高财务融资的能力。但由于风险不断增加，传统再保险已无法为原保险人提供完全的保障，满足原保险人日趋多样化的需求，从而促使一些新兴风险分散和融资方式的产生。

这些新型风险分散和融资技术一般统称为 ART（Alternative Risk Tansfer）产品。虽然，转嫁的风险（保险风险或其他财务风险）本身并无特异之处，使用的金融工具也不是什么新发明（证券和衍生工具等也早已出现），但是将这些金融工具运用到保险风险中去，则确实属于匠心独具的创新行为。近年来，这些风险转移工具得到了迅速发展，使用量有了显著增长，同时也引起监管者、会计人员、投资者和保险人的大量关注。这些产品带来了监管上的诸多问题，但 IAIS 对此问题态度还是比较明朗的，认为 ART 产品可以保护原保险人的偿付能力，有助于公司的风险管理。

一般来说，适用于保险人的 ART 产品可以分为以下 4 类①。

（1）财务再保险（Financial Reinsurance）。

（2）保险风险证券化（Securitisation of Insurance Risk）。

（3）保险衍生产品（Insurance Derivatives）。

（4）流动资金和应急资本便利（Liquidity and Contingent Capital Facilities）

这 4 种 ART 产品都是为将保险风险从一方转移到另一方而设计的。其中，财务再保险和保险风险证券化是以再保险合同为基础的，属于再保险的创新型业务②。

9.2.1　财务再保险

1. 财务再保险的由来

财务再保险在再保险市场上是一个新商品和新名词，近年来在国外有使用增加的趋势，并且也日渐受到各国保险监管者的关注，但在我国保险市场上尚属陌生，除中国人寿再保险公司有部分业务外，其他未见报道。但由于其合同性质不明确，容易造成监管上的困扰，因此监管者的态度不太明朗，这也在一定程度上阻碍了财务再保险在我国的发展。

目前，国际上一般将财务再保险（Financial Reinsurance）改称为有限风险再保险或限额再保险（Finite Risk Reinsurance）。换言之，有限风险再保险是由财务再保险发展来的。早期的财务再保险因惯用滚转式（Roller Forward）再保费的做账方式，从而有逃避税赋的问题，且并无保险风险的转移，因此一直受到争议。自美国财务会计准则委员会（FASB）发布第 113 号公报后，"财务再保险"一词就改为"有限风险再保险"，只是在人寿保险中仍沿用"财务再保险"的称谓③。虽然，具体名称在国际上已经有所变动，但其本质上仍是以保障保险人的财务风险为主，而且我国已习惯于将其称为财务再保险，因此本书仍沿用财务再保险的称谓进行分析。

一般认为，财务再保险是由 20 世纪 70 年代自然界巨灾等使再保险市场萎缩而造成的。其最早的形态可以溯及劳合社市场惯用的滚转式再保险费的做账方法。这就是劳合社市场被认为是财务再保险产生摇篮的根由。

---

① IAIS，Supervisory standard No. 7. Supervisory standard on the evaluation of the reinsurance cover of primary insurers and the security of the reinsurers，http://www. iaisweb. org.

② M. P. Goldman，M. J. Pinsel and N. S. Rosenberg. Legal and regulation issues affecting insurance derivatives and securitization. Chicago，1998.

③ 陈继尧. 再保险理论与实务. 台北：智胜文化事业有限公司，2002.

1) 劳合社的基金型保单

在 20 世纪 60 年代末期, 劳合社市场内流行所谓的基金型保单 (Funding Policy), 也称为银行型保单 (Banking Policy) 或滚转保单 (Roller), 这种保单被认为是财务再保险的最初形式, 稍后即流传至美国市场, 使财务再保险大行其道。

这种保单产生的原因是当时巨灾频发, 再保险公司连遭重创, 致使再保险市场萎缩。另外, 当时的市场利率相当高, 年利率甚至高达 18%～20%, 这也使保险和再保险从业者不注重本业的核保利润, 而更看重财务上的利息收益。在此情况下, 中介人经过苦思, 提出下列条件的再保险做法。

(1) 再保险人的赔款不超过"原保险人缴纳的再保险费＋再保险人运用再保险费所生利息-再保佣金"的余额。

(2) 原保险人可自主决定再保险人支付赔款的时间, 即可以随时要回交给再保险人的款项。

(3) 如果尚有未使用的再保险赔款, 可以滚转到下年度, 抵减应付的再保险费。

由第 (1) 项可以看出, 此类再保险业务是有名无实的再保险, 再保险人的最后余额可以设计为零, 无所得也无所失, 只是原保险人利用了再保险之名, 要付一笔手续费给再保险人, 这项手续费的多少可以用再保险佣金来调整。

以上做法, 俗称财务再保险 (Financial Reinsurance), 之所以称为"财务", 可由第 (1)、(2) 项得出结论, 即这种再保险纯属财务上的调配, 没有保险责任的转移, 也就是说没有核保风险 (Underwriting Risk) 的转移。再保险人对于原保险人的角色犹如银行或基金, 作为原保险人赔款或再保费进出的金库。对于此项再保险单, 劳合社市场统称为银行保单或基金保单, 但财务再保险一词更为贴切, 所以一出现便开始流行。

劳合社使用财务再保险的目的主要是少缴税款, 或者称偷逃税。原保险人交给再保险人的款项, 实质上属于应提存的责任准备金, 但以再保险费的名义支出, 可以获得税赋的减少。再保险费支出与再保险赔款摊回的额度, 也可以视税率而作调整, 以减轻税负。劳合社市场一向自律很严, 其传统一直被英国监管机构所尊重, 所以能独立于一般公司市场而免受监管机关的干涉, 上述弊端不易被外界主管机关和税务单位所知。

更有甚者, 伦敦的保险业或保险代理人在境外设立再保险公司, 将钱以再保险费的方式汇缴给它用来生息而免于缴税。这些公司大多设在百慕大或开曼群岛, 因当地法规对于银行存户往来保守秘密, 并且在当地所得利息也可免税。

基金型保单产生后, 在大型的代理人中十分盛行, 据说其经手的保险费和再保险费牵涉劳合社各个辛迪加, 而承保会员受牵连者达 92% 之多。其发展结果, 终于在 1982 年 10 月 29 日爆发了 Peter Cameron-Webb (PCW) 案件, 被视为劳合社有史以来最为棘手的大案件, 从而引起了世界的关注。英国税务当局在 1980 年前后开始调查滚转法, 1985 年, 劳合社委员会 (Lloyd's Committee) 致函各家承包人注意滚转式再保险费的做账方法可能涉及税负问题, 并和税务部门达成总体解决方案, 一次性支付 4 000 万英镑的税收[①]。

2) 美国的盈余缓解再保险

从经营的观点来看, 财务再保险可以说是一种财务安排。因有财务再保险的保护, 保险

---

① Wallace hsin-chun Wang. Reinsurance regulation: a contemporary and comparative study. Kluwer law international, 2004.

公司的财务结果就可以年年达到预期的利润，股东也可以获得稳定的股利。1980 年前后美国相继发生多起巨灾，法院对于赔款责任的判决金额急剧增长，更有惩罚性赔偿一说。加之诉讼案件增加，动辄拖延数年，使企业及医师等个人从业者不堪重负。在此种情况下，保险公司得不到再保险的支持，即使有幸获得再保险，再保险成分也很小，因此形成自留额增加，必须多提有关准备金。由于要多提准备金，其财务报表上显示出来的盈余便会降低，甚至有亏损情形，称之为盈余干涸（Surplus Drain）。这种情形对于上市公司的信誉影响很大。此时，可利用财务再保险来调节，以美化财务报表。此时的再保险实际上并没有转移核保风险（即使有，其成分也很小），而只是做名目上的移转而已。作为结果，资产负债表和损益表上的盈余提高了，这就是所谓的盈余缓解（Surplus Relief）。后来市场上使用者渐多，且有变本加厉之势，而再保险固有的风险移转功能几乎完全被忽视，威胁到被保险人及投资大众的利益，于是引起了监管部门的关注，财务再保险因此受到非议。为了转移目光，市场上出现有限风险再保险（Finite Risk Reinsurance）的称谓，并迅速流行。Finite 的含义是要阐明再保险承担的风险移转是有限的（在核保风险方面），而且是受限制的（在法令方面）。

美国的有限风险再保险仿用劳合社的时间与距离再保险向投资风险与时间风险方面发展，颇受市场欢迎。其理财方面的功能，更在风险管理上受到青睐，继而成为保险风险的衍生性金融商品产生的契机。

3）人寿保险的资产负债管理

人寿保险多为长期险种，要提存的责任准备金数额庞大，因此往往将财务再保险作为资产负债管理的一种方式。其意义与上面所述雷同，但也有区别。

财务再保险着重于资金的调度，与一般的借款并不相同。一般的借款在资产负债表上仅仅表现出负债的增加，但是再保险则不作为负债而视为风险的移转，结果成为一种或有（Contingent）收益，进而变成盈余的缓解。因此，人寿保险公司往往要利用财务再保险来改善其偿付能力额度。进一步说，普通的再保险一般是要将死亡风险转移给再保险人，以稳定经营上的收支，而财务再保险则主要是为了调整资本，以增加偿付能力额度。增加偿付能力额度，虽然可以采用增资等其他方法来达到目的，但是利用财务再保险因为是再保险方法，非常灵活，几乎可以随时操作。特别是，寿险公司还可以视情况需要，将财务再保险合同予以解除（Recapture），这些都是财务再保险方法独特的益处。

综上所述，财务再保险合同明显有别于传统再保险合同，除了提供保险人应有的风险移转功能外，最重要的是，财务再保险可以为保险人提供财务上的帮助。保险人可透过财务再保险增加盈余或释放盈余，提升其偿付能力额度；对于一些不好处理的业务可透过财务再保险的安排，将其风险移转给财务再保险人承担，保险人则可以发展其他业务；同时也可帮助保险人并购其他保险人。因此，财务再保险最重要的特征是在重新构建保险人与财务再保险人之间的现金流量结构，以增进彼此间的利益。财务再保险也因此会增加原保险人偿付能力的潜在风险，因为它对原保险人的现金流量有缓和作用，原保险人的资产负债表可能会有不适当的记载。例如，责任准备金会因财务再保险契约的订立而降低。又如，有些合同虽然形式上是保险合同，但实质上却类似于存款，这样就有可能会造成原保险人的财务报表失真。

2. 财务再保险合同的特征和类型

从风险管理的角度来看，保险人面临的主要风险是核保风险（Underwriting Risk），除了核保风险外，保险人还会面临时间风险、投资风险和信用风险等不利影响。通常将核保风险与时间风险称为保险人面临的基本保险风险（Underlying Risk）。保险人通过再保险可以转移基本风险的所有成分，也可以主要转移时间风险和其他诸如投资风险、信用风险等风险。这后一种形式的再保险安排就是财务再保险。

1）财务再保险的特征

财务再保险是新兴风险移转方法的一类，也可以说是如今各种新兴风险移转方法的前哨，在再保险的演进史上，具有重要的地位。有一种说法认为，财务再保险与其说是一种商品，不如说是一项服务。虽然很难作出财务再保险的科学定义，但可以就其基本特征进行基本了解。财务再保险的主要特征如下。

（1）有限的风险移转。再保险人承担的可保风险是有限的，但承保风险范围扩大，包括了财务风险等传统上的不可保风险。可保风险的转移是传统再保险固有的功能。保险监管机构和税收当局均以有无"风险的转移"作为认定财务再保险是否是再保险的依据。如果有，就认为是再保险，否则不认为是再保险。因为，再保险的支出会使自留保费减少，从而可以少交税款（营业税是以自留保费为基础计缴的），也可以相应降低责任准备金的提存（责任准备金的提存也是以自留保费计算的）。因此，监管机关或税务机关是否认定为再保险，对于原保险人至关重要，保险监管和税务机关也非常重视。

（2）承保期间长。保单有效期可长达数年，除了通过时间来分散风险外，成本也可降低，而且在保险人和客户之间可维持长久稳固的风险融资关系。

（3）根据具体情况量体裁衣。财务再保险产品的成本主要根据每个客户以往的理赔记录而定，保费除了用来支付赔款以外，剩余部分可能在合同期满时返还。

（4）强调时间价值原理。时间价值原理是指理赔在时间上会创造收益。例如，如果实际理赔时间比预期的要晚，则在资金运用上会产生额外收益。这种利用时间上的提前或延后谋取利益的风险，一般称为时间风险（Timing Risk）。另外，在定价和确定承保限额时，再保险费所创造的投资收益要作为关键因素进行考虑。例如，保险人之间曾流行赔款准备金的交易，即将未决赔款以再保险的方式移转给再保险人，将应提的准备金扣除可能得到的运用收益后的净额，作为再保险费交付给再保险人的做法（如后面的赔偿责任移转合约）。这是将保费运用收益作为保险费折让的时间价值的又一例子。

2）财务再保险承保的风险

财务再保险与传统再保险在风险转移方面存在相当大的差异，传统再保险只转移传统意义上的可保风险，而财务再保险则是为保险人量身定做的风险解决方案，基于"整体风险管理（Integrated Risk Management）"的概念，为可保风险和财务风险等一揽子风险提供综合保障。可以说，财务在保险转移风险的范围较传统再保险更加广泛，以下风险都可承保。

（1）核保风险。核保风险是指由于潜在条件的变化（风险的变化）、随机事件的变化（风险的随机波动），或者人为的错误计算（风险的错误估计），使得实际赔付的损失偏离预期损失的风险[①]。换言之，核保风险源于某特定危险因素的预期损失与实际损失之间的不匹配。传统再保险即以转移核保风险为主，而财务再保险则不限于此。

（2）时间风险。时间风险是指理赔时间不确定而言，即预期理赔时间与实际理赔时间不

---

① Swiss reinsurance. Alternative risk transfer via finite risk reinsurance: An effective contribution to the stability of the insurance industry. Sigma No. 5, 1997.

同而产生的风险。

（3）利率风险。利率风险是指因资金运用的投资收益率无法达到预定水平而遭受损失的风险。

（4）汇率风险。汇率风险是指不同货币间币值变动导致以某种货币支付的赔款增加而产生损失的风险。

（5）信用风险。信用风险是指因再保险人丧失偿付能力致使原保险人无法获得补偿的损失风险。

上述 3 项风险均非传统再保险承保的风险，但在财务再保险产品项下，这些风险都可以得到不同程度的保障。

3）财务再保险的合同类型

财务再保险的合同类型因时间、空间的变化而有所不同。例如，瑞士再保险公司认为，财务再保险合同类型主要有 Loss Portfolio Transfer、Adverse Development Covers、Finite Quota Shares 和 Spread Loss Treaties[①]4 种，而美国的 Monti 与 Barile 认为，财务再保险合同类型有 Time and Distance、Financial Quota Share、Loss Portfolio Transfer、Retroactive（Retrospective）Aggregate Excess of Loss、Prospective Aggregate Excess of Loss 5 种[②]。其中，Adverse Development Covers 与 Retroactive（Retrospective）Aggregate Excess of Loss 基本一样，Prospective Aggregate Excess of Loss 与 Spread Loss Treaties 也只是名称不同。因此，归结起来，使用较多的财务再保险基本种类只有 5 种，尽管具体称呼和形式千变万化，但绝大部分都属于这 5 种基本分类的变化和延伸[②]。

按照再保险人所承担的损失是否发生为标准，财务再保险合同可分两大类，即承保过去损失的追溯损失合约（Retrospective Cover）和承保尚未发生损失的未来损失合约（Prospective Cover）。前者保障以往年度业务产生的风险，后者保障未来年度的风险。传统再保险多是未来损失合约，而财务再保险产品则包括以上两种。

追溯性合约主要是运用货币时间价值处理过去承保业务的未了业务（如责任保险）并缩短理赔的周期，常常用在"长尾巴"业务中，包括上述 5 种类型中的赔款责任转移合约、回溯累积合约和时间与距离合约 3 种形式；未来型合约则主要保障未来发生的巨灾损失并减少未来经营业绩的大幅波动，包括限额比率合约和分散损失合约等形式。

以下就这 5 种财务再保险合同类型逐一进行介绍。

（1）赔款责任移转合约（Loss Portfolio Transfer Agreements，LPTs）。赔款责任移转合约（LPTs）是由"时间与距离合约"发展而来的，是指将再保险合约生效以前已发生尚未结案的赔款，全部移转给再保险人的合同，再保险人不仅承担了未决损失的赔款责任，而且责任最后决算事宜。此种再保险移转的是合同生效前的未决赔款，所以属于追溯型再保险。

原保险人支付的再保险费金额等于所提未决赔款准备金总额的净现值，另加再保险人的

———————————

①　Swiss re. Alternative risk transfer via finite risk reinsurance：An effective contribution to the stability of the insurance industry. Sigma，No. 5，1997.

②　R. Georgo Monti，Andrew Barlie. A practical guide to finite risk insurance and reinsurance. John wiley&Sons，1995.

利润与费用。例如，原保险人将 1 亿元的未决赔款准备，以再保险费 8 000 万元来移转。所以，原保险人安排此类合同时，第一年的财务报表立即改善。如上例，1 亿元与 8 000 万元的差额可作为当期收益，并且可以少提未决赔款准备相当于再保险费支出的额度。而且，综合成本率（Combined Ratio，（赔款＋费用）/保费）也由于未决赔款准备已经折现的关系而立刻减低。结果，原保险人的盈余相对于保费收入的比率提高。由此，加强了原保险人总资产的基础。

对于再保险人而言，由于提存未决赔款准备，得以减少税款，并且以现金收取的再保险费（8 000 万元）还可运用于投资等途径。

综上所述，可知 LPTs 的关键商机在于赔款给付时间的不确定上，也就是时间风险（Timing Risk）[1]。换言之，再保险人所承担的主要风险为实际赔付未决赔款的时间较预期提前的时间。所以，对于再保险人而言，重要的是订立 LPTs 前能尽量正确地预测并掌握未来理赔的进度模式。

LPTs 对于未决赔款，特别是"长尾巴"业务的赔款移转很方便。近年来，欧美保险业盛行合并收购，此时要使用 LPTs 的情形较多。具有 LPTs 的公司，在并购时较具优势。同理，保险人要自某一市场退出或停售某种业务时，也常常要使用 LPTs。未决赔款的一概移转，使保险人免于等待所有赔款自然终止的冗长时间，从而减少费用。

（2）回溯累积合约（Adverse Development Covers，ADCs）。回溯累积合约（ADCs）在美国一般称为回溯总计超额损失合约（Retrospective Aggregate Excess of Loss Agreements），是上述赔款责任移转合约（LPTs）的扩大型。两者都是处理已发生赔款的未来给付问题，但两者之间有很大的差别。

LPTs 以未决赔款为对象。所谓未决赔款，准确地说是已经发生并已经向保险公司报告，而保险公司尚未开始处理或尚未处理完结的赔款案件。对于这些案件，保险公司均作了编号，在决算时，需对其今后赔款的金额作出估计，并计提相应的赔款准备金。LPTs 的责任仅以此项赔款准备金为对象。

ADCs 则以原计提的赔款准备金不足实际支付的赔款所造成的损失为对象，即再保险人只是对超过原保险人所提未决赔款准备金以上的损失提供保障。换言之，再保险人支付的赔款是在合约期间内超出未决赔款责任准备金的一定数额[1]，类似传统的超额损失再保险合约，再保险人仅对原保险人超过自留部分的一定限度进行赔偿。

ADCs 中造成实际赔款超过赔款准备金的原因有以下 3 种。

◆ IBNR（Incurred－But－Not－Reported）是指损失已经发生但尚未向保险人报告的赔款。

◆ IBNER 是在 IBNR 上加"Enough"一词，是指当初没有提存足够的 IBNR，事后索赔案件陆续增加或金额大为提高，危及保险人的财务。此项未提"足"准备的赔款，一向被认为是保险经营上的"梦魇"。

◆ 原来计提的赔款准备金偏低。

ADCs 对于此 3 类原因所致损失负责。

---

① R. Georgo Monti, Andrew Barlie. A practical guide to finite risk insurance and reinsurance. John wiley&Sons, 1995.

回溯累积合约（ACDs）与赔款责任移转合约（LPTs）的不同处如下。

◆ 就是否移转未决赔款准备而言，LPTs 移转未决赔款准备，而 ADCs 则不移转。

◆ 就其所包括的损失形态而言，LPTs 仅包括已发生和已报告的损失；ADCs 既包括已发生和已报告的损失，也包括已发生和未报告的损失（IBNR），此外尚包括已发生损失但赔款准备金不足的部分[①]。

◆ 就再保险人所承担的损失而言，再保险人在赔款责任移转合约（IBNR）中所承担损失是双方约定移转的未决赔款的损失部分；而回溯累积合约（ADCs）则是超过原保险人所提存未决赔款准备以上的损失。

赔款责任移转合约与回溯累计合约不仅不冲突，还可以相辅相成，原保险人可以就已提存的未决赔款准备金通过赔款责任移转合约移转给再保险人承担，而对于预期超出赔款准备金部分则可以安排回溯累计合约。另外，保险人拟退出某一市场或某一险种业务的经营时，也可以利用该方法。

回溯累积合约的再保险费是依承保风险的性质与保险期间的长短，以及给付的赔款总额，按现在的价值折算的金额。故回溯累积合约仍是运用时间价值的原理来发挥其功能。

回溯累积合约可以有效解决将来未知赔款对原保险人产生的潜在威胁，特别是长期性的潜在索偿案件（如职业责任险的赔案）对财务的影响。这一点也是财务再保险最为吸引人的地方。所以，在保险公司的并购谈判中，具有回溯累积合约的一方，往往在股价评估方面较具优势。内行的评级机构人员也不会忽视回溯累积合约的存在价值。回溯累积合约的主要优点可以归结为、发挥时间价值的原理、移转信用风险、使并购交易易于进行并占据有利地位、提高保险公司股票市场的价值等。

（3）时间与距离合约（Time & Distance Contracts，TDCs）。时间与距离合约（TDCs）是赔款责任移转合约的前身，早期由英国劳合社市场发展，最初主要是为满足原保险人对于已经发生的赔款责任能够加以解决，因而属于追溯损失合约类型。

所谓时间与距离合约，主要是原保险人在契约生效时就要先支付保险费给再保险人，而再保险人则承诺在未来的特定时间支付固定的金额给原保险人，该支付时间与金额事先都已确定，并在契约中载明[②]。原保险人所支付的保险费，并非依据其过去的损失经验而定，而是以再保险人未来每次付给原保险人金额的折现及再保险人预期的投资收益计算，再保险人所承担的只有投资风险，而原保险人所承担的则是再保险人可能失去偿付能力的信用风险。

由此可见，这种方式很像储蓄，而没有实质性的风险移转，各国保险监管当局及税务当局均抱有质疑态度，认为不属于再保险，美国禁止作为再保险形式采用。

（4）限额比率合约（Finite quota share，FQSs）。限额比率合约（FQSs）就是前面所提及的美国用以缓解盈余的方法，是最早的财务再保险类型，开始时称为"Surplus Relief"，后来改称为"Finite Quota Share Reisurance"。

FQSs 是美国保险会计制度的产物。美国的法定会计原则（Statutory Accounting Princi-

——————————

① Swiss re. Alternative risk transfer via finite risk reinsurance：An effective contribution to the stability of the insurance industry. Sigma No. 5，1997.

② Swiss re. Alternative risk transfer via finite risk reinsurance：An effective contribution to the stability of the insurance industry. Sigma，No. 5，1997；R. Georgo Monti，Andrew Barlie. A practical guide to finite risk insurance and reinsurance，1995

ples，SAP）规定，签署保险合同初期所需的展业、签单费用，要在签发保单的会计年度内作为经费列支。所以，在保险会计上，保险人尚未获得收入，就要先行支付一笔不小的展业签单费用（Acquisition Costs）。在展业费用高涨的年份，美国保险人的资产负债表和损益表都会发生相当大的偏差，即保费收入增加，却导致盈余缩减的现象①。

具体而言，未到期保费准备金要以保费为基础计提，但未到期保费部分的经纪人佣金及签发保单等各项费用却在签单时就要支付，结果只好以牺牲盈余来应对未满期保费准备。也即在签单之初，保险人尚无收入，各项费用反要一次列支，而不是分期摊付，这种情况极易造成盈余干涸（Surplus Drain）。业务成长越快，该问题越严重。盈余减缩的现象虽然是短时间的，但保险人的财务情况已经受到影响，业务计划也势必调整。此时保险人可运用FQSs，将相当于未满期保费的金额作为再保险费分给再保险人，而再保险人则支付再保险佣金给原保险人，以弥补原保险人支出的展业签单等费用。

如此一来，对于原保险人来说，办理FQSs就可以少提未到期保费准备金，而且还有再保险佣金收入，可用以改善自己的资本结构。对于那些业务快速成长的公司，因费用须于当期全部付出，此时借助于再保险改善财务收支状况，使得盈余减缩的困境得以缓和，这就是所谓的盈余缓解。

由上述可知，FQSs的起源并非是为了转移风险，而大多是被那些财务不太健全的保险人早期使用。这种再保险称为盈余缓解再保险（Surplus Relief Reinsurance）。但再保险人的义务也是有限的，原保险人与再保险人两者之间的再保险条件需约定双方的收支最后要平衡。此项平衡调整，不宜、也很难在一个年度内实行。因为，要想在短期内使账务达成平衡，必然有牵强的成分存在。因此，需要订立多年期的再保险合同，以便能够逐渐调整。

再保险收支逐年调整使其平衡，结果原保险人的业务逐年安定而趋于平稳，其偿付能力也得到加强，并且符合监管当局要求的标准，这是FQSs的优点所在。

限额比率合约（FQSs）不同于之前所述的3种合约，前3种合约的再保险人承担的是原保险人以往承保年度已经发生的损失责任，而在限额比率合约中，再保险人承担的是原保险人未来承保年度所发生的损失，因此属于未来损失合约的一种。

但限额比率合约也明显有别于传统的比例再保险合约，传统的比例再保险中原保险人按合同约定比例支付再保险费给再保险人，同时在事故发生时，再保险人也按约定比例给付再保险赔款，但在限额比率合约中，原保险人移转一定比例的未满期保费给再保险人，事故发生时，再保险人所给付的赔款并不一定会等同于该比例。

（5）分散损失合约（Spread Loss Treaties，SLTs）。分散损失合约（SLTs）就是美国所谓的未来型总计超额损失合约（Prospective Aggregate Excess of Loss Covers），是为了谋求未来各会计年度的损益稳定而产生的。一般对于未来数年间的赔款总额，在一定程度上可以准确地预测，但要就该期间内个别年份的赔款支出加以精确预测，则不易做到。而由于各年度赔款支出的波动，使各年的损益情形也变得起伏不定。换言之，虽然现在原保险人可以透过精算技术准确预测未来某段时间可能发生的总损失，但是却无法预估损失的分布，故有时损失幅度很大，有时则很小，分散损失合约的功能即是利用时间来平衡及缓和损失波动。分数损失合约有以下3个主要特征。

① 承保的是未来的损失。

---

① R. Georgo Monti，Andrew Barlie. A practical guide to finite risk insurance and reinsurance. John wiley&Sons，Inc，1995.

② 承保的是累积的损失。

③ 承保的是超过原保险人自留部分而分保的部分。

分散损失合约通常预计 10 年间的赔款总额，并将此金额作为再保险责任额。原保险人交付给再保险人的再保险费，则是再保险责任额按照年数等分后的金额（上例为 1/10）。如此，原保险人每年支付固定的再保险费，以平稳其支出，遇到有赔款发生，则依照合同由再保险人负责。原保险人借助这种方法，可将各会计年度的损益予以平稳化。

如果最后累计的再保险赔款超过再保险费，原保险人要补足差额，因此必须延长再保险合同的期间。反之，再保险赔款的累计金额低于再保险费时，再保险人应依照约定的计算公式，将利益返还给原保险人。

此再保险形式采取设立"经验账户（Experience Account）"的做法[①]。即原保险人预先支付再保险费并存入"经验账户"，其所生利息要归原保险人所有，凡有赔款及应付再保险人的利润（再保险人虽然是在收支平衡的前提下承接再保险，原保险人仍需给付一定比例的报酬）发生，均由该经验账户支付。合约期满，该经验账户的余额为负数时，原保险人应补付再保险费；反之，再保险人返还余额。

此种再保险形式旨在谋求损益平稳化，所以一般都是长期的，具体期限依当事人双方的洽商而定。就再保险理论而言，这种再保险实质上并没有保险责任的移转，仅属于预定赔款的不定期摊付，或者称分期付款，借以稳定各会计年度的损益。若说风险，应是时间风险，以及原保险人和再保险人的信用风险。

4）财务再保险与传统再保险的比较

通过以上分析，可以发现财务再保险与传统再保险在很多方面都存在着显著区别，表 9 - 1 总结了两者的主要不同之处。

表 9 - 1　财务再保险与传统再保险的比较

项目	财务再保险	传统再保险
合同期间	1 年或多年	1 年
承保风险	可保风险和一些不可保风险	可保风险
承保风险期间	可承担过去和未来责任	仅承担未来责任
合同种类	有赔款责任移转合约、回溯累积合约、时间与距离合约、限额比率合约、分散损失合约等	有成数、溢额、超额赔款、赔付率超赔再保险等
合同内容	根据需要量身定制	条款相对标准化
合同目的	转移风险、改善财务比率、稳定经营业绩等多种目的	转移风险
再保险费计算	综合考虑风险溢价和投资收益	根据承保风险确定
分散风险	利用时间原理分散个别客户的风险	利用大数法则分散所有客户的风险

3. 财务再保险合同的性质认定

关于财务再保险合同性质的认定，即财务再保险究竟是否属于再保险合同，理论界和实务

---

① Swiss re. Alternative risk transfer via finite risk reinsurance：An effective contribution to the stability of the insurance industry. Sigma, No. 5, 1997；R. Georgo Monti, Andrew Barlie. A practical guide to finite risk insurance and reinsurance. 1995.

界一直存在争议，但该问题是探讨财务再保险监管问题的第一步。因为，如果认定财务再保险属于再保险合同，则在净额准备金制度下，原保险人就能够以此来抵减责任准备金或法定偿付能力额度，达到改善财务状况的目的，并且可以因此而减免部分税负；反之，则不能。

但是，如何认定财务再保险的性质，也即采用什么样的评判标准来辨别，是一个难题。按照惯常思维来说，应该按照法律给予再保险合同下的定义及其必备条件作为标准来评判，但各国鲜有专门的再保险法或再保险合同法，其要件难以准确界定，因此从这个角度来认定多少显得有些牵强。鉴于财务再保险合同对保险人的财务状况会产生显著影响，西方国家多从会计处理的角度入手，认定各类财务再保险合同的性质。

1）美国的认定原则

在美国，财务会计准则委员会（FASB）公布了关于再保险合同的会计处理原则，而且美国保险监督官协会（NAIC）和英国保险监督管所公布的规范中，都提及财务再保险合同必须符合规定要件才能成为再保险合同。虽然，FASB 所公布的原则主要是为了说明会计处理原则，对再保险合同本身的法律性质或本质并未有所着墨，但因其内容中提到如果合同符合其所提出的再保险合同条件，就可视为再保险合同，从而适用其所规定的会计准则确认资产负债项目，因此仍有较高参考价值。因此，本书试图依据 FASB 及美国保险监督官协会、英国保险监督机构所公布的文件，审视各种财务再保险合同，澄清这些合同究竟是否能被认定为再保险合同，即它们的性质归属问题。

（1）FAS113 公报。1992 年 12 月 15 日，美国财务会计准则委员会公布 FAS113 公报《短期和长期再保险契约的会计和报表准则》[①]。由于财务再保险的盛行，FAS113 公报专门对以往再保险会计处理问题进行了必要的修正。FAS113 公报主要针对再保险合同会计事项应如何确认进行说明，如前所述，虽未直接言明再保险合同的性质问题，但仍有相当高的参考价值。

① FAS113 公报的主要内容。任何补偿保险人因承保风险产生的损失或责任的行为，都应依据 FAS113 公报的指导原则，合同本身的期间及未来型或追溯型合同，决定其会计处理原则。若不是，则不属于再保险合同，不能作为再保险合同对待。

FAS113 公报区分了长期合同和短期合同。一般来说，长期合同如人寿和健康保险合同，短期合同如财产和意外保险合同。若是短期合同，还需进一步区分为未来型合同和追溯型合同，以确定适用的会计准则。未来型和追溯型合同的划分是依据此合同所承保的是过去的保险事故还是未来的保险事故而定。FAS113 是公报承认符合再保险会计的再保险合同类型包含了这两种。

若一个再保险合同中仅有投资风险或时间风险的转移，不能视为已满足再保险合同所要求的风险移转。FAS113 公报中提到除了再保险外，其他的一些交易也具有弥补损失的功能，但作为再保险交易，其所弥补的损失必须是与保险风险有关的损失。FAS113 公报同时也要求原保险人在进行保险交易时，应就其实质而不是形式来决定是否有风险移转。

② FAS113 公报揭示的认定原则。FAS113 公报揭示了再保险合同成立的两个必要条件，试述如下。

---

① Accounting and reporting for reinsurance of short‐duration and long‐duration contracts. USA, FASB, Statement No. 113.

第一个必要条件是原保险人要有风险移转。

首先，移转的风险必须包括保险风险。对任何形式的再保险交易，无论是传统再保险还是财务，保险风险（Insurable Risk）的转移无疑都是其必备要件。保险风险包括时间风险（Timing Risk）和核保风险（Underwriting Risk）。FAS113公报认为，原保险人必须同时具备时间风险的显著转移，才被认为是再保险合同。

其次，移转的风险必许是显著的。所谓显著（Significant）的判断标准，应该就整合同或合同内容而定，并应该参考预期合理发生的结果的幅度一并判断是否为显著。事实上，显著并没有任何规将其量化，大多是依据经验法则进行研判，有学者曾提出以10%作为认定标准[①]。

第二个必要条件是再保险人要承受显著的损失。

所谓再保险人需因合同的签订而承受显著的损失，是指再保险人对原保险人的赔款而言。换言之，原保险人所转移的风险造成赔款，这种赔款使再保险人遭受的影响必须是显著的。何谓显著，一般有10%以上的风险转移，即可认为是显著的。再保险人所受赔款影响显著与否，有人认为可从现金流量的现值来判断，也有人认为，财务再保险是多年期合约，显著的赔款应就各次赔款造成再保险人亏损的累积金额来评估，从而比较合理[②]。

（2）NAIC的法定会计监管原则。在美国，财务会计准则委员会发布的FAS113公报属于一般会计准则。保险会计除了一般公认会计准则外，往往还有法定会计准则。为了采用与FAS113公报相近的概念，1994年，NAIC专门修订了作为保险法定会计的《财产/意外保险会计实践和会计程序手册》的第22章[③]。至于风险转移标准，第22章采用了与FAS113公报同样的测试方法。如果一个合同没能满足这样的风险转移标准，则支付给再保险人的报酬只能被看成是原保险人的存款，而不能享有再保险信用。

2）英国的认定原则

1991年12月，英国开始着手为财务再保险制定一个适当的会计处理程序，第一步工作是由英格兰和威尔士的特许会计师协会（The Institute of Chartered Accountants in England and Wales，ICA）做出的。

ICA下设的保险小组委员会专门成立了财务再保险工作小组，从事财务再保险会计研究工作，提出了《非寿险财务再保险的会计问题讨论稿》[④]。讨论稿表述了几个主要问题，包括发布指导的必要性、风险的转移、反映交易实质性的识别测试、合同种类，以及鉴别合同的指导方针等。讨论稿针对以下问题形成了指导意见：①风险的转移及鉴别；②什么样的合同可以看成是再保险合同，以及什么样的合同不能看成是再保险合同；③在各种不同条件下应进行的披露。

关于发布指导的必要性，ICA认为，如果将财务再保险看成是传统的再保险业务，则原保险人和再保险人双方的资产负债表都会给出关于它们财务状况的错误理解，所公布的承保和经营效果也会被扭曲。由于缺乏一般公认会计和报告惯例，保险人和再保险人公布的财

---

① 陈继尧. 再保险理论与实务. 台北：智胜文化事业有限公司，2002. 10%的标准是依据苏黎世大学数学博士Thomas guidon 的计算.

② 陈继尧. 再保险理论与实务. 台北：智胜文化事业有限公司，2002.

③ USA. NAIC. Propery and casualty accounting practices and procedures manual.

④ The institute of chartered accountants in England and wales，Accounting for non—life financial reinsurance：A discussion paper（1992）.

务报告的真实性、公平性、可比性和一致性都会受到影响。

讨论稿中将描述的风险类型主要划分为 5 种：①核保风险；②时间风险；③投资回报风险；④信用风险；⑤费用风险。一个合同如果没有任何核保风险或时间风险的转移，从会计角度看来，就没有充分的理由将其看成是再保险。但是，如果一个合同虽然没有核保风险的转移，但是有时间风险的转移，就足以说明其风险转移的性质，可以被看成是再保险合同。

此外，该讨论稿还给出了关于合同识别的指导原则。如果在一个合同中，原保险人将保险风险，包括核保风险和/或时间风险，转移给了再保险人，则说明该合同就是再保险合同。如果再保险人承担了原保险人特定比例或部分已发生赔款或未来损失暴露，就说明原保险人向再保险人转移和核保风险。更进一步，合同的条款包括任何可调整的特色，不能导致将承保利润或亏损事先确定为一个特定的数额。在最终承保结果中，应该保持一个与支付给再保险人的保费总额有关的、合理程度的潜在可变性。另外，如果合同要求再保险人从速偿付赔款的话，该合同就能被认定为再保险合同，因为时间风险被转移给了再保险人。

如果合同没有进行保险风险的转移，则该交易不能被看成是再保险。继而，原保险人支付的保费不能看成是保险交易，而只能看成是现金存款。再保险人也只能将应偿还原保险人的金额视为一项负债。其结果是原保险人支付的金额和预期从再保险人处收回的款项等，在合同存续期间由各方作为投资收入、利息开支或其他适合的方式分期偿还。

在发布了讨论稿后，为了对交易实质的清晰披露作出要求，特许会计师协会又制定了其财务报告披露草案（FRS5）[1]。1994 年，该协会又给出了"FRS5 在普通保险交易中的应用"的技术版本（FRAG35/94）[2]。它明确指出，核保风险和时间风险的任何一个都足以构成一个再保险合同，能作为再保险合同对待和处理。

关于会计标准，1998 年 12 月，英国保险人协会发布了《保险业务会计的建议方法声明》（SORP），声明中将重点放在合同的经济实质性上，而不是其形式上。它声称，在年报和资产负债表中，普通保险交易的经济实质性应该得到反映。关于保险交易的经济实质性的判定方法，应遵照以下方法：为了考查一个保险合同项下是否发生显著的保险风险转移，应该首先考虑保险人通过该合同转移显著损失是否具有合理可能性；其次要考虑合同项下在一显著范围内发生某种结果是否具有合理可能性。如果对于索赔支付的时间存在明显程度的不确定性，依赖于合同整体的影响，时间风险单独就足以构成保险风险的转移。

总之，英国监管方认为再保险合同必须符合下列要件。

（1）保险人需有显著的时间风险或核保风险的转移。

（2）保险人或再保险人需有遭受显著亏损的合理可能性。

（3）合约包括的风险转移与融资（Risk Transfer and Financial）若可以分离，应分别记账。其中，可分离的融资部分不能认定为保险或再保险，而是一存款项记账，其保险费不得认列为费用，在被保险人的资产负债表中，保费应列在资产项下。

（4）单独时间风险也可构成再保险合同。若该契约中仅转移时间风险而未转移保险风险的话，仍可被认为是再保险契约。英国保险监管者认为，要决定保险人是否具有显著风险的

---

[1]　The institute of chartered accountants in England and wales. Financial reporting standard 5，FRS 5.

[2]　The institute of chartered accountants in England and wales. Application of FRS5 to general insurance transactions，FRAG35/94.

转移，必须考虑保险人是否承担合理可能的损失。如果再保险人承担部分原保险人未来的理赔损失，则单独的时间风险就可构成再保险合同。因此，在判断是否为再保险合同时，只要判断保险人是否有时间风险或保险风险的转移即可。

3）以美英认定原则审视各类财务再保险合同

如前所述，在美国及英国的认定原则中，都说明了再保险合同必须符合原保险人转移时间风险或核保风险这一本质要件，虽然其目的是说明会计处理方式，不过本书拟利用该要件审视财务再保险合同的性质归属问题。

（1）赔款责任转移合约有时间风险和核保风险的转移。如前所述，赔款责任转移合约是指原保险人将以往承保年度已经产生未再继续或已经到期的损失赔款责任，连同赔款及理赔费用，一并转移给再保险人承担的合同。在此合同中，再保险人不仅要承担原保险人所转移的未决赔款责任，同时也要负责最终的理赔处理。

赔款责任转移合约有时间风险的转移，因为该合约其实就是在处理事件风险的问题。若再保险人能准确预估理赔支出比预期理赔支出晚，则赔款责任转移合约的安排是有利可图的；反之，再保险人就必须承担相应损失，因为未决赔款准备金用以折现的利率会过高。

赔款责任转移合约也有核保风险的转移。FAS113 公报中所称的风险转移，对原保险人而言，其所转移的风险必须显著，而一般标准是 10％以上的风险转移即可认为显著，在比例再保险中 10％的风险易于认定。故在赔款责任转移合约中，原保险人对于意欲转移的未决赔款部分，若有超过 10％以上的转移，即可认为有显著核保风险的转移。

（2）回溯累积合约有时间风险和核保风险的转移。回溯累积合约是由再保险人提供原保险人以往承保年度所产生的未决赔款损失的保障，并且只是对原保险人超过其所提存的未决赔款准备金以上的损失提供保障。该契约与上述的赔款责任合约相似，不同的是回溯累积合约仅提供原保险人一定金额以上的损失保障。

回溯累积合约是赔款责任转移合约的扩大型，也是以未决赔款为处理对象，它与赔款责任合约一样，均是运用时间的货币价值原理，由原保险人将时间风险转移给再保险人承受。并且，回溯累积合约不仅负责已发生的已报告的损失，也负责 IBNR 和 IBNER，此外尚负责已发生损失但赔款准备金不足的部分[①]，与赔款责任转移合约相比，回溯累积合约有着更显著的核保风险的转移。

（3）时间与距离合约没有时间风险或核保风险的转移。时间与距离合约是指原保险人在合约生效时，就要先支付保险费给再保险人，而再保险人则承诺在未来的特定时间支付固定金额给原保险人，支付时间与支付金额都在合约中载明，再保险人承担的是知识投资风险，而原保险人承担的则是再保险人可能失去偿付能力的信用风险。

时间与距离合约是以已发生未报告赔款为再保险对象，但原保险人并不像赔款责任转移合约或回溯累积合约那样，转移该未决赔款给再保险人承受，而仅仅是将需在预定期间内交付的赔款扣除预期投资收益后的现值，作为再保险费在合约成立时交给再保险人，由再保险人承诺每次给付的日期与金额。由此可见，再保险赔款的金额与给付日期事先均已确定，故原保险人并没有转移时间风险或核保风险给再保险人承受。

---

① Swiss re. Alternative risk transfer via finite risk reinsurance: An effective contribution to the stability of the insurance industry. Sigma，No. 5，1997.

（4）限额比率合约有时间风险和核保风险的转移。在限额比率合约中，再保险人承担原保险人未来承保年度所发生的损失，与传统的比例再保险合约类似，因此是属于未来损失合约的一种。

限额比率合约在性质上与传统比例再保险合约相似，保险人转移给再保险人的都是可保风险，也即保险风险，因此可认定限额比率合约存在保险风险的转移，从而属于再保险合同。

（5）分散损失合约有时间风险的转移。分散损失合约的保险人通过精算预测未来数年的赔款总额作为再保险责任限额，再保险人承担保险人未来的损失，但再保险人承担的主要是保险人预计赔款时间与实际赔款时间不一致的时间风险，而非核保风险。尽管分散损失合约转移的核保风险成分相对较少甚至没有，但由于转移了时间风险，包括英国在内的许多国家还是将其性质认定为属于再保险合同[①]。

由此可见，在财务再保险的 5 种合同类型中，除了时间与距离合约外，其他都有时间风险或核保风险的转移，但转移这两种风险的具体成分是不同的，如图 9-2 所示。

（6）时间与距离合约的性质确定。如上所述，就美国和英国相关规定而言，则除了时间与距离合约不具备其所提出的再保险要件外，其余的合约类型都符合其要件。关于不符合再保险契约要件的时间与距离合约，其性质应该属于一个存款合同。因为，原保险人在合同生效之初，即须先行给付一笔金额给再保险人，并在合同中约定再保险人应于特定的时间给付特定的金额给原保险人，如同原保险人存款在再保险人处，然后在约定的期限由再保险人返还。

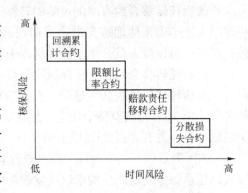

图 9-2　财务再保险合同转移的时间风险和核保风险比较

4）英美财务再保险认定原则的比较分析

从监管者的角度来看，他们主要关心的问题是财务再保险会否通过使保险人的损失准备金变坏，导致人们对财务报告的误解。通常来说，发达国家的监管和会计标准都比较注重交易的"经济实质性"，虽然"经济实质性"的定义和对特种交易的待遇各不相同。

通过对比英美两个发达国家的相关规定，可以发现他们的主要区别是保险风险构成的确定。在美国模式中，按照 FAS113 公报的规定，保险风险的基本组成部分包括核保风险和时间风险。相比而言，在英国，按照 FRAG35/94 的规定，保险风险包含核保风险或时间风险，结果是时间风险单独也可构成保险风险。

此外，另一个区别源于对财务报告义务的监管结构不同，并导致了对特种交易的不同处理措施。

在美国，FAS113 公报适用于所有企业，但是 NAIC 颁布的示范性法定会计原则第 22章适用于保险企业，其目的是为了进行偿付能力监管。一般来说，法定会计原则和一般公认

① Erillk banks. Alternative risk transfer — Intergrated risk management through insurance, Reinsurance and the capital markets. John wiley & Sons，Ltd，2005.

会计原则在费用实现的处理方面有着显著的不同，但在收入的确认上基本相似。结果，二者对同样的财务再保险的处理就不一样。举例来说，按照 FAS113 公报的规定，源于回溯损失类保险的任何收益都要延期并按照利息法或回收法确认。按照以偿付能力监管为目的的第 22 章规定，对待回溯损失类合同的焦点集中在资本的充足性上，因此源于回溯损失类保险的任何收益都列为其他收入并被隔离为特别盈余，直到按照第 22 章的规定所有可收回赔款都得以实现为止。但是，需要指出的是，不同的财务报告要求使得保险企业不得不提交两套财务报表，这样做的结果会增加保险企业的负担。

在英国模型中，一笔保险交易的"经济实质性"的定义由一般公认会计原则确定，即 FRS5 和 FRAG35/94，以及英国保险人协会的 SORP。至于这些交易的处理，英国监管者通过将此类交易从收入账户移到资产负债表中去，表达了一种试图缩小法定会计与一般公认会计两者之间差距的倾向。结果，在 1995 年，贸工部建议颁发明确的条款，声明对内和对外的财务再保险业务，在贸工部都要按照与适用于股东账目同样的原则对待。对于这些交易，在英国各政府主管部门之间协调会计方法趋势的基础上，金融服务局很可能会给出更加明确的法定会计处理方法。

英国和美国除了会计结构不同外，与英国的会计标准和法令要求相比，美国的 FAS113 公报和 NAIC 发布的第 22 章等，给出了对待财务再保险的更为明确的方法。首先，FAS113 公报针对未来型合同和回溯型合同给出了不同的会计处理方法。针对未来型合同，要求将再保险费看做是预付保费，要在整个合同存续期间进行分摊。而针对回溯型合同，要求将支付的保险费作为再保险应收款对待，以至于其不能超出原保险人已记录的负债。在英国的一般公认会计原则下，对未来型和回溯型再保险合同的处理方式类似于美国一般公认会计原则下对于未来型合同的处理方式。并且，对于多年期回溯型合同，英国没有明确的会计指导原则，但是美国却制定有 EITE Issue93-6 专门对此类协议规定了详细的会计处理方法。在英国缺少明确的会计指导原则的情况下，1992 年 6 月 22 日贸工部发的信函中包括分散损失合约类合同和技术会计平衡的特定指导原则。

虽然，这些发达国家已经发展了相应的会计原则以应对财务再保险，在模式中依然存在下述缺陷。

首先，关于再保险的定义可能引起冲突。会计主体发展依赖于交易的"经济实质性"的定义方法与法庭所作的决定不同，法庭一般要求在法律概念的基础上（如保险利益等），定义再保险。

其次，在 FAS113 公报中提出的另一要件，认为再保险合同必须是再保险人因该合同签订而受到显著的损失，而何谓"显著的损失"，在 FAS113 公报中并未明确规定。并且在第一个要件中还要求再保险合同必须有"显著的风险转移"，同样也未说明"显著"的含义。根据学者的看法，认为所谓的"显著"，是指以 10% 为分界，故可推论前述"显著的风险移转"是指保险人若转移超过 10% 以上的风险，即为显著的风险转移，若再保险人因该合同签订而有超过 10% 的损失时，也可认定为有显著的损失。所谓超过 10% 的损失应如何判断，有学者认为，应就再保险人各年度累计的赔款造成其亏损的情况来判断。换言之，若再保险人各年度累计的赔款造成再保险人有 10% 以上的亏损时，即可认为再保险人由于该契约的签订而受到显著的损失。无论就再保险人与原保险人间的现金流量的现值，或者是由再保险人各年度的赔款造成亏损的累计金额状态，判断再保险人是否因再保险合同的签订而受到显著损失，似乎都不是一种便利可行的方式。因为，在合同订立之初，难以立刻以再保险人各年度的赔款造成再保险人亏损的累计金额，以及再保险人与原保险人间现金流量的现值作为评估再保险人将遭受亏损的影响是否显著，并且又因再保险为商业保险，以盈利为目的，若再保险人承担风险只会遭受亏损，则再保险人就没有经营的必要，因此该要件不是形同虚文便是有其他意义存在。而在英国的认定原则中，虽然也有受到显著损失的说法，但其主要是在辅助判断保险人原保险契约产生的损失时，就可认为保险人有保险风险或时间风险转移，从而可以进一步认为是再保险契约。

此外，对财务再保险项下的责任准备金问题，似乎缺乏进一步的慎重考虑。以偿付能力监管为目的，责任准备金的要求被设计为确保保险人能负担保险单和相关损失引发的负债。至于特定的财务再保险交易，它承担了有限的核保风险，对此类交易的可靠性和责任准备金的充足性应该予以充分关注，即使这些交易从形式上满足了再保险合同的标准要求，也不能掉以轻心。例如，在分散损失合同项下，如果实际的损失支付超出了以再保险费为基础估计的损失支付，保险人将被迫支付更多的再保险费，以补偿额外的损失支付。由于存在对损失支付缴纳更多保费的可能性，从理论上就有必要要求原保险人对这种或有负债的数量提取特别准备金。因此，研究适当的方法，充分考虑再保险合同的条件、佣金条款和其他可能影响损失支付和更多再保险费支付的条款，对特别准备金进行评估，将是十分重要的。

9.2.2　保险风险证券化

ART 产品形式多样，但具有再保险合同基本形式的，迄今为止只有财务再保险和保险风险证券化两种，这两种可以称为是再保险业务的创新型产品。

20 世纪 90 年代前后，美国发生了一系列严重的巨灾损失，造成了再保险承保能力的短缺，这成为保险风险证券化产生的一个重要原因。再保险市场上巨灾承保价格坚挺的现状迫使原保险人另辟蹊径，寻找新型风险转移方法，同时也促使再保险人寻找另外的风险融资方法。为了应对这种局面，保险人和一些金融机构开始探索将巨灾风险予以证券化的方法，以吸引投资者和资本市场的额外资金，这是保险风险证券化的开端。

近几年，来保险风险证券化等创新型产品的迅速发展，也引起了国际社会尤其是国际保险监管部门的广泛关注。2002 年 1 月，IAIS 在日本东京通过了第 7 号标准，即"关于原保险人的再保险保障和再保险人安全度评估的标准"①，该标准的第 5、6、7 条是专门针对ART 产品的，其中第 5 条提到，保险风险可以通过使用 ART 技术转嫁给再保险人和其他交易对象，ART 技术如财务再保险和证券化。证券化通常是利用一家"受保护单元公司"或"特殊目的机构"来完成保险风险从分出公司的转移。迄今为止，很多证券化产品都拥有足够的基金支持，这意味着证券化的收益足以覆盖所证券化的风险。由此可见，IAIS 对保险风险证券化持认可和支持的态度。

1. 保险风险证券化的产生

保险风险证券化是指当事人采取证券化的方法将保险市场与资本市场进行连接，通过资本市场规范的证券化程序，将保险风险转由资本市场承担的做法。这种做法通过充分运用资

---

① Supervisory standard on the evaluation of the reinsurance cover of primary insurers and the security of the reinsurancers. IAIS, Supervisory standard No. 7www. iaisweb. org.

本市场的资金实力，可以扩大一国保险和再保险业的承保能力。保险风险证券化的做法最早产生于美国市场，当时一方面巨灾频发，再保险市场萎缩；另一方面美国银行业已成功地将若干商品证券化，为保险业的仿效提供了榜样。

1）保险风险证券化产生的原因

具体而言，保险风险证券化产生源于以下历史背景。

（1）巨灾频发。20世纪90年代以来，美国频频遭受巨灾打击，保险业压力空前，稳定性经营面临严峻挑战。以1992年在佛罗里达州发生的Andrew飓风和1994年加利福尼亚州发生的Northridge大地震为例，保险赔款前者为165亿美元，后者为125亿美元。

美国的保险服务办公室（Insurance Services Office）1996年的一项研究[1]表明，如果美国东海岸发生一次严重飓风，经济损失会超过1 500亿美元，而一次500亿美元的巨灾赔款就将使全美财产保险公司的36％失去偿付能力。例如，在1998年时，美国整个产险业的法定净资产为3 305亿美元，再保险业的资本总额为262亿美元[2]。如此规模，显然不能为巨灾提供足够保障。但与此同时，一个令人瞩目的事实是，截至1998年全美资本市场金融工具价值总额高达25.4万亿美元，相当于美国整个产险业法定净资产的75倍，资本市场每天的波动幅度最高时就达上千亿美元，足以对付巨灾风险。因此，如何沟通保险市场与资本市场，从而利用资本市场的雄厚资金实力来化解巨灾风险，便成为一个重要的研究课题。

（2）传统再保险方式局限性较大。保险的主要功能是赔款。一般来说，保险赔款主要靠准备金、自有资金和再保险来支撑。而再保险的支撑力度甚至还要大于准备金和自有资金。

但是，就再保险而言，当时的首要问题是再保险供给能力严重不足。1989—1993年，全球再保险能力下降了30％以上。仅1993年，就有8家美国再保险人和38家其他国家的再保险人，或者收缩业务，或者不再承保巨灾风险。Swiss Re1996年的一项研究表明[3]，巨灾超赔再保险只提供了美国潜在巨灾损失20％的保障，即使按最保守估计，供给与潜在需求间的缺口也高达200多亿美元。

另外，再保险成本越来越高。传统再保险市场因承保业务周期的影响，再保险费率经常会有很大波动，当市场疲软（Soft Market）时，费率普遍较低，而市场坚挺（Hard Market）时，费率普遍上涨。近年来，传统再保险市场的费率一直保持坚挺，费率的整体水平在不断攀升，预计未来短期内这一上涨趋势不会有根本变化，而即便如此，整个市场的承保能力仍然严重不足，其原因是再保险产品的需求弹性较低，即使价格上涨幅度较大，对再保险的需求也不会有明显的下降。

如上所述，巨灾频发使得准备金几乎耗尽，再保险市场又极度萎缩。当这两大支撑均疲软无力时，保险人的目光自然而然就会投向资本容量数以十万亿计的国际资本市场。在2002年9月的蒙特卡洛（再）保险人年会上，借力资本市场已成为与会（再）保险人的共识。

（3）金融创新浪潮的推动。20世纪80年代的美国，银行业债务危机发生，贷款能量不足，于是开始进行"资产证券化"的金融创新，将不动产抵押权予以证券化，在资本市场上

---

① USA，Insurance Services Office. managing catastrophe risk，inc. may 1996.

② Glenn Meyers，John Kollar. Catastrophe risk securitization：Insurers and investor perspectives. www. casact. org.

③ Swiss Re. Sigma no. 5/1996.

公开发行不动产抵押证券（Mortgage Based Securities，MBS），引进资本市场的庞大资金，以缓解贷款余额的不足。不动产抵押债券证券化的成功发行，为当时深受承保能量不足困扰的保险和再保险业启示了解决之道。

（4）保险市场和资本市场的日渐融合。首先，各国金融监管的逐渐放开与金融服务业间的相互渗透，为两个市场的融合提供了可能性。自20世纪70年代以来，发达国家相继进行金融改革，放松对国内金融服务业的管制，推动了声势浩大的金融自由化浪潮。世界贸易组织（WTO）成员国于1997年12月12日达成的《金融服务协议》，更是为全球金融自由化进程制定了具体的时间表。而金融自由化进程中最引人瞩目的就是金融服务一体化趋势。素以金融监管严格著称的美国，曾一直要求金融行业各部门分开经营，1933年制定的《格拉斯-斯蒂格尔法》就明令禁止商业银行、保险公司和信托机构进行相互间的兼业经营。但在国际金融市场日渐融合的大趋势下，该法在1999年被废除，从而为美国金融服务部门的互相渗透打开了大门。在这样的宏观大背景下，跨领域金融产品的创新也以前所未有的速度蓬勃发展起来，成为推动金融服务一体化的重要力量。保险风险证券化产品正是在这期间异军突起的。

其次，两个市场的融合产品在技术上具有可行性。宏观大环境的日渐宽松为保险市场与资本市场的融合提供了可能性，而保险市场和资本市场内在的许多共通之处则为开发融合两个市场特点的创新产品提供了可行性。

二者最重要的共同点是能够帮助客户进行有效的风险管理。只是在传统上认为，保险关注的是所谓的可保风险，而资本市场着眼于财务风险。但20世纪90年代"整体风险管理（Integrated Risk Management）[①]"理念的提出，使人们逐渐意识到，财务风险管理与运用传统保险进行的风险管理之间存在着明显的互补关系，而且风险都是关联的，对它们分开管理并不经济，所以应将企业面临的所有风险作为一个风险组合进行统一管理。在这个意义上，保险市场与资本市场的融合并不是简单的保险公司渗透到资本市场的业务中，提供对方的产品，它的深刻性体现在保险公司的风险管理理念的质的飞跃上。

并且，保险和资本市场对风险的定义也是相同的，都是指未来收益的不确定性，即预期收益与实际收益的偏离。事实上，保险风险和财务风险的管理都基于两个基本概念：风险汇聚和风险转移。

保险中的风险汇聚机制使保险公司可以将单个投保人可能遭受的较大损失转化为所有投保人的总体平均损失。资本市场中的风险汇聚是共同基金的基础，投资者通过这种方式不必购买每种资产也能得到资产组合的平均收益。

保险和资本市场的财务管理核心都是风险转移。以财险保单为例，财产所有者投保后就获得了保障，可以避免遭受保险财产的可能损失（超出免赔额部分）。当然，保险公司也因为承担风险而得到保费（Premium）作为对价。同样，期货、期权和交换等资本市场衍生产品也是为了方便交易者进行套期保值（Hedge）。例如，股票买入期权，给予买方在约定的日期按照约定的价格买入股票的权利，从而避免遭受股价上涨带来的损失。同样，卖方因承担股价上涨的风险而获取了期权费（英文也是Premium）。由此可见，这种转移风险的方式

① Erillk banks. Alternative risk transfer - Intergrated risk management through insurance, Reinsurance and the capital markets. p. 86, John wiley & Sons, Ltd, 2005.

和保险在效果上是一致的。

此外，还有一点也很重要，即两个市场在产品估价上是一致的，保单和证券的公平价格都是其提供给客户的未来现金流的预期折现价值，这样在对融合产品定价时就不存在很大障碍了。

2）保险风险证券化产品的发展

保险风险证券化的发展是从巨灾风险证券化开始的。20 世纪 70 年代初，美国就开始进行巨灾风险证券化的理论研究。美国金融学家戈塞、罗伯特、理查德、萨德尔等是这方面的先驱[1]。1973 年，他们共同发表的论文《构建再保险期货市场的可行性研究》，率先探讨了保险市场与资本市场结合的问题。此后，Hoyt、Williams、Cox、Schwebach、D'Arcy、France、Ni - ehaus 和 Mann 等人对保险期货与期权等进一步进行研究，巨灾风险证券化理论逐渐成熟。

美国在巨灾风险证券化理论研究方面居于领先地位，这为其巨灾风险证券化的实践奠定了理论基础。同时，美国也是全球巨灾问题最为严重的国家之一，这使得其有动力积极推动巨灾风险证券化的实践。

1992 年，芝加哥交易所（CBOT）正式推出巨灾保险期货和保险期权。1995 年，芝加哥交易所将原有的巨灾保险期权进行了改造，推出了 PCS 期权。在吸取早些时候的"抵押支持型债券"交易成功发行的经验后，1997 年 6 月，美国汽车服务协会（USAA）与 Residential 再保险公司成功发型了 4.77 亿美元的巨灾风险债券，成为保险连接型证券的主要标志[2]。此后，作为传统再保险的替代性风险转移产品，保险连接型证券和相似的保险证券化产品得到了进一步发展，不仅能为财产保险人的地震、飓风、暴风、信用、破产、气候等提供风险保障，也能为人寿保险人的死亡率、费用开支、期初营销成本等提供风险保障[3]。

3）保险风险证券化产品的优点

保险风险证券化从产生之日起，就被标上了传统再保险替代物的标签。经过十余年的探索，它不仅从理论走向了实践，而且发展速度令人吃惊。尽管最初美国芝加哥交易所推出的巨灾保险期货以失败而告终，但其后推出的巨灾保险期权在巨灾风险证券化实践方面取得初步成功。此后，巨灾风险债券、意外准备金期票等陆续推出，广为市场和投资者所接受。虽然，保险风险证券化的发展远未成熟，但这种创新性再保险产品已日渐被人们接受，其影响也越来越大。与传统再保险业务相比，保险风险证券化产品具有以下优点。

（1）具有高度创新性。创新是保险风险证券化最大的优越性。它为解决巨灾风险这一人类自诞生之日起就面临的重大问题提供了新的思路和途径。地球上只有两个地方有能力承担巨灾风险，一个是一国的中央政府；另一个是发达的资本市场。中央政府拥有全国的财力，但承担着太多的责任，不可能倾尽全力去对付巨灾风险。资本市场的资金能量比中央政府大很多，但资本市场奉行市场经济原则，资本要追求利润的最大化。因此，如果构造出一种机制，使得资本市场的各主体出于追求私利的动机，主动挺身而出去承担巨灾风险，那么毫无

① 裴光. 中国保险业竞争力研究. 北京：中国金融出版社，2002.

② Residential Re 是开曼群岛的一家再保险人，在该笔交易中充当特殊目的再保险人（SPR）.

③ Erillk banks. Alternative risk transfer — Intergrated risk management through insurance, Reinsurance and the capital markets. p. 86, John wiley & Sons, Ltd, 2005.

疑问这将是意义非常重大的创新。保险风险证券化所实现的就是这样的一种机制。

（2）发展潜力巨大。资本市场是经济发展到一定程度的产物，而且国民经济越发达，资本市场越完善，资金实力越强。时至今日，发达国家的资本市场已经相当完善，各种组织架构、制度、法规等非常规范，整个资本市场的运作机制相当成熟，可供巨灾风险证券化利用的资金非常充裕。由此可见，保险风险证券化具有传统再保险无法相比的广阔资金资源，其发展潜力巨大。

（3）工具种类繁多。和传统再保险相比，保险风险证券化的工具种类要多得多。相应地，保险人的选择余地也大得多。例如，巨灾再保险通常是采用非比例再保险，就其具体形式而言，也只有事故超赔再保险、险位超赔再保险等数种；而对于巨灾风险证券化，从交易方式来看，巨灾风险证券化供给既有交易所交易工具，又有场外交易工具；从工具的性质来看，既有风险移转型工具，又有融资型工具。各种工具的具体形式则更多。其实，保险风险证券化只是一种笼统的说法，它不像再保险已经内在地规定了各种工具的作用，只要是沟通保险市场和资本市场的创新手段，都在保险证券化的范围之内。因此，保险风险证券化的工具类别将随着资本市场的发展和人类思想的发展而不断增加。

（4）灵活性强。一方面，证券化的工具种类多，保险人可以根据自己的情况选择合适的工具。另一方面，和传统再保险相比，证券化有时对交易者的资格没有特别的限制，交易者可以自由出入市场。此外，对于巨灾保险期权等场内交易者的资格没有特别的限制，交易者可以自由出入市场。并且，巨灾保险期权等场内交易工具均进行了标准化，合约的大小和内容等均是给定的，只有合约的价格和合约的买卖份数未定，因此交易非常方便。保险人只要进行一个反向交易，就可以结束交易。对于再保险，保险人和再保险人签订再保险合同后，在合同有效期内，即使客观情况发生了很大的变化，保险人也难以终止合同。而且，因为再保险的特殊性（再保险人在决定是否接受某笔业务时主要根据原保险人提供的情况作决策），保险人和再保险人之间的相互了解信任是非常重要的，因此保险人一般均和某再保险人建立长期业务关系。

（5）适宜投资者进行投资。从投资者的立场来看，保险风险证券化的出现，可以进一步多样化人们传统的投资组合，从而减少投资组合风险，而且还能为投资者提供诱人的回报。

与其他固定费率收益证券相比，保险连接型证券的收益是可观的。甚至在市场成熟及保费的优势消失或缩水之后，只要再保险市场的承保能力枯竭或价格坚挺，盈利机会就会再次出现。保险证券的回报通常与经济情况和其他现存投资无关，被看成是"零一变异"资产。不相关性表明引起投资成绩波动的一些与之不相关的事物产生不利影响。因此，由于不会受到股票市场和其他诸如利率、汇率等因素整体波动的影响，保险连接型证券可以被作为风险套利和投资的工具，为投资者提供多样化投资组合的机会。

此外，与其他高收益的公司债券相比，自然巨灾发生的随机性使其实际上较少受到内幕信息、道德危险和潜在定价困难的影响。在项目设计时，制定一个参量触发机制的创新做法，对投资者有几点好处。首先，参数触发在一个时期内确定，能给投资者提供更大的确定性和客观性。其次，能提高对这些保险连接型证券定价的透明度，因为触发机制主要依赖于巨灾事件发生的物理几率。结果，投资者不必对发行者的结构及发行者业务组合的细节有通透的知识。最后，可以减少道德风险发生的规模。参量触发机制通常超出了保险人的控制范畴，有助于降低保险人的道德风险。

（6）有利于保险人的业务经营。站在保险人的立场来看，保险证券化可以缓和再保险价格的易受攻击性，还能在特大巨灾发生时保持保险业的稳定。保险证券化除了能在给定资本水平的基础上，为保险人提供更大的承保能力，使其承保更多风险外，还有一些特殊作用，如多年期再保险安排。举例来说，像加利福尼亚飓风和东京地震这样的巨灾风险暴露，不可能通过传统再保险安排转嫁给再保险人，但是却能由保险连接型证券承保。并且，保险人感觉传统再保险安排的信用风险日益严重的同时，良好的信用质量成为保险连接型证券的重要优势。保险连接型证券可以设计成最小化信用风险的形式。例如，保险人可以明确债券所募收入必须投资于高投资级别证券，在 SPR 作为抵押物持有。

4）保险风险证券化面临的问题

保险风险证券化虽然有诸多优点，但要想发展成为一种成熟的产品，还面临着很多问题和困难。

（1）交易成本问题。保险人和被保险人可以利用为其量身定做的方法对巨灾或其他风险进行证券化，以强化财务结构，扩大业务能力。但是，较高的交易成本是保险人或被保险人证券化其风险的主要障碍。目前，保险风险证券化和传统再保险相比，在成本上没有任何优势，想证券化其风险的保险人或被保险人要承担相当多的管理费用。这些费用通常包括保险连接型证券的所有条件的界定，发行内容说明书的起草、定稿和发布，以及最后证券的出售①。可以想象，保险风险证券化的准备工作和各项手续复杂而冗长，所需专业知识，涉及法律、会计、投资、信托、票据等方方面面，均需各方专业人士有效合作才能成功，费用自然十分高昂。相比之下，传统再保险随时可以办理，其方便性实在不可同日而语。

因此，与传统再保险相比，交易成本是保险风险证券化的致命弱点之一。交易成本问题不能得到实质性的解决，保险风险证券化就不是一种成熟的创新，它的普遍运用就不会成为可能。

（2）流动性问题。流动性问题是保险风险证券化的突出问题之一。保险风险证券化工具的流动性好，投资者的风险就小，对投资者的吸引力就大，市场就会繁荣起来；流动性差，投资者的风险就大，就难以吸引投资者，也就难以取得突破性发展。

保险风险证券化的流动性问题不是某个群体、某个机构可以独立解决的，需要多方面的合作协调。对实务部门来说，保险人、交易所、投资银行、评级机构等应充分发挥各自的优势，通力合作，共同培育这一市场。对监管机构来说，应为保险风险证券化的发展创造一个良好的外部环境，尽快制定有利于其发展的法律、法规，允许开办巨灾风险债券等交易的二级市场等。

（3）风险问题。在风险证券化交易中惯常使用的参量触发机制，虽然能显著地减少来自原保险人的道德风险，但是可能造成这样一种风险，即保险人的实际损失与保险连接型证券提供的保障之间不匹配所引起的风险。一旦出现这种风险，保险的意义就值得商榷。

（4）法律问题。保险风险证券化是新生事物，它跨越保险市场和资本市场两大市场，因此法律方面的问题比较复杂。就美国而言，现行的偿付能力监管规定、会计准则、税收法规等在很大程度上对发展保险风险证券化是不利的。

---

① Fred Wagner. Risk securitizations – An alternative of risk transfer insurance companies. The Geneva papers on risk and insurance.

例如，NAIC制定了风险基础资本标准（Risk Based Capital，RBC），该标准被监管者用来衡量保险公司的偿付能力。该标准规定保险公司的资本额必须和其损失准备金、净保费收入保持一定的比例关系。在计算净保费收入时，保险公司可以减去再保险费支出，但是证券化成本不能减去。这样一来，根据这一标准，保险公司运用证券化手段相比运用再保险要拥有更多的资本。

NAIC还规定，根据保险公司投资资产的数量和结构，保险公司应拥有相应的额外资本。根据规定，保险公司进行巨灾期权交易在资产负债表上应记为投资，这对保险公司运用证券化产生了一定的消极影响。

另外，一国税法通常规定保险公司可以在应税收入中减去再保险费，因此开展再保险等于降低了保险公司的税负。但是，保险公司进行巨灾期权交易不能在应税收入中减去期权交易成本。这种税收减免上的差别也影响了保险公司运用证券化的积极性。

5）保险风险证券化对传统再保险的影响

目前，保险风险证券化仍处于发展的初级阶段，短期内不会对再保险形成实质性的冲击，但保险风险证券化对再保险的潜在影响是巨大的。

（1）保险风险证券化发展前景良好。根据上述分析，保险风险证券化不仅具备很多再保险所欠缺的优点，更重要的是它顺应了时代发展的潮流。现代社会经济发展的标志之一是资本市场的不断发展和完善，资本市场在一国经济中的地位越来越突出。可以肯定地说，任何一国如果缺乏一个发达的资本市场，要跻身于现代经济社会是难以想象的。保险风险证券化提供了一种机制，使保险市场和资本市场有机地贯通起来，使保险业的发展和资本市场的发展进一步联系起来，适应了时代发展的潮流，从而为保险业的发展提供了更大的空间。

（2）保险风险证券化不会取代再保险。首先，传统再保险对保险人提供的巨灾风险保障的有效性很高，就单一保险人而言，只要其根据自身情况确定了合适的自留额，通过再保险安排，就可以有效地将所承担的剩余部分风险化解掉。再保险对保险公司提供的风险保障是充分确定的。而保险风险证券化难以达到再保险对风险的防范效果。从理论上，保险风险证券化提供的巨灾风险保障是充分的，但由于存在基差问题，这种保障又是不确定的，即保障效果难以事先确定下来。其次，经过近200年的发展，传统再保险成熟度很高，长期相互合作的保险人之间形成的相互依存关系使保险公司对再保险非常熟悉，完全习惯于再保险。就具体的再保险形式而言，其运作机制非常完善，可靠性相当高；就整个再保险市场来说，发展也已相当成熟。因此，保险风险证券化要想完全取代再保险的地位是不现实的。

（3）两者互为补充. 保险风险证券化和再保险各自有其优越性，又各有局限性，二者具有很强的互补性。这决定了它们之间不是一方压倒另一方的关系，而是相互补充、相互借鉴、共同发展，共同构成保险风险防范体系。

从保险人的角度看，中、小型保险公司运用再保险更为合适，大型保险公司比较适合运用保险风险证券化。一方面，因为中、小型保险公司的巨灾风险比较小，传统再保险对付常规巨灾风险完全游刃有余，而大型保险公司承担的巨灾风险比较大，仅依靠再保险难免力不从心；另一方面，大型保险公司承保面比较宽，其巨灾损失状况和整个行业的巨灾损失比较一致，它们运用保险风险证券化面临的基差问题要较中、小型公司小得多；并且，大型保险公司运用保险风险证券化的交易成本比中、小型公司要小，这是规模效应的必然结果；同时，大型保险公司资力雄厚，信誉卓著，更容易为资本市场所认可。

　　从保险风险证券化的作用机制来看，它也离不开再保险。以巨灾风险债券化为例，在形式上它是特殊的再保险，因为特殊目的的再保险人为保险公司提供了再保险服务，再保险本身就是巨灾风险债券化非常重要的环节。由此可见，再保险对保险风险证券化的发展是有积极意义的，从辩证法的观点来看，保险风险证券化是对再保险的"扬弃"。

　　保险风险证券化对再保险的发展也有着积极的意义。它促使再保险业把注意力转向蓬勃发展的资本市场，使再保险和资本市场融合起来，实现再保险的创新。同时，再保险业也可以利用保险风险证券化来分散其风险，使整个再保险业更为稳定。

　　从实践的角度看，保险公司可以把保险风险证券化和再保险结合起来运用。对于特大巨灾风险，保险公司可以把自留、再保险、风险证券化三者有机地结合起来，各自的比例和具体运作方式则根据风险程度、各种工具的成本来确定，以达到最优组合，实现最佳的投入产出效果。

　　总之，保险风险证券化的发展余地无疑是很大的，但传统再保险业也不会随着保险风险证券化的崛起而淡出市场。最可能出现的情况是保险风险证券化和传统再保险相互补充、相得益彰，共同形成防范巨灾风险的完善体系。在某一时期，一方的重要性可能突出一些；而在另一时期，另一方的重要性可能突出一些。一般来说，在非巨灾方面，传统再保险的适用性强一些；但在巨灾方面，保险风险证券化的实用性要强一些。

　　2. 保险风险证券化的交易结构

　　就目前来看，保险风险证券化的大多都是巨灾风险的转移，即原保险人承保巨灾风险并将其转移给投资者，投资者通过购买保险连接型证券来为原保险人的风险暴露提供资金支持。因此，人们习惯上将保险风险证券化称为巨灾风险证券化。

　　保险风险证券化交易的现金流动和合同关系的结构模式如图9-3所示①。

　　以下就图9-3中各关系方的作用和责任进行说明。

　　1）特殊目的再保险人

　　在典型的保险风险证券化交易中，首先要成立一个特殊目的再保险人（Special Purpose Reinsurer，SPR）。SPR负责此次交易的中介工作，同时还要承担再保险公司和证券发行公司的双重角色。一方面，SPR要与原保险人订立再保险合同，通过再保险合同承担原保险人所分给的风

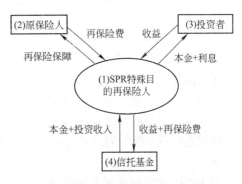

图9-3　保险风险证券化的一般交易结构

险；另一方面，为了对该再保险合同项下的风险暴露提供资金支持，SPR还作为发行人在资本市场上发行保险连接型证券，募集所需资金，作为将来再保险赔款之用。因此，SPR作为合法的特殊机构，是两大复杂协议的签约一方，主要面对两方面的基本合同关系；首先是与保险人之间基于再保险合同的关系，其次是与债权持有者之间基于保险连接型证券发行的关系。

　　① Wallance hsin－chun Wang. Reinsurance regulation－a contemporary and comparative study. Kluwer law international，2004.

虽然，原保险人可能直接向投资者发行保险连接型证券，从而可以更有效地将保险风险转移到资本市场中去，但是出于法律环境的因素（关于破产和相应的监管）和税收的考虑，成立一个SPR通常是很有必要的。实际上，SPR通常设立在百慕大和开曼群岛，那里对法定盈余和资本的最低要求相对较低，而且监管的认真程度、审计和财务报告的要求都处于较低的水平。

为符合原保险人以再保险方式转移保险风险的需要，SPR的设计形态一般都是再保险公司或保险公司，使保险风险的承保成为一般的再保险交易（保险交易），从而符合再保险监管（保险监管）的规定，以便能够享受再保险费（保险费）扣抵税负和降低责任准备金提取的好处。

2）原保险人

利用保险风险证券化避险的策划者一般是一家保险公司，因为它要向SPR进行再保险，故称为原保险人，SPR称为再保险人，两者之间要订立再保险合同。原保险人要依照再保险合同的规定向SPR支付再保险费，作为对价，SPR要向原保险人提供再保险保障。一旦发生保险约定损失，SPR要按照再保险合同规定向原保险人支付再保险赔款。

因此，原保险人面对的主要合同关系是与SPR签订的再保险合同。另外，还有一些次要的协议，如由原保险人提供的附属安全性协议，提供索赔的安全性；由原保险人提供的索赔回顾协议和索赔情况；关于SPR的管理服务协议；控制索赔抵押投资的投资管理协议。此外，原保险人还特别关心自己能否利用SPR提供的再保险数量减少责任准备金的提取。因此，原保险人和SPR之间的再保险合同应该按照典型的再保险安排方式起草，接受并遵守保险法的管辖。

3）投资者

投资者是购买保险连接型证券的人。投资者购买SPR发行的证券，要先行支付全部证券价款（本金），此笔价款就成为SPR发行债券的收益，一旦将来约定事故发生，要充作再保险赔款支付给原保险人。SPR发行证券要承诺支付利息给投资者。如果没有约定事故发生，则SPR需支付本金加利息给投资者；如果发生事故，则按照事先约定减少甚至没收利息和本金的偿还。

证券可以设计成"本金没收型"和"本金保证偿还型"两种。本金没收型证券是指巨灾发生超过约定条件时，不偿还投资者的本金，本金保证偿还型证券是指约定期间内无论是否发生约定的巨灾事件，都要偿还投资者的本金，只是约定巨灾发生时，无须需支付投资者的利息部分。

关于是否需要偿还本金和利息的触发条件（Trigger），存在各种不同的制定方法，通常称为参量触发机制。参量触发机制是保险链接型证券区别于资本市场其他类型债券的核心特征，也是影响保险连接型证券能否成功发行的决定因素。具体而言，参量触发就是在证券有关条款中规定，如果证券有效期内发生特定事件，证券发行人可以从发行证券所募集的本金或本金投资收益中，提取适当金额支付损失理赔；如果没有发生约定事件，证券持有人将按期获得证券票面利息，并在到期日领取本金。一项保险连接型证券能否成功发行在很大程度上取决于参量触发机制的选择是否适当。

按目前已发行的巨灾风险债券分类，触发机制主要有3种：与实际损失相联系；与某种指数（如美国财产理赔服务局颁布的PCS指数）相联系；与某项指标（如日本国家地震局公布的地震级别）相联系。

这 3 类触发机制的特点归纳如下。

（1）与再保险人实际损失相联系的触发机制。该机制最好地体现了损失补偿原则，与保险技术关系也最密切。但对资本市场投资者而言，这种触发机制最难理解，道德风险也最大。

（2）与某种指数相联系的触发机制。该机制给证券发行人带来了一定的基础风险，不能完全体现补偿原则，但与保险技术关系还比较密切。资本市场投资者能够理解这种触发机制的原理，同时道德风险也小，因此，正在逐渐被市场接受。

（3）与某项指标相联系的触发机制。该机制给证券发行人带来的基础风险最大，从表面上看与保险技术没有任何直接关系，也不能体现补偿原则。但这类指标最为直观，资本市场投资者能够很好地理解，并运用熟悉的数学公式和模型进行收益分析，道德风险又小，因此最受欢迎。

上述 3 种触发机制尽管在表现形式上有很大差异，但核心都反映了巨灾事件对财产造成的潜在损失。在具体操作中，往往会根据实际情况，结合 3 种触发机制的特点，设计出综合性的触发机制，以适应资本市场对风险证券的不同需求。

保险风险证券化是保险与资本市场融合的创新产品，投资者对此还不甚了解，因此保险连接型证券的发行人应充分考虑资本市场投资者保险知识有限这一事实，放弃全面补偿原则而采取易于被后者所理解的触发机制形式。许多业界人士认为，以第三种形式为主的巨灾债券代表了市场未来的发展趋势，也是投资者进行风险量化所能采取的最优选择。

另外一个问题是保险连接型证券的价格。其定价基本上类似于保险费率，即由其损失与附加费用两部分组成。预期损失要以损失幅度和损失频率为基础，并参照过去的经验和模拟方式来计算。附加费率是证券发行产生的各项费用，包括风险评估费、律师费、会计师费、管理费等各项费用支出。

作为投资者，他们通常关心债券自身的条款，发行者和代表债权持有者的受托人之间订立的信托协议、安全文件和合同安排等。从证券监管的角度看，一般要求 SPR 对其自身及所提供债券的风险性质进行适当的信息披露。

4）信托基金

SPR 发行保险连接型证券所募得的证券价款（收益），以及原保险人支付的再保险费，要存放于一个信托基金内。该信托基金实际上控制着 SPR 的所有资产。SPR 与信托基金签订有信托合同，信托基金要依照合同支付利息给 SPR。信托基金只能用这笔钱购买国库券或政府公债等约定的无风险投资，信托项下的投资收益被用来支付 SPR 的开支和对原保险人的再保险赔款，以及证券的回报（也就是所有本金加利息）。设立信托基金的目的是降低保险风险证券化交易的风险，以充分维护交易各方的权益。

资料阅读

瑞士再保险公司预测 2013 年全球再保险业的发展前景

2013 年 1 月 15 日，瑞士再保险公司发布的《2012 年全球保险回顾和 2013/14 展望》报告指出，受亚洲新兴市场强劲反弹的推动，预计 2013 年全球寿险保费将增长 3.2%，非寿险保费将增长 3.7%。瑞士再保险公司对亚洲新兴市场给出了更为乐观的展望，预计 2013 年寿险和非寿险保费分别增长 9.8% 和 11.6%，贡献 10% 的全球寿险保费和 8% 的非寿险保费。

瑞士再保险公司的《2012 年全球保险回顾和 2013/14 展望》报告还预测到 2020 年，中国和印度的健康保障潜在缺口将分别达 730 亿美元。

此外，该报告还指出，2013 年亚洲发达市场虽然有望维持稳健增长，但由于债券到期并转移到收益率更低的资产，这将导致收益率下滑，从而使保险公司的盈利性继续受限。

在非寿险方面。瑞士再保险公司预测，在 2012 年全球非寿险保费加速增长的基础上，2013 年很可能持续这一趋势。

据瑞士再保险公司统计分析，如果净资产收益率保持相同，投资收益率每降低一个百分点，保险公司的综合成本率将会下降 3 个百分点。

该报告认为，亚洲非寿险业务过去一年维持强劲增长势头，部分归功于旨在通过基础设施投资次级经济扩张的积极财政政策。瑞士再保险公司预测，2013 和 2014 年，中国非寿险保费增长率预计达到 13% 和 15%，寿险保费增长率有望达到 12% 和 12%。

资料来源：万涛. 瑞再：寿险业将以保障产品为重点. 21 世纪经济报道，2013-1-16.

复习思考题

1. 概念题

再保险金融化　融资再保险　保险风险证券化　保险衍生产品　ART 产品

2. 思考题

(1) 什么是再保险金融化趋势？其具有哪些表现特征？

(2) 再保险产品金融化发展的路径是什么？

(3) 国际金融化趋势下，我国再保险产品的发展战略是什么？

(4) 财务再保险与传统再保险有哪些不同？

(5) 财务再保险合同具有哪些特征？有哪些类型？

(6) 试述保险证券化产品具有哪些优点和面临的问题？

第 10 章
再保险的经营与管理

对于一般性的保险公司来说，为了稳定自身的业务经营、分散过分集中的责任，都要将自身承保的部分风险责任通过再保险方式分出去。经营得当，不仅可稳定本公司的经营和财务状况，还可以取得较好的经济效益。因此，对于保险公司来说，除了直接业务外，分出业务的再保险经营也是很重要的一个方面。与此相反，分入业务的保险公司，则是要承担其他保险公司所转让的危险或责任。由于分保业务往往具有国际性，因此分入业务的经营管理较之国内直接业务更加复杂，如果经营不善，将导致严重亏损。所以，经常总结业务经营中的经验教训，改善经营管理水平，可以提高经济效益。

10.1　再保险的经营管理概述

再保险的经营管理分为业务管理和财务管理两个方面：业务管理主要是决定自留额和再保险保障的方式、范围的规划，控制责任累积，安排分保和转分保；财务管理主要是对收入再保险费和扣存准备金的运用。

10.1.1　业务管理

再保险业务包括分出再保险和分入再保险，由于两者的性质不同，两者的业务管理也不相同。

分出再保险的业务管理工作，首先是再保险规划，根据所需要分出业务性质类型确定再保险方式和整个业务安排的结构，以便控制与分散风险；其次是选择再保险人，从国际市场上谨慎选择作为自己分出业务接受人的保险公司或再保险人，主要是分析各保险公司的经营管理状况、人员素质、经营规模、偿付能力、当地政府对外汇管理状况、资产负债表，从而选择再保险人作为自己的合作伙伴。

分入再保险的业务管理工作分为两个方面。一方面是对分入业务进行严格的业务质量的审查和经济效益的考核；另一方面是避免责任累积，办理转分保。

10.1.2　财务管理

再保险的财务管理工作一般包括以下内容。

1. 防止通货膨胀对再保险的影响

通货膨胀一方面可能造成收入的再保险费贬值，另一方面也造成未来日期赔款额的升高，尤其是在超额赔款再保险中，由于原保险人承担的赔款限额是确定的，超出部分赔款额的增高将完全由再保险人承担。再保险人往往要求在合同中订立通货膨胀条款，规定当通货膨胀超过一定比例时，原保险人的自负责任和再保险人的超额责任均要进行调整。因此，再保险人必须对通货膨胀情况予以密切注视，以便采取相应的措施。

2. 不同货币间的汇兑计算

一个保险公司往往承保多种业务，各种业务由于来自不同的国家，所使用的货币也不一样，这就给超额赔款再保险的限额计算带来了困难。因此，超额赔款再保险合同中往往要规定合同中使用哪种货币，其他货币都要换算成该种货币进行计算。由于各国货币的汇率经常变动，因此这项工作也需要经常对合同责任进行换算，并据以确定原保险人与再保险人的责任。

3. 再保险准备金的运用与管理

在比例再保险合同中，为了保证所扣的准备金不因货币贬值而损失，一些再保险人在合同中规定原保险人可代表再保险人对这些准备金进行各种运用，如购买证券等，所得收益可由双方分享。也有的把资金存入银行，由银行代理运用资金，损益均由再保险人享受和负担。例如，在合同中未规定资金的运用条款，则原保险人仅支付规定的利息，再保险人既不能享有投资收益权，也不负担投资亏损的损失。有的国家则对准备金的投资方向有严格的规定，如只准投资政府债券等。

4. 账务和财务审查

审核一个再保险合同的成绩往往要观察很长时间才能得到一个可靠的结论。因为，一个再保险合同的再保险费的收取和赔款的支付，往往要延续好几年，如水险中的共同海损的理算有时历经五六年，因此对会计统计的数字需进行仔细分析，还应尽可能准确地掌握未决赔款和已发生但尚未报案的赔款情况，以便编制决算时有一个较为可靠的数据，以正确反映某一业务年度的经营成果。

5. 统计分析

将发生的账务数字、业务数字加以综合归纳，总结整理，加以分析，从而找出业务发展的规律。

6. 编制损益表

再保险的经济效益主要体现在两方面：业务损益和投资损益。业务损益结果反映费率是否合理，费用开支是否适当，如有盈利还须提存浮动准备金，作为各年度的调节。投资损益反映资金运用是否适当，投资方向是否合理，投资方法及手段是否需要改进。

10.2　分出再保险的业务管理

10.2.1　分出再保险业务管理概述

1. 分出再保险业务管理概述

作为商业保险公司，为了业务经营稳定，分散过于集中的风险责任，都要以再保险方式将风险再次转嫁。分出业务是再保险经营的一个重要组成部分。其核心是保险企业经济效益，宗旨是提高经济效益，降低企业费用成本，保证保险企业经营的稳定性。

分出业务管理的一个重要方面是正确识别承保业务的风险，客观评估累积责任，特别要防止巨灾事故的累积责任，避免可能因一次重大事故的出现而不利于保险企业的财务稳定，分出再保险是保险企业计划的基础，分出业务管理科学合理，整个业务活动才能正常地进行。分出再保险业务的经营与管理，一方面是人的行为管理；另一方面是保险企业的风险管理。因此，保险企业人员素质和承保风险业务的质量与技术，是分出再保险业务经营与管理的两大重要因素。分出再保险业务经营管理的水平，直接影响保险公司的信誉和整体工作的有序性，以及公司业务管理效率的提高。

2. 分出再保险业务管理的范围和一般准则

分出再保险业务管理的范围包括自留额确定、分保规划安排、分保业务流程、分保手续等。分出业务管理具有保险企业管理的一般特点，同时又具有自身的特殊性。分出再保险业务管理的一般准则包括以下内容。

1) 稳定公司业务经营，实现预期最佳经济效益

商业保险公司是专门经营风险的企业，遵循保险费收入与保险赔款和费用平衡的财务稳定原则。再保险是保证公司业务经营稳定的一个技术手段。

为了实现这一目标，需要对国际再保险市场认真调查研究，一方面根据市场行情的变化，选择理想的分保经纪人、接受人；另一方面对分出业务的结构情况进行剖析，尽可能分出高风险业务，自留风险小、保费收入多的业务，调整自留额比例和合同分保与临时分保的比例，确定每年重点分出的险种；同时要搜集国际市场的信息，及时反馈到国内承保市场，与直接承保部门协调合作，使直接承保环节能与国际市场接轨。

2) 管理现代化原则

管理现代化的要领是一个发展的概念。在不同的历史阶段，管理现代化的内涵不同。分出业务管理现代化体现为保险管理思想现代化、手段现代化和方法现代化。

首先是分出业务管理思想现代化。这也是历史的产物。目前，分出业务管理思想应立足于分出公司整体经济利益，以最少的分保费用获得最大的风险保障，达到稳定业务经营，扩大公司对于直接业务的承保能力的目的。这是分出业务管理的核心。影响这一核心实现的因素有公司资本金的实力、承保风险的评估、分保技术力量和国际分保市场供求状况等；分出业务管理思想现代化还应密切注意国际市场变化，吸取经验，不断完善充实自身的管理思想。

其次是保险管理手段现代化。分出业务管理特别强调技术管理手段，即计算机管理在分出业务中的应用。

最后是管理方法的现代化。分出业务管理方法的基础涉及有关法律、政策中的经营规则和管理规则。人们对于社会经济的管理，曾采用过 5 种基本方法，即权威管理、科学管理、人际关系管理、目标管理和社会责任管理。保险公司的特点决定了其效益具有两重性，不仅要着眼于公司自身的经营目标，更要考虑社会效益，因此社会责任管理方法更适合于保险企业。

3) 面向国际市场的原则

分出业务管理是一个公司面向国际市场的重要方面，是公司形象在世界市场的展示。分出业务管理必须坚持面向国际市场的原则。面向国际市场就是在维护本国、本公司利益不受

侵害的前提下，要按照世界同业间遵循的原则办事，要尊重国际上经营再保险业的一般惯例。

世界再保险市场是一个复杂变化的市场，其供求状况与国内的承保需求不完全吻合。当国际再保险市场处于卖方市场时，要求承保人提高保险费率，并要求满足再保险人的一些特殊条款限制。与此相反，当国内保险市场各公司之间竞争加剧时，保险费率呈不断下降趋势，承保条件不断放宽。这样就会出现国内市场中的各家保险公司，一方面出于扩展业务量的需要；另一方面由于承保风险单位的保额不断提高，对再保险的需求日益增加，于是产生再保险供求之间日益加剧的矛盾。要解决这一矛盾，应注意协调国内各公司之间的竞争，避免恶性竞争。

坚持面向国际市场原则，保险公司应注意以下4点。

(1) 与国外大保险公司建立长期、稳定、良好的业务合作关系。

(2) 塑造保险公司良好信誉的形象。

(3) 注意培养公司的国际型人才，参与国际市场竞争。市场竞争就是人才的竞争，只有形成公司高素质的人才群体，才能在竞争中处于优势。

(4) 加强国际间公司的交流与合作，善于吸取国际大公司的经营管理经验。

3. 对各类专业人员的技术要求

分出业务部门人员由3个部分组成：设计人员、推销人员和辅助工作人员。设计人员的主要工作是对业务进行组织分析、条款的制定与修改。推销人员的工作是在业务计划完成后，立即将条件提供给参加这项业务的公司，并尽量寻求资信好的大公司积极参与，因为大公司的参与对市场的作用是十分重要的。推销人员的任务一方面是将业务安排出去，另一方面要确保业务分保给资信度高的公司。辅助人员的工作是配合与协助推销人员处理日常事务工作，如数字的收集、资料的准备、计算机的操作等。设计人员和推销人员都需要辅助人员协调配合做好管理工作。

分出业务的设计人员的设计要求是熟悉直接业务的做法，了解直接业务的条款内容，对数字有较强的归纳和汇总能力，同时具有较强的文字和语言表达能力。设计人员的基本任务是根据公司对业务的总体设计方案和再保险规划，对分出业务进行具体安排和设计构思。在公司总体规划的基础上，设计人员对某个险种设计的分保方式应与总体业务发展规划相适应，并写出分保方案即可行性方案，对组织分保合同已具备的条件、国际市场的习惯做法，以及可供参考的实例等方面进行比较分析。设计人员的工作程序如下。

(1) 汇总各方面资料，准备各项数据的分析并编制统计表。

(2) 拟定分出分保业务的条件及附加条款。

(3) 准备答复接受人员可能提出的各种问题。

设计人员的工作特点是技术性强、时间性强。

推销人员是落实再保险计划的关键，因此其技术要求是熟悉和掌握所推销业务的全部情况，了解接受人的心理，了解国际再保险市场的承保能力及其分布。由于再保险推销的产品是不可预测风险的转嫁，在协商分出业务时必须切记"最大诚信原则"，实事求是地陈述风险的情况以供接受人参考判断，同时寻找资信高的推销对象。接受人的资信度直接关系分出人的赔款摊回，即分出人的保障程度，不可忽视。

辅助人员的工作性质决定其具备的技术要求是必须了解业务的需要，具有专业人员对数字的敏感性和综合分析能力，对数字说明的能力超过专业统计人员和专业会计人员，同时具有熟练的计算机使用和操作技能。

4. 分出再保险业务的内部管理

一般来说，分出再保险业务是在直接业务承保的基础上由分出部门负责办理的，因此分出业务的内部管理一般要包括 3 个方面的内容，即了解分保业务质量，确定自留额和制定分保规划；协调分出部门和直接业务承保部门的关系，分清各自的责任；密切分出部门和账务部门之间的联系，以确保分出业务的效益。

1）分出部门的职责

作为分出部门，必须对其所要安排的分出业务有充分的了解，如直接业务的承保条件、费率的高低、风险的分布状况等。同时，还应了解同类业务在国际市场上的费率、承保条件和分保情况。只有这样，才能根据业务的具体情况、分保市场的行情，以及本公司的经营方针和自身的承保能力，确定自留额和制定分保规划。在此基础上，根据自留额、分保额、保费收入、赔款状况、分保费支出，分保手续费、利息及其他收益和费用开支等，对业务的经营结果进行测算，由此反过来检验分保规划的合理性和收益效果。

2）分出部门和直接业务部门的联系

如前所述，直接业务的承保和管理及分保的安排不是在同一部门，而是分别在承保部门和分出部门进行，但两个部门之间有密切的联系。直接业务是分保业务的基础。分保的业务条件是由直接承保部门确定后通知分保部门。因此，分保部门对承保条件的审查应包括以下 3 个方面。

（1）分保时应对外通知的项目是否填报完全、正确无误。

（2）承保的条件是否符合分保合同的规定。

（3）限额是否超过合同容量，是否有特约分保，是否需要办理临时分保。

针对以上几点，在审核中如果发现有什么问题或不清楚之处，应及时与直接承保部门联系。除此之外，在分保安排过程中，还经常会遇到许多有关业务的具体问题。对此，分保部门应及时反馈给承保部门，所以分保部门有时也会影响直接业务的承保。对于分保接受人所提出的有关风险的具体问题，如风险单位的划分、最大可能损失等，分出部门的答复应以承保部门提供的资料（口头或书面）为依据。必要时，分出部门可以派人去现场进行查勘。

为了协调好这两个部门之间的关系和分清各自的责任，可有一些书面协议规定，作为工作上的依据。在这些协议中，应明确规定什么样的业务应在起保前通知，什么样的业务应在起保后尽快通知，什么样的业务超过了多少数额应在什么时间以内通知分出部门，赔款超过了多少应在赔付前事先通知等。有了这些协议，承保部门与分出部门都要按规定办事，如不按规定办事，就会出现差错和造成事故。所以，分出业务的管理制度必须十分严密。

3）分出部门和账务部门之间的联系

分保由分出部门安排完成之后，就应将合同摘要表、分保成分表和账务的结算事项通知账务部门。合同条件如有变动，亦应通知账务部门。一般情况下，合同账单是在编制账单期以后 6 个星期内发送，账单发送后的 45 天之内结付。

临时分保账单一般在业务起保后（分出成分确定以后）就应当编制，同时应尽快结付。每当遇有向分保接受人分摊现金赔款后，分出部门应将摊回比例通知账务部门，在账务部门编制好账单之后通知会计部门办理结算。一般情况下，分保接受人应在收到现金赔款账单后的 15 天之内给付。因此，会计部门应及时地将各分保接受人对现金赔款的结付情况通报给分出部门，包括某些国家对外汇管理和限制的信息。分出部门在掌握和了解这些情况后，对存在问题的公司应及时采取措施，以防止本公司蒙受损失。

综上所述，为了做好再保险的业务管理工作，承保部门、分出部门和账务部门之间需要相互密切联系与协调配合。

10.2.2 分出再保险的业务流程

分出再保险的业务流程适用于合同分保和临时分保，主要分为以下 3 个阶段。

1. 分保建议

当分出合同的条件确定，拟定了分保接受人的人选后，分出人应立即以最迅速、最准确的方式将分保条件发送给选定的接受公司或经纪公司。分保建议一般应将接受人需要了解的事实详细列明。例如，非水险合同分出安排的建议应提供的资料是分保条件、统计数字、大赔款一览表和业务构成的详细资料、合同的承保范围及地区范围。在实际中，分出人在分保建议中应综合各种信息，在了解世界保险市场变化的基础上，提供尽可能翔实的资料，以适于各种不同接受人的需要。分出人提供的信息越详尽，资料的质量越高，越有利于接受人作出决定，从而缩短分保安排的时间。分出人提出分保建议是要约的过程，接受人提出修改和改善的条件就是反要约。要约与反要约的过程就是双方公司交易商洽的过程。一旦交易商洽达到意思完全一致，在"要约"和"承诺"法律程序后交易便成立。接受人愿意接受分保，应以最快的方式通知分出人，并最终应以书面予以证实；如果分出人认为对方所提建议符合实际，分出人应该在权衡利弊之后作出修改的决定，并以书面形式予以证实。分出人在考虑接受人提出的反要约时，应该本着以下原则：①分出人的利益要保障，同时要兼顾接受人的利益；②不要违背市场上的习惯做法；③应认真对待首席承保人的意见和要求；④接受人普遍提出的具有共性的问题是应该考虑和研究的。

在分保建议流程中，分出人处于主导地位，往往有诸多的经纪公司和接受公司可供选择。在实际中，分出人应有一套较完备的信息资料，包括国际市场接受人和劳合社承保人的承保业务种类、承保能力、经营近况、历史记录、习惯做法、与本公司的业务往来记录，通过信息资料库，查询适合所需分出业务的接受人，在选择分保接受人时，分出人应采取择优录用的原则，坚持与长期合作较好的公司交往，互惠互利，淘汰那些可用可不用，或者在国际市场上有争议的接受人。在选择接受人时要注意以下 4 个因素。

（1）尽可能地分散风险，大额保险不能过于集中在一两个接受公司。但是，接受公司集中利于管理，分散则费用不合算。因此，应该视分保需要而定。

（2）区域分布要尽量合理。即接受人的所在地区不要集中，否则，一旦该地区发生重大损失事件，影响接受人的偿付能为，则分出合同的补偿责任会落空。

（3）直接和间接的分出比例要合理。直接分出业务是指分出人与接受人直接交往，而不需要中介人，这种做法适合于较好的业务；已达到交换的业务也是直接交往。间接分出业务是指分出人与接受人的业务往来要通过中介人联络。这种方法适合于高额保险标的或特定的市场范围。一般来说，直接分保比间接分保有利，另外经纪人安排分保，有时也会影响分出人和接受人之间正常的、必要的接触与交流。但对某些具有特殊性的业务通过经纪人安排比较方便，效果可能比直接分保要好。因为，有些经纪人对某类业务的市场和技术很熟悉或拥有专门的人才。例如，石油、航空两个险种的承保能力集中在英、美两个市场，而劳合社市场是英国市场的主力，受控于劳合社经纪人。因此，石油保险和航空保险若在伦敦市场分保，则必须通过经纪人安排。所以，在安排分出业务时应针对不同的合同，不同的分出目的性而决定采取直接还是间接的分保方式。在一般情况下，较好的业务直接分出比例应大于间接分出比例，交换的合同也应直接分出而不宜间接分出，以求与交换的对方有一种良好的合作与默契，而高额保险标的合同或需要到特定的市场去分保的合同可以间接安排分保。对分保人来说，通过经纪人安排分保并不增加费用，甚至还会减少分出费用，节省时间，手续简便。但是，有时经纪人为了追求多分出一些成分，而忽视对接受人的资信审查，因为经纪人并不承担任何责任，所以经纪人的经营作风和信誉也很重要。

（4）争取好的分保条件。所谓好的分保条件，包括提高限额、提高分保佣金和加收盈余佣金等。在分保安排过程中如何争取好的分保条件与分保当时的国际保险市场业务的形势有关。如果整个国际市场保险业务呈上升趋势，分出人应及时地提出一些对自己有利的分保条件；反之，在整个保险市场处于低谷时，分出人若提出有利于自己的分保条件显然是不合时宜的，即使分出人的业务质量很好也难以被接受。分保条件时常也有接受人提出的，旨在限制分出人责任的条件，如在财产险合同项下加上一个地震险除外条款。分出人对接受人提出的要求应认真地、审慎地加以考虑，客观、合理、策略地给予答复。

2. 完备手续

完备手续是第二流程。在合同续转和分出谈判结束后，分出人和接受人双方应尽快完备缔约手续。在一般情况下，续转结束后的第一个季度之内，分出人应将合同文本及摘要表或修改条件的附件发送给接受人。每次发送时需签字的文件应一式二份或三份，接受人在审核无误的情况下及时地予以回答。合同文本及其组成部分是分出人和接受人之间签订的正式的、具有法律性的文件，一旦合同文本签订之后，双方的权利和义务就具有了法律依据。应该注意，合同文本的文字应规范、严谨、表达清楚，为双方所接受并有利于第三者的理解。分保条的内容与合同文本中的内容具有互补性，即合同文本阐明原则和框架，分保条对合同的内容具体化和充实。合同签订后双方都必须遵守，不得单方修改和变动。如确有必要进行修改和变动的，必须事先提出，与对方协商达成一致后才能正式作为合同的组成部分。如果协商之后不能取得一致的意见，这种修改和变动就不能生效。其解决的方法只能是提议方放弃或等待下一个合同年度开始时再提出，直至被采纳，甚至注销其在该合同中的成分。

3. 赔款处理

分出分保合同中规定，分出人可以全权处理分保合同项下的一切赔款并应迅速将赔款情况及赔款处理事项及时地通知分保接受人。若赔款已经赔付，应及时地向接受人摊回所承担的比例赔款和费用。一般在分保合同中都明确规定通知的金额和通知的时限。当分出人接到直接承保部门的出险通知或赔款通知时，首先计算分保合同项下的接受人应承担的责任比例和金额，然后向接受人发送出险通知。分出人的出险通知应包括以下内容。

(1) 合同名称及业务年度。

(2) 保险标的名称及坐落地点。

(3) 保险金额及分出比例。

(4) 估计赔款金额及合同项下估计摊赔金额。

(5) 赔款发生日期、地点。

(6) 损失原因及是否委托检验人，以及可能产生的费用。

在赔款处理过程中，接受人时常会提出参与赔案处理与合作，尤其是重大项目的赔款。对于接受人提出的质问和咨询，分出人应本着实事求是、合情合理的原则进行解释。当发生争议时，首先应本着友好协商的原则进行调解，调解无效，可通过仲裁方式解决。

10.2.3　分出再保险的业务手续

1. 临时分保手续

1) 临时分保的安排

(1) 选择分保接受人。在临时分保安排中，当分出公司确定要对某种或某笔业务办理临时分保后，分出部门首先应考虑的问题是向谁分保，哪些公司是该类风险最合适的接受人，并列出名单。所谓好的分保接受人，主要是指公司的资信好、技术能力强、对某种风险有接受兴趣、估计承保能力强，以及同本公司的关系较为密切等。但是，这些情况不是临时拼凑和随即可以了解到的，而是通过调查研究，以及平日经验和资料的积累掌握的。一般情况下，作为办理分出分保业务的公司对国际市场和国内市场的接受人都是有记录的。哪些公司或承保人（劳合社的承保人）承保哪类业务，他们各自的承保能力有多大，近况如何，与分出公司的关系如何，甚至有的分出公司对分保接受人的习惯做法都胸中有数。分出公司有一个分保接受人的名单或计算机记录，需要时可随时查阅使用。在安排分保时，可以从名单中选择合适的分保接受人。例如，分出公司有一个水险业务分保接受人的名单，这些分保接受人分布在欧洲、亚洲和美洲，其中承保能力在1 000万美元的有50家，在1 000万美元以下的有30家，其余20家是100万美元以下的承保人。如果有一个合同限额为5 000万美元，则可以从那些有1 000万美元以上的承保能力、经营良好的分保接受人中选择。如果分出的是限额不高的合同，就不必选择承保能力很大的公司而宁可从小的承保人中选择合适的分保接受人。一般来说，分保合同不宜集中于一个分保接受人，以免完全受控于该接受人。应该采取择优录用的原则，选择一个好的首席接受人作为长期的合作伙伴。此外，临时分保的特点决定了对方是否接受、接受多少都是事先不知道的。这使分出公司在接洽分保过程中处于无保障状态。因此，分保接受人的选择是临时分保安排的重要一环。

(2) 提供分保条件。在拟定的分保接受人名单列出之后，分出部门便可以用最迅速有效的方式把分保条件提供给分保接受人，通知对方全部保险的细则，分保条件，相互承担的责任、义务和享受的权利。分保接受人则要根据具体情况，考察风险的性质，考核费率是否合理，决定自己是否接受或自己的接受额，并以书面方式迅速地通知分出公司。一旦接受人提出的接受额度被确认后，双方的权利与义务便开始履行。在分保实务中，并不是所有的分保接受人都能在接到分保条件后立即明确表示接受与否，通常会有一个接洽过程。例如，提出许多分保条件中未列明或认为不够明确的项目，有的可能会提出分保佣金太高，是否可以降低等问题。分出部门则要根据本公司的实际情况作出决定。如果需要分出去的风险按原条件能够分出去的话，当然可以不必改变条件。但如果分保有一定困难或受市场影响，分出部门也不必坚持分保条件一成不变。应该指出的是，分保条件一般来说对所有分保接受人都应是相同的。

2）分保条和附约

（1）分保条。在分保接受人表示承诺，双方达成分保协议后，分出人和接受人双方的权利和义务便开始生效。为完备手续，在分保成分确定后，分出部门应向分保接受人发送正式的分保条，作为书面凭证，以正式确认分保内容。分保条应送一式二份或三份，分别由分出公司和接受公司签字后，各执一份或二份为凭。分保条的内容如表 10-1 所示。

表 10-1　临时分保条

项目名称：				
编号：			货币：	
险别：				
被保险人名称：				
分出公司名称：				
接受公司名称：				
承保范围：				
标的坐落地址：				
保险期限：				
保险金额：				
保险费：				
免赔额：				
接受公司成分：				
手续费：				
备注：				
分出公司签章：		年　　月　　日		
接受公司签章：		年　　月　　日		

（2）附约。分保条中所列为临时分保的常规项目，但有时有些特殊问题需要另加说明。例如，附加条款、折扣和盈余佣金等。对于大的风险项目要说明消防设施，介绍周围环境和以往巨灾记录（如地震、洪水等），必要时还要附送图纸。这些都需要用附约的方式来完成。

分保条在双方签字后即被视为正式的具有法律效力的文件，双方的权利和义务也据此履行。在分保条签字之后，如果有什么遗漏和需要更正的地方，或者中途原始承保条件有变动，一经发现，应立即通知分保接受人并以批单或附约予以补充。附约同分保条一样具有法律效力，是分保双方的法律依据。批单格式如表 10-2 所示。

表 10 - 2   批   单

标号：		原编号：			
保单号：					
批单号：					
被保险人：					
保险期限：					
更改日期：					
更改内容：					
分出公司签章		年	月	日	
接受公司签章		年	月	日	

为了方便管理和查找，分出公司应将接受公司签回的分保条和附约归在同一卷宗，按顺序归档。

3）赔款通知的发送

如果临时分保项下的业务发生赔款，必须立即通知分保接受人。在赔款确定后，分出人可以在给付保户的同时要求分保接受人摊付部分赔款。临时再保险合同中一般不定明赔款处理方法，但按国际市场的习惯，分出人可以全权决定赔款。只要支付的赔款是合理的，分保接受人应按照所达成协议的规定予以摊付。对于分出公司为避免或减轻损失所支付的费用，即使合同中没有规定，或者所支付的费用与赔款合计超过了再保险金额，分保接受人仍应摊付这种合理的费用，但由于有些临时分保承保的是特殊风险，分保接受人对超过一定数额的赔款有参与处理的权力，应该按协议的规定处理。临时分保赔款通知的格式如表 10 - 3 所示。

表 10 - 3   临时分保赔款通知格式

关于××项目临时分保赔款通知
我们很抱歉地通知你们上述分保项目现发生以下赔款：
时间：
地点：
估计赔款金额：
分出人自留数：
纳入分保合同数：
临时接受人应摊数：
损失原因：
其他说明：

遇有通融赔款时，习惯做法是分保接受人跟随分出人的决定。但近年来这一情况有所变化，许多分保接受人特别注意要求分出人在决定通融赔款前，要征得他们的同意。假如分出人同原保户之间发生争议而提出诉讼，分出人应事先通知分保接受人，征得他们的同意。

在损失通知书发送给接受人之后，分出人应不断地把赔款的进展情况报告给接受人，如估计金额的增加与减少、案子的处理，等等。在赔款处理完毕赔案疑点确定之后，分出人可以向接受人索取现金赔付金额，可以用现金赔款单向接受人摊回。这点在临时分保合同中不需要规定，只要分出人发送现金赔款账单即可。按习惯做法，分出人有权决定赔款，只要支付的赔款是合理的，分保接受人应按达成的赔款规定分摊赔款。若原保险合同发生争议提出诉讼，分出人征得接受人的同意，所发生的诉讼费用应由双方承担。一般来说，接受人要在了解赔款全过程的基础上才会承担他们的责任。临时再保险承担的风险，有时与原保单的责任不一致，再保险接受人的责任以不超过原保单所保风险为限。一般情况下，如果接受人无异议，应在接到现金赔款通知 14 天之后支付赔款。现金赔款通知书如表 10 - 4 所示。

表 10 - 4　现金赔款通知书

赔款项目名称

原临分编号：　　　　　　　　　　　　　　编号： 　　　　　　　　　　　　　　　　　　　日期： 提及我们××月××日的关于上述赔案的出险通知书，现此案已结清。 具体赔款如下。 　总赔款金额： 　分出公司自留额： 　临分项下金额： 　分保接受人应摊付金额： 以上赔款已支付给原保户，请将你公司成分额下的金额汇入公司××银行××账户。 　　　　　　　　　　　　　　　　　　　　分出公司签章 　　　　　　　　　　　　　　　　　　年　　　月　　　日

4）临时分保的责任终止和续转

临时分保的有效期限一般都在协议或分保条中加以表明，这样临时分保一般在到期时责任终止。根据原保单，临时分保的许多业务都是 12 个月为一期。临时分保的续转通常都要经过重新协议并办理续转手续。但也有些临时分保，为了维护分出人在原保单续保时来不及办理续转手续时仍能获得再保险保障，在协议或分保条中订有自动续保条款，说明除非分出人在到期时发出不续保的通知，临时分保应自动续转 1 年。

在临时分保有效期限内发生的损失，如果在有效期届满后，损失仍在继续或扩大，临时分保接受人对这部分扩大的损失仍应继续负责。

2. 合同分保手续

1）合同分保的安排

（1）选择分保接受人。合同分保的安排大致上与临时分保相同，首先应确定向哪个市场安排，分出多少，由哪些经纪人安排哪些合同。在市场选好后，用电传、电报或信件将分保条件（一般称为分保建议书或分保条）及有关资料通知或送给接受人。

（2）分保安排方法。合同分保的安排与临时分保的安排其不同之处是合同分保是按年度安排分保的，而临时分保则要逐笔安排。因此，合同分保简单、省时、省费用。但合同分保的协商也因此要比临时分保复杂得多。合同分保和临时分保一般都由分出公司在所在地或国外市场与分保接受人直接联系，但也有通过其代表机构或分保经纪人与国外市场进行联系的。

2）分保条的编制和项目

合同分保的正式文件一般是由分保条、合同文本及附约所组成。

分保条又称分保建议书，是在分保协议过程中，由分出人编制提供给接受人的分保条件。分保接受人接到分保条后应对所列项目和分保条件进行审核与考虑,然后回复分出人是否接受,如以函电确认接受成分后,分保即已成立。然后,在一定时期内,分出人才发送正式合同文本给接受人签字。分保条的一般项目有分出人名称、合同名称、合同期限、承保范围、分保佣金、合同限额和自留额、保费和赔款、准备金、盈余佣金和现金赔款数额等。

3)合同文本和附约的发送、签回和保管

合同文本是分出人和分保接受人之间具有法律效力的文件。一旦合同文本签订之后,双方的权利和义务就有了法律依据。在合同文本中,应把双方的权利和义务用双方都可以接受并有利于第三者理解的语言文字表达清楚。合同的内容和分保条的内容是相辅相成的。分保条是合同文本的基础和根据,合同是达成分保协议形成的正式法律契约。分保条、合同文本及附约是完整的一套。合同文本主要是根据分保条的约定条件加上一些国际习惯通用的条文,如仲裁条款、检查条款、共命运条款、错误或遗漏条款,以及盈余佣金计算方法等。合同和附约必须用挂号信寄送,一式两份,由双方各执一份。合同必须经双方签字并建立严格的保管制度,即使注销以后也要长期保管。

在一般情况下,分出人根据各接受人的不同成分向接受人发送合同文本,接受人在收到合同文本后应及时地签回。在文本签订之后,对已达成协议的规定,任何一方都没有理由改动,如有些条件需要改动,在下一年度续转时提出,并以批单形式附在合同之后,作为合同的组成部分。

4)赔款处理

在合同项下的业务发生赔款,一般是由分出人负责处理,如涉及分保接受人的责任,应迅速发送出险通知,并且对于按合同规定可能要求分保人用现金赔付的大赔案,要随时告知赔款协商情况、所估计损失的数字和发生的费用,使分保接受人对现金赔款的摊付有所准备。出险通知书的内容及格式如表 10-5 所示。

表 10-5　出险通知格式

出险通知
关于合同
船损失出险通知(用于船、货两种合同)
我们抱歉地告知你们,最近我们收到了关于上述赔案的损失报告,现将详细情况通知你们,请记录,我们今后会把有关此案的进一步情况不断向你们报告。
船名:
船上所载货物:
航程:
航期:
船舶总保额(如是货险不用此项):
货物总保额(如是船舶险不用此项):
纳入上述分保合同的数额:
估计赔款金额:
合同项下估计摊赔金额:
你方成分项下应摊金额:
损失原因:

损失通知本是原保险人的义务，但如果损失发生频繁，逐一向各再保险人通知，则原保险人的工作会很烦琐。所以，一般规定损失超过某一额度后，要立即通知再保险人。其他小额损失，原保险人不必一一通知，但仍要以月报或季报表通知再保险人。

通常应用的火险溢额合同赔案通知条款如下。

"所有合同项下可能的索赔金额相等或超过附表所规定的数字时，必须立即逐笔通知分保接受人，说明赔案的详细情况，估计损失数字分出人还应对可能影响损失的费用发展情况告知分保接受人。并要在赔案给付前，尽可能地向分保接受人或其代表进行合理的咨询。"

分保接受人有时要求分出人在处理赔案时与之进行合作，特别是在分出人是缺乏经验的新公司时。当然，对于这些分出人来说，在分保接受人的参与下，处理赔案会更加有利。另外，当赔案发生纠纷时，在采取法律行动前，也可与接受人进行协商。

关于对索赔案进行抗辩，分出人有权处理，所发生的诉讼费用，分保接受人应予以分摊。分保合同关于诉讼费的典型条款如下。

"如果分出人断定其所进行的活动对保险方（原保险人和再保险人）是有利的，则分出人可以单独直接开始、继续抗辩、协议、结付、法律申诉和起诉，或者撤回申诉和对有关索赔采取一切行动。分保接受人须支付由此而产生的费用中他们应该分摊的成分。"

在每年终了，分出人应通知分保接受人关于未决赔款准备金的数字及递送一份未决赔款清单。未决赔款准备金的转移应分别列入账单中借贷方的有关项目。

现金摊赔（Cash Loss）是再保险的一个突出优点之一，在合同分保中常常运用。即在一次赔款，或者在"某一定时间"内的赔款累计达到某一额度时，原保险人随时可向再保险人请求以现金摊付赔款，以协助原保险人解决财务调度的困难。上述的"某一定时间"，应根据合同的账务期间来定，每月结付账务的期间为 1 个月，每季结付的期间为 3 个月。

现金摊回的做法有两种：①在原保险人理赔后，从再保险人那里摊回；②在原保险人理赔前，先估计损失额，向再保险人摊回。一般在赔款额度巨大时，采取后者居多。合同一般规定，接受人在收到现金赔款通知后，应立即汇付，也有合同规定再保险人应于 10 天或两周内汇付的。具体汇付的期限，由双方商定后在合同中标明。

5）合同的注销

各种合同的期限在签订合同时已确定，其注销或终止方式也已明确，只需按规定办理即可。一般要注意特殊终止和注销的时间性。合同终了时，对于未了责任，包括未满期保费的转移和未决赔款的转移，均按议定的方式处理。

3. 预约分保的手续

由于预约分保对于分出人具有临时分保的性质，因此对分入合同的业务，分出人应每月或每季度提供业务清单，列明每笔业务的保户、保额和保费项目，以及赔款清单，以便接受人了解所承担的责任和对赔款的审核处理。

其他到期续转等手续，大致与比例合同分保相同。

4. 信用证

关于未满期保费和未决赔款有要求提供信用证的，应填制申请表，并登记信用证登记簿，经核准后送会计部门办理开信用证手续。

10.3　分入再保险的业务管理

10.3.1　分入再保险业务管理的概念与原则

1. 分入再保险业务管理的概念

分入再保险业务管理是指为了平衡风险，增加保费收入，争取盈利，对分入业务过程的计划、调节和控制，以及对分入的保险业务的质量、分出人的资信情况进行调查审核。分入业务经营管理涉及面较广，其内容既包括承保前对分入业务的质量审核、分保建议的审查、分保分出人和分保经纪人资信情况的调查研究，又包括对分入业务承保后的核算与考核、已接受业务的管理、已注销业务的未了责任及应收未收款项的管理。

1) 分入业务质量审核

承保前对分入业务质量的审核是再保险经营的重要环节，因为这是接受分入业务的依据，是分保成交的决定性工作。分入业务质量审核的项目如下。

(1) 分入业务来源的国家或地区的政治、经济和有关法律环境状况。

(2) 业务所在地区的市场行情和趋势、保险费率和佣金等情况。

(3) 分出公司提供的有关该业务过去的经营资料。

审核上述内容的日的是避免风险因素大、风险集中和潜在损失巨大的业务分入。

2) 分入业务承保审核

在接受分入业务之前，对分出人提出的分保条件或建议，要认真分析和研究，然后再作出承保决定，具体审核的主要内容如下。

(1) 分入业务种类，分保的方式与方法，承保范围和地区。

(2) 分出公司的自留额和分保限额。

(3) 分保限额或责任限额与分保费之间的比率。

(4) 支付分保费的保证条件。

(5) 估计分入业务收益。

(6) 保费准备金和赔款金。

(7) 首席承保人条件。

(8) 其他。

3) 对分保分出人和分保经纪人的资信情况研究

对分保分出人和分保经纪人资信情况研究的内容如下。

(1) 分出人的资金、财务力量。

(2) 分出人在当地市场的地位和声誉。

(3) 业务经营规模、分保策略。

(4) 经营管理经验与业绩。

(5) 其他。

通过上述审查和研究，分保接受人根据自身承保能力，确定承保限额，慎重接受分入业务。对资信情况欠佳的分出人，或者对分入人不利的分保条件应当拒绝；对资信情况好的分出人或条件较为优惠并有获利可能的分保业务应积极接受。同时，在与分出人协商并达成一致意见的基础上，选择较有利的分保方式。

分入业务承保以后，要加强对业务成绩的考核，严格检验接受业务的质量，核对和审查合同文本，做好摘要表，审查账单和结算情况，做好登记和业务统计，赔款处理、未决赔款和未了责任记录，并将有关资料存档。必须与分出公司和经纪公司核对账务及办理结算。如果是通过经纪人办理结算，要特别注意账单寄送是否及时、有无截留保费支付，以及准备金返还时间等情况。对开出的信用证要加强管理，要注意货币兑换损益、兑换率的应用，密切注意通货膨胀对分入业务赔款计算的影响。

2. 分入业务经营的原则

与直接保险业务的经营管理相比，分入业务的经营管理要更加复杂，与分出业务的经营管理相比，也有其特殊性。因为，分入业务的要约方是分出人，分保接受人处于相对被动的地位。所以，分保接受人应经常总结业务经营中的经验与教训，加强管理，才能取得好的经济效益。若能遵循一些基本原则，往往可以获得较理想的效果。归纳起来，分入业务的经营管理需要遵循以下各项原则。

（1）确定是在业务当地还是在其他地方接受业务。

（2）充分了解市场和分出公司的各项情况，加强人员之间的往来和接触，了解对方人员的作风、特点和技术水平等。

（3）对分入业务的接受应采取谨慎的态度，对确定接受业务的承保额度，一般要控制在资本额的1％左右。

（4）对经纪人进行详细的审查，审查的内容包括经纪人的资信、作风，特别是在付费方面是否迅速。

（5）认真审核每一笔赔款是否属于承保范围，是否符合承保年度等，不应盲目服从首席接受人的决定。

（6）制定和建立较为完备的业务统计制度，包括对每个合同的业务情况的统计和管理，以及各种业务的综合统计的制度。随时掌握收付情况，了解各地区、各业务种类、各经纪人、分出人所分来业务的成绩。

（7）提存充足的准备金。

（8）对分入业务应有超额赔款的分保安排，对于易受巨灾袭击的地区性业务，要安排巨灾超额赔款的保障。

（9）对转分性质的分入业务应尽可能少接受或不接受。

（10）拒绝将承保权交由经纪公司或代理人，对代理承人办的分入业务应拒绝接受。

（11）严格审核合同文件的规定，严格控制批单和附约要求扩展的各项内容。

（12）制订全面的年度业务计划，建立在业务年度结束时进行核算的制度。

3. 分入业务管理的要点

分入业务的管理在电子数据处理、资料的输入和存储等方面的管理程序，必须与分出人统一规范运行，不能孤立进行。分出人提供的信息是接受人要加工的"原料"，但接受人绝不是完全被动的，要在取得承担责任的资料和保费、赔款的信息，以及分出人提供的分保账务的记录和登记的基础上，通过主动的行动，决定和完成所承担的责任，监控可能的责任累积，获得风险总量的组成情况，并视具体情况寻求必要的转分保。

　　上述是再保险分入业务管理要注意的一般性问题，在管理程序中，直接与再保险承保有关的问题有以下 4 个方面。

　　(1) 接受、管理和维持固定再保险合同。

　　(2) 单独风险业务、临时分保累积责任的监控。

　　(3) 转分保的管理。

　　(4) 承担和转让业务的账务。

10.3.2　承保额的确定和运用

　　自留额是分出公司对于风险所能承担的限额，承保额是接受公司对于分出公司转让的风险或责任所能接受或承担的限额。由于分入再保险业务是间接承保，分保接受人对于承保风险的情况并不直接掌握，所以一般的承保额比直接业务的自留额要低。

　　由于分入业务来源于国际市场，各个市场都有一些特殊的做法，这就要求负责分入业务的承保人必须对国际市场具有必要的知识和一定的业务水平与经验，要经过专业的训练，有能力结合本公司既定的接受分入业务的方针和原则，逐笔审查分入业务的质量，然后再确定承保额。

　　确定承保额所要考虑的因素很多，但基本的因素是资本金和保费收入。例如，某公司的资本金为 1 000 万元，年保费收入为 3 000 万元，如果确定每一风险单位的承保额为资本金的 3%、保费的 1%，则每一风险单位的承保额以 30 万元为限。但对于不同的分保方式和业务种类，所考虑的因素还是有所不同。现根据分保方式并结合业务种类予以说明。

　　1. 比例合同的承保额

　　对于比例合同的承保额，应按险别分别确定。以财产险承保额的确定为例，可以从两个方面考虑：合同分保限额和所估计的赔款额。具体步骤是先按规定的承保额分别计算出这两者的百分率，从而选择其中较低的百分率对分保限额加以计算，将所得的金额作为接受的实际承保额。现举例说明。

　　【例 10-1】　接受公司对财产险比例合同的业务所规定的承保额为 30 万元，现由经纪公司介绍两笔财产险分保建议，对于所接受的实际承保额的计算如下。

　　第一笔：合同分保限额 500 万元，按规定的承保额 30 万元，是限额的 6%。

　　估计保费 200 万元，据分保建议中所提供的资料，赔付率估计最高可达 150%，据此估计赔款为 300 万元，承保额 30 万元，是赔款额的 10%。

　　选择这两者中较低的百分率，即 6%，对分保限额 500 万元加以计算，算出的金额为 30 万元，即实际承保额为 30 万元。

　　第二笔：合同分保限额 500 万元，按规定的承保额 30 万元，也是限额的 6%。

　　估计保费 300 万元，最高赔付率估计为 200%，故赔款额可高达 600 万元，承保额 30 万元，是赔款额的 5%。

　　选择这两者中较低的百分率，即 5%，对分保限额 500 万元加以计算，算出的金额为 25 万元，即实际承保额为 25 万元。但这笔业务的赔付率过高，在实际工作中应拒绝接受。

　　根据上述例子，可以得出这样的结论：如果合同对于每个风险单位的分保限额较大，而业务量即保费较小，则可按分保限额来考虑接受的实际承保额；如果合同的分保限额较小而业务量较大，则应按业务量和所估计的赔款额来考虑所接受的实际承保额。

其他财产险业务，如货运险、船舶险、航空险、建工险和石油险等均可参照这一办法来考虑承保额。对货运险还应考虑到港口和码头仓库的责任累积，承保额可规定得低一些。

对于人身意外险业务，应该按每一船只或每一架班机可能的责任累积来考虑承保额。

2. 非比例合同的承保额

根据不同的超赔方式，非比例合同的承保额的确定方式略有差别。下面分别予以简单说明。

1）险位超赔方式

关于财产险、水险、航空险和各种意外险的险位超赔，虽然合同的分保责任额是按每个风险单位或每次损失规定，但所接受的承保额度的确定也应从两个方面考虑：①按分保责任额；②以所估计的年度最高损失额减去分保费后的可能亏损额。

【例 10 - 2】 某一财产险的险位超赔合同建议，分保责任额为超过 50 万元以后的 150 万元，按每次损失计算而无责任恢复限制，分保费为 100 万元，接受人所规定的承保额度是 30 万元。如上所述，对于所应接受的承保额度的确定有以下两种计算方法。

（1）按承保额度对分保责任额的百分率。本例分保责任限额是 150 万元，规定的承保额度 30 万元，为限额的 20%。

（2）按承保额度对可能亏损额的百分率。如果本例估计年度的最高损失为 3 个责任限额，计 450 万元，从中减去分保费 100 万元，所余为可能亏损额，计 350 万元，规定的承保额度 30 万元，为亏损额的 8.5%。按分保责任额 150 万元的 8.5% 计算，实际承保额为 12.75 万元。

虽然，这种合同的分保责任额是按每个危险单位或每次损失规定，但接受人应以合同作为一个整体或危险单位来考虑。因此，对该建议所要接受的承保额不应是责任额 150 万元的 20%（30 万元），而应是分保责任额的 8.5%（12.75 万元），后者较为合适。

2）事故超赔方式

事故超赔一般是分层次安排分保，接受公司为了承保的目的，可将事故超赔分为 3 个层次，即低层、中层和高层，分别考虑和确定所要接受的承保额度。层次划分的一般界限如下。

低层是指预计有损失发生，且可能每年有一次赔付的层次。

中层是仅在有较大的巨灾事故时才会有对损失的赔付，预计 10～39 年的时间可能发生一次。

高层是当有严重的巨灾事故时才会有对损失的赔付，预计在 40 年或 40 年以上的时间可能发生一次。

根据对超赔层次的这种分类，如果接受公司对承保额度的规定一般为 30 万元，最高为 35 万元，则对各层次所能接受的承保额度的确定大致如下。

低层应在 10 万～15 万元，一般为 10 万元。因为，在一年中可能有两个或更多的全损发生，所以，即使没有接受中层和高层，接受 30 万元也是不合适的。

低层和中层同时接受，则共计承保额度应在 15 万～25 万元，一般为 20 万元。如果低层接受 10 万元，则中层是所余的 10 万元。

对于高层，在没有接受低层和中层的情况下，可接受 30 万元或 35 万元。

如果所有层次都接受，累计承保额度最高不能超过 35 万元，一般为 30 万元。

上述承保额度的一般原则，在实务中要与责任累积的因素联系起来考虑，如认为有责任累积的可能，就对上述所确定的承保额度作适当降低的调整，以便所承担的责任在责任累积的限额以内。

3）损失中止超赔或赔付率超赔方式

从接受公司的承保目的出发，对这种超赔可分为两层，即低层和高层。对于低层，所接受的承保额度可确定为 10 万元，低层和高层同时接受，则最高不超过 30 万元。

由于赔付率超赔合同一般适用于农作物冰雹险和医疗事故险等，其赔付率的波动很大。所以，在实际工作中，特别是在当前国际市场赔付率普遍上升的情况下，对这种业务的接受应采取更加谨慎的态度。

3. 临时分保

临时分保所接受承保额度的确定，可分为两种情况：按最大可能损失和按某个地点。由于临时分保业务的安排经常是在合同分保限额之外的部分责任，因此应考虑与合同业务发生责任累积的可能性。

4. 规定最高接受限额

以上按分保方式和业务种类对所接受承保额度的确定进行了阐述，为了防止每个合同和每笔临时分保业务所承担的责任过大，还可以规定以分保责任额的 10％作为最高的接受百分率。

10.3.3　分入再保险业务的承保

分入再保险业务的承保是对由分出公司或经由经纪公司所提供的分保建议进行审查，从而作出是否承保的判断，考虑这一问题包括对一般情况的考虑和对具体分保建议的考虑两个方面。

1. 对一般情况的考虑

通常，分保业务的承保要考虑的情况有以下 3 个方面。

（1）业务来源国家或地区的一般政治和经济形势，特别是有关通货和外汇管制方面的情况。

（2）业务的一般市场趋势，这包括国际上及所在国或所在地区有关业务的费率和佣金等情况。

（3）提供分保建议的分出公司和经纪公司的资信情况，包括其资本、业务情况和经营作风等。

了解上述情况主要是依靠长期从各方面收集资料的积累，如报刊上有关保险市场的信息，出访和来访及参加国际会议所得到的资料，对分出公司和经纪公司年报的分析研究，以及在日常业务工作中所掌握的情况，对于通过经纪人结算的分入业务，必须仔细核对原始资料的信息，从严掌握。

2. 对具体分保建议的考虑

对于具体的分保建议，主要考虑以下 7 个方面的问题。

1）业务种类、分保的方式与方法，以及承保范围和地区

对于可能分入的业务，首先要分别业务种类，如财产险或意外险等，其次是看分出公司

的安排方式，是临时分保还是合同分保，是比例分保还是非比例分保。要考虑的因素还有：业务是否由住家、商业和工业风险混合组成；是直接业务的分保还是分入业务的转分保；责任范围是否包括后果损失险或地震险等；地区是仅限于分出公司所在国家或地区，还是世界范围的。

2）分出公司的自留额与分保额之间的关系

了解这一问题，是为了掌握分出公司对分保安排的意图和预期功效。例如，分出公司安排95％的成数分保合同，而自留额仅有5％，是比较小的，这说明它对业务的经营缺乏信心，因而不是想从业务的承保方面谋求收益，而是将自己置于代理人的地位，以向接受公司收取佣金的方式得到利益，因而很可能影响直接业务的承保质量。

3）分出人对业务的承保经验和理赔经验

分保接受人应该了解分出人对各种业务或某一类特殊业务的承保经验，如果证明分出人对业务有足够的承保经验，则在再保险合同协商时，对分出人也是有利的。同时，接受人还应该了解有关分出人过去5～10年的保费收入情况，因为这涉及分出人的成长情况。相比其他信息，充分了解分出人的理赔经验对接受人来说显得更为重要，因为这直接影响一些再保险价格的确定，如非比例再保险中的保费划分、比例再保险分保佣金率的确定等。分保接受人仅仅了解某一笔业务是否发生损失是不够的，还必须了解其他的情况。例如，在非比例再保险中，原本在免赔额之下的赔偿金额，由于通货膨胀的影响，或者法律、法规的变化，以及法院在处理补偿性索赔时的不同态度，会使最后实际赔偿金额远远超过原来估计的金额。因此，分保接受人有必要获取与业务相关的所有理赔信息，或者至少是对那些赔偿金额超过再保险免赔额50％的理赔情况。在责任险（也叫"长尾巴"业务）中，由于索赔和理赔都需要一定的时间，接受人就有必要对每个承保年度的预期最终损失制订计划，这就需要一些统计损失数据。这些损失数据以某项业务的理赔为基础，在每年续约时，可以提供已经支付的赔款金额和未决赔款的金额。这些数据对确定再保险费率是很有价值的，同时接受人还可以借此充分了解分出人对赔款准备金留存的方式与技术。

4）分出业务的除外责任

分出人除了要向接受人提供标准除外责任条款，如核风险或战争风险除外责任条款等之外，还应该提供那些不能承保的业务或风险的详细情况，以及不需要再保险保障的业务情况。以便分保接受人明确分出业务的风险情况。同时，接受人还可以有自己的除外责任条款，特别是当分出人对分出业务的种类或具体情况没有作出明确说明时。

5）分保额与分保费之间的关系

掌握分保额与分保费的情况，分析这两者的相互关系，是审查分保建议质量的关键因素，所以接受公司对此必须十分重视。

在比例合同方面，分保额与分保费这两者之间的相互关系大致有3种情况。由于情况的不同，对接受公司的承保结果也就有所不同，现分述如下。

第一种情况：分保费过分小于合同分保额。例如，分保额为100 000元，分保费为20 000元，是分保额的20％。

如果接受10％，则承保额为10 000元，分保费收入为2 000元。由于保费过小，风险不够分散，如有一个风险单位发生全损，就需要5年的时间才能得到偿还，而且还要在这5年时间内保持同样的保费水平，且再无赔款发生。

上例说明，如果分保费与分保额之间的关系是分保费过分小于分保额，这种合同是不平衡的。因为，如果有一个风险单位的全损，就造成严重的亏损。但正因为保费较小，所以如果不发生全损而赔付率较高以致有亏损，或者赔付率较低有收益，其金额均较小，对整个业务的影响不大。所以，对于这种情况，应着重从每个风险单位的分保额这方面考虑。

第二种情况：分保费过分大于合同分保额。例如，分保额 35 000 元，分保费 260 000 元，分保费是分保限额的 8 倍。赔付率为 130%，则赔款为 338 000 元，约为 10 个风险单位的全损。

如果接受 10%，则承保额为 3500 元，分保费为 26 000 元，赔款为 33 800 元，业务亏损 7 800 元。由于保费较多而赔款金额较大，故对整个业务是有影响的。

虽然，分保费过分大于分保额，但不能认为分保费可赔付几个全损而可能有较大的收益，而应注意会产生严重的亏损。这种情况，应着重从分保费这方面考虑。

第三种情况：分保费与合同分保额大致相当。现举两个例子分析如下。

① 合同分保额 100 000 元，分保费 250 000 元，为限额的 2.5 倍，赔付率为 103%，计赔款 257 500 元，亏损 3%，为 7 500 元。

如果接受 10%，责任限额为 10 000 元，分保费为 25 000 元，赔款为 25 750 元，业务亏损 750 元。

② 合同限额 1 000 000 元，分保费 2 500 000 元，为限额的 2.5 倍，赔付率为 103%，计赔款 2 575 000 元，即 75 000 元。

如果接受 10%，责任限额为 100 000 元，分保费为 250 000 元，赔款为 257 500 元，业务亏损 7 500 元。

以上两个例子中，分保费与分保额的比例关系是相同的，是较平衡的，但后一个例子中这两者的金额较大，所以其结果无论是收益或是损失，对整个业务的影响都是较大的。所以，这种情况，对于分保费和分保额这两方面都应该注意考察。

上述 3 种情况所举的例子，大都是财产险和海上货运险的成数合同与溢额合同的情况。一般来说，平衡的合同由于保费与限额大致相当，因而风险也比较分散，所以认为是较好的业务。但对于不同的业务种类和分保方式，分保费与分保额之间保持怎样的比例关系才被认为是相当或平衡的，对这一问题很难作出一定的规定，应从保险市场和业务的实际情况出发，并结合接受公司本身的经验视其具体情况而定。

在非比例合同方面，分保费与分保责任限额两者之间的关系，也可以分为以下 3 种情况。

第一种情况：合同责任限额较大，分保费较少。这种情况往往是由于损失率较低，因而分保费对责任限额的百分率也较低。

例如，分保责任限额为超过 100 万元以后的 100 万元，分保费 5 万元，为限额的 5%，无赔款记录。

又如，分保责任限额为超过 200 万元以后的 300 万元，分保费 6.75 万元，为限额的 2.25%，无赔款记录。

这一般是事故超赔合同，对责任恢复次数是有规定的。所以，对于这种合同的分保建议，应着重考虑分保责任限额和责任恢复的规定。

第二种情况：合同责任限额较小，分保费较多。这种情况往往是由于损失发生率高，因而分保费对限额的百分率也高。

例如，分保责任限额为超过 2 万元以后的 5 万元，分保费 5.5 万元，为限额的 110%。但是，赔付率高达 310%，计赔款 17.05 万元，亏损 11.55 万元，亏损率为 210%。

又如，分保责任限额为超过 1 万元以后的 3 万元，保费 3.6 万元，为限额的 120%，赔付率 80%，计赔款 2.88 万元，收益 7200 元，收益率为 20%。

这一般是险位超赔合同，对责任的恢复次数有时是无限制的。所以，对于这种分保建议，应着重考虑分保费方面和责任恢复的规定。因为，保费越大，赔款可能越多，从而造成的亏损越严重。

第三种情况：分保合同限额较大，分保费较多。这是由于损失发生率较高，因而分保费对限额的百分率也高。

例如，分保责任限额为超过 50 万元以后的 50 万元，保费 10 万元，为限额的 20%，赔付率 130%，计赔款 13 万元，亏损 3 万元，亏损率为 30%。

这一般是中间层次的合同，由于分保责任限额和分保费均较高，所以对分保费、分保责任限额，以及恢复的规定均应注意考虑。

6）分保条件

在对分保建议有关业务种类和承保范围、分出公司的自留额及分保限额和分保费是否平衡这些因素考虑之后，应对分保条件进行细致的审查。

对比例合同应审查的分保条件主要有分保佣金、盈余佣金、保费和赔款准备金，未满期保费和未决赔款的转移等。由于各保险市场情况的不同，这些条件在合同中的具体规定会有较大的不同。所以，应结合所掌握的市场情况，审查在建议中对这些条件的规定是否恰当。如分保手续等是否符合当地市场情况。如果是续转业务，应结合过去的经营成果考虑。如合同是亏损的，应对分保手续进行调整。

对非比例合同应审查的分保条件主要有分保费或费率，责任恢复的规定。分保费和责任恢复是有关接受公司的保费收入和责任的承担，所以应结合市场情况和在建议中所提供的资料，审查这些条件在合同中的具体规定是否恰当，以及符合市场情况。

7）对分入业务收益的估算

在分保建议中，分出公司一般应提供有关该业务过去的赔款和经营成果的统计资料。如果建议中缺少这些资料，接受公司可要求提供，以便对所建议的业务进行估算。对所提供的资料在审核时应注意以下几点。

（1）如对合同有分保安排，则所提供的数字应以未扣除分保前的毛保费和赔款为基础。

（2）要按所提供业务的同样条件编制，如所建议的比例合同业务有未满期保费和未决赔款的转出和转入，则统计资料也应同样处理，以便进行比较。

（3）毛保费、分保佣金、已付赔款、赔付率和盈亏率等项目应按业务年度进行统计，并至少要有 5 个业务年度的资料。

接受公司应根据建议中所提出的分保条件和资料，如果是续转业务还应结合自己的统计数字，对所建议的业务进行估价并结合对其他因素的考虑，最后决定是否接受，如果接受，作出接受多少为宜的判断。现分列几种不同情况举例说明如下。

【例 10 - 3】　火险第一溢额。

自留额：每个危险单位最高 600 万美元。

分保责任限额：为自留额的 5 倍，计 3 000 万美元，最大可能损失为 1 500 万美元。

佣金和费用：分保佣金 25%；

　　　　　　税费 1%；

　　　　　　经纪人佣金 2%；

　　　　　　共计 28%；

账单：季度账单，以已满期保费为基础。

资料：估计保费 4 000 万美元，5 年平均已满期保费为 2 800 万美元，发生赔款为 2 000 万美元；赔付率平均为 71%，最高 80%，最低 60%。

评估：保费 4 000 万美元，为分保责任限额 3 000 万美元的 133%，所以保费与分保责任限额的关系是平衡的，合同的佣金和费用率为 28%，因此，如赔付率为 60%～70%，则尚有收益 2%～12%，如赔付率为 80%，会亏损 8%，所以可考虑接受 1%，限额为 30 万美元，保费为 40 万美元，可能有收益 8 000 美元～4.8 万美元，可能会发生亏损 3.2 万美元。

【例 10 - 4】 火险第一溢额。

自留额：每个危险单位 150 万美元。

分保责任限额：为自留额的 5 倍，计 750 万美元。

佣金和费用：分保佣金 37.50%（如赔付率等于或少于 35%，再增加 2.5%）；

　　　　　　税费 4%；

　　　　　　经纪人佣金 2.5%；

　　　　　　共计 44%。

保费准备金：40%。

未满期保费转出：35%。

未决赔款转出：90%。

账单：季度账单，按毛保费计算。

资料：估计保费 4 000 万美元，8 年平均已满期保费为 1 890 万美元，发生赔款为 1 500 万美元；赔付率平均为 79%，最高为 120%，最低为 30%。

评估：估计保费约为分保责任限额的 5 倍，这表明有较多的保费收入，但也可能有较大的损失。该业务估计保费为 4 000 万美元，未满期保费转出为 35%，故已满期保费为 65%，计 2 600 万美元。佣金和费用率为保费的 44%，计 1 760 万美元，为已满期保费 2 600 万美元的 67%。因此，如赔付率为已满期保费的 35%，则与佣金和费用率 67% 共计为 102%，发生亏损 2%。在亏损的情况下还要增加 2.5% 的分保佣金是不合理的。如赔付率为 79%，则与佣金和费用率共计为 146%，将会亏损 46%，所以只有在赔付率约为 30% 的情况下才会有收益。

该业务的分保佣金为 37.5%，是较高的，实际上是减少了保费收入。税款和经纪人佣金共计为 44%，加上扣存保费准备金 40%，共为 84%，则尚余 16%，可用来支付赔款和分保接受公司的现金收入。

该业务质量较差，且分保佣金又较高，业务收益和现金运用的可能性较小，且有较大亏损的可能，故应拒绝接受。

【例 10 - 5】 火险成数合同。

分保责任限额：每个危险单位 500 万美元，分出 27.5%，计 1 375 万美元。

佣金及费用：临时分保佣金 27.5%；赔付率等于或高于 70% 时，佣金取最低值，为 20%；赔付率每减少 2%，佣金增加 1%；赔付率等于或低于 46% 时，佣金取最高值，为 32%。

税款 1%。

经纪人佣金为 2.5%。

账单：季度账单，按毛保费计算，两年结清。

资料：估计保费 600 万美元。据向分出公司询问了解，尚另有 27.5% 的成数分保，则共计分出 55%，自留 45%，计 225 万美元，但自留部分还有超赔保障，净自留额仅 10 万美元。5 年平均毛保费为 1660 万美元，发生赔款为 1256 万美元，赔付率平均为 75%，最低为 62.5%，最高为 90%。

评估：估计保费与分保责任限额的关系为 120%，还是平衡的。但自留额过小，这可能由两种情况造成：①业务质量较差，②资本的限制。分保佣金采取递增的办法，如赔付率在 70% 左右，分保佣金为 20%，加上税款和经纪人佣金 3.5%，共计 93.5%，尚有收益；如赔付率达 80%，就会亏损。

因此，如对分出公司的资金等情况有所了解，且分出公司资信较好，则可以考虑接受一些成分，否则应拒绝接受。

【例 10 - 6】 财产险险位超赔合同。

分保责任限额：每个危险单位超过 50 万美元以后的 50 万美元；每次事故 150 万美元。

保费：费率为 1%。

最低保证保费 50 万美元，分 4 季预付。

减除额：15%。

税款：1%。

资料：估计已满期保费 6 500 万美元。据统计，7 年保费为 32 500 万美元，赔款为 210 万美元，赔付率为 0.64%，附加费用为 34/66，按此计算费率约为 0.95%。

最近 5 年的保费为 25 000 万美元，赔款为 113 万美元。赔付率为 0.524%，附加费用为 34/66，据此计算费率为 0.79%。

在这 7 年中，合同项下的平均赔款为 30 万美元，最多的一年有两次赔付，共计 64 万美元；最少的一年有一次赔付计 10 万美元；并且有一年是无赔付。

评估：按 7 年和 5 年的资料计算，费率分别为 0.95% 和 0.79%，故费率为 1% 较合理。

估计保费为 6500 万美元，按 1% 的费率计算，分保费为 65 万美元，扣去减除额 15%，计 9.75 万美元，尚有余额 55.25 万美元，可赔付一次全损。

因此，如赔付 100 万～150 万美元，相当于 2 次或 3 次的全损，在扣除分保费后，最多亏损 100 万美元，如赔款为 30 万美元，或者从长期考虑是有收益的。

所以，可接受 5%，则分保责任限额为 25 000 美元，保费按最低保证保费计算，为 25 350 美元，约与分保责任限额相等，可赔付一次全损。

【例 10 - 7】 火险超赔合同。

第一层如下。

责任限额：每次损失或每次事故中超过 30 万美元以后的 70 万美元。

责任恢复：一次无加费，一次 100% 加费（无经纪人手续费）。

保费：最低保证保费 20 万美元，费率为 8.5%。

减除额：10%

第二层如下。

责任限额：超过 100 万美元以后的 200 万美元。

保费：最低保证保费 25 000 美元，费率为 1%。其他项目与第一层相同。

资料：估计保费 310 万美元，最高自留额（保额，不是最大可能损失）50 万美元。保额超过 30 万美元的地区约有 500 多个。据 5 年的统计资料，合同项下的赔款共计 90 万美元，平均每年为 18 万美元，一次赔付最高为 30 万美元，最低为 10 万美元。

评估如下。

第一层：平均赔款 18 万美元，如加上附加费用，则平均每年赔付成本为 24 万元。

估计保费 310 万美元，按费率 8.5% 计算，分保费为 26.35 万美元，是分保责任限额 70 万美元的 37%，并略高于赔付成本，因此费率是较合理的。

每个危险单位的最高自留额为 50 万美元，如发生一个危险单位的全损，本合同项下的赔付是 20 万美元。又据 5 年统计，最高赔付为 30 万美元。由此，如将责任限额分析为超过 30 万美元以后的 30 万美元，分保费 24 万美元，是责任限额 30 万美元的 80%，尚有超过 60 万美元以后的 40 万美元的责任，保费为所余的 2.35 万美元，为责任限额 40 万美元的 5.8%。据统计资料，该层次在过去的 5 年中无赔款，可作为巨灾性质，费率较为合适。

第二层：估计保费 310 万美元，按费率 1% 计算，分保费为 3.1 万美元，是分保责任限额 200 万美元的 1.55%。本层次为巨灾超赔，是超过两个最高自留额以后的 4 个自留额。

在分保费与分保责任限额的关系上，第一层较恰当，而第二层较低，且有赔付的可能。所以，对第一层可接受 4%，分保责任限额为 2.8 万美元，分保费按最低保证费 20 万美元计算，为 8 000 美元，按调整保费 26.3 万美元计算是 10 540 美元。对第二层可不接受。

【例 10-8】 非水险超赔合同。

第一层如下。

分保责任限额：超过 125 万美元以后的 250 万美元，每次事故分出公司自留 5%。

地区：全世界，但美国和加拿大除外。

责任恢复：一次全部恢复，100% 加费，仅按金额比例计算，而不考虑时间。

保费：最低保证保费 5 万美元，分 4 次交付，费率为 0.15%。

减除额：10%。

第二层如下。

分保责任限额：超过 375 万美元以后的 300 万美元，每次事故分出公司自留 5%。

保费：最低保证保费 2 万美元，费率为 0.06%。其他条件与第一层相同。

第三层如下。

分保责任限额：超过 675 万美元以后的 325 万美元，每次事故分出公司自留 5%。

保费：最低保证保费 1.2 万美元，费率为 0.04%，其他条件与第一层相同。

资料：估计保费 4 300 万美元。每个危险单位最高自留额 100 万美元。责任限额与最大责任额如表 10-6 所示。

表 10 - 6　责任限额与最大责任额情况

地段	地震险责任限额/万美元	最大地震险责任/万美元
2	250	70
5	600	60
6	300	50
8	250	55

评估：估计保费为 4 300 万美元；据此计算分保费及与分保责任限额的关系如表 10 - 7 所示。

表 10 - 7　各层次分保费及与分保责任限额的关系

层次	费率/%	分保费/万美元	责任额/万美元	百分率/%
1	0.15	64 500	2 500 000	2.58
2	0.06	25 800	3 000 000	0.86
3	0.04	17 200	3 250 000	0.54

从分保费与分保责任限额的关系来看，总的费率是偏低的。

第二层的减除额是 125 万美元，仅为最高自留额 100 万美元的 125%。所以，虽然过去的最大赔付是 70 万美元，为减除额的 56%，但如对各个地段的责任限额按 70% 估计最大可能损失，如地段 2 为 175 万美元，所以当有地震发生时，第一层有赔付的可能。

地段 5 和地段 6 的分保责任限额共计为 900 万美元，按 70% 估计最大可能损失为 630 万美元，所以当有地震发生时第二层有赔付的可能。

第三层的减除额为 675 万美元，看来是为了保障对最大可能损失的估计有误或有特大的损失。

由于整个合同的费率偏低，应予以拒绝接受，但因为对第三层赔款的可能性较小，所以如费率能有所增加，可以考虑接受一些成分。

10.3.4　责任累积和转分保

1. 控制累积责任

从多渠道接受分保业务，即使十分谨慎地决定接受限额，也可能会发生内在的、不可知的风险累积。这种许多个别风险累积的分保责任，在一次事故中所遭受的赔款金额远远超过原来的估计额度是常有的事情。对此，分保接受人应从以下 4 个方面加以控制。

（1）检测容易累积的风险。

（2）系统地估计这种风险。

（3）相应地决定自留额。

（4）安排转分保。

2. 转分保

转分保分为两种。第一种称为"深层分保"或叫做"转分保本体"，由分保接受人转让给转分保接受人接受其所承担风险的一个比例成分，或者以原条文和条件签订转分保合同，通常使用溢额或成数方式。

　　第二种是"分保接受人的分保"，也叫做"转分保"，做法相似于一般分保，主要是为了保障分保接受人所承受的累积责任风险的巨额责任，一般用超额赔款方式，与原分保本体无直接联系。

　　对于国际分入临时分保业务和超赔业务，特别是高层的超赔业务责任大、保费少，可按承保能力的需要，安排几个不同等级的成数转分保合同。例如，财产险每个风险单位的自留额为 30 万元，所需要的最高承保能力为 120 万元，则可安排 4 个等级的成数合同如下。

　　第一级：承保能力为 1.5 个自留额，金额 45 万元，自留 66.66％，计 30 万元，分出 33.33％，计 15 万元。

　　第二级：承保能力为 2 个自留额，计 60 万元，自留 50％，计 30 万元，分出 50％，计 30 万元。

　　第三级：承保能力为 3 个自留额，计 90 万元，自留 33.33％，计 30 万元，分出 66.66％，计 60 万元。

　　第四级：承保能力为 4 个自留额，计 120 万元，自留 25％，计 30 万元，分出 75％，计 90 万元。

　　当所接受的国际财产险业务在 30 万元以下时，可全部自留，超过 30 万元，在 120 万元以内时，可分别归入各个不同等级的成数合同。

　　对于国际财产险业务的责任累积，可安排巨灾超赔保障，对每个风险单位的自留额一般确定为资本的 3％，如资本为 1000 万元，自留额为 30 万元。巨灾超赔自留额一般不超过资本的 7.5％，计 75 万元。但由于在一年内可能有若干次事故发生，以及可能通过转分保返回而又由分出公司自己承担一些责任，所以应低于 7.5％，可确定为 50 万元。如所需总的超赔保障为 2 000 万元，可安排 3 层保障如下。

　　第一层：超过 50 万元以后的 150 万元，每次事故。

　　第二层：超过 200 万元以后的 300 万元，每次事故。

　　第三层：超过 500 万元以后的 1 500 万元，每次事故。

　　有些国家在保险业务的经营管理上，对民营保险公司有强制性的规定，必须向国营保险公司分保一定成分或比例的业务。国营公司对这种分入业务的转分保可以组织分保集团，将一部分业务返还给民营公司，而将所超过的部分在国际上安排转分保，其目的是为了减少对外分保从而节约外汇支付和发展本国的保险业。

10.3.5　分入业务的手续

　　分保手续在分出公司与接受公司之间有密切的联系。分出公司提出分保建议和编制账单等是发出的一方，接受公司对建议的审查和账单的登记等是接受的一方，在此基础上对分入业务进行管理。现对分入业务的手续进行分述。

　　1. 对分保建议的审查和填制摘要表

　　当分入公司接到分出公司或经纪公司函电提供的分保建议，并经审查后，如不同意接受，应以电复委婉拒绝；如同意接受，应电告接受成分，并进行登记和填制摘要表。

　　摘要表是对所接受业务的有关情况的摘录，如分出公司、业务种类、分保方式、责任限额、接受成分、估计保费和经纪公司等。其具体形式如表 10‑8 所示。

表 10 - 8　分入合同摘要表

编号：　　　　　　　　　国家：　　　　　　　　　接受日期：

业务种类	日期：从_____到_____	
	注销：每年底_____月前通知	
被保险人		
合同方式和名称：		
地区：		
分保线数或成分：		
最高责任：		
估计合同保费收入：		
手续费：	累进手续费：	纯益手续费：
转分手续费：	赔付率：	分保接受人的费用：
费用：	临时手续费：	亏损转入下期：
账单：	现金赔款：	保费准备金：
未了责任转入：	未了责任转出：	赔款准备金：
保费：	保费：	
赔款：	赔款：	利息：

接受成分	最大责任		估计保费收入		折合率
	原币	美元	原币	美元	
承保线数					
签字线数					

经纪人：	经纪人手续费：	编号：
续转新号码：	原号码：	
说明和注意事项：		

经手人：　　　　　　　复核人：

现对表 10 - 8 中的部分栏目说明如下。

（1）编号。摘要表的编号应与业务统计结合考虑，以便进行业务的分析管理。编号的第一位应表示业务种类，如火险为 F；第二位是分保方式，如比例合同为 T；其次为顺序号，如为 1103；最后两位是业务年度，如为 88；则该摘要表的编号为 FT1103 - 88。如截至 1988 年的年终时，顺序号编至 1500 号，则 1989 年业务年度的第一个顺序号应为 1501 号，所以编号为 FT1501 - 89，如果 FT1103 - 88 编号的业务在 1989 年续转，只需要变更最后两位的年度编号而顺序号不变，所以为 FT1103 - 89，这表明是 1988 年承保的业务，在 1989 年续转。在 1990 年续转时，其编号为 FT1103 - 90，以表示该合同业务的连续性。该合同连续转 3 个业务年度，顺序号始终是 1103，而仅变更年度号为 88、89 和 90，这有利于该合同业务的统计分析。

（2）评估。在该栏目中，应填明接受该业务所考虑的因素，以便总结经验，提高承接业务的水平。在续转时同样也应填明。对于拒绝接受业务，也应作出评估，另行归档备查。

（3）转分。如果所接受业务是由比例转分合同安排，应进行登记编号，并在转分栏内填明转分合同和编号，以便汇集转分资料，编制转分报表。

（4）变更记录。对于摘要表各个栏目的内容如有变更或有其他需要登记的事项，应在变更栏内登记，以便查考。如已建立电子计算机系统，可将摘要表各个栏目的内容输入电子计算机储存备查。

2. 分保条、合同文本和附约的审核、签署与管理

对于分出公司或经纪公司寄来的分保条、合同文本，接受公司要认真核对，签署后，一份自留归档，其余退还。当接到有关修改合同条文和承保条件等的函电，经审核后，应电复证实，并对摘要表有关栏目进行更改和登记。对寄来的附约，经审核后一份自留，与合同一并归档备查，其余归还。

3. 现金赔款的处理

收到现金赔款通知后，应填制现金赔款审核表（见表 10 - 9），并登记现金赔款登记簿，经审核批准后送会计部门结付。

表 10 - 9　分入合同业务现金赔款审核单

编号：　　　　　　　　　　　　　　　　　年　　　月　　　日

(1) 分保经纪人名称：
(2) 分出公司名称：
(3) 险别：　　　　合同名称：　　　业务年度：　　　　我方接受成分：
(4) 赔案内容摘要：
(A) 原保户名称：
(B) 保额：　　　　分出公司自留额：　　　列入合同数额：
(C) 赔案发生日期及地点：
(D) 损失内容摘要：
(E) 合同应摊付赔款数额：
(F) 我方应摊付赔款数额：
(5) 我方应摊付赔款请即交汇：　　　上述分保经纪人　　　上述分出公司
(6) 有关原始索赔文件：
(7) 注：

批准：　　　　　　　复核：　　　　　　　制表：

4. 到期续转和注销

接受公司为了争取主动，在合同到期前，在合同规定的期限内，向对方发出临时注销通知。如经双方协商同意续转，可将临时注销通知撤回；如不同意续转，可将临时注销通知作为正式通知，于是合同就告终止。

分出公司为了有利于分出业务的安排，收到发来临时注销通知时，应电复证实。如经洽商同意续转，由对方收回临时注销通知，合同继续有效。

5. 归档

关于上述分入业务的函电文件的归档可有以下两种情况。①分散归档，即一部分由业务部门归档，如承接业务的函电，合同文本和出险通知等；另一部分由会计部门归档，如业务账单等。②集中归档，特别是在已建立电子计算机系统，业务账单是由业务部门输入而无须送交会计部门的情况下，可全由业务部门按合同分别归档。

分出公司和接受公司有时可能对分入业务发生争执甚至进行诉讼。在有必要查阅原始函电文件和核对有关业务数字的情况下，集中归档比分散归档较易查找，从而有利于落实情况和解决争执。

10.3.6　分入业务的转分手续

经营再保险业务的公司出于责任累积和保障的考虑，也要安排分保。因而，当转分保规划确定后，应与分出部门联系在国际间进行安排，这就有必要对有转分保合同安排的分入业务规定一定的手续以便管理。

1. 比例转分保合同手续

（1）对于有成数转分保合同安排的分入业务，在接受时即应进行登记和编转分号，并在摘要表上填明。

（2）对于有溢额转分保合同安排的分入业务，应进行限额管理，当超过规定的限额时，要将放入溢额转合同的业务进行登记和编转分号，并在摘要表上填明。

（3）根据转分合同的规定，如每季或每半年，按转分号汇集转分业务的资料，如保费、已付赔款和未决赔款等，编制转分业务报表送交分出部门，据以编送业务账单。

2. 非比例转分保合同手续

（1）对于在超赔合同范围内的重大赔案应进行登记，包括已付赔款和未决赔款。

（2）当汇总金额有可能超过起赔额或已超过起赔额时，应编制赔案报表送交分出部门，据以通知转分接受公司，或者编制赔款账单要求对方赔付。

10.4　再保险业务的统计分析

统计分析是再保险业务管理的一项重要工作。统计分析是将实际发生的各类数字进行归纳和系统地整理，据此分析分出合同的业务趋势和成绩，总结所确定的自留额和制定分保规划的执行情况，从而找出业务的发展规律，以便决策者更好地对业务发展进行研究和进行改进。

10.4.1　分出业务的统计分析

分出人的统计资料构成分出分保建议的一个部分，也是内部工作的重要参考资料。对分出人所具有的资料越充分，就越有利于接受人作出决定和确定合同组织是否合适。因此，世界各国的保险和再保险公司都在保险的科学管理方面下工夫，力争提高服务质量。人们认为，未来的保险业的竞争不仅是业务方面的竞争，也是人才和管理水平方面的竞争，其中统计工作是管理的最主要环节。

分出分保业务的统计分析，要以业务年度为基础分险别进行核算。由于各类再保险业务都有其本身的特点，责任延续时间也不同，有长期业务和短期业务的区别，如财产险基本在二三年后未了责任就可以结束，而责任险则要长得多，有的长达 10 年、20 年，水险业务共同海损理算时间拖延也很长。在办理分出业务时，为了正确核算和分析业务规律，从而改进工作，以合理的分保费求得最大的分保保障，必须建立良好的、完善的统计制度。

1. 分出分保合同的业务统计

分出分保合同的统计可以分为以下两大类。

1）原始数据统计（基础统计）

原始数据是以业务报表和合同账单作为基础信息进行统计出来的。原始数据的统计是供分出人自己记账、划分业务、确定保费和赔款摊分时使用的，其统计的项目有保费、分保佣金、赔款、经纪人佣金、准备金和余额等。原始数据统计一般使用原货币，使分出业务分析排除汇率的影响。

2）参考数据统计（综合统计）

参考数据是分出分保统计人员根据各种资料及信息中的数字提炼出的与业务有关的统计分析数据，其实质是依据基础统计所提供的资料，按一定的分类或层次将其汇总，以反映全面的结果和各种业务的经营成果。参考数据统计应以某种货币为单位，如美元，并规定各种货币对美元的兑换率为记账汇率。

分出分保业务统计分析的主要内容有两个方面：①业务损益；②分保费、赔款的现金流量和资金效益，即保险费运用的记载和分析。业务成绩主要根据账单数字，现金流量、资金效益则须依靠账务处理和统计分析。应该注意的是，分出分保业务的统计，单看每一年的合同账务是不够的，还必须考虑其他的因素，特别要注意按各业务年度承保结果的历史记录进行统计分析，不要把不同年度的收付数字混合在一起。会计收付数字须按业务年度分列，业务统计不能将以前各年度的保费和赔款记入本年度的统计表中。例如，1998 年支付 1997 年的赔款，应列入 1997 年的业务统计项下，从表 10-10 中可以观察到业务成绩和资金运用的情况。

表 10-10　某公司船舶险分保合同统计表　　　　　　　　　　　　　　元

业务年度		第 9 个月	第 21 个月	第 33 个月	第 45 个月
1994	保费	32 526 324	40 063 170	38 951 598	39 709 049
	赔款	2 595 484	14 286 752	19 303 275	22 140 369
	未决赔款	26 191 483	13 330 888	9 694 378	1 568 259
	⋮	—	—	—	—
	结果	3 739 357	12 445 530	9 953 945	16 000 421
1995	保费	37 435 958	44 877 218	46 054 918	
	赔款	2 110 699	20 299 581	26 848 604	
	未决赔款	30 187 350	14 608 301	8 247 246	
	⋮	—	—		
	结果	5 137 909	9 969 336	10 959 068	
1996	保费	41 090 405	48 850 174		
	赔款	4 771 308	20 037 054		
	未决赔款	29 724 444	17 390 281		
	⋮	—	—		
	结果	6 594 653	11 422 839		
1997	保费	42 381 560	47 982 863		
	赔款	4 654 281	23 182 258		
	未决赔款	31 658 899	16 820 000		
	⋮	—			
	结果	6 068 380	7 980 605		

表 10-11 是某公司对超额赔款再保险合同中各类业务保费和赔款的收支情况统计表。其中，栏内的数据为各年中赔款支出和纯保费收入各占其总数的百分比。从表 10-11 中可以看出，火险和水险的保费及赔款在 3 年内基本结清，而意外险则至少在 5 年以后才能确定大概成绩，而且还要留下很长时间才能处理结案的未决赔款。

表 10-11　某公司分类业务统计表　　　　　　　　　　　%

年序	火险		意外险		水险		航空险	
	赔款	纯保费收入	赔款	纯保费收入	赔款	纯保费收入	赔款	纯保费收入
1	29	66	5	50	6	28	6	19
2	62	34	7	37	37	60	31	63
3	9		13	7	29	11	15	18
4			16		13	1	18	
5			16	2	6		6	
6			12	2	2		11	
7			10		3		6	
8			8		1		3	
9			5		2		2	
10			3		1			
11			2					
12			1					
13			2					
总数	100	100	100	100	100	100	100	100

2. 分出合同的统计分析

分出业务的统计是实现管理目标的手段，而统计数据的分析和使用才是真正的目的，这无论是对分出人还是分保接受人都是一致的。例如，分出业务的设计人员要了解财产险合同中工业风险和商业风险的平均费率及各部分所占的比例，以及自留额和分保限额的比例，统计人员就要把原始保单逐笔分类登记，在此基础上提出所需的数据。业务人员把这些数据加工整理后才能判断费率是否合理，二者之间的差距是否适当，确定自留额和分保额的保费是否足够和合算。通过对一系列问题的分析研究，如发现有不合理之处，就应研究调整措施。又如，进行转分保统计时，还要注意转分的额度是否恰当，超赔保费支付的效益如何，转分保接受人对业务来源、转分保业务透明度的反馈意见等。以上可概括为统计分析对业务损益核算的主要内容和目的。统计分析的另一个重要作用是在资金管理和运用方面，对分保费和现金流量、资金效益（保险费和赔款的时间差）、分保费现金价值的记载和分项核算。业务成绩的统计分析主要是根据账单数字进行，会计考核、现金流量、资金运用效益核算则需要依靠财务管理和统计分析，它们构成再保险管理统计分析的整体目标，完整地反映分出再保险的经营成果。

3. 电子数据的处理

1）电子数据处理在分出业务管理中的运用

电子数据处理给再保险业务管理带来了很大的方便。随着分出分保方式的多样化，几种分保方式的结合使用，以及巨灾分保要求的基础资料繁多，传统手工操作难以应付繁杂的数字统计工作。电子数据处理对于分保业务管理克服这一难题创造了条件。电子数据处理在分出分保业务中的运用主要有：对保险申请书的考核和管理；搜集和存储原始资料；决定在每一风险（或索赔）中再保险的成分；向分保接受人传送资料。

例如，当接受一笔新业务或续转业务时，首先要查核是否要求再保险，所需保障的成分是什么，然后才可以通过电子数据处理得到资料。以溢额合同为例，必须得到以下个别业务的数据。

（1）决定多张保单的风险累积，累积风险必须清晰地在保单中标明"同险号"（Same Risk Number or Common Risk Number），电子数据处理协助用代号和追溯地址，通过计算机终端审查保单是否有特定的累积风险的一部分。

（2）在划分危险单位和计算累积风险后，计算分出人的自留额和合同分保的成分。

（3）确定是否需要使用临时分保。

在分出业务管理中，电子数据处理除满足分出业务的自身要求外，同样应用于向接受人提供必须了解的补充项目。例如，再保险部门为了估计风险要求的材料（决定限额表中规定自留额的资料）；累积保单的风险数字；临时分保成分以及分保接受人名单；对分保接受人风险估计所需要的基本资料。

2）电子数据处理在分出业务管理中运用的趋势

计算机系统进入保险市场，有利于保险业管理和服务质量的提高。目前，计算机已广泛应用于再保险建议和协商、账务结算、分保摊赔、财务和统计各个方面。

计算机在分出分保管理中的应用主要体现在宏观管理和微观管理两方面。

（1）在微观业务管理方面。首先，体现在一般意义上的办公自动化。作为服务性行业，微观业务管理分为内部和外部的文档管理两个方面。通过计算机实现内部单证和外部文档的收集、整理存贮、查询、传送等全面办公自动化。例如，对于公司的保单内容可以通过电子邮件来接收、存贮并传送相关文件。

其次，当分出保险业务方案宏观决策作出后，进行直接相关的微观实施。表现为分出业务的账务统计工作和接受人资信的监控。在账务统计方面，计算机可以实现保费、赔款的迅速分摊和统计，从而有可能实现对账务和统计工作更加严密准确的管理，提高出账单的速度，适应分保市场对账单期和出账单期日益缩短的需要。

最后，计算机广泛应用于科学合理地划分风险单位。这是分出业务管理中技术性很强的基础工作。目前，世界上大的专业再保险公司、经纪公司都用专用计算机系统分析风险单位。

（2）在宏观业务管理方面。计算机系统可在分出分保的业务规划和巨灾风险的监控两方面发挥重要作用。分出业务规划的根本目的是使分出公司以最经济的价格获得所需的再保险保障。在完整的保单和赔款资料的基础上提出各种不同自留额和限额的方案，运用计算机系统强大的计算能力迅速对保额、保费和赔款进行分摊加总，作出虚拟统计数字，使人们可以在不同方案之间进行明确清晰的比较，在考虑市场等各种因素后提出正确的分保方案。

巨灾风险责任的监控管理水平与分出公司的财务稳定密切相关。国际分保市场接受人越来越重视对巨灾责任的限制，分保条款中的合同巨灾责任限制（Cession Limits）和事故限制（Event Limits）也越来越普遍。因此，外部市场和内部管理两个方面都要求分出公司严格进行对诸如台风、洪水、地震等巨灾风险的监控，只有依靠计算机系统才能将相关的大量数据进行收集、整理和分析，对巨灾的发生及可能造成的保险损失作出科学合理的估计，使人们对分出业务所承担的巨灾风险，在时间和空间的分布有清晰、客观的认识，并以此为基础作出相应的分保安排。

总之，电子数据处理在分出业务管理方面发挥着重要作用，并随着电子软件系统技术的开发、研制，分出业务管理的水平、业务成绩都将取得长足的进展，以适应保险市场竞争的需要，适应世界经济发展对分保业务的需要。电子数据处理在保险业务方面的应用是历史发展的必然趋势。

10.4.2　分入业务的统计分析

分入业务统计不仅应反映一般的业务情况，而且还要为业务的承保、管理和分析提供必要的资料，以达到改善经营管理和提高经济效益的目的。因此，分入业务的统计是经营管理方面的一个重要环节。从统计工作这一要求出发，分入业务统计制度的制定和建立应包括两个部分：①基础统计，这是对每个合同和每笔业务的统计，以及经营成果的计算；②综合统计，这是在上述统计的基础上，按业务年度、业务种类和分保方式，或者其他要求，如按国家和地区的综合统计。

1. 基础统计

基础统计的项目有保费、分保佣金、赔款、经纪人佣金、准备金和余额等。货币单位应按原币，使业务不致受汇率变动的影响。资料来源是分出公司或经纪人送来的业务账单、现金赔款通知和出险通知等。其手续是依据这些资料所提供的数字在统计表格的有关项目内进行登记，在会计年度终了时将之加总，并按规定的汇率折成统一的货币，如美元，以便汇总进行综合统计。

当合同的责任终了、账务结束时，应依据这些统计资料计算合同的经营成果。由于业务性质的不同，关于经营成果的计算有两种不同的基础或方式：①结清方式，即所承担的责任截至业务年度的结束就终止，而将未了责任结转入下一业务年度，如火险业务；②自然满期方式，即所承担的责任延续至自然终了，而不受业务年度结束的限制，因此采用这种方式的业务，如水险，一般要延续 3 年或 5 年才能最后计算经营成果。责任险一般要延续 7 年至 10 年或更长时间。

通过基础统计，对于分入业务的管理主要有以下 9 个方面。

（1）如果分出公司未按合同的规定及时发出业务账单，接受公司应抓紧催询。

（2）接受公司对业务账单上的接受成分必须与摘要表上所填明的成分进行核对，如有不符应立即查询。

（3）对于保费应与估价保费核对，如有较大的差别，应向对方查询。如保费过小，会影响收入；如保费过大，虽可增加收入，但质量较差的业务可能会造成较大的亏损。

（4）对于出险通知应进行登记和汇总，以便估计未决赔款，并应在统计表格内登记。

（5）对于信用证的开出和调整应登记并在统计表格内登录。

（6）由于分出公司扣存的准备金是接受公司的资产，但是否按规定退还，会计上如果没有按合同的分户记录是无法掌握的，因此业务部门应加强对准备金退还的查核。

（7）接受公司对于由分出公司所提供的统计数字应与自己的统计资料进行核对，如果有较大的差别，应及时向对方了解。

（8）承保部门除了全面掌握分入业务经营成果，分析有关数字外，还应与会计部门密切联系，了解账务结算情况，注意支付是否及时。

（9）根据统计资料计算合同的经营成果，对于经营成绩良好、运营正常的合同应给予支持，并维持长期互利的业务关系。

2. 综合统计

综合统计是依据基础统计所提供的资料按一定的分类或层次将其汇总，以反映全面的和各种业务的经营情况。

基础统计的货币是以原币为单位的，但为了便于汇总，综合统计应以某种货币为单位，如美元，并规定各种货币对美元的兑换率作为记账汇率。

综合统计的分类或层次基本上有以下 6 种情况。

1）按业务年度、业务种类和分保方式统计

按业务年度、业务种类和分保方式统计是指按业务年度，而不是按会计年度，分别业务种类和分保方式进行的统计。在业务分类方面，一般可分为火险、水险、建工险、航空险和责任险等。在分保方式上，可分为临时分保业务和合同分保业务。每一分保方式内，又有比例业务和非比例业务之分。其中，比例业务还可分为成数分保或溢额分保业务；非比例业务还可分为低层、中层和高层。

交换分入业务可与其他分入业务分别统计，以方便对业务情况的了解。

以火险业务为例，其统计格式如表 10 - 12 所示。

表 10 - 12　火险业务统计表

业务年度_____　　　　　　　　　　　　　　　　　　制表日期：
　　　　　　　　　　　　　　　　　　　　　　　　　　　货币单位：

分保方式与方法			保费	佣金和费用	赔款	余额
临时分保	比例					
	非比例					
	小计					
合同分保	比例		成数溢额			
	非比例	低层				
		中层				
		高层				
	小计					
共计						

2）按合同经营成果统计

按合同经营成果统计是根据基础统计方面的合同经营成果，按业务种类和分保方式的汇总统计，以便进一步了解业务经营盈亏的全面情况。其统计表如表 10 - 13 所示。

表 10 - 13　火险比例合同经营成果汇总统计表

会计年度：1997　　　　　　　　　　　　业务年度：1996　　　　　　　　　　　　单位：万美元

	盈亏额度	合同数	已满期保费	佣金及费用	发生赔款	余额	占满期保费/%
盈余额	5 000 美元以下	70	250	80	160	10	4
	5 000～1 万美元	18	130	41.6	78	10.4	8
	1 万美元以上	2	20	6.4	11	2.6	13
	小计	90	400	128	249	23	5.75
亏损额	5 000 美元以下	6	50	16	37	—3	6
	5 000～1 万美元	3	40	12.8	30	—2.8	7
	1 万美元以上	1	10	3.2	8	—1.2	12
	小计	10	100	32	75	—7	7
共计		100	500	160	324	16	3.2

这种综合统计对业务的经营管理有一定的作用。如不进行这种分析，仅能了解1996年业务年度的火险业务的保费收益是多少。现根据这种统计所提供的资料，可进一步了解到虽然总体是有收益，但尚有10％的合同亏损，且个别合同的亏损还是较严重的，超过了10 000美元。对于这些合同，可结合当地市场情况和分出公司的业务情况进行详细的了解，如亏损是由于重大灾害事故所造成的，还可继续给予适当的支持，如要求改善分保条件和减少接受成分，否则应注销这项合同。对于有收益的合同也应进行分析了解，以巩固这种业务关系。

　　3）按会计年度的统计

　　在基础统计方面，对于各种业务情况是按业务年度进行统计的，而按会计年度统计，是在会计年度终了时，分别业务种类将各业务年度情况给予汇总的统计，以便了解该会计年度各种业务的情况。现以某公司的责任险为例，其会计年度的统计如表10 - 14所示。

表 10 - 14　会计年度汇总统计表

业务种类：责任险　　　　　　　　　　会计年度：1998　　　　　　　　　　单位：美元

项目	1992	1993	1994	1995	1996	1997	1998	合计
（1）保费	—	100	—	100	9 000	27 500	63 300	100 000
（2）手续费及费用	—	—	—	—	1 000	2 800	6 200	10 000
（3）发生未报赔款转入	30 700	6 000	7 700	16 300	21 000	28 100	—	109 800
（4）未决赔款转入	110 300	20 000	21 400	27 000	21 000	17 800	—	217 600
（5）汇价调整	—14 400	—2 400	—1 200	—1 000	—1 800	—3 600	—	—24 400
（6）共计准备金转入（3＋4＋5）	126 600	23 600	27 900	42 300	40 300	42 300	—	303 000
（7）已付赔款	1 800	4 300	2 200	4 700	3 000	5 400	1 400	39 000
（8）发生未报赔款转出	25 000	5 000	6 600	9 300	13 800	21 400	32 400	113 500
（9）未决赔款转出	83 000	16 800	17 900	26 600	31 400	40 700	22 800	239 200
（10）共计准备金转出（8＋9）	108 000	21 800	24 500	35 900	45 200	62 100	55 200	352 700

项目	1992	1993	1994	1995	1996	1997	1998	合计
(11) 发生赔款 (7+10-6)	-16 800	2 500	-1 200	-1 700	7 900	25 200	56 600	72 500
(12) 余额 (1-2-11)	16 800	-2 400	1 200	1 800	100	-500	500	17 500

4）按国家和地区的统计

按国家和地区的统计是指分别国家或地区进行统计，以便了解各地区发展趋势和机构设置。

5）按经纪公司的统计

按经济公司的统计是为了便于了解经纪人介绍的分入业务情况，以便调整对经纪人的使用。

6）按分出公司的统计

按分出公司的统计是为了便于了解某分出公司的业务情况。由经纪人介绍来的分入业务，亦应以各分出公司进行统计。

以上是一般的分类方法，接受分保的公司可视其接受业务的实际情况，参考上述分类和统计表格，制定合适的统计制度和统计表格。

10.5   再保险准备金与再保险基金的运用

10.5.1   再保险准备金

补偿损失是保险的基本职能，保险业的经营主要是为了应付保险事故发生时履行赔偿，以及弥补营业投资损失等。为确保被保险人的利益，政府或保险公司章程或企业自身规定必须提存准备金。

保险企业扣存准备金，是为了作为企业自身确保能够依约支付未了责任（包括自留额和再保险两部分的未了责任）；也是政府规定要求扣存准备金。我国《保险法》第九十八条规定："保险公司应当根据保障被保险人利益、保证偿付能力的原则，提取各项责任准备金。保险公司提取和结转责任准备的具体办法，由国务院保险监督管理机构制定。"

以下介绍几种主要的准备金。

1. 未到期责任准备金

会计年度终了，对当年尚未到期的保险（再保险责任），分出公司对分保接受人必须扣存一定比例的保费准备金，结转到下一会计年度，以备支付下年度发生的赔款。提存的金额一般为分保费的 40%，但也有按分保费的 35% 或 50% 提存的。

2. 未决赔款准备金

未决赔款准备金是为了保障已发生但在业务年度终了尚未结算的赔款。除自留额部分外，分出人根据再保险合同规定，在应付给分保接受人的分保费中扣存为已经提出的保险赔偿或已经发生但尚未提出的保险赔偿，分保接受人分担部分的未决赔款准备金。前者采用逐案估计法，后者只能根据业务总量按业务分类，估计一个准备金的比率。

3. 巨灾事故准备金

巨灾事故包括洪水、台风、地震等自然灾害，以及大火、爆炸、民变、环境污染等意外事故，一般属于非常性质，在计算保险费危险成本时，很难核算，因此只能根据综合因素提取特别准备金，以调节偿付能力。巨灾事故准备金对于再保险人来说，比原保险人更为重要。

10.5.2　再保险基金的概念

再保险基金的要领是以建立保险基金的理论为基础的。保险基金是一种补偿自然灾害和意外事故所造成损失或因人身伤亡、丧失工作能力等引起的经济需要而建立的专用资金。同样，再保险人也要根据再保险的特点，从其所收入的再保险费或其资产中提留一定的比率，作为履行再保险未来赔偿责任的基金。

再保险基金的构成，除了上述几种准备金之外，还包括资本金等。这些资金在用于偿付之前由再保险人管理并不断积累和扩大。

10.5.3　再保险基金的运用原则

将再保险基金进行投资是为了获取收益从而使资金增值，根本目的是为了持续履行再保险人的义务，始终保证可靠的偿付能力。对再保险人而言，保险收入和赔款支付的时间差给再保险人运用资金带来便利及一定的利息，但在这过程中也包含着赔款成本提高的风险，特别是通货膨胀时期，赔款成本和费用随着物价及生活指数的上升而增高，这样就要依靠投资收益来弥补业务亏损，用以往累积来垫补当前支付。

再保险基金的运用主要有以下原则。

(1) 安全性。再保险基金主要是来自于准备金，这要求再保险投资必须注意安全性，对各种风险级别的投资项目要有适当的比例限制。

(2) 收益性。再保险基金运用的目的之一是为了提高公司自身的经济效益，从而增强偿付能力和扩大业务规模。

(3) 流动性。再保险基金要保持一定的流动性，以应付不确定的赔偿。

(4) 多样性。投资应尽量分散，结构多样，合理搭配。一方面可以减少投资风险，另一方面也可以使再保险人的资产和负债相匹配。

(5) 社会性。再保险人的投资同样要考虑社会效益，以扩大公司的影响和提高全行业的声誉。

(6) 寿险与非寿险准备金分开。我国法律规定，保险公司不能兼营产寿险业务，但对再保险公司则没有相关的规定，再保险公司可以兼营产寿险的再保险业务，由于此两类业务的不同特性，再保险公司必须将其准备金分开管理。

此外，由于再保险的国际性，再保险业务活动往往受到许多国家外汇管理、汇率变动的影响。因此，再保险的资金运用还必须适合承保险别、区域范围的保值原则，对某一货币或货币区的责任（负债）保持同一货币相应的资产，以避免汇率变动的损失。

10.5.4　再保险公司的资金投向

再保险公司的资金投向是指对投资项目的选择和投资比例的确定。再保险资金运用方式主要根据资金闲置时间的长短来确定，一般有中短期贷款、抵押贷款和对国家建设项目贷款，购买公债、国库券及其他地方债券和国家重点建设项目的债券，以及各种资信度高的企业债券、股票，购置房地产等。

我国政府对保险资金投向控制较严，我国《保险法》第一百零六条规定："保险公司的资金运用必须稳健，遵循安全性原则。

保险公司的资金运用限于下列形式：

（一）银行存款；

（二）买卖债券、股票、证券投资基金份额等有价证券；

（三）投资不动产；

（四）国务院规定的其他资金运用形式。

保险公司资金运用的具体管理办法，由国务院保险监督管理机构依照前两款的规定制定。"

我国在《保险法》实施以后，随着保险市场的发展，国家对保险资金的运用渠道逐步放宽，除了上述方式外，保险资金还可用于买卖保监会指定的中央企业债券，进入同业拆借市场，通过购买证券投资基金间接进入股市。

复习思考题

1. 概念题

业务管理　财务管理　分保建议　分保条　附约　承保额　基础统计　综合统计

2. 思考题

（1）概述再保险的经营管理。

（2）分出业务的管理要注意哪些方面？应掌握哪些重点？

（3）简述分出业务的过程。

（4）分入分保的经营思想及工作要求是什么？

（5）简述分入再保险的过程。

（6）如何统计和分析分出再保险业务？

（7）简述分入业务的统计分析。

（8）如何正确运用再保险基金？

第11章

再保险市场

在经济学理论上，"市场"是某种商品和服务的供需关系进行交易的场所，即供求关系决定价格和商品交易的地方称为"Economic（Market）Place"。这个"市场"的概念尚不能反映特殊市场所从事的活动和经营，所以要对再保险市场的特殊因素进行分析。

随着世界性再保险公司的发展，其在许多国家的重要城市设立了分支机构或代理机构，吸收当地保险公司的再保险业务，逐渐形成了国际再保险中心，如伦敦、纽约、苏黎世、东京、慕尼黑等。在那里有大量来自本国或国外的再保险业务成交。在另一些市场，则主要通过经纪人安排国际再保险，特别是在伦敦，再保险绝大部分由经纪人居间。

保险人将自己承保的业务分给再保险人，它是再保险的买方（Buyer），再保险人向保险人承担一部分风险，是再保险的卖方（Seller），再保险的成交大部分是通过函电联系，然后达成再保险协议。

11.1 再保险市场概述

11.1.1 再保险市场的定义及必备条件

1. 再保险市场的定义

再保险市场是指从事各种再保险业务活动的再保险交换关系的总和。再保险市场不仅有买方、卖方和中介，还包括市场的环境、组织和管理等各个方面。

再保险市场是从保险市场发展而成的。当直接保险人对其承保的巨大风险或特殊风险不能承受时，有必要进入再保险市场，以进一步分散危险。所以，再保险市场是与保险市场紧密相连的，两者相互依存。并且，再保险市场的交易是以再保险双方互相信任为基础。特别是对于签订长期再保险合同，往往是在双方良好往来的基础上，由分出公司和接受公司充分磋商，接受公司向分出公司提供技术问题等方面的咨询等，从而建立起固定的再保险关系。在某种程度上，再保险合同也是一种合作性契约。正由于再保险市场的这些特点，要求再保险交易具有广泛的国际联系和信息交流。一些需要在世界范围分散的风险通常超越国界，寻求世界再保险市场。然而，世界再保险市场和国内再保险市场并不是能绝对分清的，有些国家的金融市场（包括保险和再保险市场）本身就是国际性的金融中心，如百慕大、卢森堡、新加坡等。在一些市场，只有国内再保险人可以经营国内和国外的再保险业务，严格控制向国外分出再保险业务。在另一些市场，可以由国内再保险人也可以由国外再保险人进行分出和分入再保险业务，在外汇管理上也给予自由。因此，再保险市场较之保险市场有一定的特殊性。

2. 再保险市场必须具备的条件

只有具备一定的条件，才能形成一个完善的再保险市场。以下是再保险市场的形成所必须具备的基本条件。

(1) 比较稳定的政局，保证交易在和平条件下进行。

(2) 比较健全的法律体系。

(3) 保险业务量大，需要再保险支持。

(4) 现代化的通信设备和信息网络是再保险交易的必要手段。

(5) 具有再保险专业知识和实务经验的专业人员。

(6) 金融市场活跃，资金运用自由，允许外汇自由结算。

(7) 出入境限制较少，可发挥国际间的交流作用。

(8) 交通便利，易于进行面对面的交易。

从世界上主要的再保险市场来看，如伦敦、纽约、东京、苏黎世、中国香港、新加坡等均具备了以上的条件，才形成了发达、完善的再保险市场。

11.1.2　再保险市场的分类及构成

1. 再保险市场的分类

再保险市场的类别，按照不同的标准，主要有以下 3 种类型。

(1) 以再保险市场的范围划分，可分为国内再保险市场、区域性再保险市场和世界再保险市场。伦敦是世界上最大的世界再保险市场之一。

(2) 以再保险方式划分，可分为比例再保险市场和非比例再保险市场。伦敦的超赔分保市场是典型的非比例分保市场。

(3) 以再保险险别划分，可分为人身险再保险市场、火险再保险市场、水险再保险市场、航空险再保险市场和责任险再保险市场等。

2. 再保险市场的构成

再保险市场是由再保险的买方、卖方和再保险的中介人所组成的。

(1) 再保险的买方。再保险商品的买方有直接承保公司、专业再保险公司、国家再保险公司、专属保险公司、劳合社承保人和再保险联营组织等。

(2) 再保险的卖方。再保险商品的卖方有专业再保险公司、兼营再保险业的保险公司、国家再保险公司、劳合社承保人和再保险联营组织等。

(3) 再保险经纪人。再保险经纪人是再保险分出公司和接受公司建立再保险关系的中介人。再保险交易之所以通过再保险经纪人中介，主要是因为其独特的作用和提供的良好服务。再保险分出公司和接受公司都比较信赖再保险经纪人，往往与其有长期的合作和友好的私人关系，认为再保险经纪人熟悉国际市场的行情，有专业知识和实务经验，能够为其提供良好的再保险计划和条件，比自己直接交易更为有利。再保险经纪人不仅为分出公司和接受公司建立再保险关系起连接作用，而且还为双方提供服务。再保险经纪人要将再保险接受公司的资信情况告知分出公司，同时也要将分出公司分出风险的实情告知接受公司。再保险经纪人在分出公司的授权下向接受公司支付再保险费。在赔款发生时，受分出公司的委托，及时向接受公司收取赔款。在必要时，也可以代表接受公司支付赔款。另外，再保险经纪人还向分出公司提供互惠交换业务等。再保险经纪人根据提供的多种多样服务，分为综合经纪人、伦敦市场经纪人、劳合社再保险经纪人、国际经纪人、临时分保经纪人、专属保险公司经纪人等。

（4）再保险市场的供求关系。再保险市场的供求关系是非常复杂而松散的，可分为基本市场和特殊市场。基本市场一般是比较稳定的，如海上保险和财产保险业务基本上是稳定发展，供求比较协调。目前，要保一栋几十层的银行大厦，价值几十亿美元，几个大的市场是很容易安排的，可选择的供方也较多，一般属于买方市场。但如果是合同分保，还要看合同的性质和条件、分保人的信誉和经营素质等。

巨灾市场对再保险人而言既有吸引力，也让人担心。石油和核电站保险业务有专门的市场，如核电站保险的分保业务，慕尼黑再保险公司大概可容纳 5 亿～6 亿美元。英国的劳合社和承保人协会会员是海上保险和航空险等较大的承保与分保市场，可接受几十亿美元的分保业务。劳合社也是金钞和贵重物品的专业承保人。劳合社一般都有四五个首席承保人有能力制定费率，他们的后面跟随着数以千计的力量不等的承保社员，每个社员可以承保几十万到几百万美元的限额。美国的大陆集团对海上保险的容量也很大，美国国际集团西格纳（CIGNA）集团对于石油险、钻井平台险、电站工程险都有上亿美元的承受能力。

11.1.3　再保险市场的特点

1. 再保险市场是国际保险市场的重要组成部分

再保险作为一种特殊形态的保险，有着直接保险无法比拟的优越性，因此作为国际保险市场的一部分，再保险市场有着特殊的功效。在再保险市场上全世界的保险人可以充分地安排分保，确保业务的稳定性。如果离开了再保险市场，保险人在开展业务时会过多地考虑资金与风险平衡的问题，从而限制保险业务的发展。所以，虽然再保险市场是从保险市场发展而来的，但绝不只是保险市场的简单延伸，而是国际保险市场的重要组成部分。

2. 再保险市场具有广泛的国际性

虽然，在世界上有许多区域性（甚至国内）再保险市场，但每一项大额业务的分保，几乎都要从一个市场向另一个市场转分保，即再保险业务本身具有的国际性决定了再保险市场的广泛国际性。

3. 再保险市场交易体现了保险人和再保险人的合作精神

再保险市场的交易基础是互相信任，一般的趋势是由保险公司依靠工作人员作为个别市场的参与者与顾客建立和保持密切的联系。在保险人和再保险人之间，双方的良好接触起着决定性作用。对承保的风险和对风险的判断、鉴定都需要全面的直接了解和掌握第一手材料。对于签订长期的再保险合同，分出人往往在订约前或订约后，要对可能发生的技术问题、市场问题与分保接受人进行磋商。所以，再保险交易在某种程度上也是一种合作经营。这个特点与再保险市场的广泛国际性联系起来，就要求广泛的国际联系和信息交流。

目前，国际市场值得注意的趋势是市场接近于当地和建立信息中心。有许多大的经纪人和专业再保险公司到香港、新加坡设立机构或区域机构，或者成立联络处，这样便于掌握信息，节约费用，更重要的是了解当地市场，便于和分出公司联系。

11.2   再保险的组织经营形式

目前，世界再保险市场承保人的组织形式很多，大体有以下几种。

11.2.1   保险公司兼营再保险业务

保险公司兼营再保险业务可以说是最早的再保险承保人的组织形式。在再保险业务尚不发达的时候，通常都是由直接承保公司兼营的。随着再保险业的发展，这类保险公司在经营直接保险业务的同时，偶尔接受再保险业务，但更经常的是以互惠交换业务的方式获得再保险业务。这种互相交换业务，从经营再保险业务的角度而言，可以相互抵消分保费支付，节约外汇流出，对双方均有利。它们在再保险市场上既是分出公司，也是接受公司。

11.2.2   专业再保险公司

1. 专业再保险公司的概念

专业再保险公司本身并不承保直接保险业务，而是专门接受原保险人分出的业务，同时也将接受的再保险业务的一部分转分给其他的再保险人。但对转分保业务的成分一般都有严格的控制，如慕尼黑再保险公司 1990 年大约占世界再保险费的 14%，瑞士再保险公司占 13%。专业再保险公司是在再保险需求不断扩大、再保险业之间竞争加剧的情形下由兼营再保险业务的保险公司中独立分出来的，以适应再保险业的发展。

世界上最早的专业再保险公司是德国的科隆再保险公司，成立于 1846 年，到 1852 年才开始经营业务。在传统上，专业再保险公司一般直接与保险公司往来，很少通过经纪人，其原因是节省成本和再保险费收取迅速。这一情形后来有所改变，某些地区的再保险业务，经纪人可以发挥极大功能，专业再保险公司也与之来往。

专业再保险公司在全球各地有分支机构，进行再保险营运时，可称为跨国性公司，其规模庞大、单位众多，在市场上举足轻重，直接影响市场的行情。

2. 专业再保险公司的功能

1) 技术部门

跨国性专业再保险公司的技术部门组织庞大、人才众多，常对保险公司提供专业服务。保险公司虽有自己的专门人才，但对某些技术性的问题，仍需借助专业再保险公司。核保、理赔、工程、风险管理及研究部门是此类专业再保险公司的中心，其中，风险管理部门发挥的功能绝非一般保险公司所能做到，它们的专家曾在各行业服务，学有专长，对风险管理能提出精辟独到的见解。现代化的工业管理离不开风险管理，近年来风险管理的观念经由专业再保险公司的推荐，在工业化国家里广为流行。

跨国性专业再保险公司的研究部门也有精彩的表现，对新险种的设计及开发，对某些特殊业务的统计及分析，对全球地震、台风的研究都是保险公司借鉴参考的重要资料。尤其是慕尼黑再保险公司和瑞士再保险公司两大再保险巨人在地震方面所进行的研究分析，已成为全球保险公司的承保依据，甚至受到当地政府的重视。地震是保险人及再保险人最担心又最束手无策的一种天灾，它的可怕性在于无法预知来临的时间、规模及地点，万一发生在地狭人稠之区，造成的伤害将使保险人及再保险人蒙受无可挽回的损失。慕尼黑再保险公司和瑞士再保险公司曾设计出划分地震区的公式及承担风险的统计，据此安排巨灾超额再保，达到分散危险的目的。慕尼黑再保险公司也曾研究世界各地的地震规模，对地震的历史深入了解。地震是无法避免的灾害，如何以分散危险的方式减轻打击面，是跨国性专业再保险公司研究的重点，在这方面它们有相当的成就。

跨国性专业再保险公司的研究部门经常研究开发新业务，或者改进业务内容，以界定保障范围，符合客户需要，创造保险利润。现今市场上的某些保险单内容及条款均出自于跨国性专业再保险公司研究部门的成果，尤以工程险保单条款最为保险公司所接受。研究部门有核保人员、理赔人员、工程师及法律专家，他们设计的新保单往往试行一段时间之后进行重要修订，从而成为市场上流行的商品。

2）展业部门

专业再保险公司的分支机构多为展业部门，负责与保险公司建立关系，搜集市场商情，提供技术资料，安排讲习受训，对一般性工厂进行查勘，对某些承保工程的防震防灾提出建议。跨国性专业再保险公司经常面对发展中国家的保险市场举办讲习班，或者进行保险商品的介绍，或者进行保险单的说明，或者进行再保险合同的讨论，等等，范围广博，内容精彩。保险从业人员受益匪浅，对市场的教育有长期而深入的贡献，提高了保险业的水准和服务质量。总公司的内部也经常举办训练课程，发展中国家与其有关系的保险公司均可派员受训，这种训练较为专业并属长期，是各保险公司从业人员竞相争取的机会。展业部门在总公司核保部门授权之下可以接受业务。一般而言，合同再保险业务均由总公司处理，临时再保险业务在一般授权下，可由各地展业部门处理，但也有例外，视各地市场情形而有所不同。

11.2.3 跨国性专业再保险公司的运作

1. 承受再保险业务

专业再保险公司承受的再保险业务一般不转分保，少数金额庞大或危险性集中的业务才予以转分至其他再保险市场，以伦敦再保险市场为主。业务的承受方式不受限制，但应遵循以下原则。

（1）费率必须合理，必须与当地市场标准相差不多。专业再保险公司的保险费运用不如保险公司灵活，转投资收益自然无法与保险公司相比。专业再保险公司的利润来源多为保险纯益，对费率的要求较严格，因为费率合理与否直接影响收益的多寡，对不合理的恶性竞争尤其厌恶。

（2）重视损失率的改善。损失率直接影响公司的盈余，损失率恶化时，需采取各种措施力求改善，或者提高费率，或者紧缩保险范围，或者压低再保险佣金，或者推出新商品以取代过时且无利可图的业务。

（3）经常性的查勘。承受业务时，对标的物要有深入的了解。再保险公司在保险公司配合之下对承受的风险经常查勘，以确定危险在其控制之下。如果危险因素升高，则立即要求被保险人改善。

在查勘方面，某些专业再保险公司做得非常成功，首先是有专业化人才，其次是经验丰富。他们认为，标的物一经保险，保险公司应将标的物视为自己的产业，妥为照顾，否则一旦发生损失，保险公司要付出大笔赔款，得不偿失。

2. 协助发展中国家建立保险市场

市场成长时保险公司全力开拓业务，必须有再保险公司在技术方面、再保险安排方面和理赔方面的协助，且经年累月地扶持、不断地介入，市场才有规模。跨国性专业再保险公司在这方面的贡献最多。

11.2.4　地区性专业再保险公司

地区性专业再保险公司负责调节市场，协助开发业务，稳定再保险秩序，执行政府政策，保护本国保险利益。由于再保险是保险市场稳定的重要因素，发展中国家或新兴工业化国家都不可能过分开放本国再保险市场，这些国家的财政金融结构与欧美工业大国毕竟有些差距，因此有些地区性专业再保险公司的设立，除经营当地再保险业务之外，并兼具调节市场的功能。例如，韩国的韩国再保险公司、日本的 TOA Re、新加坡的新加坡再保险公司等。这些公司的规模、历史、人员、财力和技术虽不及跨国性公司，但对当地市场在政策性的贡献方面较之跨国公司为大，尤其是当地保险公司大多规模小且承受风险集中，需要地区性再保险公司做后盾。

许多专业再保险公司在世界各地都有附属公司，广泛开展各类再保险业务，为直接承保公司提供了强大的资金后盾和技术服务，加速了保险和再保险业务的发展。近 20 年来，许多亚非拉国家为了减少再保险费外汇支出，加强了再保险管理。例如，肯尼亚、尼日利亚、巴基斯坦、土耳其、埃及等国家，建立了国家再保险公司，由政府控制国内再保险公司向国外分保。

11.2.5　再保险联营

再保险联营是许多保险人经共同协议联合组成的再保险组织，这种再保险组织有一个国家的，也有地区性的、跨区域性的，其组织形式也各不相同，如承保组织、保险集团和协会等（Underwriting Organization，Pools and Associations）。有的委托一个会员公司作为经理人，有的成立"再保险公司"，由各会员公司集资。现在，亚非拉国家都建有这种地区性的再保险集团，如亚非再保险集团、亚非再保险航空集团、土巴伊火险及航空保险集团（1985年改名为经济合作组织再保险集团，ECO）、非洲航空保险集团等。还有一些专业联营性的再保险集团，如由再保险人群体协议组成的处理特殊风险的联合组织，如英国、德国、日本、美国等国建立的原子能再保险集团和法国的特殊风险再保险集团等。

再保险集团的通常做法是集团中的每一个成员将其承保业务的全部或一部分放入集团，然后各成员再按事先商定的固定比例分担每一成员集团的业务。这是在集团成员之间办理再保险的组织形式。集团规章一般定有承保限额，对超限额的责任，集团也向外进行再保险。

如图 11-1 所示，再保险集团中有 4 个保险人分别为 A、B、C、D；A、B 两人保险人分别承保了被保险人 X、Y 的风险，C、D 两个保险人承保了被保险人 Z 的风险；A、B、C、D 这 4 个保险人均将其全部业务放入集团中，并按事先商定的固定比例（分别为 10%、15%、15% 和 20%）分担每一个保险人的损失；对于超过集团成员 A、B、C、D 这 4 个保险人承保限额的责任，则向集团外部的 E 保险人进行再保险，其分保比例为 40%。

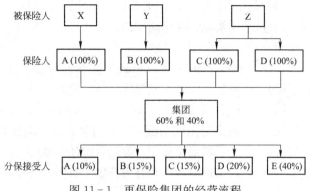

图 11-1 再保险集团的经营流程

11.2.6 专属保险公司[①]

1. 专属保险公司概述

专属保险公司是为特定的目的，由非保险业的企业机构所投资设立的保险机构来承保母公司或其关系企业的保险业务，其经营需要遵守各种法令，与设置地的其他保险经营者毫无差别。之所以称为特定目的，原为减轻税务上的负担，后来因客观需要逐渐发展为多元目的，已无特定的意义。

美国、英国、日本、德国等国家有些大财团和大企业为了节省保险费开支，自身出资开设保险公司，经营其母公司本系统直接保险业务并办理再保险。这样既方便承保，又可以减少进入再保险市场的成本。大企业自设保险公司有纯粹经营其母公司本系统直接保险业务的，也有同时承保外界风险和接受分入分保的。

专属保险公司在 20 世纪 60 年代初逐渐发展起来，其中大部分成立于 20 世纪 70 年代末 80 年代初。有很多专属保险公司为享受免税优惠，在百慕大或开曼群岛等注册，由于其具有很多优越性，很快就得到迅速发展，并向开曼群岛和曼恩岛（男人岛）扩张，因为当时这些岛国都享受免税优惠。但专属保险公司一般规模不大，业务质量良莠不齐，常常要将主要风险转嫁给再保险市场，所以接受分入业务不是很多。这些专属保险公司虽有其强大的母公司为背景，经营则完全独立于母公司。其主要是以方便灵活、节约保费和税款并便于安排分保为宗旨，母公司一般不愿意投入很大的资金，所以它们的自留额都很低，主要的风险仍转嫁给分保市场。再保险保障一般以每一次事故超额赔款或超赔付率赔款的方式为基础，即以最少的分保费求得最大的限额保障。

专属保险公司分为纯粹的专属保险公司、团体专属保险公司和盈利中心的专属保险公司。

1）纯粹的专属保险公司

纯粹的专属保险公司（Pure Captive Company）是指以税负为动机设置的专属保险公司。其产生的背景是按美国国税法（Internal Revenue Code）的规定，纳税义务人对于与其无关系的第三者投保人，按照该第三者与保险人订立的费率交付保险费者，所交保险费可以费用列支，作为课税对象的减少。因此，许多企业就设置一独立的保险公司，将其所需保险向该保险

---

① 专属保险公司是大企业自设的保险公司，为其母公司和子公司提供直接保险，同时为承保外界的风险和接受分入再保险业务。

公司投保，对企业本身一则可以减轻税负，二则其保费由所投资的保险公司来吸收存储。因为，危险事故的发生通常有数年的周期，在这周期内保险费可以累积存储，从而一举两得。

2）团体专属保险公司

团体专属保险公司（Association Captive Company）是指商业公会或个人或公司组织的团体，为解决其在保险上共同的困难而设立的专属保险公司。例如，近两年，美国在责任保险特别是产品责任（Product Liability）和医疗过失（Medical Malpractice）责任方面引起许多诉讼，法院判决多偏于受害者方面，其裁定的赔偿余额较大且每每升高，动辄数十万或数百万美元，保险公司不堪赔付，提高保险费至数倍或十数倍，保险费增加幅度之大，成为医院、医务人员和各种厂商的重大负担。因此，许多医院团体乃合力设置专属保险公司，以解决困难。

3）盈利导向的专属保险公司

盈利导向的专属保险公司（Profit - oriented Captive Company）也称为盈利中心（Profit Center）的专属保险公司，这类公司脱离了原来的范畴，是由保险经营者所设立，其目的不是为承保母公司方面的业务，而是要承保来自各方面的保险业务，以谋取盈利。

综上所述，专属保险公司的母体原来是非保险业的企业，其后保险经营者又参与进来。现在设置的专属保险公司的母体已无保险业和非保险业之分。

2. 专属保险公司的作用

设立专属保险公司的目的是为了发挥以下几个方面的作用。

（1）可减轻税务上的负担。

（2）为母公司解决保险上的困难。企业设立专属保险公司后，专属保险公司可为其母公司承保传统保险所不愿承保的危险，给予母公司更大的保障。

（3）自留危险，并对损失进行控制。母公司的赔款率较同行业低时，可自留危险于某上限度，同时以低廉的保费由专属保险公司承保，既安全又可节减费用；另外，由于有自留危险于某一限度，所以母公司必须控制损失的发生，此为风险管理的有效途径之一，而所支付的保费则又不流入他人手中。

（4）发展成为另一盈利单位。设立专属保险公司的目的原为节省母公司的保险费，但其设立后逐渐将其营运范围扩大，也吸收其他保险业务，自行成为一个独立的盈利中心，即对母公司的客户或其他企业提供保险服务。

（5）开辟业务新市场，从事国际间再保险交易。专属保险公司对于非母公司方面的业务也积极参与，以扩大其营业范围。进入世界再保险市场经营再保险业务，吸收国外业务的技术与经验，也可为其母公司危险性高的业务寻找再保险出路。

（6）在许多国家中灵活调度资金。

（7）节省风险管理上的费用。由于母公司与专属公司直接商洽保险事宜，可免去中间人的佣金负担；同时，专属保险公司因业务来源稳定，一般保险公司在招揽业务方面所需要的各项费用可大大减少，而在百慕大等地又可减轻许多税负。

（8）将费用转为利润。

3. 专属保险公司的缺点

专属保险公司虽有其独特的作用，但也有以下缺点。

（1）业务能量有限。业务来源主要为其母公司，故危险单位有限，虽然大多数专属保险公司接受外来业务，但仍难以适用大数法则，影响了保险功能的发挥。

（2）危险品质较差。专属保险公司所承保的业务多为从一般保险市场上较难获得保障的业务，故不是损失频率高，就是损失幅度大，使其经营困难。

（3）组织规模简陋。专属保险公司通常规模较小，组织也简陋。例如，百慕大的专属保险公司仅安排二三名职员的情形比比皆是，常有一人兼顾数家专属保险公司的会计，而专属保险公司的负责人则每年去一两次，所有主要文件工作（Paperwork）都由母公司的职员在母公司所在地兼办。

（4）财务基础脆弱。设立专属保险公司的资本金规模小，如在百慕大所需注册资本仅为12 万美元即可经营财产保险，人寿险需 25 万美元，两者合计也不过 37 万美元。且由于业务能量有限和危险品质较差等原因，其财务基础较脆弱。专属保险公司的再保险人往往要求其母公司做反保证（counterguar guarantee），遇有专属保险公司违约时，在财务上提供支持，履行应有的义务。

（5）汇率风险影响经营。这属于最近的问题。由多国籍公司（Multinational Corp）或由不同国籍的企业所设立的专属保险公司，因各国外汇管制情形及法令不同，且各国货币汇率时时在浮动，其保险费的收取时间与方法不同。在外汇管制国家，往往必须指定前卫公司（Fronting co.）代为签单后，再以再保险方式吸收该项业务。这时，再保险费的汇兑即成难题。尤其是当专属保险公司本身安排再保险时，再保险费的支付则会因上述理由而延误，影响公司信誉。

专属保险公司虽已设立，但在未妥善安排再保险之前，不可以开始营业。因为专属保险公司资金有限，无法独立承担母公司广大的危险。再保险一向被认为是专属保险公司有效经营的基石，也就是说，专属保险公司的经营最重要的一环是再保险。再保险安排得妥善与否，可巩固也可毁灭专属保险公司原有的目标。专属保险公司往往偏重于母公司方面的业务，所以其业务结构一般较不均衡，危险集中，需要再保险来分散危险。专属保险公司再保险的安排与一般保险公司并无两样，必须注意安全性（Security）、连续性（Continuity）和分散性（Spread）。

11.3　再保险经纪人概述

11.3.1　再保险经纪人的概念

再保险经纪人（Reinsurance Broker）是再保险分出公司和接受公司建立再保险的中介人。再保险经纪人大约于 19 世纪初出现，但严格来说，最初的再保险经纪业务仅属代理性质。1829 年，由英国伦敦的再保险经纪人介绍，法国巴黎联合保险公司与英国皇家交易保险公司（Royal Exchange Assurance）签订了火险再保险合同。

随着再保险业务的发展，再保险经纪人日益增加，他们在世界各国保险公司之间进行广泛活动。例如，伦敦劳合社承保人规定分出和分入再保险业务都必须通过经纪人，伦敦保险公司的再保险业务大部分也都通过再保险经纪人，美国有大量业务通过再保险经纪人分给劳合社。再保险交易之所以要通过再保险经纪人，主要是因为再保险经纪人具有独特的作用和能提供高标准的服务。分出公司和接受公司通常都比较信赖再保险经纪人，往往与再保险经纪人有长期的合作和友好的私人关系。它们认为，再保险经纪人熟悉国际市场的行情，有专业知识和实务经验，能够提供更好的再保险计划和条件，比其直接进行市场交易更为有利。再保险经纪人不仅为分出公司和接受公司建立再保险关系起连接作用，而且还为双方提供服务。

根据再保险经纪人所提供的多种多样的服务，再保险经纪人的种类主要有综合经纪人、伦敦市场经纪人、国际经纪人、临时分保经纪人、专属保险公司经纪人等。

11.3.2　再保险经纪人的职能

再保险经纪人作为分出公司与接受公司建立再保险关系的中介人，其出发点是介绍再保险业务。因此，再保险经纪人的职责主要包括以下 3 个方面的职能。

1. 介绍再保险业务

介绍再保险业务是再保险经纪人的中心工作。由于有经纪人的介绍，全世界的保险公司之间增加了相互接触的机会，从而可使分出公司增加分保对象，再保险公司得以扩展业务范围至全世界的各个保险市场。为了做好再保险业务的介绍工作，经纪人对于各国保险市场应非常清楚，并对各国占主导地位的保险公司情况（如保险公司的地位、资信度、经营方法、财务状况等）十分熟悉。对于各种保险的业务内容、保险费率、赔款经验与承揽费用等也应比较了解。为此，经纪人应经常访问各国，经常与世界各国的主要公司进行实际接触，及时掌握和洞察各保险市场的变化与发展趋势。同时，对于各国有关再保险业务的法律及其修订情况也应充分了解。

2. 提供市场信息

再保险经纪人为了开展其经纪业务，必然要掌握大量保险市场的一手资料，这样在介绍再保险业务时，可以为分保公司选择一个恰当的再保险公司。并且，为再保险公司提供意见，作为接受业务签订合同的参考。

3. 完成再保险工作

当再保险经纪人介绍双方发生再保险交易后，其工作并非即告完成，甚至可以说是工作的开始。首先，在签订合同时，可能因为各国的法律与习惯不同，再保险当事人双方可能会对合同内容发生异议，这时，经纪人要协助双方达成共识。其次，合同签订后，经纪人要为双方传送账表、收取保费、处理赔款等，即承担再保险当事人双方委托办理的事务。

11.3.3　再保险经纪人的作用

再保险经纪人作为再保险当事人双方的中介人，其主要作用表现在两个方面。其一是促成再保险交易；其二是缓解或调解再保险当事人双方之间的冲突或摩擦。再保险经纪人熟悉国际保险市场的行情，有专业知识和实务经验，因此再保险经纪人不仅了解国际保险市场的再保险需求，也有能力帮助原保险公司安排再保险，促成再保险交易达成。另外，专业经营再保险业务的公司很少设置分支机构，因而需要通过再保险经纪人来拓展业务。虽然，再保险公司可以直接获得业务，但通过利用经纪人可以减少许多麻烦。

再保险业务的接洽协商并不能保证每一次都能达成一致的意见而签订合同。由于业务的复杂性和再保险人自身的一些困难，不接受分保业务的情形是不可避免的。在此情形下，如果是各保险公司直接洽商，很容易引起纠纷，导致双方不快，影响双方的关系；而通过再保险经纪人来办理，则当事人双方不必彼此当面协议，因而无论接受与否，均不致有损于双方的友谊。

再保险经纪人对于当事人双方的利害关系有同等的了解程度，在接洽再保险业务和更改再保险方式时，能够兼顾双方的利益，使双方乐于接受。因此，再保险经纪人不仅对再保险当事人双方有利，而且对于再保险制度的改进与发展也大有裨益。

在再保险赔款处理方面，往往由于当事人双方对合同内容的解释不一致而发生纠纷，于是要通过公断或诉讼来解决。在此情形下，再保险经纪人可从中协调双方意见，站在中介人的立场上来解释有关内容，既可以使赔款得以迅速支付，又可以避免双方发生摩擦。

11.3.4　再保险经纪人的选择

虽然大部分再保险经纪人处理来自世界各地的各类业务和各种类型的合同，有些经纪人只对某些地区或某项业务具有经验，而有些则独揽某些国家或某些公司的再保险业务，从设计合同到安排再保险都由他们代理。有些大的经纪公司有几个下属公司或专门的部门分管不同种类的业务。因此，为了安排好再保险，客观上有选择再保险经纪人的必要。

再保险经纪人要完成各项任务，充分发挥其作用，必须具有一定的有效组织。英国经纪人规章规定，保险经纪人必须具有专业经营经纪人业务和履行职责的业务知识、经验和财务能力。有些保险经纪人的同业组织为了维持本组织的信誉，也实施内部监督，使其会员保持一定的业务水平和良好资信。

再保险经纪人在介绍再保险业务时以赚取佣金为目的。当然，为了竞争业务，他们也总是以加强服务作为招揽业务的重要方式，如负责介绍再保险公司的情况和再保险条件，提供业务资料，设计再保险文件，尽可能解答接受人提出的相关问题，如发生再保险赔款，由再保险经纪人收集赔款并按规定支付，等等。再保险经纪人对经手的再保险业务向再保险接受人收取手续费，一般合同及临时续费大约为 2.5%～5%，也有 1.5% 或 3.5% 甚至到 7.5% 的，超额赔款业务的再保险手续费较高，一般为 10%。

有些大的再保险经纪人代表分出人办理结算业务，包括收付手续，因而再保险经纪人经手的款项往往很大，稍有不慎，即可产生不良后果。再保险经纪人拖欠保费的情况时有发生，有些经纪人资信不佳，个别的因经营不良而倒闭。在国际保险市场不景气的情况下，再保险人也有拖欠赔款的，再保险经纪人一般对这种拖欠不负责任。有些再保险经纪人从长远利益出发，或者拖欠数字不大，为了维护自己在保险人中的信誉，也有愿意垫付赔款或清偿呆账的。

综上所述，对于再保险经纪人的选择具有同对保险人（或再保险人）选择一样的重要性。

11.4　世界再保险市场的发展趋势

11.4.1　世界再保险市场的发展

国际再保险行业从 14 世纪以来，曾经历了 20 世纪 60 年代至 70 年代的黄金时期，吸引了大量投资，承保能力供过于求。1974 年全世界再保险费收入为 174 亿美元，到 1984 年上升为 400 多亿美元。由于新公司不断成立，大幅度降低费率，许多承保公司将高度风险的业务转嫁给再保险人。有些再保险人又以更低的费率再一次将责任转嫁给其他的再保险人，称之为转再保险。据统计，当时伦敦有些再保险人往往将其接收业务的 80％转分出去，以至于保险人和再保险人都不承担实际风险，使业绩每况愈下。有些公司经营失利而濒于破产。20 世纪 80 年代末期，保险业投资者已感到赚钱不易，但竞争仍然激烈，主要原因是追求高利率。1979 年，美国利率最高达 21.5％，而在英国，基本利率为 17％，虽然后来分别回落到 11％和 9％，承包人仍然宁愿业务亏损而追求所谓的现金价值。这种经营思想带来了严重的后果，这就是 20 世纪 80 年代的第一次国际保险市场大衰退，不少保险公司因此大吃苦头。1982 年，菲利普斯石油保险公司所属的华尔顿保险公司亏损 6 000 万美元而紧缩业务，海湾石油公司所属专业保险公司也是如此，美国大陆集团百慕大大陆再保险公司停业，新奥尔良石油保险公司所属曼托保险公司最后倒闭清理。虽然，在美国已存在这些问题，但在 20 世纪 80 年代初，美国纽约州、伊利诺斯州和佛罗里达州的再保险公司仍相继开业。纽约保险交易所 1980 年的保费收入比 1981 年的 580 万美元几乎增加一倍，但综合赔付率为 114％。有家承保人年报中居然综合成本率 280％，迫使他们不得不进行整顿。不仅是这些新手感到经营困难，在欧洲，两家最大的国际再保险集团——慕尼黑再保险公司和瑞士再保险公司 1982 年的业绩都出现了亏损。伦敦市场有些公司退出市场，保险利益的受益人亦增加了对许多再保险人的财政稳定性的怀疑。1982 年英国颁布的《不列颠保险法》规定，再保险人必须向商业部提呈关于经营成果的更详细的报告。本来只适用于直接保险人的有关偿付能力的规定，也同样适用于再保险人。

经过提高费率，进行紧缩，倒闭了一批公司，1984 年情况开始好转，1985—1986 年出现复苏势头，不幸 1988 年发生派拨·阿尔法钻井平台沉没事故，损失 14 亿美元。1989 年，"雨果"风暴损失 58 亿美元，旧金山地震损失 15 亿美元。1990 年，欧洲大风暴遍及英国、德国、荷兰；1991 年，日本百年不遇的 19 号飓风；1992 年，美国东部沿海的"安德鲁"飓风，这些导致发生连绵不断的巨额赔款，使国际保险市场又一次走向低谷。加上美国 20 世纪 80 年代责任险和环境污染等巨额索赔，遗留了大量的未了责任。1993 年，世界再保险滚转的未了责任达 500 亿英镑，其中伦敦市场约占 10％。这次世界再保险市场大滑坡影响深远，迫使一个时期某些公司兼并或停业，承保能力下降。1993 年，再保险业务的续转发生前所未有的困难，转分保市场趋于崩溃，承保能力减少三分之二。

国际大财团相继建立专属保险公司，保险和再保险集团增多，大量资金进入再保险市场，造成追逐者多而业务相对减少，导致 20 世纪 80 年代初到 90 年代初两次走向低谷，中间虽有 1986 年的短暂复苏也只是昙花一现，好景不长，而接着是 1988 年以后连续 5 年的大回潮。人们把 1990—1993 年的世界再保险市场描绘成灾难性的冲击。

为了适应国际市场的变化，求得自身的生存和发展，一些国家和公司采取了不同的整顿和改革措施。例如，美国财政部 1993 年通过了《美国再保险业务损益标准规则》，对再保险市场进行整顿。英国劳合社实施改革方案，限制责任，调整结构。1992 年保险费率有较大幅度提高，伦敦汽车险、火险、水险费率一般增加 1.5％～20％。

数据表明，美国"9·11"恐怖袭击事件将最终花费保险人大约 400 多亿美元的开销，其中非寿险保险人将赔付 375 亿美元，占保险赔款的 93.3％；寿险保险人将赔付 27

亿美元，占保险总赔款的 6.7%。这一事件涉及大多数保险险种，在单险种业务中，营业中断险损失最大，达 110 多亿美元，相当于总损失的 25%。在美国"9·11"事件保险机构损失承担分布上，劳合社损失最大，其次是慕尼黑再保险公司、瑞士再保险公司和伯克希尔·哈撒韦保险集团，它们所承担的保险损失分别为 29.13 亿美元、24.42 亿美元、23.16 亿美元和 22.75 亿美元。损失赔付责任最低的荷兰国际集团也达到 4.4 亿美元。世界上共有 100 多家保险公司宣布涉及美国"9·11"事件赔款，已知受理赔款金额为 250 多亿美元。

鉴于再保险业的国际性，目前再保险的主要市场仍为发达国家。控制世界再保险市场的主要国家是英国、美国、法国、瑞士和德国，这 5 个国家的海外分支机构大约占外国公司的四分之三，年保费收入约 800 亿美元。从再保险费收入的地区分布来看，西欧的再保险业务保费收入占全世界总保费收入的 60% 左右，美国占 20% 多，其他地区约占 20% 左右。据瑞士《西格玛》再保险杂志资料，全世界现有 1500 家公司经营再保险业务，其中专业再保险公司约有 400 家，包括 100 个劳合社承保人。

除劳合社以外，世界再保险市场上的大多数业务由专业再保险公司经营，这主要是再保险专业化的需要。全世界有 191 家大型专业再保险公司，其中 15 家最大的再保险公司的保费收入占 191 家再保险公司总保费的 50%，前 58 家再保险公司的保费收入约占总保费的 86%。根据经济合作与发展组织保险委员会的统计资料，全世界再保险费收入中 65% 属于专业再保险公司，35% 属于综合保险公司。世界上较大的专业再保险公司有数百家，而大的综合保险公司则达千家以上。

根据专业再保险公司的组织结构，可以将其分为 3 类公司：①国家再保险公司或专业再保险公司的分公司；②与再保险集团有联系的公司，这些集团主要承保直接业务；③与直接业务无关的公司。

上述 191 家专业再保险公司中，36 家是与直接承保集团或外国公司无联系的专业再保险公司；42 家是外国再保险公司的分公司，主要在西欧和北美；8 家是与直接承保业务的保险集团有关系的再保险公司，大多数也在西欧和北美；其余各家不同程度地为国家所有，主要在发展中国家，也可以说是特殊类型的专业再保险公司，是从直接再保险公司那儿接受法定的分出业务。

欧洲再保险市场竞争剧烈，美国再保险市场需求大，特别是涉及责任再保险的再保险需求，促使欧洲再保险公司进入美国再保险市场。

11.4.2　国际再保险市场现状

随着股票市场在 2000 年出现的大幅衰落，再保险公司认识到，为了保持利润必须改善承保业绩。再保险公司已经不能再像从前那样依赖于投资收入。2000 年末，再保险费率开始好转，费率提高且条件开始变得严格。作为象征，美国的"9·11"恐怖袭击事件终结了上一个疲软的周期，市场坚挺的进程加速了，价格大幅上扬，整个国际保险和再保险市场格局发生了巨大的变化。

美国的"9·11"事件对国际保险业造成了高达 500 亿美元左右的损失，波及全球。这个数值是 1992 年"安德鲁"飓风所造成的保险损失的 2 倍多。全球再保险市场承担了约 60%～70% 的损失，剩余的由直接保险公司承担。2001 年，全球最大的再保险公司慕尼黑再保险集团的综合赔付率增长到134%，而美国再保险公司的综合赔付率增长得更高，超过了140%。另外，再保险公司由于股票市场的崩溃和利率的下降，造成利润大幅受损，很多再保险公司呈现经营亏损。

在严峻的形势下，有些再保险公司从资本市场筹集到新的资本，如瑞士再保险公司，其他则采用节约资本、收缩战线的策略，如法国再保险公司出售了 Coface，汉诺威再保险公司暂停支付股息，苏黎世保险公司剥离了它的再保险部门 Con‐verium，英国的皇家太阳联合保险公司停止了国际业务，德国的格宁再保险公司停止了所有的非寿险业务，等等。

越来越多的大型保险公司被评级机构降低了信用等级。例如，慕尼黑再保险公司和瑞士再保险公司都丢掉了长期保持的 AAA 评级，一些著名的公司如格宁再保险公司、安裕再保险公司、法国再保险公司等都被评级机构降级。

美国的"9·11"事件后，整个国际再保险市场正在经受重要的调整。

（1）市场坚挺的进程加快了，几乎所有的地区和险种都受到影响，尤其是航空险、责任险、自然巨灾，一个新的周期正在开始。

（2）在百慕大成立的一些新公司和一些原有公司筹集了大约 300 亿美元的新资本，相对于缩减的资本而言，十分不足。

（3）分出人对再保险公司的资本实力要求越来越高，没有评级或评级较低的再保险公司很难承保到具有吸引力的业务，实力强大的再保险公司会从转好的市场中得到更大的好处。

（4）再保险公司的投资策略发生改变，谋求降低投资风险。

11.4.3 世界再保险市场的发展趋势

1. 再保险市场的竞争将向合作发展

再保险市场是竞争非常激烈的市场之一。但是，在竞争的同时，再保险市场出现了合作的趋势。出现这种趋势的原因是世界政治经济形势发生了很大的变化，客观上给合作提供了必要的条件。此外，由于信息技术的迅速发展，使世界各地的联系更为密切，给合作提供了技术上的可能。合作的目的可概括如下。

（1）风险的进一步分散。现代化工业的发展，巨额再保险标的越来越多，使单一险位的再保险责任越来越大，这使再保险企业不得不寻求合作，以获得风险的进一步分散，保证经营的稳定。

（2）专业化服务。再保险业给保险市场提供的服务会越来越专业化，而单个公司提供这种保障是不经济的，或者对危险的特性不熟悉，既不知道危险的程度，也不清楚赔款的成本。

（3）为了获得和交换关于再保险商品的价格、条件和可用性的信息。

（4）为了地区或行业的综合利益。

（5）为了避免恶性竞争。

2. 再保险市场的新格局

由于冷战的结束，世界经济格局发生了很大变化，各国都将发展经济放在一个重要位置来考虑。在这种形势的影响下，再保险市场正在出现一种新的格局。一个以欧洲、北美、亚洲为框架的世界再保险市场新格局正在形成。由于历史的原因，亚洲至今还没有区域内共同认可的再保险中心，因此亚洲许多国家或城市都在为建立这样的国际再保险中心而努力。并且，由于前几年世界经济危机的影响，国际保险市场，特别是欧、美、英、日屡遭巨灾袭击，极不景气。相对来说，亚太地区经济相对稳定，保险业尚有一定利润，虽有 1997 年下半年亚洲金融危机的影响，但从发展来看，东南亚和中国仍吸引西方国家将保险业务重点转向这些经济发展的热点地区。

3. 再保险形式将越来越多样化

从世界再保险市场的发展历史来看，再保险市场的发展进程就是再保险形式的演变进程。所以，分析世界再保险市场的发展趋势，必须对再保险形式的变化进行考察。

最开始，再保险交易是一种临时的比例性业务，发展到一定时候，产生了比例合同再保险，在这种形式下，所有保险业务均按约定份额自动分给再保险人。这种比例再保险当然是一种既简便又能增加分出公司承保能力和收益的方式，但它经常迫使分出公司分出大量不必要分出的业务而又不能为分出公司提供一次事故损失的绝对限制。为了克服这些缺点，非比例再保险得到了迅速的发展，从为单一危险单位提供保障的险位超赔再保险，发展到为一次事故提供保障的事故超赔再保险的非比例再保险，还有为整个保险经营提供保障的赔付率超赔再保险等多种形式的非比例再保险。现在，非比例再保险作为单独的再保险形式已相当普遍。因为，非比例再保险能使保险人购买他们认为确切的再保险保障，并且能使再保险人通过价格来控制他们提供的保障。

就单纯的再保险安排方式而言，由于合同保险手续简便，所以一产生便很快成为占主导地位的再保险方式，几乎使临时再保险成为一个很不起眼的配角。但随着先进科学技术的广泛应用，保险标的的金额日益增大，危险越来越集中，累积风险责任越来越大，使合同再保险的限额难以承受。于是，临时再保险灵活、自由的优越性又重新显示了它的威力，使临时再保险重新成为再保险市场的宠儿。今后的再保险安排方式虽然仍以合同再保险占主导地位，但临时再保险的意义将越来越重要，这是一种趋势。

综上所述，临时再保险东山再起和非比例再保险在合同再保险中的主角地位是再保险方式发展变化的一种趋势；再保险的形式将越来越多样化，并且再保险业给保险市场提供的必要服务会越来越专业化；为了适应各种各样的再保险需求，量体裁衣的复合形式的再保险合同必将异彩纷呈，这样也会给再保险市场带来活力和繁荣。

4. 再保险市场的组织形式将进一步呈多元化发展

关于再保险的组织形式，有保险公司兼营再保险业务、专业再保险公司、再保险联营等，这种呈多元化的格局将不会改变，但新近出现的几种变化将持续下去。

纵观再保险市场的发展，变化多端的再保险交易方式层出不穷，其中互惠交换业务的方式大为盛行，已逐渐成为合同再保险的附带方式。互惠交换业务对保险公司的有利之处如下。

(1) 提高保险公司的净保险费收入。因为，保险公司最终取得的保险费收入不仅包括自留的直接保险部分的保费，而且包括交换获得的回头业务部分的保费收入。

(2) 避免总保险业务量的减少。保险公司可用交换回来的业务去弥补由于分出业务而减少的业务量，维持保险公司的总业务量，有时甚至是扩大了业务量。

(3) 进一步分散业务风险，稳定保险公司的经营成果。保险公司接受回头分保业务，意味着吸收了外来业务，这些外来业务有时是跨地区的，有时是跨国界的，这样就使业务风险实现了在地域空间上的广泛分散，消除了单独保险公司业务活动的局限性。

（4）降低了保险公司的费用开支。保险公司通过交换业务可以获得再保险业务，这样就无须为争取再保险业务而设置各种特别的服务设施，节省了由此所需的各项费用，降低了总费用开支。

互惠交换业务除了上述优点外，还可以达到其他经济效果。例如，互惠交换业务可以替代直接保险公司向国外扩展业务，保险公司由互惠分保获得其他国家的再保险回头业务，就可以减少在国外建立分支机构经营业务的必要，节省经营成本。特别是在法律和事实上限制外国保险公司进入国内市场的情况下，直接保险公司无法得到国外业务，这时互惠交换业务却可以冲破这一限制，起到代替直接保险公司扩展国外业务的作用。此外，互惠分保可以防止再保险费的外流，保护国内市场，尤其是在经济不景气或经济衰退时，更是保险发展所需要的。总之，互惠交换业务以其独特的优势在再保险市场得到了迅速发展，这种交易方式将进一步发展下去。

随着专属保险公司在企业中的作用多元化，专属保险公司将成为再保险市场的积极竞争者。由于专属保险公司的业务数量有限、承保的业务风险质量差等天然缺陷，决定了其与再保险有不可分割的联系：专属保险公司的经营以妥善安排再保险为前提。专属保险公司与再保险的联系还在于其业务活动的新趋向是从事再保险业务。

从风险分散的角度来看，共同保险和再保险一样，都是分散风险的好方式。但共同保险先天有两大不足：①要求共同保险的保险人必须在同一地点，这一要求只有劳合社可能满足，其他市场很难办到；②手续烦琐，要保人必须和每一个共同保险人洽商有关保险事项，而保险人之间的商议也辗转费时。为了克服这些不足，共同保险在具体做法上逐渐趋向再保险化。首先，对于并列式的共同保险实行首席共保人制度。这就是在几个共同保险人中推举一个保险人做首席共保人，由首席共保人处理每项保险事务。首席共保人制度的设立沿用了再保险合同或习惯上的首席再保险人制度，是共同保险的再保险化。其次，采取连带式共同保险方式，即承保同一危险的各共保人负连带责任。他们对被保险人的责任不加分割，任何一个共保人一经被保险人请求损失赔偿，就必须单独负全部赔偿责任，待全部赔付后，各共保人之间再按承保份额摊付赔款。这种形式的共同保险可以说在具体做法上完全再保险化了。在共保险再保险化的同时，再保险也在共同保险化。这主要体现在再保险和原保险之间在经济上已形成了共同保险的关系，这是近年来在伦敦盛行的做法，有更进一步的再保险与共同保险共存的趋势。在再保险合同内，证明再保险人要与原保险人为共同保险人，这样再保险人就参与了直接业务。原保险人与再保险人对同一危险承担共同责任，无疑是共同保险化的做法。

上述的共同保险再保险化及再保险共同保险化，对于国际保险市场特别是再保险市场的平衡发展是极其有利的。因此，作为再保险发展的一种良好方式，这种趋势将会受到普遍关注和欢迎。

5. 专属保险公司的复兴

只有30多年历史的专属保险公司从兴起到发展虽然经受了两次国际市场的风雨冲刷，但在近两年保险市场费率猛增、保障缩小、复苏无望的情况下，许多企业仍然把专属保险公司视为风险管理的最好方法，认为它是以最经济的代价处理风险管理的途径。通过专属保险公司自留一部分责任，加上分保所得的手续费，可以降低保险费。近几年来，国际市场保险公司普遍亏损，使专属保险公司也处于逆境，但对大企业来说，仍然取得了再保险保障的好处。因此，目前专属保险公司复苏的势头迅猛，成为国际保险市场的一个重要趋势。

被称为专属保险公司中心和诞生地的百慕大，在经历了 1988—1992 年的滑坡后，保险业正在努力重新塑造理想的形象。1992 年，有 59 家新公司取代了 58 家退出的公司，使岛内继续保持现有 1 320 家专属公司，期望成为今后更加成熟的市场。另外，还有靠近英国的格恩西岛和泽西，也是保险免税港，格恩西岛现有专属公司 240 多家。泽西 1983 年公布保险业法后又颁布新国际贸易法和变更公司利润税法，政府积极鼓励专属保险公司的发展。目前已有若干家专属保险公司管理处成立。1992 年岛上有 27 家专属保险公司成立，是专属保险公司增加最多的地区。几年前尚无专属保险公司的卢森堡现在也有了 165 家专属公司和 30 家自营经理处，它们的母公司分别来自法国、瑞典和西班牙。这些国家的法律规定，不向设在卢森堡的子公司征税。日本企业也认为这种专属保险公司有利于财务安排，准备投入资金。马来西亚和新加坡现在约有专属保险公司 100 个。

6. 采取特殊措施，分散巨灾风险

近年来，欧洲、美国、日本接踵发生的特大风灾、洪水、地震和人为灾祸，一次损失都在数十亿甚至数百亿美元，引起各国政府和保险界的普遍关注。对这些巨大灾害的保险和再保险，许多国家都采取了一些特殊的措施。

巨灾风险需要考虑两个方面。一个是单独的、纯粹的自然危险，如飓风、洪水、龙卷风、地震或火山爆发。据媒介报道，最近 20 年灾害的频率、伤亡人数均有增加。这种情况反映在有关国际组织收集的世界各地区已报损失和涉及数字上，使全世界保险业遭受的经济损失补偿增加。另一个是人为或人为因素巨灾，如溢油和化学或原子巨灾、公共责任风险、大工业区巨灾风险等，经常涉及广大区域或严重事故责任，损失十分严重，像前些年发生在美国的"9·11"事件、苏联核电站核释放事故和印度化工厂爆炸事故等，即使是一次大火灾，也有可能燃烧几十个甚至成百上千个风险单位。保险人对这样的灾害和事故造成的损失将无法控制自留额与再保险人的责任，难以保障其经营的稳定。这就需要采取巨灾超额赔款再保险方式，或者同时采取几种分散危险的措施。1977 年，有几家首席再保险公司和经营再保险业务的保险公司倡议，在欧洲成立了一个专门研究巨灾的可保性组织，目的是提供正确、有效的评估，鉴定巨灾责任，交流地震情况、历史事件等，以及统一风险累积指标，现在有 40 多个国家参加。通过分析有关客户业务的风险因素，采取非常特殊的方法减少个别的损失，包括分析可能的风险因素，估计损失实际发生的概率，选择可补救行动的建议和价格。例如，劝告客户在建造摩天大楼时加固到足够抵御里氏某一强度的地震；也可以劝说客户避免在易涝地区堆储汽油。除了这些比较技术性的措施外，保险人还需组织集团在成员之间分散风险，以适应客户对保险数额不断增加的要求，从而增强承保能力和保证巨灾损失的可保性。

11.5 世界主要再保险市场

近 20 年来，全球再保险业经历了重大的变化，市场规模、业务结构、再保险需求、行业风险，以及再保险组织都在诸多市场因素的影响下发生了相应的改变。

发达国家和地区以北美的再保险需求最大，主要是因为该地区直接业务本身规模就很大，但是该地区分出保费市场份额（地区分出保费／全球分出保费）还是逊于直接保费市场份额，原因是美国的保险公司多采用自保形式，而加拿大政府的保险公司则自留大量的风险。在西欧，分出保费市场份额较高于直接保费市场份额，这主要是由于欧洲保险业务比较分散，由 5 000 家非寿险公司组成了 18 个市场，保险市场规模相对较小，形式单一，因此对再保险的需求相应较大，如伦敦市场作为水险、航空险、货运险和大额商业保险中心，保险商资本规模较小，而承保的风险却很高，所以再保险需求很大。另外，比例分保在欧洲大陆仍然应用广泛，相对于非比例分保来说，分保费支出还是多一些。德国这个欧洲最大的保险和再保险市场仍然有 80% 的再保险业务是比例分保。相反地，日本保险市场对非寿险的再保险需求很小，分出业务市场份额仅 6.6%。实际上，日本自然灾害非常多，但非寿险业务直接保费的市场份额却远高于分出保费市场份额，这是由于日本的保险业高度集中，保险资本雄厚，加之日本政府对高地震风险提供国家保险而造成的。发展中国家和地区保险市场的保险公司与成熟市场相比通常较小，资本薄弱，对世界范围的再保险需求日益扩大。

自 1990 年至今，全球寿险、健康险直接业务空前发展，也带动了该领域再保险市场的大发展，但是寿险、健康险分出业务的增长仍比不上直接业务的增长。北美和欧洲国家的寿险与健康险再保险比非寿险再保险更受关注，这些保险发展成熟地区在寿险和健康险的分出保费占全球的 91%，但是分出率在北美和西欧呈下降趋势。日本在整个非寿险市场上的市场份额是 18%，而该领域的分出保费份额仅占 3.5%，但日本是唯一一个在寿险直接业务下降的情况下分出率却有所上升的国家。拉丁美洲和西欧在寿险领域的直接业务有所增长，但市场份额仍只有 3.5%。发展中市场该领域占比也仅有 5%，这些市场对再保险的需求仍仅限于商业领域保险，而人身险尚不发达。

自然灾害造成的巨灾风险使再保险市场一直处于疲软状态。近 10 年来，巨灾风险使再保险业的损失惨重。同时，全球技术灾难的数量不断增长，技术灾难损失呈现出高于自然灾害损失的趋势，如 2001 年美国的"9·11"事件使得本已陷入困境的全球再保险业雪上加霜。面对巨灾风险，传统再保险产品暴露出明显的缺陷，其风险的分散受再保险自身承保巨灾能力、风险分散技术条件和水平，以及大量同质标的物等因素的制约。此外，再保险人对巨灾风险的恐惧心理也会制约再保险的发展，如再保险市场上已经出现了再保险人对条件十分优惠的再保险业务也不愿意承保或续保的异常现象。因此，全球再保险业面临着严峻的挑战，不断出现新的重组和变革，从而出现了新的发展趋势。例如，再保险业务中采用超赔再保险形式的比例增加，这样有利于克服传统的比例再保险中分入人无权根据实际情况自由定价的缺陷。又如，再保险承保技术水平不断提高，再保险在寿险领域中的运用不断扩大。

11.5.1　欧洲再保险市场

欧洲各国的再保险主要是由专业再保险公司及一些实力较强的大公司承担和安排的。欧洲再保险市场的特点是完全自由化、商业化，竞争很激烈，并且逐步从不很重要的位置变得在世界市场中举足轻重。在国际上最大的 20 家经营再保险业务的保险和再保险公司中，欧洲市场就有 7 家。欧洲各国对保险都有严格的立法及管理办法，但是国家不进行行政干预，也没有关于法定分保的规定。

1. 伦敦再保险市场

1）伦敦再保险市场概况

伦敦市场是以劳合社为主，众多保险公司并存，相互竞争、相互促进、完善有序的市场。在近百年的发展过程中，英国的保险业已形成具有严格的立法、严密的组织结构、广泛的配套网络、巨大的承保能力和很强的技术人才的保险及再保险市场，它不仅是英国本国保险市场的中心，也是世界再保险的中心市场之一。世界保险市场中，航空航天保险和能源等保险的承保能力有 60% 以上集中在伦敦市场。伦敦市场是完全自由竞争的国际化的保险及再保险市场。

2）劳合社

伦敦保险和再保险市场由劳合社再保险市场和保险公司市场两部分组成，劳合社再保险市场更为重要。

劳合社成立于 1688 年，是一个规模很大的保险集团，同时也是全球最大的再保险集团。业务无论巨细，只要符合劳合社的要求都有可能被承受。劳合社的许多大型再保险业务的主要承保者，同时也是许多保险市场的再保险首席承保人。传统的劳合社作风是保守、谨慎、翔实、稳健与可靠。近年来，再保险市场虽然已有变化，劳合社仍然是最令人信赖的市场。

在传统上，业务分给劳合社市场需要通过指定的经纪人。一般经纪人若无劳合社发给的经纪人执照，则无法在劳合社市场中活动，自然无法进行商业交易。由于经纪人是劳合社的业务来源，因此传统上劳合社与经纪人均维持良好的关系。其经纪人担任劳合社与客户之间的中介角色已逾百年历史，恪守商业道德，遵守交易规则，充分发挥经纪人功能，也是劳合社业务蓬勃发展的主要因素。

劳合社是由许多辛迪加（Syndicate）组成的，辛迪加的成员是个人或公司，规模大小不同，成立较早或较具规模者，对业务的承受与选择较有经验，在市场中也名声显著。这些辛迪加常被邀请担任某一业务的首席承保人（Leader），代表市场厘定费率，确定交易条件，审核再保险资料并负责与经纪人沟通联系。首席承保人根据其所了解的业务品质、形态、大小、费率和本身的承受能力以确定本辛迪加的承受量。首席承保人对业务的了解与认识通常是其他辛迪加承受同一业务的依据，因此首席承保人的承受量也足以影响其他辛迪加对该件业务的认受额。

劳合社的承保人是承受业务的关键人物，承保人代表辛迪加承受业务，辛迪加业务是否成长、品质是否完好、年终是否有盈余，除受市场变化及国际间的影响之外，承保人的经验与知识具有决定因素。承保人通常由保险知识渊博、经验丰富、人品高洁且在再保险市场任职多年、广为经纪人熟悉与尊重的人士充任，其中的资深者则为首席承保人。

近年来，由于保险业务蓬勃发展，核保技术大幅改变，往日保守拘谨的英国传统的承保人已趋没落，劳合社面对欧美大型保险公司和再保险公司在国际市场上的强势竞争已感力不从心。近年来，为求业务有突破性发展，能与其他公司竞争，劳合社实施了以下改革。

（1）实施计算机化作业。将劳合社承受的再保险业务建档储存，以利统计，作为核保理赔的参考。账务处理计算机化，使再保险费收入快速入账，实行 6 个月以内入账的规定。往日经纪人常拖延再保险费的缴付，如今实施计算机化之后对财务的运作有极大的裨益。

（2）承保人出国考察，以实地了解的市场特点作为核保与理赔的依据。劳合社的承保人承受业务一向以经纪人提供的信息为核保依据，经纪人提供的信息或来自原保险人、或来自经纪人本身的了解。承保人很少出国考察以亲身实地了解业务状况。这种核保方式在市场变化较小的时代尚能维持。近十年来，全球工商业活动呈倍数增加，贸易量也大幅成长，新兴工业国的经济能力急追发达国家且有凌驾之势，劳合社的传统核保方式已显落伍。为求确保业务来源，维护业绩于不衰，承保人已主动前往各国实地考察，尤其是该地传统上再保险均由劳合社承保者，承保人特别注意其核保方式的改进。

（3）与另一伦敦主要再保险市场——伦敦保险协会（Institute of London Underwriters，ILU）承保人合作，交换信息，改善品质，并相互磋商以厘定合理的费率。伦敦保险协会传统上是劳合社的竞争者，然而面对共同对手，劳合社与伦敦保险协会两大再保险集团又重新合作以应付强大的竞争对象。劳合社与伦敦保险协会的首席承保人经常举行协调会，对某一大型业务双方均参与时，则共同协商统一步调。经理业务的经纪人也参与协调，对业务详情予以建议。此协调会多为不定期性质，主要是为了寻求共同的核保观点及统一费率以减少竞争。由于参与者均为双方的首席承保人，且讨论对象常常是超大型业务，任何一项结论都对再保险市场影响甚巨，以致双方经常无法达成一致的论点，此乃是造成业务延误时机的主要原因。因此，经纪人要求原保险人给予充分的时间以处理分保工作。

（4）发展超额赔款再保险，以开拓新业务。传统的劳合社承保人以承受溢额分保及临时分保业务为主。20世纪70年代，超额赔款再保险开始流行，由于超额赔款再保险具有降低成本、涵盖范围广泛和易于安排等特性，经纪人极力推行，劳合社的首席承保人考虑责任累积过高而不易控制，对超额赔款再保险的承受多持保守态度，或者表明不予接受或只承受少量或选择性接受。近年来超额赔款再保险的发展渐趋成熟，且日益广泛，责任累积的控制也广受核保人注意并予以技术上的改进，劳合社承保人同意接受超额赔款再保险者也较往日增加。劳合社虽然同意承受超额赔款再保险以增加新业务，但对责任累积的控制并未放松，规定每一辛迪加的个人会员承受的超额赔款再保险费收入不得超过全年该会员总保费收入的2.5%。

（5）直接承受业务。为广泛拓展业务，除了经纪人之外，劳合社宣布其辛迪加可以直接承保业务。几百年来，劳合社业务均来自经纪人的中介，不经经纪人而可以直接承受业务是劳合社的一大改革。这一变化是针对经纪人影响力较弱的地区或险种，如劳合社与加拿大和瑞士两地区的关系甚为密切，即是开拓直接业务的有力据点。

3）伦敦保险协会

伦敦保险协会是劳合社以外的另一大规模的再保险市场，它由保险公司组成，历史悠久，成立于1884年。其成立的动机是与劳合社竞争。现在伦敦保险协会的成员包括：①原有英国大型保险公司；②英国大型保险集团的附属再保险公司；③外国再保险公司在伦敦的分公司；④外国大型保险公司在伦敦的分公司；⑤外国保险公司或再保险公司在伦敦委任的代理人。伦敦保险协会承受业务可经由经纪人中介，也可直接承受，较之业务来源偏重经纪人的劳合社而言自由得多。但是，劳合社与经纪人之间有传统关系，在业务萧条或不景气来临时，劳合社经纪人能为劳合社市场尽力，这一现象较之伦敦保险协会不同。伦敦保险协会业务来源较为广泛、复杂，因组成分子不同，其业务来源也不相同，大致可分为以下3类。①各大型保险公司的分公司承受业务之后，经由总公司的再保险部门分保至伦敦保险协会市场。此种业务以英国本地业务为主。②经纪人带来的业务。经纪人在市场中进行分保工作，其方式与向劳合社市场分保相似。③各大型保险公司在国外的分支机构承受业务之后经其总公司分保至伦敦保险协会市场。

伦敦保险协会的业务以上述 3 项来源为主,与劳合社的业务全来自经纪人有显著不同。由于伦敦保险协会是由许多公司组成,其结构的紧密度不及劳合社。伦敦保险协会的组成分子各有其不同的核保规则及限额,并不相互交换经验。由于组织松散、核保不同,因此业务品质不易控制,近年来的损失率高出劳合社许多,尤以大型保险公司自北美地区承受的不良业务给伦敦保险协会市场带来极大亏损为多。这些公司过去 20 年来在北美地区大力扩充业务,一旦亏损常带来无法弥补的赤字,导致全球性再保险市场萎缩。某些公司以整顿内部人事以求更新核保技术从而达到转亏为盈的局面;某些公司则尽力缩小北美地区的业务量,以保守经营的方式减少亏损;某些公司则出售股份,与其他公司合并。经过十余年的改革,伦敦保险协会市场已有大幅改善,大部分的会员公司已转亏为盈,伦敦保险协会市场调整其业务结构、核保方式和业务来源,以新姿态重新担任全球再保险业务的首席承保人。

(1)与劳合社合作,在大型业务的承受方式上力求立场一致。大型业务的核保常常取决于再保险的支持与否,因此再保险首席承保人扮演了核保人角色。伦敦保险协会和劳合社为求立场一致,经常不定期举行协调会,讨论核保准则。分出公司及经纪人通常与首席承保人保持密切联系,以共同开发新业务。

(2)与劳合社合作厘定费率。伦敦保险协会的承保人当被问及费率时,如该业务为一大型或主要业务,为了减少竞争,经常与劳合社承保人共商费率。此举以船队的整体费率最为普遍,伦敦保险协会与劳合社承保人协商制定一套核保准则及费率结构,用以承保船舶保险,此即 "Joint Hull Understanding"①,船舶保险的费率均以该准则为标准,会员公司不得违规承受业务。其他如航空险、造船险也有类似的标准出现。

(3)与劳合社合作共同担任首席承保人。共同担任首席承保人是与劳合社进一步的合作,某件业务如经劳合社与伦敦保险协会共同担任首席承保人,则该业务的分保工作则无往不胜。

(4)成立伦敦保险协会费率及险别委员会以加强核保效能。为使伦敦保险协会市场能结合紧密,成立委员会协调各方步调一致是其要件之一,其费率及险别委员会与劳合社委员会类似,可以发挥核保效能,监控业务品质,以避免自我竞争。

(5)集中核保人办公室于一处,一方面方便经纪人洽谈业务;另一方面便于交换商情。过去伦敦保险协会的核保人办公室分散于各处,经纪人进行业务洽谈不太方便,现在主要的伦敦保险协会核保人迁入共同的办公室,形成类似劳合社的再保险市场,经纪人可以在同一地点找到不同的再保险首席承保人,方便许多且节省时间。

(6)通过海外设立的分支机构了解保险市场的发展趋向,并交换信息。伦敦保险协会的成员在国外多半设有分支机构,伦敦保险协会承保人在承受海外业务时,遇有难以取舍的情况,多半询问其海外分支机构,要求提供意见作为核保准则。这一系统较之劳合社一切以经纪人意见为准高明得多。伦敦保险协会的海外分支机构常常为当地的出单公司,对该处保险市场的了解自然深入,提供的信息也较准确。

(7)减少对美国市场的依赖,转而开拓欧洲及亚洲再保险业务。20 世纪 70—80 年代中期,伦敦保险协会会员公司承受大量美国市场再保险业务,结果亏损累累。痛定思痛之余,

---

① Joint Hull Understanding 如今已不再使用。

决定大幅缩减美国市场业务，转而开发欧洲大陆市场及亚洲新兴国家的再保险业务。

过去欧洲大陆的再保险业务多为专业再保险公司所控制，伦敦保险协会以其巨大的能量加强竞争力，获取不少再保险业务。亚洲新兴工业国家潜力雄厚，唯其保险公司规模较小，对大型业务常常需要再保险市场支持。伦敦保险协会对亚洲新兴工业国家的再保险市场兴趣浓厚，近年来也积极介入。

4）伦敦再保险市场的特性

劳合社和伦敦保险协会均为超大型的再保险市场，拥有巨大的承保能量，对全球各地提供可靠的再保险服务。劳合社和伦敦保险协会的成员多为英国公司，沿袭了英国的再保险传统，其特性如下。

（1）持续性介入。再保险业务承受之后，不轻易放弃，如无特殊情况，则每年续保，条件不变。介入某一市场之后，不轻易撤出，偶有损失率不理想，则要求改善，提出许多改进措施建议以谋对策。以短暂介入、快速撤离的方式经营再保险业务绝非英国的传统作风。

（2）严谨核保，合理赔偿。业务承受之前常常要求提供许多资料并对其仔细核对，务求对该业务了解透彻。再保险业务的核保方式与直接承保业务的核保准则并无不同，承保人都经验丰富，故能对业务充分了解。理赔方面只需符合规定，鉴定无拒赔理由，通常都能予以赔付，偶有疑虑也都立即反映，以求合理解释。通常理赔的准则均以理算报告为依据，理算报告需翔实可靠，遇有关键之处不可一语带过。常有某些理算报告过分简略，对数千万元赔款以简单数言说明即予结案，此举常引起伦敦保险协会或劳合社承保人的疑虑，而要求更多解释。这种要求甚为合理，原保险人也可借此机会改善理算技术。

（3）尊重经纪人。经纪人扮演中介角色，地位中立，立场客观，对业务的了解有时超过核保人；又由于经纪人时常到业务来源地旅行，以实地了解业务品质，对核保技术帮助很大，因此核保人均极重视经纪人。近年来，经纪人对业务竞争不择手段，品质良莠不齐，核保人也渐渐改弦更张，力求多向发展，如劳合社不久前宣布可以直接接受业务而不经过经纪人，改变了百年来的传统。今后业务来自于经纪人者虽仍占大多数，但直接承受的业务量也会增加。尽管如此，经纪人在劳合社及伦敦保险协会核保人心目中的地位仍然崇高，并受尊敬。

（4）首席再保险人制度。以主要再保险人为首的分保方式首创于伦敦。对原保险人而言，首席再保险人制度有优点也有缺点。优点是便于一次作业，业务有了主要再保险人支持，分保工作迅速完成，节省时间并建立信誉，对于大型工程和特殊项目的分保安排具有极大的方便性，因而颇受保险人的欢迎；缺点是业务若遇有竞争，局面的控制往往不在于原保险人，而取决于首席再保险人，有时会因费率和条件不能达成协议，使原保险人失去了首席再保险人的支持而丧失业务。

（5）保守有余，开创不足。过去数十年来由于再保险市场变动性小，遂养成核保人经营业务方式墨守成规、缺乏创意，从而失去竞争力。对亚洲新兴工业国家而言，这一特性尤其困扰着业务拓展。因为，亚洲工业国家保险市场发展快速，需要有弹性、有创意、新种类的再保险支持。墨守数十年不变的核保方式常常不能满足这些新兴国家的需要。然而，劳合社和伦敦保险协会的核保人也很了解目前处境，近年来已对这些地区进行大幅度的核保修正，经常派人员来亚洲做巡回式交换意见，以求拉近双方距离。

（6）对陌生地区的歧视性。对陌生地区的再保险业务，除非有深入了解，否则均持先入为主的褊狭观念予以排斥。这一作风常令原保险人不能忍受，然而仔细分析则可得一结论，即劳合社或伦敦保险协会的核保人在考虑某一来自陌生地区的再保险业务时，常以工业化国家的核保准则来衡量其品质，所得结果自然有偏差。这种褊狭观念至今没有改善。

（7）信誉得到肯定。劳合社和伦敦保险协会历史悠久，信誉卓著，再保险业务若能得到劳合社或伦敦保险协会的支持，通常分保顺利，易于安排。任何业务经由劳合社或伦敦保险协会承受一部分，其余部分的分保工作多能顺利完成，或者分保于欧洲大陆市场，或者分保于北欧市场，均可于短时间内完成。因此，原保险人及经纪人均优先试探劳合社和伦敦保险协会。久而久之，此两市场信誉远播，也有助于业务的发展。

（8）对业务的垄断性。劳合社和伦敦保险协会对再保险业务的承受具有代表性及权威性，某些有规模的大型业务于续保时常需交涉再保险条件，若是条件谈判破裂，则原保险人及经纪人均需另觅再保险市场，旷日费时，不易完成，因为其他市场一方面不愿与劳合社和伦敦保险协会做无谓的竞争；另一方面对某些业务不甚了解，不敢贸然取代劳合社或伦敦保险协会。所以，一般大型业务进入劳合社和伦敦保险协会市场之后，常受其垄断性影响而进退不得，再保险条件常受其挟制而于续保时影响原保险人与客户之间的关系。许多原保险人为防止这一现象的发生，多用再保险市场分散方式与之对应，即将再保险市场分散于各地，不再集中于劳合社和伦敦保险协会。此种做法固然避免了首席承保人控制再保险条件的困扰，但分保工作量大为增加，成本提高，并且再保险市场良莠不齐，风险相对提高，不可不慎重。

（9）学术研究风气浓。英国特许保险学会（CII）及其他保险研究所造就人才大量为劳合社和伦敦保险协会公司所选用，一时学术研究蔚然成风。各保险公司均有内部规定，人事升迁除依工作表现之外，并以是否取得 CII 的资格为基本条件，因此新进员工均热衷于学术研究，积极求取 CII 资格。CII 的考试科目均为理论与实务并重。1980 年，劳合社和伦敦保险协会的会员公司决定对船体险及货物水险保单条款进行大幅修改，保单格式也有突破性变动，在条款修改过程中，学术界与实务界共同研讨，成为伦敦保险市场的一大盛事，重视学术研究再一次得到认可。条款修订完成之后，曾将初稿送请各国保险研究机构改正并提出意见，可见伦敦学术研究风气活泼，并不拘泥一隅。

（10）在职培训。由于劳合社和伦敦保险协会的会员公司均有保险公司及再保险公司的双重身份，员工在服务期间有机会接触保险或再保险业务，其再保险的承保人也皆由保险部门调派，任职一段时间之后再调回保险单位进行在职训练以加强核保知识。许多国家的保险公司派遣再保险从业人员前往伦敦保险协会的会员公司受训，该会员公司一般会为他们安排某些核保部门的课程，因为他们认为，再保险的承保人实际上是保险的核保人，二者接触对象虽有不同，实务上却是一样的。再保险从业人员若不能深入了解原保险的核保技术，无异于隔靴搔痒，不切实际。

2. 德国再保险市场

欧洲再保险市场主要由专业再保险公司构成，其中心在德国、瑞士和法国等。欧洲大陆有世界上最大的两家再保险公司——德国慕尼黑再保险公司和瑞士再保险公司。欧洲大陆最大的再保险中心是德国，在世界前 15 家最大的再保险公司中，德国占了 5 家。德国的再保险市场很大程度上是由专业再保险公司控制的，直接再保险公司做再保险的业务量很有限。

　　慕尼黑再保险公司建于1880年，是世界上第一大再保险公司。庞大的分公司和分支机构网络遍布全世界，使慕尼黑再保险公司成为世界再保险市场的主要力量。自公司创办以来，向商业伙伴提供了强大的承保能力、必要的担保和高水平的专业知识与优质服务，这已成为慕尼黑再保险公司经营获得成功和在国际上享有声望的主要因素。慕尼黑再保险公司多年来连续被美国标准普尔评级公司评定为AAA级，另一家美国的评级公司（A. M. Best公司）多年来也一直给予该公司最高的赔偿能力评级A＋＋（优秀）级。上述两个公司的优秀评级均分别在1997年8月、12月和1998年及1999年再次得到确认。

　　慕尼黑再保险公司在全世界150个国家从事经营非人寿保险和人寿保险两类保险业务，并拥有60多家分支机构。其总部及60多家再保险公司附属机构、分支机构、服务公司与代表处、联络处共有1 000多名职员。

　　慕尼黑再保险公司同中国保险行业的合作可追溯到中国人民保险公司建立之初，1956年就有了再保险业务联系。其间经过短暂的停止后，又于1973年恢复合作关系。这种合作是建立在相互信任和配合的基础上的，因而得以持续发展。1997年，慕尼黑再保险公司在北京和上海分别成立了代表处，这成为慕尼黑再保险公司与中国保险市场长期合作史上的又一个新的里程碑。代表处的成立不仅为慕尼黑再保险公司翻开了一页新的篇章，更可以通过慕尼黑再保险公司总部和香港分公司的支持，在中国初步形成一个服务网络①。

　　慕尼黑再保险公司在国内市场上的地位也相当显赫，与国内200个公司有业务往来，其中包括欧洲大陆最大的保险公司——安联保险集团（Ailianz），它们的联系由互相拥有对方25％的资产而维系，通过共同承担风险而加深了联系。

　　由于联邦德国经济的迅速发展和第二次世界大战的冲击，慕尼黑再保险公司长期集中精力在国内打基础，战后几年的外汇控制无疑也是限制国际业务、鼓励国内再保险业发展。虽然，后来慕尼黑再保险公司也拓展了国际业务，成为世界再保险市场上的主要力量，但是国内业务仍占有很大比例，欧洲是它的第二目标，海外则是它今后发展的方向，目前很重视对东欧及亚太地区的开拓。慕尼黑再保险公司与世界上120个国家的2 000多个国外公司有联系，而保费收入只有40％左右来自国外，且其中56％来自欧洲，16％来自北美，13％来自中东、远东和澳大利亚，9％来自非洲和近东，6％来自拉丁美洲。慕尼黑再保险公司的主要分公司和代理处设在北美、英国、瑞士、南非、澳大利亚、新西兰。公司向外扩展的最佳业务是工程保险的再保险，已经在几个发展中国家有长驻工程人员、服务公司、技术顾问。慕尼黑再保险公司进入发展中国家是希望促进这些国家再保险的发展，它大量地培训客户公司的职员和那些想与之有业务联系的公司职员，以技术服务的优势作为发展关系的起点。

　　3. 瑞士再保险市场

　　欧洲大陆第二大再保险中心是瑞士。瑞士稳定的社会和经济、成熟的金融业和自由的法律环境，特别是苏黎世金融机构的发展、瑞士法郎的持续坚挺、资金流动和交换的无限制，使瑞士成为国际保险和再保险的中心。与德国再保险市场相似，瑞士再保险市场也是专业再保险公司占统治地位，除瑞士再保险公司外，还有名列世界前茅的苏黎世再保险集团和丰泰

---

　　① 慕尼黑再保险公司通过再保险业务为中国保险公司的需要提供了综合服务。例如，曾为许多建设项目提供必要的再保险业务。此外，许多慕尼黑再保险公司的出版物、保险条款和电子数据处理服务产品已翻译成中文，在中国组织了许多研讨会、讲习班和培训课程。

集团（Winterthur Swiss Insurance），只是德国的专业再保险公司更多，有 28 家，瑞士仅有 9 家。瑞士拥有世界第二位的再保险公司——瑞士再保险公司，虽然瑞士再保险公司的总保费收入屈居慕尼黑再保险公司之后，但是它的国外再保险费收入一直居世界之首，这也是瑞士再保险公司与慕尼黑再保险公司在经营业务结构上的最大区别。瑞士再保险公司的发展是以国际业务为基础的。

瑞士再保险公司建于 1864 年，其保费收入的 90% 来自国外，从欧洲来的大约为 53%，北美来的为 22%，亚洲来的为 8%，非洲来的为 5%，澳大利亚来的为 2%。公司 50% 的业务由苏黎世的总部办理，其余的由在德国、伦敦、纽约、多伦多、墨尔本、约翰内斯堡的分公司办理。瑞士再保险公司在发展中国家的影响较大，尽管在发展中国家和地区没有设立分公司，但是在墨西哥、菲律宾、新加坡、委内瑞拉有服务机构，提供再保险事务咨询和客户职工的训练。瑞士再保险公司的信息中心在世界再保险市场中很有名。

11.5.2 纽约再保险市场

美国作为世界再保险最发达的国家之一，其再保险市场已越来越为人们所瞩目。美国保险市场广大，其保费收入几乎占全球保费收入的一半。但是，其再保险市场的发展偏重于业务交换、共同保险和联营（Pool）方式，与伦敦再保险市场有很大的差别。虽然，纽约再保险市场已跃身于世界再保险市场的前列，但其还是最近 30 多年才发展起来的，一部分原因是美国保险业发达，使其可以自留相当比例的保费，这比欧洲再保险公司的自留额高得多；另一部分原因是美国的法律与欧洲相比不利于再保险的发展。纽约再保险市场主要由国内和国外的专业再保险公司组成，公司的规模有大有小，组织结构多种多样，发展速度之快、业务来源之广使它们成为世界再保险市场的主要力量。

1. 纽约再保险市场的主要组织

（1）纽约保险交易所。纽约保险交易所成立于 1978 年，为再保险交易提供了场所，其组织方式和运作方法仿照伦敦劳合社的做法，由一些辛迪加组成，接受再保险业务，但是其成员是公司，负有限责任。由于成立时间不长，且近年来损失率偏高，业务已相当萎缩。

（2）协会。协会形式的保险及再保险组织为多家公司所组成，类似于伦敦保险协会。美国是一个大陆国家，保险公司的本土色彩浓厚，规模庞大，财力雄厚，使保险公司趋向于自主，业务的开拓不完全依赖再保险的配合。数家公司联合签单或协会介入接单，一项大型业务通常可在美国本土消化。然而，美国公司经营保险是否顺利与完善，仍需完整的再保险支持，尤其过去 10 年来，美国市场损失率非常高，公司政策除力求淘汰不良业务外，已开始大力寻求伦敦再保险人协助吸纳风险。在劳合社和伦敦保险协会市场上的美国业务已呈现大幅上升之势，业务量占有相当的比例，重要性已非其他地区再保险业务所及。

美国保险经纪人公司类似于英国的经纪人公司，部分大型经纪人公司兼具再保险功能。由于美国再保险市场不够活跃，美国再保险经纪人的功能自然不及英国的经纪人公司。近 10 年来，美国与英国的经纪人公司进行一连串的兼并，许多大型经纪人公司合而为一，更增加了其功能，这也是促成美国业务流入英国再保险市场的原因之一。并购行为也加强了英、美两国在保险市场上的合作。

纽约再保险市场的再保险交易主要有 3 种方式，第一种是通过互惠交换业务；第二种是由专业再保险公司直接与分出公司交易；第三种是通过再保险经纪人。业务主要来源于北美洲、南美洲和伦敦市场，其他的则来自世界各地。纽约再保险市场与其他世界再保险市场一样，在那儿可以获得各种形式的再保险保障，比例的或非比例的，再保险人可以根据保户的要求制定条款。在扩展再保险业务问题上，美国再保险人摒弃了欧洲再保险的传统做法，即不用打电话和直接飞来飞去的展业方式，而是选择长久的立足点渗入再保险市场。由于美国地域辽阔，再保险人在各个地区建立总公司和分支机构，以适应与其本国经济环境不同的再保险市场，改变再保险形式。除了经营人身再保险业务的兼营再保险公司外，经营非寿险的兼营再保险公司已经成功地进入了国外再保险市场，特别是进入南美洲市场。

2. 纽约再保险市场具有的显著特点

（1）美国再保险公司把经营的注意力首先放在本国国内。美国幅员辽阔，给再保险人提供了相当广阔的业务经营领域，这是其扩展业务的良好条件，他们与国外联系的多少受伦敦市场的影响。尽管美国再保险已开始向国外发展，但仍然是再保险的净进口国，尤其是美国的责任保险对再保险的需求很大，这也使欧洲再保险人得以在纽约再保险市场站稳脚跟。

（2）美国再保险人具有相当强大的财力。这一特点使美国再保险公司可以与美国保险界的其他公司或保险界外的公司相抗衡。由于自我集资、融资的稳妥政策，资本和保费盈余很高。

（3）美国非寿险再保险人不能经营寿险业务，这样可以防止非寿险再保险人用寿险业务的收益去弥补非寿险业务的差额。美国的寿险再保险业务是由直接寿险公司和健康保险公司办理的。

（4）美国的再保险业务几乎与大企业、大团体无缘，因为大企业、大团体认为没有必要再保险，对于那些自己无能为力的大灾害则往往求助于伦敦市场。

（5）美国再保险公司与其分出公司关系密切，通力合作。美国中型的再保险公司一般在其分出公司成立的时候就与其建立联系。每年全美大约有几十家股份保险公司和相互保险公司开业，它们之所以能够开业并开办下去是与再保险人的合作分不开的。

（6）美国再保险人不管是对比例再保险，还是对非比例再保险，总是坚持要得到它所支持的保险公司的全部再保险业务。

11.5.3　亚洲再保险市场

这几年似乎有一种共同的趋势，就是各区域都正在形成新兴的再保险市场中心，如阿拉伯的巴林，亚洲的新加坡、韩国，大洋洲的澳大利亚等。这些新兴再保险市场与西方发达国家再保险市场相比规模都不算大，但是它们富有生气，发展迅速，前景引人注目。

1. 日本再保险市场

日本在 21 世纪初共有保险公司 23 家，其中 21 家当地公司，2 家外国公司的分公司。在当地的 21 家公司中有 1 家专业再保险公司，该公司同其他各保险公司一样均属非国有公司，其主要业务是承保日本境内外的分保业务并组织转分保，以保障其经营的稳定性。日本保险法中没有关于法定分保的规定，再保险在日本主要靠市场调节，是纯商业性的行为。但是，日本市场上各公司之间的竞争是非常有序的，在再保险方面的合作默契也是其他各国市场望尘莫及的。日本各保险公司所承保的直接业务主要是本财团内各企业的保险项目。一般情况下，各保险公司都能严格地遵守行业规则，绝不会盲目地争抢不属于自己辖区内的保险业务。如果项目较大，超过了一家公司的净承保能力，或者是与不止一家保险公司有利益关系的客户的保险项目时，他们主要是采取共保或分保的方式解决，因此达到利益共享、风险共担的目的。从日本市场分向国际市场的主要是高风险和巨灾风险业务。普通风险的保费外流仅占日本整个市场该类业务保费的 2%～3%，大部分是通过合同方式同业务质量较对等的公司进行交换分出的。在分保安排方面，日本公司既有直接与接受人发生往来关系的，也有借助于经纪人的技术和力量安排的，日本市场内部的循环机制很顺畅，也很积极有效地促进了整个经济的发展。

日本再保险市场主要通过与某些再保险集团的成数分保或业务交换来实现市场的稳定。日本再保险市场上除了东亚（the Toa）和杰西（the Jisai）两家专业再保险公司外，其余都是兼营直接保险业务和再保险业务的公司，东亚专业再保险公司主要承保非寿险再保险业务，杰西专业再保险公司仅承保国内地震再保险业务。日本国内再保险市场向日本非寿险公司提供了大量的再保险责任，在全国范围内充分分散危险，获得高水平的利润，有效地保证了再保险市场的稳定。

日本进入世界再保险市场开始于国内主要的大再保险公司与其国外再保险伙伴的互惠交换业务的发展，这些业务交换对日本再保险公司来说变得越来越重要，通过交换业务开始的接受国际再保险业务也使日本市场有勇气接受国际非互惠交换再保险业务，并且随着 20 世纪 80 年代后期的调整，日本在世界再保险市场的活动更加稳健。东京有相当大的再保险承受能力，可以提供绝大多数的再保险品种，为日本再保险市场的发展创造了条件，日本是极有希望的国际再保险市场。东京海上（Toki. Marine）保险公司和东亚保险公司在 20 世纪末净保费收入均已超过 10 亿美元，当时已挤入世界前 20 名之内。

2. 巴林再保险市场

巴林位于阿拉伯湾，有海湾明珠之称，是由沙特、科威特、阿联酋、乍得、阿曼和巴林 6 国组成的阿拉伯海湾合作委员会（GCC）地区联盟成员国之一，是中东的主要金融中心和旅游胜地。巴林有中东最大的保险公司——阿拉伯保险集团（ARIG），由阿拉伯国家共同投资，于 1981 年 10 月成立，总部设在首都麦纳麦，资本为 30 亿美元。除经营一般性的保险和再保险业务外，还开办各种投资业务，现已列入世界前 100 家大再保险集团。

3. 新加坡再保险市场

新加坡政治稳定，海上交通方便，良好的基础设施和优越的金融服务部门有助于再保险中心的形成。新加坡现有专业再保险公司 27 家、混合再保险公司 5 家、企业专属保险公司 46 家和经营国际再保险业务的经纪公司 16 家。新加坡再保险公司按法律规定接受当地各公司火险 5% 的分保及其他业务 2.5% 的分保。新加坡政府为了适应亚太地区经济高速发展对保险的需求，同时也为了促进海上石油业的发展，对石油保险实行 10% 的低税优惠，以吸引更多的外国再保险公司在新加坡设立分支机构，增加保险的投入，促进保险业的发展，活跃保险市场，增强在国际市场上的竞争能力。

4. 韩国再保险市场

韩国保险业历史较短，大部分公司成立于 20 世纪 50 年代。但是，随着韩国经济的腾飞，其保险和再保险业也都得到了迅速的发展。20 世纪 80 年代以来，韩国的保险和再保险业逐渐由封闭式走向自由化与国际化。韩国再保险公司目前致力于在菲律宾和中国等地区开拓业务关系，并积极发展同其他国家和地区的再保险业务往来。韩国政府对再保险注重管理和监管，并明文规定在韩国的所有保险公司必须将部分业务分给韩国再保险公司，当保险公司需要向国外安排分保时，首先应分给本国公司。这样，本国公司的自留额都相对比较高，从而使保险费外流比较小。

11.6　中国的再保险市场

我国再保险业发展的历史不长，新中国成立后我国保险业大多是独家经营，再保险业务由原中国人民保险公司（以下简称人保公司）专营，由于是国家保险公司，风险由财政托底，人民币业务一直不办理分保，随着其他保险主体的出现，1988 年根据《保险企业管理暂行条例》的规定，国内开始办理 30% 的法定分保业务，由人保公司再保部代行国家再保险公司的职能。1996 年，人保公司组建集团公司，成立了中保再保险有限公司，至此国内才有了一家经营再保险业务的专业公司。1999 年 3 月，中国再保险公司在中保再保险公司的基础上组建成立，从此中国再保险业进入一个新的发展时期。近年来，随着我国保险市场的持续发展，再保险业也呈现出一些积极的变化，最为显著的是再保险业务开始得到长足发展，再保险市场业务量呈现持续、健康的发展趋势。中国再保险公司 2000 年的保费收入为 140.43 亿人民币，同比增长 17.65%；再保险已决赔款为 69.58 亿人民币，其他各项指标较上年均有一定幅度增长。近 10 多年来，历经几次变革的中国再保险（集团）公司，在培育中国再保险市场，促进直接保险市场发展，服务社会与经济发展方面发挥了积极作用。中再集团的保费收入由 140 亿元人民币增加到 380 亿元人民币，总资产由 150 多亿元人民币增长到约 1 000 亿元人民币。尽管中再集团在国内占据主导地位（产、寿险再保险市场份额分别占到 30% 和 60% 以上），但相比国内业务，中再集团的国际业务在国际再保险市场上的占比约为 0.2%，即使与同处在亚洲的韩国再保险相比，中再集团国际业务保费规模也不到韩国再保险规模的 1/4，差距十分明显[1]。由此可见，大力发展国际业务已成为中国再保险集团公司"做优做强"再保险主业的客观要求。

11.6.1　我国再保险市场发展的基本特点

首先，伴随着我国保险业市场化程度的不断提高，各保险公司突出效益观念，调整险种结构，狠抓内部管理，强化服务意识，保险业务持续、快速、健康发展，取得了较好的经济效益和社会效益。随着原保险业务的快速发展，我国的再保险业务也呈现适度发展的良好态势，分保费收入呈逐年上升的趋势。

其次，再保险经营机构得到了一定的发展。一方面，我国唯一的专业再保险公司——中国再保险公司已经设立了上海和深圳两家分公司，还将进一步增设其他分公司。目前，中国再保险公司在海外已设立了纽约、伦敦、迪拜 3 个代表处。另一方面，商业性保险公司商业

---

① 李培育. 再保险的国际化战略. 中国保险报，2011 - 8 - 1.

分保的服务水平逐步提高，并开始扮演再保险市场卖方的角色，成为建立我国多层次、全方位的再保险服务体系的重要主体。

再次，商业分保渐趋活跃，国内各家保险公司的分保服务水平逐步提高，业务形式开始向多元化方向发展。数家保险公司以共保方式承保大项目的情况逐年增加，同时还成立了航天险承保联合体和中国核保险承保共同体，并加强了与国际再保险市场的联系。一个多层次、多方位、综合性的再保险服务体系已经初步建立，并且服务水平正在逐步提高。

11.6.2　我国再保险市场存在的问题

1. 我国再保险市场卖方面临的问题

1）专业再保险公司面临的问题

（1）准备金不够充足。再保险经营的收费期短、赔款不均匀的特点决定了难以用常规方法来预测风险，故需要具有超大规模的准备金，因此中国再保险公司现有准备金难以承受巨大风险。

（2）资金运用水平有待提高。中国再保险公司的资金运用形式绝大多数为银行存款、债券等流动性资产，对证券投资基金远未达到规定的比例上限，资金运用平均收益率也较低；在投资对象、投资范围和监管条件比以前大大放宽的有利前提下，投资方向和投资组合应该相应得到进一步的拓宽。

（3）经营机制和内部管理体制急需完善。在经济体制改革的转轨时期，中国再保险公司的经营管理活动难以彻底摆脱传统经济体制的影响，现有的经营机制和内部管理体制存在的弊端严重约束了公司的发展，已经不再适应市场竞争的需要。

（4）中国加入世界贸易组织后面临着外资公司争业务、挖人才的挑战。再保险的竞争是公司和公司的竞争，外资公司进入中国市场后，不仅市场份额将被重新调整，而且专业人才也将重新配置。

2）直接保险公司存在的问题

从目前的情况看，虽然国内直接保险公司已开始涉足接受商业性再保险业务，但其规模和质量还处于较低的水平，远不能满足再保险市场发展的需要。同时，以降低承保条件为核心的恶性竞争导致国内承保能力受损，各保险公司应共同维护和培育国内再保险市场，积极发展高质量的互换业务。

2. 我国再保险市场买方存在的问题

1）专业再保险公司存在的问题

中国再保险公司由于受资本金和准备金的约束，以及出于风险分散的目的，需要进行转分保，但是没有充分利用国内再保险市场，而致使大量业务流入国际市场。

2）直接保险公司存在的问题

（1）对再保险的作用认识不够。一方面，没有认识到再保险是保险公司科学经营的必要手段，而往往以侥幸心理来经营保险业务。另一方面，害怕自己的经营秘密和业务技术泄漏给经营同一业务的分入公司。

（2）未严格做到法定分保。有的保险公司没有根据自身的偿付能力来合理安排再保险计划，不认真执行法定分保，严重制约了我国再保险市场的发展。

（3）未很好地执行优先向国内分保的要求。不少保险公司将承保的人民币业务在扣除法定分保后全部自留，自行消化，给防范和化解经营风险带来了很大的压力。

（4）大量商业分保业务外流。国内招揽业务成本太高和分出收入过低，而国际再保险市场分保佣金均在 32% 以上，因而造成再保险业务大量外流。

11.6.3　发展我国再保险市场的展望和基本思路

1. 发展我国再保险市场的展望

《中共中央关于完善我国社会主义市场经济体制若干问题的决定》明确提出，"积极发展财产、人身保险和再保险市场"，这一方面表明再保险市场作为要素市场的极端重要性；另一方面也指明发展再保险市场是我国今后一段时期内的重要任务。我国经济的持续快速发展，特别是中共十六大提出的全面建设小康社会的奋斗目标，为保险业带来了前所未有的发展机遇。随着保险业的发展，保险监管部门对保险公司的偿付能力提出了更高的要求。没有再保险做后盾，单个保险公司无法承受巨额的累积责任。再保险不仅能够分散承保风险、扩大原保险公司的承保能力，是直接保险业的稳定阀，而且对于促进改革、保障经济、稳定社会、造福人民也具有重要的作用。

中国再保险市场正处于迅速发展时期。一方面，加入世界贸易组织以后一个相当长的时期内，我国国民经济仍将保持快速增长的势头，这必将为中国保险业的发展奠定坚实的基础；另一方面，保险业务的增长率仍会远远高于 GDP 的增长率，中国保险业的发展空间和潜力非常大。与此同时，日益健全的法律体系和市场环境为保险市场的发展创造了条件。随着我国保险业的快速发展，单一风险的责任加大与责任准备金不足之间的矛盾将日益突出，没有再保险的安排，单个保险公司将无法承受巨额的累积责任。因此，中国再保险市场的潜在需求是很大。但是，应该看到，再保险的有效需求又呈现严重不足的状况，直接保险公司的自留比例不合理，实际分出业务结构失衡的状况直接影响了再保险市场的供给。

2. 发展我国再保险市场的基本思路

近年来，国际再保险业开始了一轮新的转型，再保险费率上升，再保险需求呈现多样化，非传统风险产品逐渐增多，产品的差别化趋势也在不断强化。由于国际资本市场持续低迷，世界保险业的投资利润继续趋低，再保险业界认识到开展再保险业务，既要努力提高投资收益，更要在主营业务上确保承保利润。面对国际市场的新变化、新情况，中国再保险市场亟需借鉴国际同业的经验，把握市场、调整结构、改善管理和控制风险。

中国再保险市场还处于初级阶段，基本再保险产品的差别化程度不高，分保的同一性比率仍然趋同，特别需要对境内外直接保险与再保险业的产品结构、业务开发进行前沿跟踪，缩短开发新产品的研发时间。因此，中国再保险业应对再保险的行业技术能力给予高度关注，在数据库的基础上组织良好的分析队伍，形成高效的分析能力。

加强风险管理是积极发展再保险市场的前提条件。由于再保险的支持，巨灾风险的承保成为可能；由于再保险的运行，形成保险的全球一体化网络，在一定程度上支撑着国际经济的发展。同时，国际再保险积累的巨额保险基金在国际资本市场上的作用也越来越大。为了健康发展，中国境内的保险与再保险公司需要建立整个保险市场的完善数据系统，形成业内自主性的核保核赔机制，促进整个保险与再保险业从多方面提高风险管理的能力。

（1）提高再保险公司的风险判断能力。从传统的赔付风险到利率风险等多方面进行管理和防范，提高识别各类业务风险的能力，客观评价累积责任，防止巨灾事故的责任累积，避免因为重大事故的出现而影响企业财务的稳定。

（2）在经营思想上，要坚持规模与效益、质量与速度相匹配，在强化风险选择机制的基础上加强内部管理，降低费用成本。在此基础上，加大再保险产品的创新力度，探索衍生性再保险方式，不断提高再保险对直接保险的技术支持力度。

（3）中国再保险集团公司应该努力发挥专业优势，积极参与培育和发展国内再保险市场的工作，继续发挥国内再保险市场主渠道的作用，同其他再保险公司与直接保险公司一道，共同构建利益共享、风险共担、紧密合作的关系。

（4）发展国内再保险市场，急需组建国内再保险集团。组建的国内再保险集团对各保险公司来说，既是分出公司又是分入公司，成员公司之间平等互利，既达到分散风险、稳健经营的目的，又不使成员公司因大量分保费的支出而减少公司的收入。同时，还可以扩大中国保险市场的整体承保能力，减少对国际再保险市场的依赖，有效地控制保费外流，从而提高我国保险业的整体实力。显然，组建再保险集团对于保护稚嫩的民族保险业是十分有利且必要的。

（5）发展再保险市场需要加强发展再保险联合体。再保险联合体的建立可以降低对外部市场的依赖，解决目前市场容量问题并同时减少保费外流，可以集中国内保险、再保险市场的所有技术力量，有利于我国保险、再保险市场尽快走向成熟。在优先满足国内市场需要的前提下，国家应为它们打造一个在国内外自由经营商业再保险的宽松空间。中国航天保险联合体自 1997 年成立以来，扩大了我国航天保险的整体承保能力，取得了良好的社会效益和经济效益。核共保联合体自 2000 年成立后，发展态势良好，当年国内实现保费收入 239 万美元，同时因加强了与国际核共保联合体的联系，分入保费 74 万美元。中国航天保险联合体和核共保联合体使国内各家保险公司联合起来，目标一致、共同承保高风险保额项目，为民族保险业的发展奠定了坚实基础，是中国再保险业走合作之路的典范。

（6）发展再保险市场还应加速提高再保险监管能力。目前，国内的监管水平与世界贸易组织的要求尚有差距，这对于我国再保险业参与国际竞争十分不利。应加强再保险监管规模、机构、组织，以及指标体系的建设，借鉴和参考国外在再保险监管方面的经验与教训，提高公司透明度，引进国际公认的信用评级机制等，努力缩小与国际水平的差距。

现在世界再保险市场格局是很不对称的，主要集中在欧洲和北美。亚洲的再保险市场在世界市场中的地位还微不足道，这与亚洲的经济发展很不相称。可以相信，这种格局不可能长期维持下去，在不远的将来，亚洲的再保险市场将有长足的发展。我国要充分利用这一机会，争取成为亚洲的再保险市场中心。

随着我国经济的快速发展，社会各界对再保险的需求日益增长，特别是现代化工业的发展，巨额再保险标的越来越多，使单一险位的再保险责任越来越大，这使再保险企业不得不向外寻求再保险市场，以获得风险的进一步分散，保证经营的稳定。为了满足日益增长的保险需求，适应保险业的发展，作为保险业坚实支柱的再保险业已为保险界所关注。特别是中国内地经济的迅速发展、港澳的回归、台湾地区经济的崛起，以及中国语言、文化在亚洲的影响，发展我国再保险市场，使我国再保险业在世界再保险市场中发挥应有的作用，具有天时、地利、人和的优势，将我国再保险市场发展的战略目标定位于亚洲再保险市场中心是完全可能实现的。

复习思考题

1. 概念题

再保险市场　专业保险市场　再保险联营　再保险经纪人　伦敦保险市场　慕尼黑再保险市场　瑞士保险市场　纽约保险市场　巴林再保险市场　香港再保险市场　中国再保险公司

2. 思考题

(1) 一个完善的再保险市场需要具备哪些条件？

(2) 再保险市场有哪些特点？

(3) 世界再保险市场上的承保人有哪些组织形式？

(4) 什么是再保险经纪人？经纪人有何职能？

(5) 简述世界再保险市场的未来发展趋势。

(6) 欧洲有哪些主要再保险市场？

(7) 纽约再保险市场有什么特点？

(8) 亚洲有哪些主要的再保险市场？

(9) 我国再保险市场有什么特征？如何构建我国的再保险市场？

第 12 章

再保险监管①

再保险监管包括对再保险机构的监管、对再保险业务的监管和对再保险合同的监管等多项内容。对这些内容的监管并不是相互割裂的，也不是各自为政、简单汇总的关系，而是要由一定的权力机构通过制定协调统一的规章制度，将这些具体内容按照一定的取舍原则，有主有次地纳入一个系统性的监管框架中，有机地结合成一个整体予以实施。这个过程就是一国再保险监管框架的构建工作，即针对各项再保险监管内容经过合理的构架，组成现实中的再保险监管制度或体系。

再保险监管框架的构建是一项复杂的系统工程，西方一些保险业发达国家在这方面大多经历了一段相当曲折的路程，并且已形成一些卓有成效的监管框架和做法。我国由于历史原因，迄今为止，尚未建成成熟有效的再保险监管框架。在此情况下，悉心研究外国业已成熟的再保险监管模式，合理利用后发优势，扬长避短少走弯路，无疑会对我国再保险监管框架的构建工作大有助益。本章的重点是分析国际上处于领先地位的再保险监管方法和模式框架，以资借鉴，从而构筑具有中国特色的再保险监管体制。

12.1　再保险监管概述

12.1.1　再保险监管的必要性

世界上大多数国家，包括经济发达的国家和许多发展中国家，都对再保险实施不同程度和水平的监管。再保险监管的支持者认为，保险和再保险业的健康发展，离不开国家对再保险的监管。这主要是由再保险业务本身具有的社会特性所决定的。

1. 再保险监管是保险市场良性发展的需要

再保险人提供的是一种无形商品，它为原保险人的保险责任提供保障，其价值体现在再保险人承担义务的能力和意愿上。如果再保险人因经营不善等因素而失去偿付能力，不但会严重影响原保险人的经营安全，甚至会导致整个保险业声誉败坏，更有可能间接损及保单持有人的权益，影响众多家庭的生活安宁和国民经济的稳定发展，使保险制度的功能无法发挥。近年来，国际再保险市场因巨灾频发，再保险人及再保险经纪人倒闭案件屡屡发生，不但引发了许多法律纷争，更造成了保险市场的混乱。因此，为了维护保险市场的正常发展，

---

① 本章主要参考了罗世瑞著的《再保险监管问题研究》一书中的有关翻译资料及研究成果，谨致谢意。

国家必须对再保险业进行监督和管理。

2. 再保险监管是民族保险业健康发展的需要

再保险对于扩大保险市场的承保能力，促进保险公司的经营管理，提高保险业的偿付能力，减少对外国公司的再保险需求，控制分保费外流，保护民族保险事业的发展都具有极其重要的意义。对于绝大多数发展中国家而言，其民族保险业都是刚刚起步或起步较晚的幼稚产业，尤其是再保险业的发展时间更短，再保险行为及竞争手段都极为不成熟，因此再保险的积极作用在市场的自发调节之下往往得不到充分发挥。所以，发展中国家对再保险进行监管的一个重要动因，就是要运用各种方式与措施保护本国保险和再保险市场，限制外国再保险公司的进入。这些国家对再保险进行监管的根本任务是在分散风险与抑制保费外流、保护民族保险业之间谋求一种平衡。

3. 再保险监管是经济全球化的需要

对再保险人进行适度的监管，是经济全球化和再保险服务自由化与协调化趋势的一部分。再保险从历史上看，其一直是国际化的，由于它的国际化特色，各国现有的自扫门前雪式的监管体系的存在，会妨碍甚至扭曲国际范围内的公平竞争。国际保险监督官协会（IAIS）一直致力于在全球范围内构建一个通行的再保险监管框架，对再保险实施统一协调的监管，并消除现存的种种歧视性待遇和贸易障碍。

4. 再保险监管能对保险客户提供间接保护

对再保险实施监管，不仅可以保护直接保险人免受其再保险人经营失败的损失，而且可以维持再保险市场的稳定性和人们对再保险的信心，也因此会对保险客户提供更高程度的保护。

5. 再保险监管能增加市场透明度

一国再保险监管规则的确立和实施，会提高再保险市场和再保险行业的透明度。市场上的信息透明度有利于维护市场纪律和遵守市场行为准则，以及制造激励因素使再保险公司主动维持特定标准。

6. 再保险监管能提升再保险公司的市场表现

监管能帮助再保险业树立一个良好的公众形象，提升行业的整体表现能力。监管者通过识别不合格的再保险人，并将其从市场上剔除，从而使再保险市场的总体声誉得到提高。否则，这些再保险人的不良行为很可能损害市场上所有再保险公司的声誉。

7. 再保险监管能减少破产风险

最近几年中，再保险市场呈现一个清晰的趋势，即再保险创新在复杂多变的创新产品市场上很可能产生欺诈风险。激烈的竞争和源源不断的新加入者两方面因素相联合，有可能导致破产事件发生。实施监管有助于限制破产风险和违约风险。即使再保险人破产导致原保险人破产的概率很小，对再保险业的声誉来说，避免此类事情的发生也是很有必要的。

8. 再保险监管能提高市场效率

监管可以消除或减轻再保险市场上的市场失灵现象，从而能够提高竞争力和市场总体效率。监管旨在使市场上全部工作都更加有效率，通过这样的市场，每个参与者都能获益。竞争会导致业务从低效再保险人向高效再保险人转移，从而提高市场的整体效率。从这个方面看，富有效率的再保险人可能会从再保险监管中受益。

关于再保险监管必要性的争论由来已久，其中反对再保险监管的力量取决于各国所采用的具体监管程度和监管水平。如果监管程度和监管水平趋于严苛，反对的呼声就会趋于激烈。例如，一个等同于直接保险人的监管框架会大大增强预防破产的安全度，但是会对再保险人产生更高水平的成本和市场壁垒，从而招来更强烈的反对呼声。而事实是，不管反对者的呼声是强是弱，世界上许多国家还是倾向于对再保险进行监管，只不过监管的程度和水平各有不同而已。

12.1.2　再保险监管的理论基础

在保险业逐步发展的数百年历史中，原本没有监管的内容，直到一个半世纪以前，保险监管才在美国萌芽，之后又随着时间的推移逐步扎根于几乎所有国家，保险监管作为一种制度由此得以形成并不断发展。今天，只要有保险行业的国家，其政府均有相应的保险监管部门，对本国的保险业实施监督管理。

保险监管作为一种制度，脱离不了其赖以生存的社会经济制度。而在过去的 100 多年中，各国的社会经济制度都发生了翻天覆地的变化，这些变化的烙印自然也打在了各国的保险监管制度上，保险监管理论与实践都在变化中不断发展。对保险和再保险实施监管是否存在最合理的理论依据与最可行的操作方法，也即保险与再保险监管是否必要与可行，一直以来，几乎在各国人们并未就此达成普遍性的共识。事实上，对再保险监管的必要性及其效果的悲观和消极看法始终存在，并且一度还成为影响广泛的思潮，其中较有代表性的当数监管捕捉理论。

本节试图说明西方国家几种主要的保险和再保险监管的理论基础及其发展趋势。

1. 监管的理论基础

1) 公共利益说

公共利益说（Public Interest Theory）的主要观点是监管者实施监管活动是为了追求公共利益而非私人利益。主流经济学派这些年来关于监管的理论大都可以归入所谓的"公共利益说"，即认为市场是脆弱的，如果放任自流，就会产生市场失灵，趋向于不公正和低效率，而监管正是对社会的公正与效率需求所作的无代价的、有效的和任意的反应[1]。公共利益说认为，政府监管在性质上属于一种公共补偿，目的是降低并消除因市场失灵（Market Failure）所产生的附带成本。换言之，为满足公众的需求，政府要对市场经济活动进行适度干预，以减少或消除因市场失灵所产生的不公平现象或无效率情况。因此，政府监管便成为保护公共利益的一项必要措施。至于公共利益的内容，有经济面与非经济面之分，经济面的公共利益强调资源的有效配置，其所重视的市场失灵如下。

（1）市场进出的障碍。即在完全竞争市场下，一些财务不够稳健或其他资格欠佳的市场参与者进入市场，导致劣币驱逐良币的窘境，使正常的竞争机制难以发挥作用，从而造成无效的资源配置。

（2）附带的交易成本。在财货交易或服务提供之际，难免会产生高昂的成本，而此等成本的消耗，足以产生资源分配不均的现象。

（3）外部性因素。即源于市场的社会利益或成本转嫁给了那些与交易市场无关的人身上，从而产生资源分配不均的后果。

至于非经济面的公共利益，主要包括危险分配的公平、公正，交易当事人之间的信息是

---

[1]　弗朗茨. 效率、理论、论据和应用. 上海：上海译文出版社，1993.

否对称，议价力量是否差距过大等方面。

2) 私人利益说

私人利益说（Private Interest Theory）最早称为经济式理论（Economic Theory），是由乔治·斯蒂格勒（George Stigler）在 1971 年发表的一篇论文《经济式监管理论》（the Theory of Economic Regulation）所奠基的，它将政治上的监管行为分析与一些大型利益团体的经济利益分析联系起来。尔后，帕茨曼（Peltzman）和贝科尔（Becker）等人又相继发表论文，对斯蒂格勒的理论进行拓展和演绎，该理论遂逐渐成为保险监管的一种基础理论，并生出若干分支派别。由于该理论的特色是假定政治家们也是私人利益最大化的追求者，一些论文就将经济式理论称为私人利益理论，并逐渐流行开来，替代了经济式理论的原始称谓。

所谓私人利益理论，是认为政府的监管是私人利益之间竞争或协调后的结果，监管的目的是促进或增进某些私人的利益。换言之，不同的个人或团体为追求私人的最大利益，彼此运用可利用的资源对监管机关施加影响，政府监管遂变成适应私人利益需求的产物。帕茨曼（Peltzman）在 1976 年提出，监管者出于自身利益，热衷于监管活动，这与他们追求政治支持最大化的目标是一致的。在这一理论中，监管者为了获得来自行业的资金及其他支持，可能会表现出亲行业性的偏见；相反，为了获得消费者（选民）的支持，监管者可能会热衷于从事一些讨好消费者的活动，如压制价格等，即使明知这样做的长期结果是有害的。

关于该理论，还可进一步分为下列数个分支派别。

（1）捕捉理论（Capture Theory of Regulation）。捕捉理论也称为监管占据理论或俘获理论，是认为政府的监管将受到监管客体（被监管的产业团体）的影响，也即被监管的产业团体将设法"俘获"监管者，进而影响监管者借其职权追求私人利益。代表某一产业的利益团体，因利益一致性及较低的组织成本，自然较消费者团体更容易控制监管机关，致使监管机关将其利益纳入优先考虑范围。但被监管的产业团体也可能为了排除非法业者的恶性竞争，而积极寻求政府监管力量的介入，以避免市场无序现象的产生。

影响最大的"私人利益说"监管理论就是"捕捉理论"。斯蒂格勒（Stigler）认为，组织严密、资金充足的特殊利益团体可以左右立法者和监管者，使其为他们的利益服务。保险业的特殊利益集团包括保险人、再保险人、保险代理人、保险经纪人和其他为保险业人士提供服务的公司。特殊利益集团还可以按照业务类型、所在国、规模、组织结构等进一步细分。例如，外国再保险人经常抱怨某些东道国的监管者禁止他们进入市场，或者不给予他们公平待遇，其原因是东道国的特殊利益集团对监管者施加了不正当影响，尽管这种不正当影响有时候对当地消费者是有害的。

通常来说，受特殊利益集团不正当影响的监管政策可能会引发以下问题：对新的国内（再）保险人和外国（再）保险人设置市场进入限制；抑制价格和产品竞争；对来自相似或补充性产品的行业间竞争进行限制，等等。

显然，人们推想被俘获的保险监管者将在原有社会福利等式①的基础上，视具体情况给予生产者剩余或消费者剩余更大的权重，而减少另一方的权重，而对于公平的自然市场权重进行人为调整，监管者实际上损害了整体社会福利。该学说还认为，监管与公共利益无关，

---

① 社会福利＝生产者剩余＋消费者剩余，其中生产者剩余＝市场价格－生产者愿意收取的价格，消费者剩余＝消费者愿意支付的价格－市场价格。

监管机构不过是被监管者俘获的猎物或俘虏而已。这一基本观点得到很多不同阶层人士的支持。他们认为，即使监管措施在实施之初可能是有效的，但随着时间的推移，当被监管的行业变得对立法和行政程序极为熟悉时，情况就变了，监管机构会逐渐被其所监管的行业控制和主导，被后者利用来给自己带来更高的收入。因此，一般来说，监管机构的生命循环开始于为消费者提供有力的保护，而终止于为生产者提供僵化的保护。更为重要的是，无论其真实目的何在，监管政策都可以打着公共利益的旗号，堂而皇之地被政策制定者合法化。

（2）利益团体理论（Interest Groups Theory of Regulation）。该理论强调，政府监管机关为谋求民众的政治支持，转向有多数选民及具有影响力的产业团体，并为他们服务。这与上述捕捉理论的不同之处是，其并不认为监管机关会受到产业团体的控制，反而是因为要谋求政治上的最大支持，而将可利用的资源或福利，尽量合理分配于市场中的各个利益团体。另外，利益团体可凭借对选民的选票或是提供政治捐款的影响，来左右监管者政策的制定。一般来说，专业或产业协会的相关团体，具有较大的影响力。例如，产寿险同业公会等较易形成有效的压力团体，影响监管者政策的制定。

（3）官僚理论（Bureaucracy Theory）。依照官僚理论的主张，监管者不仅要执行监管政策，也要追求私人利益。监管者对于政策的制定具有实质影响力，其之所以可以影响政策，是因为监管者在决策形成过程中扮演着重要的角色。换言之，监管者在针对监管问题提出建议，或者列入议事日程，或者供高层官员或立法机关参考研讨的过程中，掌握着信息的选择权和控制权，从而可以间接影响监管政策的功效。另外，关于监管者私人利益范畴内的事项，监管者也可以通过增加行政资源或增加预算的方式来实现。

（4）政治力量说（Political Theory）。梅尔（Meier）是政治力量说的最早倡导者[1]。梅尔宣称，监管将在现有经济和政治管理体制内，通过不同私人利益集团之间的讨价还价而确立。这里的利益集团包括消费者、监管者、政治势力（法院和立法机构）和被监管的行业。利益集团的影响取决于政治资源的丰裕程度、监管事项的重要性和复杂性。这些集团具有不同的性质，因此讨价还价的结果也会依监管事项的不同而有所变化。政治力量说认为，政府监管是政治环境下的产物，是由各种政治机构在不同的环境背景下相互影响而产生的。换言之，监管政策的形成源于各政治团体间的交互作用，不同的环境背景又会对此等团体的政治资源运用效率产生影响。依据该假设，可以影响监管政策的政治团体大致可分为消费者团体、产业团体、监管阶层和"政治精英"（Political Elites）4 类。

就影响监管政策的因素而言，政治力量说主张的消费者团体、产业团体、监管阶层 3 种团体，与上述私人利益理论所主张的私人利益团体，事实上并无明显区别，不同之处是此理论将政治精英的因素纳其中。

所谓"政治精英"，是指行政机关、国会议员和司法机关的法官等。在监管政策形成的过程中，政治精英扮演的角色有 2 个：①调解来自各方的压力，并在各利益团体的竞争中决定胜负，进而将政策导向于竞争优胜者；②"政治精英"并非是全然中立的仲裁人，他们也会考虑自身利益，因此监管政策常与政治精英的价值判断保持一致。

另外，政治团体能否对政策制定施加有效的影响，常取决于政治上的监管环境变化，因

---

① K. J. Meier. The Political Economy of Regulation – the Case of Insurance，State University of New York Press，1988.

此在此理论架构下，监管议题的显著性与复杂性应列入考虑因素中。

由以上介绍可以看出，人们可以从很多角度为保险和再保险监管奠定理论基础，并且法律、政治和经济因素也是相互渗透的。作为主流经济学派的公共利益说虽然占据主要地位，但并不是唯一的监管理论基础。客观地说，上述前两种理论各自片面地走向了一种极端。笔者认为，其实捕捉理论也恰恰从另一侧面揭示了保险监管理论必须不断发展和创新的必要性。如果监管者能够在与被监管者的博弈中，不断创新监管理论，变更监管的方式和技术手段，保险监管就会取得良好的效应。因此，保险和再保险业需要监管，但是这种监管必须是动态的，必须随着时空的变化及时地调整方针政策，同时还要根据市场变化而不断发展，在监管方法和监管手段上推陈出新，以应对不断发展变化的市场。举例来说，近年来，再保险市场上出现了许多创新性业务，这些是原有的再保险监管制度所不能掌控的，那么作为监管者，就必须及时地制定新规章，引导这些创新性业务良性发展。

2. 再保险监管理论的发展趋势

保险监管理论的产生和发展一直是在对危机的理解与认识的基础上进行的。20世纪70年代以后，保险和再保险机构开始了大范围的产品创新，目的之一就是为了规避当局的管制，保险和再保险产品的创新也促使监管者对自己的监管制度进行深层次的反思。

表面上看，保险和再保险产品的创新行为是被监管者受到盈利动机的促使，或者是为了规避监管而做出的。但是换个角度看，创新却是保险和再保险监管理论及实践发展滞后，以至于阻碍了被监管者向着更高阶段进一步发展，被监管者不得已而为之的一种无奈之举。从20世纪70年代开始，监管者和被监管者之间就表现出明显的博弈特性。这种博弈的后果之一就是涌现出越来越多的创新性产品，这些产品暂时规避了法规监管，另外也为市场提供了多样化的产品服务。博弈的另一个后果就是直接导致了监管理论方面的变化。监管当局开始由简单的填补漏洞向新的监管体系转变，变相对静态的监管为不断发展变化的动态监管。随着保险体系中现实问题的不断涌现，保险和再保险监管理论也必须不断地更新和完善，才能真正起到监管应该发挥的作用。可以说，再保险监管理论是在再保险市场上各主体不断较量与博弈中得到进一步发展的。

鉴于经济全球化的大背景，以及再保险交易自由化的趋势，再保险监管理论的发展正在越来越多地考虑国际化和国际合作的问题。国际保险监督官协会在这方面进行了理论上的大量尝试和努力，制定并正在进一步完善这方面的规则以供各成员国参考。但这方面的难度是相当大的，世界各国的再保险监管体系和再保险市场的发展程度差异很大，而再保险监管国际化和国际合作则要求统一各国的监管标准与方法，实施趋同的再保险监管，这是今后再保险监管理论所面对的重要课题之一。

另外，再保险监管理论的发展必须努力摆脱危机导向性的轨道，逐渐提高先验性、前瞻性和灵活性，不是被动地发展，而是主动地防范。例如，我国现在财务再保险业务还非常少见，但应该事先引起注意，在政策上予以引导，由填补漏洞型监管向主动防范型监管转变。

12.1.3　再保险监管的方法①

对任何一种行为或活动的监管措施，其最终接受监管的客体都是从事该活动或与该活动

---

① 罗世瑞. 英国再保险监督方法解析及对我国的启示. 河南金融管理学院学报，2005（3）.

发生种种关系的自然人或法人等当事人。从宏观上，再保险业务通常涉及两方以上的主要当事人：再保险人和原保险人。一国监管者针对再保险业务进行监管时，可以选择任何一方当事人作为切入点。按照监管切入点的不同，国际上对再保险业务的监管可以分为直接监管和间接监管两种基本方法。针对再保险人的监管是直接监管，而针对原保险人的监管是间接监管。由此可见，这种分类方法实际上是针对监管措施对再保险人产生影响的方式是直接还是间接而言的，而并非是对再保险业务产生的影响是直接还是间接而言的。因此，严格来说，这种称谓并不十分科学，且容易引起误解，使人们产生再保险监管只是针对再保险人的监管的错误认识，而实质上再保险监管应该是针对再保险活动实施的监管，其监管的客体应包括原保险人和再保险人双方甚至再保险经纪人在内，再保险监管绝不仅仅局限于对再保险人的监管。尽管直接监管和间接监管的说法有所不妥，但已经被国际保险界广为接受，以至于国际保险监督官协会、世界贸易组织等机构在发布的文件中都采用这种分类，因此在此只是澄清一下以免引起误解，然后继续沿用这种称谓。

1. 直接监管

直接监管（Direct Reinsurance Regulation）是指针对再保险人的监管，即承接再保险业务的再保险人必须申领营业执照并遵守各项相关规定。换言之，所有试图在某国开展业务的再保险人，都必须从东道国保险监管者那里（而不是其母国）获取授权或营业许可，并遵守相关规定。在这种监管方式下，再保险人必须符合该国各项监管要求，包括公司结构、资本金要求、财务偿付能力要求，以及提交财务报表的相关规定等。

通常，在采用直接监管方法的国家，直接监管的范围并不相同，有的国家仅对本国再保险人实施直接监管，有的国家对在本国开展业务的外国再保险人也实施直接监管；直接监管的程度各国也有区别，有的国家对再保险人实施类似于直接保险人的全方位的监管，有的国家则只是监管再保险人的某些方面。

对再保险人进行直接监管的首要目的是保持公众对一个国家的再保险市场的信心。有些实施直接监管的国家并不禁止原保险人将业务分给不接受监管的外国再保险人，这就说明他们并不将对再保险的直接监管看成是对保单持有人的必不可少的事先保护，尽管很显然，任何用来促进再保险人的业务安全性的规定，都会相应提高原保险人的安全性，并因此间接提高对单个保单持有人的保护。

在经济日益全球化的今天，一国监管者一方面希望对外国再保险人进行严格的直接监管；另一方面鉴于各种压力及其他考虑，又要主张再保险交易的自由化。这两者的冲突使监管者面临一个两难抉择。显而易见，进行直接监管，监管者能够对再保险人实施有效控制，原保险人也能更准确地评估再保险的服务质量，但由于再保险业务具有很强的国际性，再保险人很可能属于另外一个司法管辖区域，这使原保险人所在国的监管者鞭长莫及，如果硬性规定所有承接本国业务的再保险人都必须在本国申请执照，则会对再保险交易产生严重的不利影响，妨碍保险风险的分散和再保险交易的自由化。也正是因此，经济合作与发展组织（OECD）（以下简称经合组织）在 1998 年的《再保险公司评估建议》中不主张各国采用直接监管方式监管再保险。直接监管的内容主要表现在对再保险机构市场准入和退出的监管方面，如再保险人和再保险中介营业执照的核发、组织形式的管理、经营范围的限制和财务方面的监管等，具体监管哪些方面及监管程度，还要取决于每个国家的客观情况和实际需要。

2. 间接监管

间接监管（Indirect Reinsurance Regulation）是指针对原保险人的监管，即一国的保险监管者将监管重点放在监管本国原保险人的再保险安排上，而不是放在监管再保险人上。在采用间接监管方法时，保险监管者主要是对原保险人的再保险安排及财务状况进行监控和管理，从而间接地对再保险人施加影响。从表面来看，监管的对象是原保险人，但是再保险人为了获得再保险业务，必须配合原保险人遵守相关的规定，因而间接约束了再保险人，达到了再保险监管的目的。

间接监管方法旨在确保原保险人不因再保险人经营失败而受害，从而保护保单持有人的利益。这与维护公众对一国再保险市场的信心的直接监管的目的是截然不同的。这也使一个国家采用其中一种或两种方法都成为可能，因为两者并不是非此即彼的互斥关系或完全绝对的替代关系，而是可以相辅相成的。

相对于直接监管而言，间接监管方法比较温和，也易于操作。所以，美国、法国等都倾向于采用间接监管模式。经合组织（OECD）曾在 1998 年的《再保险公司评估建议》中提议各国采用间接监管方式监管再保险。间接监管的内容包括对原保险人再保险计划的审查、再保险业务资料的报送、自留额度的限制、选择再保险人的限制、再保险合同的管理和财务管理等方面，具体监管哪些方面，取决于每个国家的客观情况和实际需要。

12.1.4　再保险监管的通常架构

如前所述，再保险交易的合同各方都是相当成熟的市场参与者，因此在再保险领域，监管的要求可以适当降低。并且，由于再保险的跨境特色，也会给一国的再保险监管措施的有效实施带来困难，甚至会影响本国保险人的风险分散。因此，一国在构建再保险监管框架时，要充分考虑监管措施是否切实可行，是否会影响本国保险人在国际市场上的再保险可获得性。

通常，每个国家的再保险监管框架大都涉及监管者对再保险人财务稳定性和可靠性的依赖程度，以及对原保险人遴选可靠再保险人的能力和意愿的信任程度。此外，由于新兴市场会受到其在国际上竞争地位的影响，再保险监管架构不可避免地要与对本国经济和通货的保护联系在一起。因此，再保险监管框架像其他事物一样，取决于特殊的市场结构、监管环境、商业习惯，以及每个国家的经验和经历。

监管框架往往是与具体的监管方法联系在一起的。在 12.1.3 节中已经给出了直接监管和间接监管两种监管方法的定义，同时还指出，一国当局实施直接监管的目的主要是维护本国公众甚至世界各国客户对本国再保险市场的信心，而实施间接监管的目的则是确保本国原保险人不会因再保险人经营失败而受连累，从而危及被保险人和普通公众的利益。由此可见，这两种监管方法要达到的目的是不相同的，两者并不是非此即彼的互斥关系，也不是一种简单的替代或互补关系，而是可以相辅相成的。这就使一个国家在构建本国再保险监管架构时，根据具体目标和需要的不同，既可以采取其中的一种，也可以两者并重，还可以在采取两种方式的同时对某一种有所侧重。并且，对于每一种方式，其监管的具体内容和监管的程度也是千差万别的。监管方法的选择、监管内容的取舍、监管程度的高低，都取决于本国的再保险市场特色及具体经济状况，以及政府所要达到的监管目标。

纵观世界各国的情况，结合 IAIS 发布的指导原则的规定，可以发现在间接监管的方法下，即对原保险人的再保险安排进行监管时，监管者最为关心的问题是如何评估再保险人的安全性和可靠性。总体来看，间接监管应该从以下方面入手进行管理。

1. 风险自留问题

在大多数国家，保险法和相应监管原则均要求原保险人将一定比例的风险进行再保险，以减少承保风险。在很多情况下，保险监管者都规定了风险自留的最低固定比例。经合组织1996 年的一个调查报告显示[1]，瑞士监管者规定，非寿险保费的风险自留部分的最低比率是 10%，而在加拿大，如果再保险人是本地的，最低自留比率为 25%；如果再保险人是外国的，则最低自留比率为 75%。

2. 再保险安排的审批问题

再保险安排和再保险合同应由一国保险监管当局逐案审查并监控，在开始的几年里还要得到监管者事先批准和许可。监管者经常要求再保险安排要事先得到批准，而且在获得营业执照时就应做到这一点；再保险安排发生任何变动，保险人都必须及时告知监管者。

3. 再保险人的选择问题

鉴于 20 世纪 80 年代发生了几宗因再保险赔款不能收回而导致的保险破产案件，再保险的安全性问题引起了监管者越来越多的关注。结果，在一些发达国家的监管体系中，监管者开始监督和控制原保险人再保险安排中对再保险人的选择问题。在这种情况下，转移给由本国监管机构授权的再保险人的业务，与转移给其他国家的未经本国授权的再保险人的业务，具体监管方法也是不同的，如美国的有关规定。

4. 对再保险监管框架的评价问题

在新兴市场上，有些国家建立了国有再保险公司，以保护本国保险和再保险市场，满足本国的再保险需求。在这种情况下，监管措施或法令可能要求国内原保险人将风险的一定比例分给国有再保险公司或本地区的再保险公司[2]。通过这样的控制措施，政府不仅能在合同条款和保险费率上对再保险交易施加影响，而且能够方便对本国货币的保护措施。

关于直接监管，许多国家会要求所有再保险人，或者仅要求本国再保险人在与原保险人同等的条件下申请营业执照，而 IAIS 发布的指导原则则倡导对本国再保险人要实施直接监管，对外国再保险人最好不做要求。另外，尽管再保险交易的特点有别于一般的直接保险交易，并因此导致了单个再保险交易完全或部分免于接受市场行为监管的监管环境，但严格的偿付能力监管依然在再保险直接监管中发挥着重要的作用。

一国的再保险监管框架大都是直接监管和间接监管两种方法不同程度的组合。需要说明的是，监管框架本身没有好坏之分（IAIS 的说法），必须和一国的国情结合起来，只要是适合国情的就是最优的。从下面的分析可以看出，英国是典型的注重直接监管的国家，原因之一就是它的再保险市场非常发达；而美国则相反，非常注重间接监管，这是因为美国虽然再保险市场也很发达，但仍然是一个再保险进口大国。

---

[1]　P. Falush. The Development of Reinsurance Markets in the Economies in Transition. OECD Proceedings，1997.

[2]　UNCTD. Supervision of Insurance Operations - a Manual for Trainee Staff of Insurance Supervisory Authorities，1996.

12. 2　再保险的监管模式

12. 2. 1　欧盟和英国的再保险监管模式

1. 直接监管措施

1) 欧盟对再保险人的监管

欧洲联盟（欧盟）是一个"超国家"的组织，它公布的法规和指令对各成员国都具有约束力。迄今为止，欧盟已颁布了 3 代保险指令。第一代指令是关于"公司设立自由"的，即保险公司可以自由入驻欧盟各个国家，而不受任何差别待遇。第二代指令是关于"提供服务自由"的，即保险公司可以在欧盟其他国家不设据点而直接从事保险业务，该指令确立了相互承认原则和母国监管原则。第三代指令是"单一执照制度"，即保险公司只要在本国申请注册后，就可以到欧盟的其他国家开展保险业务，对该公司所有的监管权力基本上都掌握在母国监管当局手中，即进一步强调了母国监管原则。

欧盟提出"公司设立自由"的第一代保险指令后，再保险和转分保自由化被列为日程表中优先要完成的目标。由于再保险本就属于高度国际化的业务，各国限制相对较少，设立和经营环境比较宽松，作为试点可以说是最佳选择。因此，欧盟早在 1964 年 2 月 25 日就颁布了《再保险设立自由和服务提供自由指令》[1]，废除了欧盟内部关于再保险公司设立和提供服务方面的一切限制。因此，在欧盟内部成立的再保险人不仅有权利自由设立，而且有权利跨越欧盟内部各国边界提供再保险服务。该指令还特别指出了德国、法国、意大利、丹麦等国仍然存在的各项限制条件，并声明这些限制都要废除。可以说，欧盟第一代指令在再保险领域贯彻得相当直接也相当彻底。从那时起，欧盟的再保险市场日益变得高度国际化，并且相比直接保险业务，较少受到过重的监管。可以说，与对直接保险人的监管相比，欧盟对再保险人的监管一体化起步是比较早的。

但是，欧盟后来实施的偿付能力额度制度是将专业再保险人排除在外的。1978 年，欧盟在实施"共同保险指令"[2] 时，首次提出了偿付能力额度制度，但只从事再保险业务的专业再保险人是不受该指令监管的。需要特别指出的是，再保险也因此没有被旨在发展"单一欧洲保险市场"的欧盟第三代保险指令包含进去。

结果，在欧盟就形成了这样一种状况：对专业再保险人的监管有别于承接直接保险业务，或者既承接直接保险业务，也承接再保险业务的保险人的监管。换句话说，获得授权只能经营再保险业务的专业再保险人不能从欧盟第三代保险指令所发展的"单一执照制度"中受益。

由此可见，欧盟目前并没有针对专业再保险人协调统一的再保险监管规则。欧盟由于缺乏一个再保险的直接监管框架，导致了不同成员国之间关于再保险企业监管水平的巨大差

　　[1]　EU. Council Directive on the Abolition of Restrictions on Freedom of Establishment and Freedom to Provide Services in Respect of Reinsurance and Retrocession，64/225/EEC.

　　[2]　EU. Co - insurance Directive，78/473/EEC.

别。这些不同的国家规定对直接保险公司（以及其保单持有人）制造了不确定性，并造成了欧盟内部市场上的贸易障碍，而且还导致了管理负担和成本。欧盟框架的缺乏也削弱了欧盟在旨在向全世界开放保险市场的国际贸易谈判中的地位。欧盟也早已认识到上述问题。从 2001 年开始，欧盟委员会与各成员国一起致力于一个旨在填补该项监管空白的项目，该项目已经在 2004 年 4 月 21 日提供了初步的再保险指令建议稿。经修订后，欧盟各国对专业再保险人的监管有了统一准绳。该再保险指令建议稿是在欧盟"Solvency Ⅱ"方案下的一个"快速通道（Fast－Track）"解决方案。其主要内容如下。

（1）单一执照制度。所提议的指令给出了以现存的第三代保险指令所确立的建立欧盟共同保险市场制度为基础的一个监管框架。该建议欲将保险企业由总公司所在国进行授权和财务监管（母国控制）的体系扩展至再保险公司。这样的授权要像对直接保险公司一样，对再保险公司提供一个能够使他们在欧盟内部任何地方开展业务的真正的"单一执照"。

（2）营业许可制度。指令确定了由再保险人的母国相关部门对再保险人进行监管。为了在确保为再保险消费者（通常是直接保险人）和保单持有者提供充足的欧盟范围内的保护的同时，贯彻这样一个"母国监管制度"，指令对再保险监管制定了必要的条款，这些规定所有成员国都必须贯彻。该建议为再保险企业制定了一项营业许可制度，规定了再保险企业在获批执照之前必须满足的条件。该建议包括确保再保险人财务稳定性，以及欧盟保险市场稳定性的规定，因此指令将适用于欧盟所有的再保险企业，而不仅仅是那些在两个以上成员国开展业务的再保险企业。

（3）审慎原则。该建议为再保险企业的监管制定了审慎原则，包括建立责任准备金的原则（即再保险企业必须留出足够金额，以便使其能够履行合同承诺的金额），以及包括那些责任准备金在内的资产投资的原则。同时，制定了所要求的偿付能力额度和最低资本金要求的原则，以及当再保险企业陷入财务困境时，监管者所能采用的措施方法。这些审慎原则都类似于那些在保险指令里已经采用的原则。该建议将废止那种迫使再保险人抵押其资产以承担对某一保险企业未赚保费和未决赔款准备金的制度规定，只要再保险人是一家欧盟再保险人。

（4）国际特色。欧盟所有成员国和欧盟委员会都是 IAIS 的成员，因此该指令符合 IAIS 开展的正在进行中的再保险监管项目的方针导向。此外，在国际贸易谈判中，它也是一个有用的工具，因为它能帮助欧盟再保险人打入外国市场，在那里他们面临着严重的障碍，如为想要开展业务的市场承担的责任提供质押。据 CEA（欧洲保险人联合会）的估计，仅美国市场上这样一个质押要求的金额就达 500 亿美元。随着该项目的正式实施，欧盟各国的再保险监管会逐步统一协调起来。

2）英国对再保险人的监管①

英国是普通法系的代表，但其调整保险市场活动的法律却以颁布成文法而闻名于世。应当说，在英国的法律体系中，悠久的保险制度和法律规范的发展历史，以及其保险市场在世界上的重要影响，决定了其在保险立法方面处于世界领先水平。

英国在 1997 年成立金融服务局之前，是在分业的基础上实施金融监管的。英国财政部

---

① 罗世瑞. 英国再保险监管模式解析——兼论我国再保险监管模式的取向. 金融教学与研究，2004（6）.

名义上负责整个金融体系的监管，但在实际操作中则由其他机构具体执行：英格兰银行负责银行业监管；证券与投资委员会负责证券与投资业监管；贸易与工业部负责保险监管（证券与投资委员会也参与管理）。

由于金融创新的不断加快，金融各业相互交叉和融合，传统监管模式已不适应综合经营的新要求。因此，英国政府在 1997 年提出了改革金融监管体制的方案，组建"金融服务局"（Financial Services Authority，FSA），使之成为集银行、证券、保险三大监管责任于一身的一元化金融监管机构。1997 年 10 月 28 日，金融服务局宣告成立，其下设的保险监管局具体负责保险业的监管事宜。2000 年，金融服务局发布《金融服务和市场法 2000》[1]，对银行、证券和保险实施统一监管。

《金融服务与市场法 2000》（FSMA2000）在 2001 年 12 月 1 日正式生效后，1982 年的《保险公司法》和 1994 年的《保险公司条例》就被废止，代之以《金融服务与市场法》、金融服务局的《原则和指南手册》和按照《金融服务与市场法》发布的细则和条例。

按照金融服务局发布的一项《保险审慎监管暂行细则》（IPRU（INS））[2]，每一个在英国国内开展再保险业务的公司，都要按照偿付能力额度原则的要求保持最低偿付能力。由此可见，对再保险人的偿付能力额度要求等同于对那些总公司设在英国开展直接业务的保险公司的要求。通常，对已获得营业执照的再保险人的监管包括：偿付能力额度；负债的确定；资产的评估；适当资产与负债的匹配，以及资产的分布；年度收益。

按照笔者的理解，英国对再保险人实质上是根据其总部所在地不同，区分为本国再保险人、来自欧盟的再保险人、非欧盟再保险人 3 类，然后分别实施监管的。

对于本国再保险人，监管基本上等同于直接保险人。

对于总部设在欧盟的某成员国的再保险人，如果要在英国开展再保险业务，就要满足英国关于财务偿付能力的要求，尽管对来自欧盟的直接保险人而言，如果在英国开展业务，英国并不要求证明其偿付能力，因为审慎监管的责任由其母国的监管者承担。这是因为目前欧盟的再保险人不接受与直接保险人同样的监管，没有受到"单一执照制度"的管理；而直接保险人则受益于欧盟第三代保险指令的"单一执照制度"，所以不必再接受偿付能力监管。

对于来自欧盟以外国家的保险人，如果想在英国从事直接保险业务或再保险业务，需要事先申请并获得金融服务局的授权。通常来说，如果金融服务局对下述情况满意的话，该非欧盟公司就可以获得授权从事保险业务。

（1）申请人是一个公司实体，根据其总公司所在的国家或地区的法律获得授权，从事和开展保险业务。

（2）申请人在英国有规定价值的资产，资产总值必须大于等于符合英国偿付能力额度要求的最低保证金的数额。

（3）申请人按照 IPRU（INS）第 8 章的要求设立保证金。

但是，相比而言，英国对于非欧盟专业再保险公司的授权申请，要比那些非欧盟直接保险公司宽松一些。

---

① UK. Financial Services and Markets Act 2000，FSMA 2000.

② UK. The Rule Interim Prudential Sourcebook for Insurance 2.1，IPRU（INS）.

2. 间接监管措施

1）欧盟的间接监管措施

在正在演变的欧盟保险监管体系下，对原保险人的再保险安排的监管主要包括在责任准备金的要求之内。根据欧盟第三代非寿险指令第 17 条①，以及第三代寿险指令第 17 条②的规定，每个成员国都应该要求其授权成立的每家保险人"按照整体业务提存充足的责任准备金"。对提取责任准备金的控制原则是在欧盟 1991 年发布的《保险会计报表指令》③ 的有关条款中详细规定的。

欧盟监管者监控责任准备金的理念，主要是为了确保保险人能够拥有足够的认可资产，以承担所有的保险责任。按照欧盟第三代寿险和非寿险保险指令第 21 条的规定，原保险人对再保险人的债权被看做是原保险人的"可接受资产"，抵免其责任准备金的提取。

尽管如此，这并不意味着此类债权在责任准备金要求下能自动作为原保险人的再保险抵免而被接受。实际上，每个成员都制定有更详细的规则，来明确限制再保险债权作为可接受资产的条件。关于这一点，一个国家可以要求以实际价值的抵押品（如信用证）作为认可资产的先决条件，尤其是再保险人负有债务的情况下。此外，如果一个国家允许在原保险人的责任中就应向再保险人索要的赔款做扣除，则应规定允许扣除的比例。关于资产的区域分布，母国不可能指明代表某种赔款责任的资产的区域分布。

为确保投资的多样性和足够分散，第三代保险指令制定了一系列的可接受性规则，包括数量方面的限制，还特别制定了六大"指导原则"，这些主要是为母国在资产可接受性问题上制定更为详尽的原则提供指导。关于再保险安排，欧盟第三代寿险和非寿险保险指令第 22 条规定，在计算责任准备金时，母国要确保对特定资产种类的限制必须考虑对再保险的待遇问题。

2）英国的间接监管措施

英国的财务监管特色实施是偿付能力额度管理办法。在英国，对原保险人的财务监管，就是要求原保险人保持最低的偿付能力额度，即超出保险责任一定数量的可接受资产。对非寿险领域保险人的最低要求在 IPRU（INS）第 2 章中作出了规定，其所承担的负债按照 IPRU（INS）第 5 章的规定进行评估计算，而代表这些负债的可接受资产和偿付能力额度要求则按照 IPRU（INS）第 4 章中的条款进行评估。在以上这些对原保险人的财务要求中，对他们的再保险安排应按照以下方面进行监管。

（1）偿付能力额度要求中对再保险抵免的限制。虽然，在计算偿付能力额度时，能有再保险部分的抵免，但对非寿险保险人的抵免比例作出了限制，即抵免部分不得超出总数的 50%。

（2）认可资产的评估。英国针对普通保险业务的现行资产评估方法包括在 IPRU（INS）第 4 章中。按照 IPRU（INS）第 4 章第 5 款第 7 条的规定，对一个再保险人的债权或追偿权的价值，应该是可以被合理预期并可以被追回的数量。

（3）关于主要再保险人和主要再保险分出人的报表。会计账目和相关的财务报表要

---

① 　EU. Article 17 of Third Non‐Life Insurance Directive，92/49/EEC.
② 　EU. Article 17 of Third Life Insurance Directive，92/96/EEC.
③ 　EU. Insurance Undertakings Annual and Consolidated Accounts Directive，91/674/EEC.

用于证明保险人在以下方面符合偿付能力要求：再保险人、认可资产的数量和负债的数量。

通过检查上述方面，代表财政部的英国金融服务局能够合理地监控保险人的财务状况。保险人要以规定的格式准备账目和其他财务报表，并按照 IPRU（INS）的规定，将这些账目的一份副本提交给金融服务局候审。这些账目的精确格式和内容要求在 IPRU（INS）附录 9.1 中有详细规定。

此外，在 IPRU（INS）关于再保险安排的原则中，要求保险人提供有关再保险业务的会计信息，并提交报表总结公司主要的再保险人和主要的再保险分出人，以及与每个再保险人和分出人发生的任何业务关联的性质。

12.2.2　美国的再保险监管模式[①]

从 19 世纪初以来，美国的保险业监管一直由州政府执行。这与美国银行业监管的发展有着明显不同，银行业监管是由州和联邦共同执行的。例如，在美国既可依据州法律也可依据联邦法律成立银行。尽管对于雇员利益、责任风险自留额、健康保险保障范围、社会保障及其他在特定地区提供洪水保险的特别项目等，美国也有几部联邦级别的法律进行监管，但此外的所有保险活动都主要是由各个州在本州基础上自行监管的。美国各州的保险法规主要有 3 个来源：州政府颁布的法律、州监督官颁布的法规和法院的判例法。

由于保险和再保险监管的复杂性和多样性，各州保险监管者于 1871 年创立了全美保险监督官协会（the National Association of Insurance Commissioners，NAIC），表达了对跨州保险人进行协同监管的需要。NAIC 是由全国 50 个州、哥伦比亚特区和美国 4 个地区的首席监督官组成的非营利性协会，在其协调各州保险监管的任务指引下，NAIC 施加的一个重要影响就是颁布并建议采用"示范法和示范条例"，现在这些示范法和示范条例数量已超过 150 部。实际上，很多保险和再保险方面的监管都是在 NAIC 的水平上发起的，然后再由单个州分别采用示范性法规或示范性法规的修正版本。虽然，从法律角度说，NAIC 对各州没有直接的监管权力，但 NAIC 的委任程序，即准予或拒绝单个州保险部门的委派，在动员各州采用 NAIC 的示范法方面是成功的。

一般而言，对于直接保险业务的监管体系，监管者关注的主要焦点是承担风险的保险人一方，对被保险人较少监管。但是，对于再保险业务的监管体系，由于承担风险的一方（再保险人）往往不在本地，监管的焦点通常集中于接受保障的一方，即分出保险人或原保险人。

美国的监管者通过限制原保险人关于认可资产的财务会计原则，对再保险业务进行监管。除非再保险人和再保险合同满足特定的法令要求，否则再保险人承担的债务数量，即原保险人对再保险人的债权，就不能被看做是原保险人的认可资产，也不能用来抵免责任准备金的提取。除了这些要求之外，在很多州法令还要求特定种类的保险业务必须分出一定份额的风险。以下分别介绍和讨论美国的主要规定。

1. 直接监管措施

美国各州的直接监管措施主要是针对本州保险人和再保险人而言的。由于在大多数州，

---

① 罗世瑞. 美国再保险监管架构及对我国的启示. 中国商业保险，2005（2）.

保险法都规定再保险业务属于保险业务，所以各州对本州专业再保险人的监管近似于对直接保险人的监管：执照要求基本等同于对直接保险人的要求，偿付能力要求也与直接保险人一样采用风险资本方法（RBC）。并且，一般直接保险人在其居住州内都被授权可兼营再保险业务，即从事与其经营的直接保险业务相同种类的再保险业务。

但是，在美国，相当数量的再保险是由外州再保险人或外国再保险人[①]提供的，这就牵涉跨州及外国再保险人的监管问题。对于在他处获得营业执照的外州再保险人，在有些州需要向监督官申请授权，通常只要有申请，州保险部门都会授权给这些外州再保险人，准许其在本州开展再保险业务。甚至在有些州，外州和外国再保险人不经过任何授权也可以提供再保险服务。在另一些州则更为宽松，外州或外国再保险人即使没有任何营业执照，也被允许提供再保险服务。因此，监管跨州再保险人的基本责任就落在了再保险人居住州监管者的身上。

由此可见，在美国的外国和外州再保险人基本上可以免于被直接监管，这也是有些人认为美国的再保险监管采用的是间接监管模式的原因所在。其实，针对本州的再保险人，美国各州的监管法律还是相当严格的，监管措施基本上等同于对直接保险人的监管。

2. 间接监管措施

尽管从表面上看，在美国的外国和外州再保险人基本上可以免于被直接监管，但是再保险人所受到的间接监管待遇会根据他们在一个州是否获得授权而有所不同，这种待遇会直接影响原保险人的财务报表，从而对原保险人的再保险安排产生影响，进而间接影响再保险人。因此，美国的再保险监管关注的焦点主要集中在原保险人及其再保险安排上。

按照 NAIC 的再保险信用示范法的规定[②]，原保险人从再保险人处获得的再保险赔款的价值，只有在下述情况下才能被看成是认可资产或责任准备金的抵免项。

（1）再保险人在本州拥有执照，可以从事保险和再保险业务。

（2）再保险人在本州经资格鉴定获得认可，成为经委任的再保险人。

（3）再保险人在合格的美国财务机构处持有信托基金，以应付其美国分出公司的有效索赔。

（4）美国的原保险人保留有再保险人的预扣基金或其他担保金形式。

（5）当本地适用的法律或条例要求再保险时，该再保险信用就是可以使用的。换句话说，当法律要求保险人将风险分给国有或国家控股的保险或再保险公司时，或者法律要求参加再保险集团、担保协会或其他组织时，该再保险信用就是可用的。

也就是说，只有在交易是与经授权的再保险人进行的，或者再保险交易中再保险人的责任由现金存款或其他保证金支持的情况下，保险监管部门才允许原保险人以此再保险信用抵免责任准备金的提取。换言之，对于那些将风险分给未经授权再保险人的原保险人，州监管部门会通过限制原保险人的责任准备金的再保险抵免，来对未经授权的再保险人实施间接监管。

除了上述对再保险信用抵免的规定外，很多州还有关于风险自留的规定，即不允许原保险人永久接受或保留超过特定数额的风险，超出部分必须通过再保险方式分出去。例如，对

---

① 在美国，外州再保险人称为 Foreign Reinsurer，外国再保险人称为 Alien Reinsurer。

② USA，NAIC. Model Law on Credit for Reinsurance，1994.

承保的任何单一财产风险或责任风险，不得超出其盈余数额的十分之一。该要求的主要目的是避免原保险人将自己暴露在保险合同引起的极限损失之下。

此外，由于再保险参与者各方的专业水平均较高，不必对某一方施加特别保护，所以在保险监管中经常使用的市场行为监管措施，在再保险监管中较少采用，许多监管保险人和被保险人二者之间关系的监管方法都不对再保险交易进行监管。通常，各州保险部门对再保险合同中使用的条文措辞也不要求事先批准或信息汇编归档，而对原保险单则要求批准或归档。

但是，由于再保险交易的复杂性和多样性，再保险的条款和条件会对保单持有人和投资者的利益产生直接影响。因此，各州的监管者都认为，一些保护保单持有人和公众利益的特定条款应该包含到原保险人的再保险合同中去。通常，以下 3 个条款应包括进去。

① 失去偿付能力条款。该条款说明如果原保险人失去偿付能力，再保险人不能就此免于履行自己在再保险合同下的责任。

② 法律代表条款。该条款要求再保险人在美国境内有自己的法定代表，以代表再保险人接受业务和处理其他事项。

③ 中介条款。该条款规定中介是再保险人的代理人，为再保险人接受和传递资金。除了上述有限的几个特别条款及特殊再保险合同①外，法律不对再保险合同进行过多规范。

另外，为了搜集外国保险人和再保险人的信息资料，NAIC 专门成立了一个附属机构——未认可保险人信息办公室。该办公室的主要任务就是搜集整理每家公司的财务状况，为各州监管者提供有价值的服务。很显然，如不通过这种渠道，各州监管者很难获得充足的信息来对外国保险人和再保险人进行分析评价。

12.2.3　欧美监管模式的对比分析

通过对欧盟（或英国）和美国两个发达地区再保险监管模式的比较分析，可以发现两者之间存在以下本质区别。

1. 在直接监管方面

关于再保险人的执照要求和对外国再保险人的授权问题，两大模式存在根本区别。

欧盟内部关于此问题尚未统一，每个成员国之间的规定各不相同。在英国模式下，对再保险人偿付能力额度的要求，与那些从事直接保险业务且总部设在英国境内的公司标准相同。总部设在欧盟各成员国的再保险公司到英国从事再保险业务时，要证明它的财务偿付能力，这一点有别于欧盟直接保险公司在英国受到的待遇。此外，位于欧盟之外的其他国家的申请人，在开展再保险业务之前需要事先获得金融服务局的授权，并遵守相关规定。

对于上述问题，美国认为，一个保险人通常有权利在居住州之内从事与直接保险业务种类相同的再保险业务。对于在本州没有执照的再保险人，如果要在本州开展再保险业务，只要其在其他州接受监管，本州保险监管者就可以给予授权。甚至在有些州，还允许外州保险人在本州没有执照和授权的情况下，甚至在其他地方也没有获取执照的情况下，开展再保险业务。由此可见，作为一个通常的主张，在美国的外州和外国再保险人似乎可以相对免于被直接监管。但是，一个州对再保险人的间接监管待遇，会根据再保险人在本州是经授权的还

---

① 如财务再保险合同、保险证券化合同等。

是未经授权的而有所不同。换句话说，对于那些分出风险给未经授权再保险人的原保险人，州监管部门会通过对原保险人施加的特殊财务要求，来对未经授权的再保险人实施间接的监管。

2. 在间接监管方面

在对原保险人的再保险安排的监管方面，美国和英国的监管体系也存在明显不同。

按照欧盟第三代保险指令的规定，再保险人负有的债务（即原保险人对再保险人的债权）能被看成是可接受资产，以代替责任准备金。很多成员国都要求有价值的抵押或保证金，尤其是在再保险人欠债的情况下。此外，如果某个成员国允许用对再保险人的索赔权来替代责任准备金的提取，那么在计算责任准备金时，它就要确定一个比例，并确保对特殊资产种类的限制考虑了再保险的待遇问题。

在英国对原保险人的财务监管，监管者要对原保险人的再保险安排进行管理和监控。偿付能力额度要求中对再保险部分有一个限制，更有甚者，对一个再保险人的再保险可收回价值的数额能够进行合理预期和收回。并且，要求保险人提供报告，总结公司面对的主要再保险人和主要分出人，以及与每个再保险人和分出人之间业务关联的性质。

与欧盟保险指令和英国模式相比，美国对原保险人的再保险安排的监管显得更加复杂、更加详细，也更加严格。关于风险自留的要求，如果原保险人承保的任何风险高于规定数额，大部分州都要求将超出规定数额的部分购买再保险。虽然，在各自的法定会计原则下，欧盟和美国都认为再保险信用可以看成认可资产，在美国，再保险人只有在本州持有执照或经批准成为被认可的外州保险人或外国保险人时，再保险应收款项的价值才能被监管者承认。如果业务是分给外州或外国再保险人，而该再保险人又没有得到本州保险部门的认可，原保险人就不能从这笔再保险业务里获取信用，除非再保险人提供现金存款或抵押品给分出公司，或者再保险人提供现金或证券作为信托基金，存放于国内银行或其他合格的受托人处，或者再保险人提供由可接受银行签发的不可撤销信用证，担保再保险人履行义务。另外，还可以发现，欧盟（英国）和美国两大体系都认同再保险可以免于接受市场行为监管的做法。市场行为监管通常是为保护被保险人的利益而设计的，因此在再保险监管中一般不予采用，许多监管保险人和被保险人二者之间关系的市场行为监管体系都把再保险交易排除在外，不予监管。虽然，有时再保险条款和条件对保单持有人及投资人的利益也会有直接影响，但再保险条款和条件往往只是接受少数几个特定条例的监管。

通过分析可以发现，英国的再保险监管框架是由直接监管措施和间接监管措施结合起来构成的，直接监管范围宽泛而严格，间接监管措施由于有直接监管作为首要保障，相对比较粗放和宽松。这种架构是与其本身的市场特点分不开的，英国再保险市场在世界上具有举足轻重的地位，一个负责任的政府有义务维护世界对本国再保险市场的信心，从而稳固其在世界上的领先地位，而严格的直接监管方式可以较好地达到这一监管目标。

美国与之截然不同，美国再保险监管框架的主要构成部分是间接监管措施。美国的直接监管措施仅仅局限于本州再保险人，其他再保险人可以免于接受直接监管，可见其再保险监管的重心明显放在了间接监管上面。美国对原保险人的再保险安排的监管规定相当复杂、详细而严格，尤其是关于再保险信用抵免责任准备金的监管，美国的规定在世界各国中是最为典型、最具有代表性的。也正是由于美国有详细的间接监管措施作保障，才得以放松对再保险人的直接监管。选择这样的再保险监管框架不是偶然的，尽管美国再保险业也十分发达，但再保险需求却更加旺盛，一直处于再保险净进口国位置，为了确保本国原保险人的财务安全，美国才选择了以间接监管为主的监管架构。

由此可见，美国和英国采取的再保险监管框架尽管存在显著的区别，但有一点是相同的，即在构建再保险监管框架时，都采用了直接监管和间接监管相结合的监管模式，但侧重点有所不同，根据本国的市场特色和特定环境，有所为，有所不为，以期最大限度地发挥监管的效用，降低监管的成本。

12.3   国际再保险监管现状及趋势

12.3.1   国际再保险监管现状

各国对再保险的监管都是建立在本国司法基础上的，这就导致了再保险监管规则和水平超乎寻常的多样性。这种情况阻碍了再保险交易国际范围内的自由化，以及国际再保险市场的协调发展。再保险监管水平的多样性早就引起国际保险监督官协会（IAIS）的关注。IAIS 在 2000 年 2 月份公布的一份文件中，将世界各国的再保险监管状况归为以下 5 种类型。

（1）对再保险完全没有监管措施。

（2）对再保险的监管仅限于对原保险人的分出业务进行监管，即间接监管措施。

（3）监管者有权要求本国再保险人提供非公共信息，即仅对本国再保险人实施直接监管。

（4）所有与本国原保险人开展业务的再保险人，不管是本国的还是来自于外国的，都要符合执照要求，即对所有再保险人都施加直接监管。

（5）对原保险人和再保险人在附加要求的基础上，实施统一的执照制度，即直接监管与间接监管相结合的方式。

欧盟也曾针对再保险监管问题做过一份问卷调查，调查结果显示，几乎所有的欧盟成员国监管再保险采用的做法，要么是直接监管，要么是间接监管，更多的则是直接监管与间接监管相结合。即使同样是采取直接监管或间接监管方法的国家，其监管的具体内容和程度也是各不相同的。在比利时、爱尔兰、希腊，本国专业再保险人不接受任何再保险监管。在德国、法国、荷兰，将直接保险监管体系的一些元素应用于再保险人，而在奥地利、意大利、西班牙、瑞典，对再保险人设置了相对不太严格的执照制度，而且只有西班牙和瑞典对再保险人实施了偿付能力额度的要求。只有在英国、丹麦、芬兰和葡萄牙，再保险人要与直接保险人一样，在单一市场体系下接受全面的监督和管理，包括执照要求和完全的持续性财务监管。

表 12-1 对主要欧盟国家的再保险监管方法和具体内容进行了总结（Y 代表是，N 代表否）[1]。从表 12-1 中可以清晰地看出，英国对再保险业务的监管是最为严格的，尤其是直接监管方面。

---

① 资料来源：KPMG. Study into the Methodologies for Prudential Supervision of Reinsurance with a View to the Possible Establishment of an EU Framework，31 January 2002.

表 12 - 1　欧盟主要国家再保险监管措施汇总表

监管	德国	法国	英国	荷兰	意大利	丹麦	瑞典	西班牙	卢森堡
对再保险有执照要求：									
本国再保险人	N	N	Y	N	Y	Y	Y	Y	Y
外国再保险人	N	N	Y	N	Y	Y	N	N	N
再保险接受监管	Y	Y	Y	Y	Y	Y	Y	Y	Y
再保险接受直接监管	Y	N	Y	N	Y	Y	Y	Y	Y
再保险接受间接监管	Y	Y	Y	Y	Y	Y	N	Y	Y
再保险人接受现场检查：									
本国	Y	Y	Y	Y	Y	Y	Y	Y	Y
非本国	N	N	Y	N	Y	N	N	N	N
管理人员的适当与正确：									
本国	N	Y	Y	N	Y	Y	Y	Y	Y
非本国	N	N	Y	N	Y	N	N	N	N
管理人员变更必须报告：									
本国	N	N	Y	N	Y	Y	Y	Y	Y
非本国	N	N	Y	N	Y	N	N	N	N
责任准备金的充足性检查：									
本国	Y	Y	Y	N	Y	Y	Y	Y	Y
非本国	N	N	Y	N	Y	N	N	N	N
偿付能力额度要求	N	N	Y	N	Y	Y	Y	Y	Y
提交财务报表：									
本国	Y	Y	Y	Y	Y	Y	Y	Y	Y
非本国	N	N	Y	N	Y	N	N	N	N
提交年报：									
本国	Y	Y	Y	Y	Y	Y	Y	Y	Y
非本国	N	N	Y	N	Y	N	N	N	N
提交季报：									
本国	Y	N	Y	N	N	N	N	N	N
非本国	N	N	Y	N	Y	N	N	N	N
检查资产：									
本国	N	N	Y	N	Y	Y	Y	Y	Y
非本国	N	N	N	N	Y	Y	Y	N	N
处罚（吊销执照）：									
本国	N	N	Y	N	Y	Y	Y	Y	Y
非本国	N	N	Y	N	Y	N	N	N	N
处罚（征收罚金）：									
本国	Y	Y	Y	N	Y	Y	Y	Y	Y
非本国	N	N	Y	N	Y	N	N	N	N

世界各国再保险监管的现状和 IAIS 的文件说明，在再保险监管方面，不存在普遍可接受的单一监管方法。对此 IAIS 也进一步指出，对于各种监管方法和体系，没有绝对的优劣好坏之分，适合自己的就是最好的。通常除了极少数国家对再保险不采取任何监管措施外，大多数国家都倾向于对再保险业务实施监管，不过采用极端的直接监管模式或间接监管模式

的也不多，大多是不同程度地采取两种手段的结合并侧重于一方面的方式。

在完全没有再保险监管的国家，本国保险公司和再保险人之间可以自由进行再保险贸易，保险人自由选择再保险人，并对他们的业务负全责。其实，这种绝对自由的背后是有一定先决条件的，即市场参与者能够实施有效的自我监管。卡尔·博尔奇曾在《保险经济学》一书中通过一个简单的模型得出①：如果保险人主要热衷于谋求短期利益，对它进行监管可能是必要的；如果其内部控制等管理着眼于长远发展，政府监管就是不必要的。在实践中，最小限度的控制是通过自我监管来实现的，即再保险人能够自我监管，使其在开展业务时拥有高度的自由，可以免受来自当权者的干涉。在自我监管中，对市场拥有专业知识的市场参与者组成行业协会性质的组织，负责起草行业准则或规则，这些规则往往被设计成在最小化交易成本的同时，能够最大化自我监管的效应。

但是，对于一个不成熟的市场，或者自我约束机制不健全的市场而言，任何监管的缺位都可能导致使用低质量的再保险人，影响保险公司的偿付能力，以及市场的透明度和整体稳定性。世界上大多数国家都支持再保险监管的主张，因为他们不愿看到保险人获取低质量的再保险。此外，再保险市场的风险也正在变得越来越严重，如专业自保公司数量的增多，风险的日益集中化，因此再保险人也需要更多的保护。简而言之，支持再保险监管的人主要是出于对再保险公司破产的恐惧。

在实施再保险监管时，其监管的方式和程度又是多种多样的。在直接监管体系下，再保险人要提交财务信息给监管方。与原保险人相比，监管者要拥有更多的信息和更强的能力来对再保险人的安全度进行评价。监管者制定的资本充足性要求或投资许可要求，可能更为严格，监管者比原保险人拥有更充分的信息资料，因此能够进行更广泛、更深入的评估。一些国家认为，对再保险人实施像直接保险人那样的监管形式和内容是有好处的，至少保险监管的部分项目要被用来监管再保险公司。但是，有人认为，针对直接保险人的现行监管体系，不能简单地全盘应用于再保险部门。因为，零售市场和批发市场的监管之间有着本质不同。再保险是在拥有议价能力和丰富经验的专业人士之间开展的业务，对购买再保险的公司不需要像对个体保单持有者一样施加同样程度的保护。尤其是因为再保险业务比保险业务更具有国际性，适用于保险公司的监管模式并不适合再保险业务的特殊性质。

总之，提倡再保险监管的人往往是出于防止破产的需要。如果直接监管被选择作为一国的再保险监管重点，那么只有在监管方有知识和能力追踪迅速变化的多样化产品，并能够涵盖专业再保险人的所有业务的情况下，才可能达到既定目标。过去的经验显示，再保险公司的破产情况很少发生，而且多是发生在接受监管的市场上。由此可见，对监管的心理依赖会阻止直接保险人在选择正确的分保伙伴时负起完全的责任来。因此，对监管效应的怀疑和对如何监管的困惑一直都是各国监管者无法回避的重大难题。

12.3.2　国际再保险监管的发展趋势

在经济全球化和再保险业务自由化的大背景下，各国的再保险监管措施也正在逐步协调中。IAIS 为了在全球范围内统一协调再保险监管措施，为各国保险人和再保险人提供更宽广、更平坦的竞技场，已经颁布了多项指导性文件。大多数国家和国际性组织已经认同了再

---

① 卡尔·博尔奇. 保险经济学. 庹国柱，等，译. 北京：商务印书馆，1999.

保险需要监管的观点，只是应避免过度的监管。此外，作为保险监管的一个组成部分，再保险监管的程序也应透明化，应注重监管的有效性。再保险监管的另外一个发展趋势就是更加注重偿付能力监管，市场行为监管在再保险监管中采用得越来越少。

由于再保险人都是比较成熟的市场参与者，因此行业自律式的监管应该得到强化，在一定条件下，可适时地颁布行业自律条例。目前，澳大利亚将法律监管与自身约束相结合的模式是有一定参考价值的。美国和英国处于再保险监管的先进行列，可密切注意其经验，但不一定能为发展中国家所用。

最后需要说明的是，人们关注的再保险监管大多是关于传统型再保险业务的。随着金融创新浪潮的推动，创新型再保险产品已是层出不穷，防不胜防，对于这些产品的监管不可避免地出现了真空，而这些创新性产品与传统型产品相比，蕴含着更多、更重大的风险，所以必须引起监管者足够的重视，密切注意再保险新业务的发展，尽快研究制定适当的监管方式和手段。

12.4　国际组织的再保险监管准则

目前，世界各国均在着力构建或适当完善各自的监管框架，并力求能在世界范围内建立一个协调统一、鼓励公平竞争的再保险监管大格局。再保险有别于直接保险的最大特色就在于它是一项国际性业务，一个国家要想将自身的再保险业务与国际再保险市场完全隔离，几乎是不现实的。不管这个国家的开放程度如何，它的再保险业务总是不可避免地要与国际再保险市场发生联系。因此，再保险监管客观上需要各个国家的监管规定协调一致，各国监管者之间也要加强合作与交流。而国家之间的协调与交流无疑需要一些国际性组织出面，制定一些国际性的惯例和条例，供各国参考执行。

一些国际性组织，如世界贸易组织、经济合作与发展组织、国际保险监督官协会等，相继制定了一系列国际性的再保险监管条例，试图对各国的再保险监管提供指导，以期在国际范围内为再保险业务的开展提供一个协调统一的大舞台。本节拟对这些国际组织制定的与再保险监管相关的准则进行系统性的回顾与介绍，并进行简单分析和评价。

12.4.1　经济合作与发展组织的监管准则

1997 年 4 月，经济合作与发展组织各成员国和 17 个中东欧国家，在法国巴黎签署了《经济交易中关于保险监管的 20 个指导方针》。这 20 个指导方针中，有几个是关于再保险监管的，即原则 4、原则 14 和原则 19。

原则 4：一个国家在核准外国保险公司的成立申请时，应该以审慎原则为基础，但不能以攻视（差别）原则为基础。跨境业务的自由化——至少关于再保险和国际风险业务的跨境自由化——应该予以鼓励。

原则 14：一国的保险监管部门不应该对本国自由进入国际再保险市场的行为设置限制措施。因此，那些强制性规定分出风险给国内或国有再保险人的做法应该避免。应该逐步建立关于再保险人相关信息的搜集和监控机构。在获得准确信息方面，国际性合作尤其重要，应该予以加强。

原则 19：各国政府间应加强合作，以便于交换保险监督和管理方面的信息，为监控外国保险人和再保险人的活动提供便利条件，并促进本国形成和发展一个合理、适当、开放的保险市场。

由以上原则可以看出，这些指导原则的主要目的是不仅要达到提供跨境服务的再保险交易自由化，而且还要加强信息交换方面的国际合作，以便为监管再保险人的活动提供方便，促进保险市场在合理、适当、开放的基础上良性发展。在再保险业务自由化原则的指导下，那些对自由进入国际再保险市场有着负面影响的再保险监管措施应尽量避免。因此，强制将风险分给国有/本地再保险人的做法应该摒弃。另外，用以保证原保险人财务稳定性的监管体系应该尽快建立并实施。

但是，关于具体什么是可供选择的监管体系，这些指导原则只是泛泛的口号，建议各国政府要切实加强信息交流方面的合作，大力为监管再保险公司的业务活动提供方便，进行实质性的监管安排。尽管如此，这些指导原则大力倡导成员国之间相互认可彼此的监管措施，这对在国际范围内形成再保险监管惯例，还是很有影响力和号召力的。此外，1998 年，经合组织又发布了《关于再保险公司评估的建议》，对评估和保障再保险公司安全度的方法与标准提出了一些建议，并且发表了对再保险活动进行监管时采用间接监管方法比直接监管方法更合适的看法，这种观点对各国再保险监管方法的选择具有一定的指导意义，对我国现阶段尤其如此。在 2002 年，经合组织又发布了《再保险人信息交换协议》，对信息交换问题作了一些具体规定。

12.4.2　国际保险监督官协会的监管准则

考虑到保险业和保险市场对一国国民经济的重要性，以及保险市场日益国际化和全球化的发展趋势，世界各国的保险监管机构于 1992 年作出了一项重要决定：建立自己的协会，即国际保险监督官协会（The International Association of Insurance Supervisions，IAIS）。IAIS 成立后，致力于发起制定保险监管方面的原则、标准和指导方针，并作为非强制性监管标准，供各成员国采用，以便使各国的保险监管具有更多的一致性、更少的冲突性、更加协调和更加富有效率，从而有利于维护国际保险行业和投保大众的利益。

IAIS 成立之初，注意到相当一部分国家，主要是一些第三世界国家和新兴经济国家，尚未建立有效的保险监管制度。IAIS 决定对这些国家给予支持和帮助，为这些正在建立本国保险市场及保险市场正在蓬勃发展的国家制定相应的监管标准。他们力图使上述国家相信，只要遵守这些标准，就可以按照已通过实践检验的规则建立自己的保险监管制度。

只是这些标准并不具有约束性质，仅仅是纯粹的建议，原则上仅包括那些新建保险监管制度时应特别关注的问题。每个成员国都可以自主决定是否采用，是全面采用还是部分采用，是直接采用还是修改后采用，并可以适时地根据本国的监管体制和具体国情来落实。

1. 新兴市场经济保险监管指导方针中关于再保险的规定

鉴于新兴市场经济国家的保险业发展相对落后，IAIS 特别关心和支持新兴市场经济体的保险监管制度。1997 年 9 月，在悉尼召开的年会上，IAIS 通过了"新兴市场经济保险监管指导方针"，对新兴市场经济体的保险市场存在的问题进行分析，并对建立健康稳定的保险监管制度提出一系列建议。

新兴市场经济保险监管指导方针指出了新兴市场经济国家的保险市场存在问题的根源，并给出了解决这些问题的措施，其中之一就是对再保险的监管，其原文翻译如下。

充分有效的再保险能够使原保险人与其他保险人共同分担风险，通过分散风险来维持稳定的承保成果。在新兴市场上，许多保险公司仍在努力增加基础资本，目的是保持财务的稳健。再保险公司雄厚的基础资本和能够为这些急需资本的保险公司的业务发展提供支持。高素质的再保险公司还能给直接保险公司提供保险和再保险方面的业务技巧。同时，对新兴市场经济国家的保险公司来说，再保险业务是一项较新的活动，保险公司常常因为不能签订适当的再保险合同，或者同财务状况欠佳的再保险公司作交易而受损。在有些情况下，保险公司仅将再保险合同视为把现金转移到国外去的一种手段。

基于这一理由，再保险交易尤其是新兴市场中的再保险交易，应该受到严密的监视。监管人员应当有能力对再保险安排进行审核，评估这些安排的安全可靠性，并确定其安全可靠的程度。原保险人应对再保险人的财务状况进行评估，以决定在多大程度上可将风险分散出去。应建立收集和监控再保险人有关信息的方法。获取准确的信息对于国际合作十分重要，应当得到发展。

但是，监管机构不应过滥地干预再保险业务的安排。只有分出公司和接受公司都能自由进入更大的国际再保险市场，才能确保两者能提供和得到竞争价格下最好的产品与服务。所以，应避免将风险强制分给当地的再保险公司，避免强制分给国内市场，以及避免对向国外分保的业务采取歧视性的税收制度。

从以上条款可以看出，IAIS 认为新兴市场经济国家应该对再保险进行监管，而不是像一些保险业特别发达的国家所崇尚的那样对再保险不予监管。另外，IAIS 也合理地强调了国际范围内再保险业务的自由化，认为应该摒弃强制性分出的地方保护措施，并应该加强国际合作水平。这些规定与经合组织的看法都是一致的，可以说为新兴经济体国家的再保险监管理清了思路，同时也为国际再保险监管的发展指明了方向。

2. 再保险和再保险人：建立一般监管原则、标准和惯例的相关问题

2000 年 2 月，IAIS 成立的再保险工作小组（现在称为再保险小组委员会）发布了一个名为"再保险和再保险人：建立一般监管原则、标准和惯例的相关问题"的文件，旨在进一步为再保险监管指明监管方向。该文件虽然象征性地声明并不代表 IAIS 的观点，但指出了几个实质性问题，不管是对于发达国家，还是对于发展中国家，都为发展再保险监管框架提供了一个很好的基础，IAIS 在此之后发布的几乎所有原则和标准（本节稍后介绍的几个文件），也都和该文件所倡导的精神相一致。

在再保险和再保险人的监管领域，该文件提出了以下建议。

第一，应该力争建立一个协调的单一执照制度，该制度应建立在各国再保险监管者之间的监管原则和惯例相互承认的基础上。

第二，为方便各国之间的相互承认制度，工作小组建议该制度要以地区为基础建立。地区是指以下集团：①北美洲、澳大利亚和新西兰，逐渐扩展到中南美洲的国家；②欧盟，属于欧洲经济体的国家和瑞士，逐步扩展到中东欧国家；③日本和其他亚洲国家；④南非和其他非洲国家。此外，它还给出了可供选择的方法，如在相近似的市场状况下认可彼此的监管措施。

第三，为了获得精确的信息评估再保险人的财务状况和公司治理结构，需要建立一个将全世界所有再保险公司都包括进去的方便易用的数据库。此外，还要邀请著名评级机构提供相关的信用评级，IAIS 还要能够检查他们提供信息的质量。

第四，要实施再保险人的执照许可和注册制度，这样的制度要能够保证公司高管人员的适任性。

此外，由于新型风险转移工具（如保险连接型证券、有限风险再保险）的使用日益增多，为监管带来了很多困难，工作小组对此予以了重点关注，并建议为了跟上市场的动态变

化，监管者自身要提高业务素质，同时相关的会计原则、偿付能力要求也要进一步完善。

除了以上实质性建议外，该文件还指出了 3 个问题：现行市场兼并引起的系统风险问题；业内关于 IAIS 建立数据库的看法；对再保险公司获得执照的要求等。

对于再保险监管，该文件指出了存在的实质性问题，并提出了对再保险活动实施有效监管的方法。这些问题和建议可以分为以下 3 点。

1）保险人与再保险人的业务部门分类

在许多国家的法律中，保险人都有寿险和非寿险的分类。有人认为，这种分类方法也应该适用于再保险人。该文件对此问题给出了较为明确的答案。

该文件将再保险人分为两类：可以同时开展再保险业务的原保险人，只能开展再保险业务的专业再保险人。对于可以同时开展再保险业务的原保险人来说，应该适用于寿险、非寿险的部门分类，因为这两类风险特色不同而且技术不同。但是，这种分类监管的方法对专业再保险人来说未必合适。因为，首先人寿再保险业务的风险相对比较稳定且易于计算，可以提高专业再保险人风险多样化的程度；其次再保险人经营的失败不会直接影响保单持有人；最后，寿险与非寿险的部门分割会阻碍风险的多样化，并且会限制来自于另一部门的业务量。但是，也应该指出，再保险人的破产会影响原保险人的财务稳定性，并因此影响保单持有人的利益。

2）对原保险人的再保险安排的监管

关于如何监管原保险人的再保险安排，就是后文中将要提到的间接监管，该文件概括为以下几个主要方面：有关再保险人的信息，如注册国家、财务状况等；再保险合同的类型和相关信息（如合约条款、再保险的成本、保障范围等）；自留风险的数额；避免风险过于集中、分散风险的计划。

但是，该文件的重点只是放在了原保险人再保险安排的必要信息上，而不是要对原保险人的再保险安排给出一个普遍的通用的监管方法。

3）对再保险人的监管

至于对再保险人的监管，即直接监管，最有争议的问题就是再保险人是否需要直接监管，以及如何确定一个适当的模式对再保险人实施直接监管。该文件分析了直接监管再保险人的有利和不利之处，并作出了以下判断。

由于市场的动态发展和投资工具的不断创新，监管者和原保险人越来越难以把握再保险的信用可靠度。通过直接监管再保险人，监管者能够评估再保险人的财务状况，并通过相应的投资监管提高再保险人的财务稳定性。由于再保险人的所作所为在风险链条中的重要性，很有必要对本国再保险人实施直接监管，以确保再保险公司的高层管理人员的适合性与适任性。

尽管保险监管和再保险监管的目标都是确保保险人与再保险人的财务安全性，评估方法却不一样。由于缺乏明确统一的程序来对年度账目进行分析和进一步核实，原保险人和保险监管者在分析同一个再保险人时，可能会得出不同的结果，如资本充足性要求和投资监管方面，相应地也会导致对一个再保险人进行重复的财务评估。

为了避免对一个再保险人的安全性进行重复评估，该报告建议实行包括信息充分交换制度在内的母国监管制度。这样的制度应该能为再保险人提供一个相对公平的竞技场。更进一步，该报告还认为，单一执照制度和母国监管制度的采用不仅能够减少经营障碍，而且还能保持再保险人的财务稳定性。除了政府监管外，该文件还认识到私人评级机构的重要作用，鼓励监管者和原保险人将这些评级结果与其他的偿付能力监管措施和标准结合起来，选择合适的再保险人。该文件还着重提到了 A. M. 贝斯特公司、标准普尔公司和 Duff & Phelps 信用评级公司，认可它们在保险人和再保险人评级方面所处的重要地位。

12.4.3 IAIS 第 7 号监管标准

2002 年 1 月 9 日，IAIS 在东京批准通过了第 7 号标准《关于原保险人的再保险保障和再保险人安全度评估的监管标准》，这是关于再保险间接监管的国际性准则。

该文件为监管者在评定保险人如何管理他们的再保险安排方面提供指导原则。该文件讨论了公司应该制定的方针和程序，以及评定每家公司再保险保障充足性的监管方法。IAIS 认识到成员国采用的再保险监管措施存在显著不同，该文件承认不同做法的存在，并且不主张厚此薄彼，认为彼此并无优劣之分。

此外，该文件还提到由于近年来再保险不断演化发展，引进了很多创新型产品，这些创新型产品通常被称为 ART 产品。有鉴于此，该文件将再保险产品分为传统型产品和创新型产品两类，后者主要是指财务再保险和保险风险证券化。IAIS 打算日后专门针对创新型再保险产品发布一个独立的文件，但是文件里提出的大部分指导原则也适用于此类产品的情况。

关于原保险人的再保险安排和管理程序方面，该文件主要从董事会、高级管理人员和内控制度 3 个方面给出了各自的职责与规定。关于监管者的监管职责，该文件也作出了具体规定。

12.4.4 IAIS 第 6 号监管原则

由于再保险业务的全球性特征，IAIS 认为制定监管再保险人的国际准则是必要的。2002 年 10 月 11 日，在智利的圣地亚哥，IAIS 签署了《关于再保险人监管的最低要求的原则》，即 IAIS 第 6 号原则。尽管这个文件表达了监管专业再保险人的最低要求，IAIS 的关于再保险人的数据库也包括提供显著数量再保险业务的保险人在内，该文件中描述的原则，做了必要修改后，也适用于那些主要业务包括签署再保险保障在内的保险人。

在该文件中，IAIS 认识到现在成员国采用的再保险监管措施存在着明显不同。鉴于再保险监管标准的过分多样化会影响业务的全球化和自由化，IAIS 认为很有必要建立国际范围内广为认可的监管再保险人的原则，以利于再保险业务的全球化和自由化。同时，IAIS 也考虑到不同监管制度之间总是会存在差别，因此本原则只规定了监管再保险人的最低要求。这些要求应作为各国有效监管体系的补充，以便形成信息交流与监管协作的基础性平台。

这些最低要求可以提供一个监管再保险人的全球性方法。在此方法下，责任由再保险人的母国监管者承担。母国监管者负责对业务实施有效的监管，并有责任与再保险人所在的其他国家的监管者进行有效沟通。

IAIS 还指出，监管再保险人的最低要求理应有别于原保险人。业务的市场行为监管不再适用，因为再保险人的保险客户并不是普通消费者，不要求受到像普通消费者一样的保护，并且监管不应该影响那些提高再保险市场效率和稳定性的各种创新行为。

该文件的核心内容是规定了两大原则。原则 1 是再保险监管的特性原则，即针对再保险人的监管要求和做法不同于原保险人的方面；原则 2 是再保险监管的共性原则，即再保险人的监管与原保险人的监管相同的方面。

再保险监管的特性原则（原则 1）：对再保险人的责任准备金、投资和流动性、资本要求，以及确保公司治理有效性的方针和程序的监督与管理，应该反映再保险业务的特征，并以监管者之间的信息交换制度作为补充。

再保险监管的共性原则（原则 2）：除了在原则 1 中所提到的之外，对再保险人的法律形式、执照许可①和吊销的可能性、适当性与正确性测试、控制权变更、集团关系、全部业务的监管、现场检查、制裁、内部控制和外部审计、适用的会计原则等方面的监督和管理，应该与原保险人相同。

12.4.5　IAIS 第 8 号监管标准

随着 2002 年 IAIS 通过《关于再保险人监管的最低要求的原则》，IAIS 希望全世界的保险监管者能在再保险人的司法管辖地对再保险人进行监管，即实行母国监管原则。2003 年 10 月 3 日，IAIS 在新加坡签署批准了 IAIS 第 8 号监管标准《关于再保险人的监管标准》。在"关于再保险人监管的最低要求的原则"的基础上对原则 1 的各项标准进行细化和拓展，使之具有更强的可操作性，因此也是分为 5 个方面，即对责任准备金、投资和流动性、经济性资本要求、公司治理和信息交换等进行逐一的规定。

12.4.6　IAIS 发布的其他相关文件

除了以上关于再保险监管的准则外，IAIS 还发布了《保险核心监管原则和方法》等对再保险监管有着显著影响的文件。

另外，IAIS 技术委员会、偿付能力小组委员会还集中研究了原保险人偿付能力的特定监管标准问题，并发布了指导性文件，讨论了保险监管原则中制定的资本充足性和偿付能力的一般原则。尽管该文件的重点是对原保险人的偿付能力要求，但也确实探讨了关于再保险的几个实质性问题。该文件按照风险种类，对再保险安排引发的财务影响进行分类。其一是再保险对于所承保风险而言，有可能被证明是不充分的；其二是再保险人有可能不能或不愿意支付赔款。为了避免上述风险，建议保险公司的主管人员要正确评估再保险需求的数额，以及再保险人的安全性和信用可靠度。并且介绍了几个国家关于偿付能力的做法。

12.4.7　对 IAIS 监管准则的主要评价

1. IAIS 监管准则表达的主要观点

迄今为止，IAIS 颁布了上述几个关于再保险监管的主要文件，来表达协会对再保险监管的基本态度，包括直接监管和间接监管。根据这些文件的要求，监管者必须确保自身有能力对再保险安排进行检查评价，有能力对这些协议和安排的可靠程度进行评估，有能力判断这种可靠程度是否适当。并且，为了评价这些再保险安排可靠程度的适当性，保险监管者要建立并适当提高以下要求。

（1）原保险人从再保险分出业务中获得的再保险信用数额。该信用数额反映对再保险赔

---

① 有些企业通过"授权"被允许承保再保险业务；在本文件中执照许可包括授权在内。

款的最终可获得性的评估，并要考虑对再保险人的监管控制情况。

（2）与属于另一司法管辖权国家的再保险人（本国监管者鞭长莫及）开展再保险业务时，对该国保险监管者的信赖程度。

关于从再保险分出业务中获得的信用数额，主要依赖于再保险赔款的可获得性，这种可获得性应该得到正确评估，评估时要考虑对再保险人的监管控制。换句话说，保险监管者要评估再保险赔款的可获得性，计算可利用再保险的数量，并以此信用来抵减责任准备金的提取（在净额准备金基础上）。此外，再保险赔款的可获得性评估要考虑对再保险人的监管控制问题，因为再保险交易通常是一种跨境交易，再保险人很可能不是本国的保险人。

由于再保险交易的跨境特色，再保险人通常在另一司法管辖权国家营业。为了获得准确信息以建立搜集和监控有关再保险人信息的方法，各国再保险监管者很有必要提高交换监管信息的国际合作水平。

从地方保护主义的观点来看，尤其是在新兴市场上，政府总是倾向于施加不适当的再保险监管，从而严重影响本国原保险人与国外再保险人之间自由开展再保险交易。这些国家往往要求国内保险人将风险分给国内或国有的再保险公司。有些时候，保险人还必须将他们的再保险安排给本地的国有再保险公司，这家再保险公司可能是唯一一家可将风险转分到国外的公司。此外，原保险人也可能被要求将所有或部分特定种类的保险业务分给地区或区域性的保险集团，这种集团是本国保险人和再保险人组成的一个联合体，对于集团成员签署的所有保险业务，每个参加者都同意接受事先确定的份额。以上这些要求都被 IAIS 看成是再保险服务国际贸易方面的不必要的障碍，应该加以摒弃。

另外，监管和会计原则对在跨境基础上开展的再保险交易也会产生间接影响。例如，在净额准备金制度下，有的国家规定，向国外再保险人分保的原保险人不能获得再保险信用，除非国外的再保险人将未到期责任和未决赔款准备金留存在原保险人国内，或者提供基金给监管当局以获取"认可再保险人"身份。其实，这种间接干涉本国业务分给国外再保险人的再保险监管做法，不仅在新兴市场中经常可以见到，而且在一些鼓吹崇尚自由竞争的发达国家也存在。要想对一国的再保险监管进行定性，界定其究竟是代表了公共利益的审慎监管，还是对国外再保险人采取区别对待措施的歧视性监管，并对这二者进行清晰的划分，无疑是一项十分困难的工作。

但是，不可否认的是，近年来，在全球经济一体化的大背景下，以及在经合组织和国际保险监督官协会等国际性组织的不懈努力下，再保险业务已经出现在全世界范围内提供服务自由化和监管协调化的良好态势。这种再保险自由化和再保险监管协调化的大趋势，不可避免地对我国正在构建的保险和再保险监管框架产生了深远的影响。可以说，上述指导原则和方针为进一步探讨和研究我国的再保险监管框架打下了良好的基础，指明了发展和努力的方向。

2. IAIS 监管准则的不足之处

IAIS 的再保险小组委员会在上述文件中勾画了建立再保险监管模式的建议。IAIS 正在做出的种种努力，无非是想达到再保险监管协调化的目的，但是有几个问题还需要进一步探讨，如监管的仲裁问题、不同的评估标准问题，以及有效的破产条例问题等。

（1）再保险小组委员会在建议采用相互承认制度的同时，还应该考虑到监管仲裁的问题。有分析认为，相互承认制度会导致保险监管下降到最低共同水平。对于那些拥有高度发达监管体系的国家而言，单一执照制度会给那些接受相对宽松监管的再保险人带来竞争上的优势。因此，发生纠纷时的仲裁制度将是相互承认制度能否贯彻实施的前提条件之一。

（2）在相互评估中要充分认识可靠的评估标准的重要性。有分析认为，IAIS的文件没有考虑对标准进行清楚解释的种种障碍。建立广为认可的、协调的原则非常困难，尤其是还要考虑世界各国五花八门的偿付能力监管体系。因此，有人建议，只有当国际会计准则委员会最后完成保险和金融部门的会计准则工作，签署并开始实施这些准则后，有关会计账目和报告准则的透明度才会达到，相互认可制度的讨论也才会更有意义。

（3）文件将重点放在再保险安全性的评估上，而不是提供具体的监管方法确保再保险的安全性上。但是，事后的评估再准确，也不如事先防患于未然。基于以上的讨论，可能的监管方法应该将偿付能力监管考虑进去。除非能确保再保险的信用可靠度，否则不允许减少责任准备金数量或所要求的偿付能力额度。

（4）文件表达了对明确的、统一的监管制度的迫切需要，但没有考虑建立一个有效的破产制度，以减轻发生再保险人破产事件时的不利影响。作为国际再保险业务不断增加的结果，建立一个得力的破产清算制度，既可以增强原保险人与外国再保险人进行交易时的信心，又可以减少回收再保险应收款项的不必要成本。

（5）尽管IAIS建议相互认可制度作为未来各国协调监管的基础，但是母国与东道国之间的合作却仅仅以信息交换为基础，这显然是不够的。在此建议相互认可制度应该进一步明确母国与东道国各自的责任，提高母国监管者信息的可获取性，并因此确保跨境再保险交易能够接受有效的监管。在这方面，巴塞尔委员会关于跨境银行业的监管做法是值得参考的。巴塞尔委员会在"跨境银行业监管"的主题下发布了29条建议，对东道国提出7条要求，对母国提出9条要求，确保所有的跨境银行业务都服从有效的母国和东道国的监管。这些规定对于保险跨境业务的监管具有重要的借鉴和参考价值。

3. 总体结论

IAIS等国际性组织为再保险监管制定了种种国际准则，其基本观点是认为再保险活动需要监管，而且各国的监管要尽可能地协调统一起来。为此，IAIS极力倡导诸如相互认可制度、母国监管原则等监管理念。只是按照人们的一种传统观点，再保险交易的合同各方都是专业娴熟的市场参与者，因此在该领域监管的要求可以适当降低。此外，为了在世界范围内更有效地分散风险，再保险交易往往建立在跨境业务的基础上，原保险人经常将他们的风险转嫁给那些处于另一司法管辖区域的再保险人，而目前关于再保险的监管措施大都是以国为单位实施的。在这样的实际情况下，一国的再保险监管不仅实施起来比较困难，而且如果非要强有力地实施，可能会对本国风险获取有效的再保险，以及在国际范围内的风险分散产生不利的影响。因此，一国在实施再保险监管时，要充分考虑监管措施是否切实可行，是否会影响本国保险人在国际市场上的再保险可获得性；还要尽可能符合IAIS等一些组织制定的相关国际准则，以期在世界范围内逐渐构建和形成协调统一的监管再保险活动的世界性平台。

IAIS等国际性组织颁布了一系列原则方针，力求对世界各国构建或完善各自的监管框架提供指导，并最终能在世界范围内建立一个协调统一、鼓励公平竞争的再保险监管大格局。虽然，IAIS极力倡导的一些监管理念，如相互认可制度也会遭到一些国家的反对，主要是一些有着高度发达监管体系的国家的反对，但是IAIS所提出的监管原则和相应的建议，无疑正在对全球的再保险监管问题产生着深远的影响，尤其是有助于像中国这样的新兴市场经济体在监管改革中构建适当的监管基础框架。我国应该在充分考虑自身特色的情况下，以这些国际性组织公布的原则方针为指导，结合其他国家的经验和教训，着力构建我国的再保险监管基础框架。

12.5 国际上通行的对 ART 产品的监管问题

12.5.1 对财务再保险的监管问题

1. 各国监管财务再保险的主要内容

纵观美、英、日等国家对于财务再保险进行监管的规定，其对财务再保险的监管思路和监管方向可以归纳为以下 6 个方面。

(1) 再保险合同的风险转移是否显著，如果显著，则视为再保险处理，否则视为存款合同，不适用于再保险合同的规定。

(2) 明确规定业务种类与风险种类的搭配，什么样的合同能视为显著的风险转移。

(3) 明确规定可从事财务再保险的合同种类。

(4) 合格再保险人和合格再保险经纪人的审查。

(5) 财务再保险交易的审核事项与会计处理方法。

(6) 适当的信息披露规定。

2. 财务再保险合同性质的认定及监管要点

1) 财务再保险合同的性质认定

以美国的 FAS113 公报和英国的相关规定监视各类财务再保险合同的性质。

FAS113 公报有两个要件：①保险人有显著风险的转移，所谓显著的风险转移，包括时间风险和核保风险；②再保险人因该财务再保险契约的订立而遭受显著的损失。在第一个要件中，要求同时具备时间风险和核保风险的转移，而英国只需时间风险或核保风险二者之一的转移。本书拟采用英国的看法，即只需转移其中一种风险就可以认定为属于再保险合同。

依据上述要件审视各类财务再保险契约，除了时间与距离合约外，其余都属于再保险合同。但应注意，上述要件仅为会计处理的原则，并非是再保险合同在法律意义上的本质要件。

时间与距离合约的原保险人要在合同生效之初，先行支付一笔金额给再保险人，并在合同中约定再保险人应于特定的时间给付特定金额，如同存款在再保险人处，由再保险人在到期时支付，因此时间与距离合约性质上较近似于存款合同。

2) 财务再保险合同的监管要点

对于再保险合同，保险监管者应作出以下要求。

(1) 保险人在订立财务再保险契约时要进行信息披露，披露的范围主要是以原保险人财务信息为主。为使监管者在监督保险人财务再保险契约时有法可依，建议在保险法中加列保险人订立财务再保险契约的信息披露规定，并授权监管机关订立披露的具体内容与范围。

(2) 保险人应选择知名信用评级机构评定一定等级以上的再保险人与之订立财务再保险契约。因为，如果再保险人信用不佳，财务状况不良，原保险公司很容易受到再保险人失去偿付能力的拖累。另外，若保险公司接受分入财务再保险业务时，也必须经信用评级机构评级，且必须为一定等级以上者方可接受分入业务，以确保其偿付能力。

（3）为确保责任准备金的充足性，可以考虑针对财务再保险交易提取适当的额外准备金。

3. 亚洲一些国家和地区对 ART 产品中财务再保险的监管规定

1）日本的监管规定

日本政府规范财务再保险业务的法规文件是大藏省 1998 年发布的第 233 号告示，而该告示的依据是 1996 年发布的《保险业法施则》第 71 条第 2、3 项的规定[①]。

《保险业法施行规则》第 71 条第 2 项规定：保险人将业务向政府核定的再保险人投保再保险，而再保险佣金是依照业务预期收益为基础计算的，该项佣金应以责任准备金提存。预期收益是指保单的隐性价值（Embedded Value），等于保险人提前释放未来的收益，以换取再保险人的现金。再保险人支付现金的名义是再保险佣金，这是典型的盈余缓解方法。而这种再保险佣金因为是保单隐性价值的变身，故法令规定要作为责任准备金提存。《保险业法施行规则》第 71 条第 3 项规定：保险人将业务办理再保险，而再保险人不是政府所核定的，其所收的再保险佣金应以暂收款入账。因为，它认为这样的再保险不合法，效力有问题，佣金只能做暂收款处理。该项规定是针对盈余缓解防范风险的有效方法。

由此可见，"核定的再保险人"至关重要。对于如何解释，大藏省 1998 年发布的第 233 号告示进行了说明。该告示共有两部分：第一部分名为财务再保险；第二部分名为财务再保险的种类。因此，该告示是专门针对财务再保险所作的规定。

"核定的再保险人"大意为保险人办理再保险时，约定将分出部分的所有风险全部移转给再保险人（不能仅移转一部分），并将该部分的保险契约可能产生的未来收益给予再保险佣金收取者，接受再保险的再保险人必须符合下列全部要件。

（1）再保险人须在本国或国外拥有营业执照，并经指定信用评级机构评等为 AA 或 Aa3 以上。

（2）收取的佣金应为现金。

（3）除非原保险契约全部或部分中止，或者原保险人中途解约，再保险契约不得终止。

（4）除非原保险人未缴纳再保险费，再保险人不得片面解除契约。

（5）原保险人因清算而终止全部契约时，分出部分若有损失，原保险人无须补偿再保险人的损失。

（6）原保险人因并购或一并移转保险契约给他人时，该再保险契约条件不变并由他人继承。

（7）双方之间的结算至少要 3 个月进行一次。

总之，大藏省的省令可以说是正式财务再保险已引入日本市场的事实，其监管的重点是，保单的未来收益应视为保险人对于保单所负责任的准备，应将之提存为责任准备金；初年度的再保险佣金虽然具有负债性质，但仍视为公司内部特别保留的责任准备，故规定仍以责任准备金提存。

---

① 陈继尧. 再保险理论与实务. 台北：智胜文化事业有限公司，2002.

2）新加坡的监管规定

新加坡作为金融中心之一，财务再保险活动十分常见，其发展趋势也备受金融监管当局（Monetary Authority of Singapore，MAS）关注。MAS 于 1999 年 8 月同时发布 MAS208、MAS316 号公报，分别对于财产保险和人寿保险的财务再保险加以规范，内容包括分出和分入的财务再保险。特别是对分入的财务再保险必定有相应规定，表现出新加坡市场的特性。新加坡的规定简单明了，易于管理和操作，以下简单介绍这两项公报的主要内容。

（1）MAS208 号公报（财产保险人的财务再保险公报)①。

一、前言

第 1 条　财务再保险对保险公司的风险管理日益重要。它具有风险转移与风险融资功能，可使保险人的风险及资产管理计划更具弹性及流动性。

第 2 条　本公告旨在提供可以帮助财务再保险发展的体制，以确保会计原则的明确性和一致性，同时向使用报表的人提供足够信用来评估此保险人的财务状况。

第 3 条　此公告表示了监管部门对财务再保险的立场、财务再保险的定义、风险转移原则的适用、会计原则及信息披露要求。

二、监管部门对财务再保险交易的立场

第 4 条　依法核准设立的保险人可从事财产保险的财务再保险，但须向董事会申报。

三、财务再保险的含义

第 5 条　财务再保险有时称为"有限风险再保险"，因其多样性，无法给出准确的定义，只能透过下列特性来区别财务再保险与一般再保险：①多年期合约；②费率追溯条款，即给予双方当事人一种未来的权利，可根据时间和理赔金额调整保费及佣金；③保费收取必须考虑未来的投资收益；④财务的结果可被预测，该结果包含对双方在利益上的影响；⑤结合资产（投资）风险与负债（保险）风险。

四、风险移转原则与会计准则

第 6 条　财务再保险应每季或每年制作财务报表送监管部门。

第 7 条　为决定是否为再保险交易，必须衡量原保险人与再保险人之间是否已有显著的风险转移。保险风险包括核保风险（事故发生及理赔数额的不确定）或时间风险（何时理赔不确定）。下列情形可被认为有显著的风险转移：①再保险人会遭受显著损失；②再保险的情况变化多端。

所谓"显著"与否，应该根据合约的实际内容或从合同整体角度加以衡量，且在实务上可能发生的情况应能合理预测。

第 8 条　在订立合约前就应评估是否有显著风险的转移，同时整个合约期间的会计原则必须一致。合约生效后如有重要条款改变，则须重新评估。

第 9 条　符合风险转移原则的财务再保险合约作为再保险处理，并在损益账户中说明。否则，原保险人与再保险人双方均以借贷契约（存款）处理，且必须从损益账户中排除。

五、信息披露要求

1. 符合风险转移原则的财务再保险合约

（1）办理分出财务再保险业务的规定

第 10 条　原保险人应就每一财务再保险合约或其修正合约提供报审，内容包括：①若

---

① 译后已作删节和整理，原文见 MAS. Notice to General Insurers，Insurance Act，Cap 142，Financial Reinsurance.

仅涉及部分业务时，需说明合约所承保的业务类型或风险的形态；②保单条款的类型，包括期间及条款的细节必须为当事人了解；③有关任何条款的限制性细节，包含事故限制、分保金额限制、自动恢复保险金额及总额限制；④保险期间。

第 11 条　原保险人应披露财务再保险合约的下列信息：①再保险费，包含在经验账户中所累积的额外给付；②再保险摊回款；③已收或应收的再保险佣金，包括利润佣金或在经验账户下任何形式的退回款。

第 12 条　原保险人应在资产负债表中披露财务再保险合约下列信息：①应给付的再保险费金额，以及在经验账户中所累积的额外给付（应给予保险人的金额项下）；②应收取的再保险摊回款（再保摊回项下）；③其他应自再保险人处收回的款项。

（2）办理分入财务再保险业务的规定

第 13 条　接受财务再保险的再保险人应披露签单再保险费的总额（再保险业务项下）。

第 14 条　关于再保险合约的金额应显示：①应付原保险人的金额，包括再保险摊回赔款、佣金、利润佣金或退回款；②应收再保险费；③在经验账户下累积或应收的额外给付。

2. 不符合风险转移原则的财务再保险合约

第 15 条　不符合者应被排除在损益账户外，但应披露下列信息：①合约形式的描述；②所采取的会计原则及采取的原因；③在会计期间中已付及已收的金额。

（2）MAS316（人寿保险人的财务再保险公报）①。

一、前言

第 1、2、3 条同 MAS 208。

二、监管机关对财务再保险交易的立场

第 4 条　依法核准设立的保险人可从事人寿保险的财务再保险，但直接保险人及专业自保公司事先获得监管部门个案审查同意后方可订立，若在合同期间有重大条款转变，则须重新得到监管部门的同意。同时，直接保险人必须通知其董事会有关财务再保险交易的情况。

三、财务再保险的定义

第 5 条　财务再保险合约是由保险人订立会增加其资产的一种保险契约，该资产可使保险人符合最低偿付能力额度要求及：①移转资产或借款给保险人；②保险人有义务返回部分或全部该资产。

四、财务再保险申请书上的信息披露要求

第 6 条　保险人向监管部门提出购买财务再保险的申请书上，应说明契约内容细节，并披露下列信息：①购买财务再保险的原因及预期达到的结果；②在该契约中所产生现金流量（应包括净现值）的可能结果分析；③此交易对准备金及法定盈余的影响；④会计处理方法及管辖权的解释；⑤会计师的意见证明。

第 7 条　保险人须事先得到监管部门的许可，才能提供上述信息给监管部门。

五、风险转移原则与会计准则

1. 风险移转原则

第 8 条　保险人的财务再保险应每季或每年制作财务报表送监管部门。

---

① 译后已作删节和整理，原文见 MAS. Notice to Life Insurers，Insurance Act，Cap 142，Financial Reinsurance，www. mas. gov. sg.

　　第 9 条　为决定是否为再保险交易，必须衡量原保险人与再保险人之间是否已有显著的风险转移。在人身保险中，其承保风险包括下列风险形态：①死亡风险；②患病风险；③投资风险；④解约风险；⑤费用风险。

　　第 10 条　当下列情形符合时，即可被认为有显著的保险风险转移：①再保险人会遭受显著损失；②再保险情况变化多端。所谓"显著"与否，应该根据合约的实际内容或从合同整体的角度加以衡量，且在实务上可能发生的情况应能合理预测。

　　第 11 条　在订立合约之初，即需评估是否有承保风险的转移。

　　2. 会计处理

　　第 12 条　符合风险转移原则的财务再保险合约，作为再保险处理，并在损益账户中说明。否则，原保险人与再保险人双方均以借贷契约（存款）处理，且必须从损益账户中排除。

　　第 13 条　使用的会计方法在整个契约期间必须一致。

　　3. 原保险人业务披露与报告

　　第 14 条　任何已生效的财务再保险契约，原保险人需在精算报告中说明：①保险人未履行的金额及未履行义务的情况；②如何评价这些未履行义务。

　　4. 再保险人业务披露与报告

　　第 15 条　任何已生效的财务再保险契约，再保险人需在精算报告中说明：①未来预期应从原保险人处获得的给付及给付的情形；②如何评价该预期给付。

12.5.2　对再保险风险证券化的监管问题

　　在典型的保险证券化交易中，首先要成立一家 SPR 作为合法的特殊机构，由 SPR 与原保险人签署再保险合同，并在资本市场上发行保险连接型证券。因此，保险风险证券化所涉及的监管问题主要集中在以下方面。

　　1. 保险连接型证券的发行

　　在很多国家，保险连接型证券的发行都会引发监管当局的关注，并且能否将其作为一个再保险合同对待也是有争议的。关于发行者的责任，很多国家都认为有必要描述和披露保险连接型证券所包含的损失风险。在这些证券中由于缺乏保险利益，按照普通法原则，这些协议可能被归为"赌博合同"一类，并因此导致此类合同无效或非法。具体而言，关于保险连接型证券的发行，主要有以下 3 个问题需要探讨。

　　1）保险连接型证券是否构成保险合同

　　保险连接型证券与其他再保险合同的作用相类似，都可以承担保险人转嫁的风险。作为结果，将保险连接型证券的投资者看成是在从事保险业务，好像也有一定道理。如此一来，投资者应接受一定的保险监管也是合理的。如果投资者被看成是在开展保险业务的话，将不难发现他们是在没有获得适当授权和执照的情况下，擅自经营保险业务。相应地，在此情况下，保险连接型证券就不能发行——SPR 和投资者都要受到相关法规的制裁。

　　关于"保险业务"的定义，监管和司法指导原则的规定很有限，许多国家给出的定义都过于宽泛，没有将资本市场证券的概念考虑进去。因此，投资者投资保险连接型证券能不能被看成是从事保险业务一直是有争议的。与保险业务的定义相比，可以看到购买证券不能被看成是从事保险业务，因为他们是一次性投资，而且先于且不考虑损失发生率问题，结果是投资者不能对其后的额外支付负责①。更进一步说，关于保险利益，如果保险连接型证券被设计成基于整个行业的损失或指数，而非原保险人的实际损失，那么这就会拉大投资者支付和再保险合同下 SPR 遭受的潜在损失之间的距离。因此，所有这些因素都会实质上减少法律不确定性，以及证券化交易被看成是保险合同的法律风险。

该问题还要参考保险连接型证券的发行者（SPR）所在国，以及证券发行国家的相关立法确定。

2）证券法关于发行人披露责任的规定

在有些国家，参与"证券发行"的人通常要对不充分披露负责，并要求证券发行的条件中包含对投资者的足够保护。此时，SPR 所处地域的司法管辖情况是十分重要的。

发行证券的内容说明书，以及其他有关债券的材料要进行充分而公正的披露，包括证券的条件，与之相连的潜在的再保险交易，投资者投资此类证券的风险，尤其是本金何时需要承担风险等。此外，应该披露证券持有者与 SPR 相比对原保险人的赔偿所处的索赔从属地位，尤其是在有些司法国家里，保单持有人相比其他投资者拥有优先权的情况下。

3）投机和赌博问题

很多国家的民法都规定投机和赌博合同不能得到执行，相应的刑事法律也规定如有违反则要被起诉。这些法律一般禁止以超出合同各方掌控的意外事件为基础进行款项支付安排的合同或协议。鉴于保险连接型证券恰恰就是基于超出合同各方掌控的外部事件的发生，如巨灾事件等。此时，这种交易就会被解释为投机或赌博合同。同样道理，对于投机和赌博合同的概念是否牵涉较宽范围的金融投资工具，如利率交换、期货和期权等，也是有争议的。但是，人们通常相信关于赌博和投机的法律不适用于金融投资工具，进而也不适用于保险连接型证券，因为这些都被看成是"贸易合同"，免予接受关于赌博、投机的法律和监管措施的管辖。

2. 特殊目的再保险人的营业范围和公司结构

在很多国家，法规要求 SPR 要获得授权或营业执照才能经营保险或再保险业务。并且，在很多国家 SPR 被禁止开展非保险业务，包括与保险连接型证券相关的任何活动在内②。这就解释了为什么历史上 SPR 都在开曼群岛或格恩西岛获取执照，成为受限制的保险人，在那里法律采用分离业务量或"单元公司"的概念；或者在百慕大群岛，那里允许对指定的投资合同采用相似的概念。随着保险人、投资者和监管者不断认识保险证券化的优点，美国开始做出很多努力，为证券化交易在本国开展提供方便，如引入相似的概念"受保护单元"③。

除了关于 SPR 开展保险业务的监管问题外，SPR 的公司结构也受到相应的监管体系和税收系统的质疑。因此，再保险合同的大量谈判和有关 SPR 构成的其他协议，保险连接型

---

① Wallance Hsin - chun Wang. Reinsurance Regulation - a Contemporary and comparative Study. Kluwer Law International，2004.

② 如英国 1982 年的《保险公司法》。

③ 1999 年 9 月 21 日，NAIC 财务状况小组委员会通过了《受保护司示范法》②。该法旨在创立一个监管框架，允许在美国的财产和意外保险人创立"受保护单元"，发行保险连接型证券，通过保险证券化为保险责任提供资金支持。本法案的主要目的是对在美国境内的保险证券化交易的开展提供支持，此前这些证券化交易通常都在境外进行。受保护单元（Protected Cell）意味着一个受保护单元公司（Protected Cell Company）的资产和负债的一个特定组合，该组合分离并且独立于受保护单元公司的普通资产和负债。此外，还要建立独立的受保护单元账户，以便将一个受保护单元的受保护单元资产与其他受保护单元的受保护单元资产及受保护单元公司的普通账户的资产分离开来。

证券的投资收益，以及营业活动都要在有些司法国家之外进行，以规避法规的监管限制。

除了税收和监管原因外，为了减少原保险人和投资者之间实际及潜在的利益冲突，SPR 应该脱离原保险人而独立经营。尽管如此，SPR 的结构一般还是要由原保险人认可，如 SPR 的地点选择，关于由再保险费和保险连接型证券的性质与结构引起的资金安全性的安排等。关于投资者的利益，通常在给投资者的说明书中予以说明，一般应包括以下内容。

（1）对 SPR 的资产或招致债务或提供信用的安全性的控制。

（2）对风险接受和赔款结算方式的限制。

（3）关于 SPR 向投资者披露适当信息的条款。

（4）关于与原保险人签署的再保险合同，由 SPR 担保该合同不会被替换或修改，SPR 的公司结构也不会被合并、整顿或改变。

并且，适用的税收制度也会对 SPR 的构成产生显著的影响。SPR 的税收义务主要是其获得的利润。例如，在美国，如果发现 SPR 在美国从事"贸易或生意"，SPR 就要遵守相对较高的所得税率，这会影响投资者的回报率，增加保险证券化的交易成本。作为选择，SPR 经常试图将自己看成是"被动的外国投资公司"，因为按照美国联邦所得税的规定，保险连接型证券能被看成"产权利益"。关于这种选择，证券投资者同意将 SPR 看成是被动的外国投资公司，并立即表示不采取与此看法不符的任何行动。

3. 特殊目的再保险人的偿付能力

如上所述，SPR 与原保险人两者之间的主要合同关系是建立在原保险合同基础之上的。原保险人通过该合同将风险分给 SPR，其进行保险风险证券化的主要动机是希望通过 SPR 提供的再保险合同获取保障并减少责任准备金的提取。有鉴于此，有些国家的法律作出规定，要求 SPR 证明自己的财务偿付能力，或者提供适当的附属担保协定，以满足本国保险监管对再保险安排的要求①。

至于 SPR 的财务偿付能力，有些国家的监管者对 SPR 的财务状况实施审慎监控，保险人从再保险合同中获得的再保险信用要受到 SPR 的财务偿付能力的影响。在这点上，应该指出除了发行保险连接型证券获得的收益之外，SPR 通常没有实质性的资产。因此，再保险合同中的信用风险依然存在，这种风险可能由 SPR 不能履行其赔款责任引起，尤其是当合同持续相对较长时期的情况下。作为此种信用风险的结果，原保险人、投资者和监管者应该注意要保证发行证券所获收入和支付的再保险费收入，足以使 SPR 承担起自己的责任——不仅是 SPR 再保险合同项下的赔款责任，而且还有发行保险连接型证券项下的责任。实际上，原保险人可以要求 SPR 进行保守投资，提供担保协定，如担保存款、信用证等。要求这些协定安排的目的，是帮助提供财务安全性给原保险人，并代表原保险人的利益进行投资和经营等活动。

4. 保险风险证券化监管的基础框架

通过发行保险连接型证券，保险证券化交易可以在全世界范围内创造保险和再保险承保能力，但是迄今为止只在少数几个国家发展了为此类交易提供便利的监管基础框架。通过分析可以发现，为保险风险证券化发展一个适当的监管基础框架，需要解决以下几个实质性的问题。

首先，作为前提条件，那些希望为保险风险证券化提供方便的国家，应该考虑修改或废

---

① 如美国的"NAIC Credit For Reinsurance Model Law"。

止那些现存的禁止法人或保险人从事证券化交易法令或其他法规。作为替代，这些国家可以选择颁布明确的法令，允许进行此类交易，像在百慕大、开曼群岛和美国的几个州一样。由于法律往往没有明确规定投资者从事保险证券化交易应不应该看成是在开展未经授权的保险业务，因此需要国家颁布明确的法律条例，对保险连接型证券的购买不构成保险业务交易作出明确规定，以消除法律的不确定性。

其次，从发达国家的模型中可以发现，保险证券化的法律框架的基础元素，是通过适当的立法，允许创立既能承担保险风险又能发行保险连接型证券的SPR。为降低交易成本，一些国家发明了"受保护单元"的新概念，允许这样的单位同时从事保险和证券业务。SPR一般只要求组成一个获得授权既能接受保险风险，又能发行保险连接型证券的再保险公司。此外，还应该建立确保SPR财务偿付能力的担保安排。通常，在对投资活动施加特定限制的同时，还要成立一个信托。而且，还要考虑基础风险，尤其是在赔款支付是基于参数触发机制的情况下，因为它关系SPR的建立和财务偿付能力，并有可能会威胁原保险人的财务偿付能力。

另外，相关的破产体系应该进行修正，以包容受保护单元的概念。受保护单元的主要特色是保护受保护单元的资产和负债，在原保险人（受保护单元公司）失去偿付能力时，免受其信用风险的影响。通过引入该概念，相应的破产体系应该确保受保护单元不受原保险人（受保护单元公司）保全、整顿或清算等司法手段的影响。但是，应该指出，一个分离出来的受保护单元，作为一个特别事物，需要外部审计的支持，方能提高保险连接型证券的可接受性，以及确保受保护单元的财务偿付能力。

与境内证券化交易相比较，保险监管者也应该了解离岸保险证券化交易。保险监管者应该能够评估再保险的适当性和相关的证券化交易。建议此类交易的评估应该将SPR的业务运作和公司结构考虑进去，同时还有关于证券化交易和再保险合同的担保安排。

5. 国际上保险风险证券化监管措施对我国的监管启示

以巨灾风险证券化为先驱的保险风险证券化，是对传统保险在运作机制层面上进行的创新，它在一定程度上改变了传统保险的面貌，其意义是深远的。在此主要是介绍保险风险证券化对防范巨灾风险的意义，其实它的运用不仅仅局限于此，其运作方式可以扩散到整个保险领域①。就财产保险领域而言，非自然巨灾、责任保险等对保险业的压力也非常大。产险业需要新的手段来对付这些风险，证券化完全可以在上述领域大显身手。

通过本节对保险风险证券化监管问题的分析，可以得出以下启示，供我国监管部门参考借鉴。

（1）保险证券化交易能给保险人提供一种传统再保险之外的有效风险转移机制，应该得到监管者的认可和大力支持。保险证券产生于巨灾事件造成的再保险承保能力有限之时，这种风险转移交易得到了迅速的发展，而且不仅限于巨灾风险领域，还发展到了信用风险、责任风险、政治风险和人寿风险领域，其潜在的市场规模相当可观。各国监管者和信用评级机构已经越来越多地卷入此类交易，开始评估和监控这些保险连接型证券，对此类交易的安全性和信用的可靠度关注也与日俱增。在美国等地，由于对此类交易进行了充分披露和谨慎监管，使越来越多的投资者在接受此类证券作为投资工具时感觉比较放心。

---

① Erilk Banks. Alternative Risk Transfer – Integrated Risk Management through Insurance, Reinsurance and the Capital Markets, p. 117, John wiley & sons, Ltd, 2005.

（2）应该通过立法允许相关法人或保险人从事证券化业务。为了方便此类交易的进行，国家要为保险人从事此类交易去除法律上的障碍，如修改或废止那些现存的禁止法人或保险人从事证券化交易的法令或其他法规。

（3）应该明确规定投资者投资此类证券不构成非法从事保险业务。为了打消投资者投资此类证券的顾虑，国家需要提供明确的法律条例，对保险连接型证券的购买不构成保险业务交易作出明确规定。

（4）应该允许创建特殊目的再保险人 SPR。从发达国家的模型中可以发现，保险证券化监管框架的基础元素是通过适当的立法，允许创立既能承担保险风险又能发行保险连接型证券的 SPR。为降低交易成本，一些国家发明了"受保护单元"的新概念，允许这样的单位同时从事几种业务。除了创立受保护单元之外，还一定要考虑基础风险，尤其是在赔款支付是基于参数触发的情况下，因为这会威胁原保险人的财务偿付能力。

（5）相关的破产体系应该进行修正，以包容受保护单元的概念。受保护单元的主要特色是保护受保护单元的资产和负债，在原保险人失去偿付能力时免受其信用风险的影响。通过引入该概念，相应破产体系应该确保受保护单元不受保护单元公司保全、整顿或清算等司法手段的影响。为了确保受保护单元账户的财务偿付能力，建议受保护单元的分离要有外部审计的支持。

（6）保险监管者应该了解离岸保险证券化交易。保险监管者应该能够评估再保险的适当性和相关的证券化交易。建议此类交易的评估应该将 SPR 的业务运作和公司结构考虑进去，同时还有关于证券化交易和再保险合同的担保安排。

总之，我国的巨灾风险状况、保险业和再保险业的发展、资本市场的发展状况等有其自身的特点，一定要综合考虑这些因素，在时机成熟时，逐步推进发展具有我国特色的保险风险证券化。在监管方面，既要借鉴国际经验，积极"拿来"为我所用，更要考虑我国的实际情况，因地制宜。可以预见，保险风险证券化产品不仅在我国未来的巨灾风险防范体系中必将扮演重要角色，而且也必将对我国保险业和资本市场的发展产生深远的影响。

12.6　我国再保险监管框架的构建

当今世界上一些国际性组织，如 WTO、OECD、IAIS 等，已经做出种种努力，以期达到全球范围内的再保险交易自由化和再保险监管协调化的目标。在这样的国际宏观背景下，对发展中国家来说，为了加强本国保险市场的稳定与发展，政府必须考虑是否需要建立一套与国际监管规则相协调的适合本国国情的再保险监管制度，以对本国的再保险活动加以管理和规范。

12.6.1　国际发展趋势对我国再保险监管的影响

从国际形势上看，由于再保险业务的重要性及跨境特色，世界贸易组织屡屡提到再保险业务的自由化问题。例如，世界贸易组织（WTO）和国际保险监督官协会（IAIS）的附录里就给出了再保险的框架协议。又如，关于金融服务的跨境贸易，WTO 的金融服务承诺谅解录要求每个成员国应该允许金融服务的非本土提供者作为主要当事人、通过中介或作为中介，提供超出金融服务附录里列出项目的金融服务。跨境谅解录包括几种商业保险服务，其中就有再保险和转分保。因此，外国再保险人应该可以得到允许，在一国市场上经营再保险和转分保业务。为了鼓励全球化的趋势，世界贸易组织已下令废止对进入本国再保险市场设置的不必要的壁垒和限制。例如，那些强制分出业务给国有再保险公司的监管措施，还有那些优先分给本国市场的规定，它们作为保护本国再保险市场和本国货币的手段，显然违反了世界贸易组织的规定。因此，在构建我国的再保险监管框架时，应该顺应再保险监管协调化和再保险服务自由化的国际趋势，逐步摒弃一些不符合世界发展趋势的监管做法，以免授人以柄。但与此同时，还要以有条不紊的、稳妥的、可操作的方式走自己的改革道路，不能急于求成。

另外，还应该考虑国际监管准则，并将其运用到我国的监管体系中去。最近几年，为了给再保险人提供一个公平的竞技场所，促进公平竞争环境的形成，国际机构如 IAIS 等发展了一些最低的监管标准。这些指南与准则的主要目的是确保监管者有能力评估再保险安排，评估该协议的可靠程度，并确定该可靠程度是否适当。与这些国际监管标准相比，我国原保险人的再保险业务在很大程度上并不受审慎监管的约束，尽管要强制分出业务给中国再保险公司。实际上，我国的再保险监管既不能控制再保险人对保险人的选择，也不能控制原保险人的再保险安排。而且，我国现行的再保险监管缺乏系统的、行之有效的手段和工具，以对再保险活动实施综合性管理和监控。不充分监管降低了保险监管者的威望，保险监管者只能依赖原保险人提供的财务报表监管保险人的分出业务。同时，在相应的监管条例中也没有详细规定关于再保险人选择和再保险安排的许可标准。

按照国际保险监督官协会 IAIS 的相关规定，我国的监管制度应该能够监管保险人的分出业务，能够为国内外的再保险人提供一个公平竞争的监管环境。另外，尽管审慎监管的需要日益增加，在构建新的监管体系时还是应该避免"过度监管"，因为那样会增加交易成本，还会不适当地削弱市场竞争，也有悖于世界贸易组织（WTO）和国际保险监督官协会（IAIS）的相关规则。

在借鉴发达国家先进经验方面，美、英国家的再保险监管框架都是比较成功的，但是每一个成功的模式身上都深深地打着本国的烙印，是本国特殊经济政治环境下的产物，因此我国在借鉴时一定要注意这一点。许多新兴经济体都想寻找一条捷径来加快他们的监管改革步伐，往往试图复制发达国家正在使用的模式。但是，这种原封复制的做法是要失败的，除非能将本国特殊的社会、经济和法律的差异考虑进去。经验表明，没有哪个政府可以寄希望于简单的拿来主义，发展中国家可以通过对发达国家法规的对比分析中受益，但是不能照搬这些现成条文，因为每个国家之间的经济、社会和法律环境都存在本质的不同。

12.6.2　构建我国再保险监管框架需要注意的问题

总体来说，一个理想的再保险监管体系至少应该能够保证原保险人的财务稳定性。在此监管体系下，监管者应该有权力并且也有能力检查原保险人的再保险安排问题，评议其再保险安排的可靠程度，并判断这种可靠程度是否充分和适当。进一步，保险监管者应该能够评估再保险应收款项的可收回性，以计算可运用的再保险数量，在净额准备金制度下，这种再保险能够获得再保险信用，用以抵免责任准备金的提取。此外，对再保险应收款项的可收回性评估要充分考虑对再保险人的监管控制问题，因为再保险交易通常是在跨境基础上提供的。对保险监管者来说，为了获得准确的信息，一方面应该建立关于再保险人的信息搜集和信息跟踪监测的体系；另一方面很有必要提高各国监管者的国际合作与信息交流水平。

作为典型的发展中国家，中国在进行再保险监管改革时，需要对以下问题予以充分关注。

1. 实施全面的直接监管与保险风险分散的冲突问题

如前所述，英国模式里对再保险人的监管，倾向于由他们国家的司法机构实施综合性的全方位的直接监管措施。举例来说，希望在英国开展再保险业务的再保险人都应该获得金融服务局 FSA 的授权。一方面，通过对再保险人实施全面的直接监管，即核发执照，贯彻财务偿付能力要求，以及实施一些市场行为控制（如合同内容、欺诈）等，监管者确实能够加强对再保险人的管理和控制。但随着市场变得越来越自由化，保险人会发现评估再保险人的信用可靠度越来越困难，处理再保险合同引起的法律纠纷也更加困难了。在这种情况下，如果对再保险人进行直接监管，则可以为监管者和保险人提供统一的评估标准，而且在同一司法体系下解决争端也比较容易。

但是，对再保险人进行直接监管会导致当事人增加额外的交易成本，设置无形的业务障碍，还会增加监管成本。针对再保险人的营业许可制度意味着再保险人要遵守相应的投资要求和资本要求，这对于外国再保险人来说会增加他们的业务障碍。相应地，这样做就建立了一个进入某国市场的壁垒，并因此损害本国保险风险的有效分散。

发展中国家的再保险市场不像发达国家的再保险市场，发展中国家面临的主要问题往往是缺乏承保风险的能力和专门技术。如果采用直接监管方法，很可能会阻碍外国再保险人向本国保险人提供服务，从而引起保险人承担风险的承保能力短缺。因此，在发达国家被证明是成功的直接监管模式，对我国来说可能并不适合。

2. 对再保险人提出担保要求的问题

对于跨境再保险交易，要想跟踪并获取关于再保险人财务状况的信息是很困难的，并且业务的跨境特色还会增加再保险支付的不确定性。此外，外国再保险人在其母国受到的监管程度也可能与本国保险人不同。由于以上这些原因，有些国家的监管者希望从事再保险交易的国际再保险人要满足特定的担保要求。只有做到这一点，原保险人才能得到再保险信用，在他们的财务报告里抵免责任准备金。客观地说，担保要求的运用能使本国保险人免于陷入因再保险人的原因使再保险款项不能收回的困境，也减少了再保险支付的不确定性。

从破产法的观点来看，担保或质押要求会创造特定种类的优先债权人，并损害其他保单持有人和债权人的利益。因此，是将这样的质押要求界定为一种代表公众利益的审慎监管的形式，还是将它界定为针对外国再保险人的歧视性措施，是很难作出定论的。虽然，质押要求的采用能减少再保险款项回收问题，但事实上却造成歧视外国再保险人的情况产生。这也是欧盟与美国长期争论互相指责的一个根源所在。不可避免地，这样的要求还会增加再保险的交易成本，并因此对跨境交易施加间接限制，可以肯定，这样做的结果会在一定程度上妨碍保险风险的分散。我国作为一个发展中国家，再保险供给缺口很大，如果采取这样的措施，无疑会严重妨碍保险风险的有效分散，加剧再保险供给的短缺程度。

3. 再保险交易自由化与再保险安全性之间的冲突

对于大多数发展中国家而言，人们已经意识到再保险承保能力的缺乏是其面临的主要问题。因此，为了到国际市场上寻求足够的再保险承保能力，同时也为了顺应国际发展趋势，这些国家的监管者不得不力促本国再保险交易的自由化。但是，由于本国保险和再保险市场尚不成熟，市场参与者也缺乏足够的经验和技术确保国际再保险交易的适当与安全，因此监管者还不得不考虑本国保险人在再保险交易中的安全性问题，以确保再保险支付的安全性。为了避免对再保险活动自由化的曲解，监管者必须在审慎监管与保险风险分散的冲突之间进行协调。

毋庸讳言，再保险交易自由化在一定程度上会对再保险的安全性构成威胁，而监管者为了确保再保险安全性所采取的监管措施反过来也会妨碍再保险交易的自由化程度。因此，很难设计出一个适当的监管框架，使国内保险人在不危及再保险安全性的前提下，从再保险自由化中受益。对这两者如何取舍以求得最佳平衡，是许多发展中国家在构建再保险监管制度时必须要正视的一大难题，我国也是如此。

12.6.3　我国再保险监管框架的重心选择

再保险监管方法可划分为直接监管和间接监管两种。通过本 12.2 节中对英国和美国再保险监管模式的分析可知，一国再保险监管框架可以采用两者兼顾、突出其中一种的模式。直接监管措施对再保险人的监管比较严格，间接监管则意味着保险监管者将重点放在了原保险人的再保险安排上，而非再保险人身上。在间接监管方法下，保险监管者要时刻监管和控制原保险人的再保险安排。在很多时候，这种监管方法对再保险人的监管通常是不太严格的，影响也是间接的。

从大的方面说，保险监管包括再保险监管在内，其很重要的一个目的是保护保单持有人的利益，而原保险人的财务状况与能否保护保单持有人的利益是直接相关的。有鉴于此，一些国家把再保险监管重点放在间接监管——对原保险人偿付能力的保护上，典型的如美国。事实证明，美国选择这样的监管重心是合理的，因为美国几个影响较大的保险人破产案例或多或少都是由不能收回的再保险赔款导致的。从而形成这样的观点，即间接监管的主要目的是确保再保险安排的安全性，以及再保险赔款的可收回性。

但是，另外一些国家则倾向于直接监管，如英国就非常重视直接监管，对再保险人的监管措施类似于原保险人，要求再保险人接受相关的偿付能力和投资方面的种种监管规定。事实证明，英国的再保险监管框架也是成功的。

目前，包括我国在内的很多发展中国家还没有建立完善的再保险监管框架。一般来说，不管是以间接监管为重心的美国再保险监管框架也好，还是强调直接监管的英国监管框架也好，一国再保险监管框架的确定，最终要取决于该国具体的市场特色和监管环境。

在大多数发展中国家中，都不同程度地面临着再保险市场发育不成熟、再保险供给短缺等问题。在这种情况下，原保险人和监管者主要关心的问题是如何能够有效地分散风险，如何通过再保险扩大国内承保能力，以及如何切实保障再保险交易的安全性。由于缺乏足够的资本来承担所接受的风险，这些国家确实有必要取消一些因监管而造成的不必要的业务障碍，以免这些障碍阻碍本国保险风险在世界范围内的有效分散。因为，在大多数发展中国家，不太可能找到很多在相同法律下获取执照的本国再保险人，来承接原保险人分出的风险。事实上，发展中国家的原保险人或依靠本国国有再保险人分出风险，或者依靠外国再保险人分出风险。因此，应该将更多的注意力放在原保险人的再保险安排上，而不是单纯对再保险人施加过于严格的监管上。

可以预见，伴随着再保险交易自由化和提供服务自由化的趋势，发展中国家会将越来越多的业务分往国际再保险市场，使跨越国境的再保险交易出现一个戏剧性的增长。相应地，当再保险人是在别国获取执照并接受监管，且该再保险人的财务信息又很难得到时，本国监管者的监管能力就会受到挑战，本国监管者很有可能对确保国外再保险人的偿付能力感到力不从心。此时，监管者就要在再保险交易自由化与保证原保险人的偿付能力之间进行折中调和，这样的协调无疑是非常困难的。

如前文所述，直接监管和间接监管二者之间并不是相互冲突的监管方法，两者可以互为补充，相辅相成。同时，一个国家各方面的资源都是有限的，大可不必全部实施两种监管方法的方方面面，而只需强调一种方法，辅之以另外一种方法即可，以避免重复监管造成不必要的人力、物力浪费。英国和美国两大模式的实例也充分说明了这样一个道理，美国着力强调间接监管，辅以直接监管；英国实施严格的直接监管，而相对放松了间接监管。尽管两国的监管重心截然不同，但事实证明都是卓有成效的。

因此，我国在构思适当的再保险监管框架之前，应该首先在直接监管和间接监管两种监管方法之间进行权衡，确立其中一种作为我国再保险监管的监管重心。

下面分别对直接监管和间接监管作为监管重心的利弊进行分析[①]。

1. 直接监管作为监管框架重心的利弊

1）好处

主张对再保险人进行直接监管的人，认为这种监管方法存在以下优点。

（1）直接监管能够较好地保证再保险人和原保险人的财务稳定性。如果再保险人遵守与原保险人相同的财务要求，监管者自身也有能力对这些再保险活动进行监督，则通过对再保险人进行直接监管，保险监管者就能够有效地掌握再保险人的真实财务状况，适时监控再保险人的财务稳定性，并在必要时采取各种措施。并且，监管者还能顺理成章地从再保险人那里获得必要的信息，如投资、资本和管理的要求、再保险业务等。

（2）由于再保险市场是一个动态的市场，且具有一定竞争性，再保险人经常使用创新性投资工具将所承担的风险进行分散。结果，在评估再保险人的财务安全性时，如果其没有受到东道国的直接监管，东道国监管者就面临不能准确进行评估的问题；反之，如果对再保险人实施直接监管，东道国就可以在国家的基础上监管再保险的偿付能力和投资管理，正如对原保险人的监管一样。

（3）为了对业务进行正确适当的管理，以适应市场的动态变化和激烈的竞争，再保险人应该保证自身有足够的专业技术和能力。按照政府关于高管人员的能力和适任性的监管原则，监管体系中应该包括营业执照许可或授权程序，这样做能保证获取执照或授权的再保险人在诚实、审慎的基础上开展业务，并具有适当的专业技术水平。因此，有必要对再保险人实施直接监管，以确保再保险公司管理人员的专业水平和适任性。

2）不当之处

有一些国际机构和组织不主张东道国对再保险人进行严格的直接监管，经合组织和欧盟是其中的典型代表。这些机构之所以不主张，原因可归纳为以下 3 个方面。

（1）直接监管妨碍再保险业务自由化和保险风险分散。按照经合组织的观点，直接监管方法也可以被看成是东道国"场所主导型"的监管模式（Domiciled Oriented Regulation），

---

①　罗世瑞. 英国再保险监管方法解析及对我国的启示. 河南金融管理干部学报，2005（3）.

意味着所有在东道国开展再保险业务的再保险人，都应该向该国申领执照或获得授权。

首先，不管出发点如何，这种对所有再保险人进行直接监管政策的实质，等于是施加了市场进入限制，是一种市场进入壁垒，对那些想在东道国市场开展业务的外国再保险人来说，这样做会阻碍再保险交易的自由化，增加交易成本，从而使一部分再保险人望而却步。其最终结果就是抑制和减少国际再保险市场对东道国再保险的有效供给，使东道国保险人的业务不能顺利分出，造成东道国承保能力下降、风险累积等不利后果。

此外，在东道国获得执照并接受相应偿付能力监管的外国再保险人，往往还需要将他们的一部分资金存放或投资于当地市场。严格的投资监管措施会对保险风险的分散产生不利影响。再保险人因为严格的监管措施，就不能通过向国外投资来分散其风险。

更有甚者，有人认为，有些国家较高的市场进入壁垒和严格的规定阻止了再保险人之间的自由竞争，并因此可能造成那些国家的再保险价格虚高不下。

因此，这种场所主导型的监管方法只是在那些保费自留水平较高的国家，以及像英国这样的发达国家采用。对于像我国这样的保险业发展相对落后、再保险供给相对短缺的发展中国家而言，直接监管方法显然不是最佳选择。

（2）系统风险和再保险业务之间没有直接的相关关系。从系统风险和金融市场稳定性的角度来看，观察到的结果似乎是再保险业不太可能与金融不稳定的系统性问题有显著关联，这主要取决于以下原因。

① 再保险的相对数量。

② 主要再保险人既不是大银行的附属机构，也不是大银行的所有者。

③ 再保险安排从比例再保险向非比例再保险转移。

④ 分出比率的减少。

⑤ 行业稳定性。

⑥ 值得信赖的评级体系。

⑦ 监管仲裁有限的重要性。

⑧ 事件发生与赔款支付之间的时滞。

⑨ ART 产品相对不太重要。

假定由再保险业引起的系统风险比较低，有人认为，为了避免破产而采用过于严格的直接监管方法不仅是低效率的，而且达不到预期目标。因此，对再保险人施加严格的直接监管，会阻碍再保险人发挥许多主要作用，并威胁与再保险相联系的各种经济利益。

（3）可以找到其他更合适的保持保险市场稳定性的监管方法。关于反对直接监管作为监管框架重心的最根本的原因是，即使不采用针对再保险人的直接监管措施，也依然能达到确保保险市场稳定性的监管目标。因为，存在另外一个选项供选择，那就是以间接监管为主的监管框架。

2. 间接监管作为监管框架重心的利弊

前面已经提到，我国现状是再保险供给能力不足，而直接监管措施会对再保险供给产生严重的不利影响；再保险业务自由化是国际上不可逆转的发展趋势，而直接监管措施会极大地妨碍自由化的进程。因此，我国的再保险监管框架不宜选用直接监管为主的模式，而间接监管为主的模式是比较符合我国国情和世界发展趋势的。

首先，在间接监管方法下，监管者只需监控本国的原保险人，无须监管外国的再保险人，从而可以有效地降低监管的难度，减轻监管的工作量，减少监管的成本。

其次，这种监管方式只是间接地对外国再保险人施加影响，与直接监管相比具有较强的可操作性，不容易引发别国的反感和外国再保险人的抵触情绪。

更为重要的是，这种监管方式能够有效地保护本国原保险人的财务偿付能力，对于再保险市场尚不发达，需要借助于国际再保险市场分出风险的发展中国家而言，保护本国保险人的偿付能力是监管要达到的重要目标。

虽然，间接监管方法也会在一定程度上影响再保险自由化，但这是为了保障本国再保险安全性所必须付出的代价（如果单纯为了绝对的自由化而牺牲必要的安全性，这样的做法是不理性的），而且影响的程度要比直接监管轻得多。两利相权择其重，两害相衡取其轻。相比之下，将间接监管作为我国再保险监管框架的重心是我国现阶段的理性选择。

12.6.4　我国再保险监管框架的构建

如上所述，在构建我国的再保险监管框架时，一方面要适应国际上再保险业务自由化的发展趋势；另一方面还要能够确保我国保险人的财务稳定性。在进行慎重的权衡和分析后，现阶段我国适合采用以间接监管为主，辅以直接监管的再保险监管框架。

其实在本质上，再保险人的财务状况是监管者和原保险人所关心的焦点，如果实施直接监管，监管者可以对再保险人施加有效的监管，原保险人也可以借此对再保险质量作出准确的评估。但对再保险人进行直接监管会对再保险交易自由化产生严重影响，并会影响保险风险的有效分散。相比之下，对业务分出严重依赖国际市场的我国来说，突出间接监管、淡化直接监管的监管框架是比较符合我国国情的。

1. 对再保险人的直接监管

一国监管者在其监管框架中，首先需要明确开展再保险业务的再保险人是否需要接受直接监管和有关的偿付能力监管这个问题。按照美国的做法是不需要的，而英国是需要的。我国在这一点上不能像美国的做法那样，只要提供了担保就对此没有任何要求。我国首先应明确表示，所有在我国承接再保险业务的再保险人，都必须接受有效的直接监管和偿付能力监管，只是这种监管既可以是由我国监管部门实施的，也可以是由其他国家的监管部门实施的。

在我国承接再保险业务的再保险人，应该分为本国再保险人和外国再保险人两类。

关于本国再保险人，我国应该参考借鉴 IAIS 发布的第 6 号监管原则和第 8 号监管标准，实施对专业再保险人的有效监管。凡是在我国境内成立的再保险人，大体上要遵守与原保险人相同或相近的执照核发要求和偿付能力要求。但是，由于再保险市场的动态特色，以及合同当事人双方的专业性，对再保险人的监管在有些方面要有别于对保险人的监管，这主要表现在有关合同条款和费率的市场行为监管方面。另外，对再保险人的偿付能力要求的标准也会稍微宽松一些，如在英国，保证金要求就不适用于专业再保险人。至于具体监管再保险人的哪些方面应该等同于原保险人，哪些方面又应该有别于原保险人，IAIS 公布的监管准则中有详细的规定，可以适当参考。

关于对外国再保险人的直接监管，可以考虑建立一个不太严格的注册备案制度，因为严格的营业许可制度可能会损害再保险活动的自由度，增加交易成本。原则上，凡在知名评级机构取得一定评级的再保险人都可以申请注册和获得授权。在此注册备案制度下，再保险人在获得授权之前，要表明其财务状况及所遵守的相关监管制度。

但是应该指出，在引入这样一个体系之前，有几个问题必须得到解决。首先，应该建立再保险人财务状况的官方评估制度；其次，监管者应该能通过提高国际间监管者的合作水平而获得准确信息；最后，监管者自身应该具有较高的技术水平来使用这些评估结果。

在发展中国家，监管者通常没有足够的经验和技术，以对再保险人的财务状况进行评估，尤其是一些先进的再保险产品，如财务再保险和保险连接型证券等。此外，建立自己的评估体系也确实是一项艰巨的任务。所以，对新兴市场来说，利用评级机构是一个可供选择的好办法，因为他们能为原保险人选择再保险人提供有用的信息和参考。

一国的监管者通常很难得到那些与本国保险人进行交易的所有外国再保险人准确、及时和充分的信息。此外，一些国家的监管者也没有足够的智慧和财力通过实施相应的财务要求确保所有外国再保险人的财务偿付能力。因此，有必要提高各国监管者之间的合作水平，以便获得充足的财务信息，发展足够的监管手段，对再保险的安全性和可收回性进行评估。另外，甚至可以考虑与美国的未认可保险人信息办公室洽商，通过支付一定的费用，共享其搜集整理的各家保险人和再保险人的财务信息。

从监管标准协调化的观点来看，欧盟国家采用的"相互承认机制"是成功的。虽然，对再保险人的"单一执照制度"仍未在欧盟采用，但关于"单一执照制度"的再保险指令建议稿已经提出。从长远来看，要想在再保险活动中实行单一执照制度，必须首先建立适当的国际监管标准，减少法律不确定性和交易成本。这种制度也会使新兴市场在发展他们自身的再保险监管体系，以及促进竞争和保险风险分散方面获益匪浅。

2. 对原保险人的间接监管

关于间接监管，即对原保险人再保险安排的监管，问题通常集中于再保险安全性和再保险人的信用可靠度上，并最终归结为再保险安排对原保险人所产生的财务影响上。再保险对原保险人偿付能力的影响程度取决于计算责任准备金（或损失准备金）的方法。

责任准备金是保险人为了承担保险责任而提取的，其提取方法分为"净额准备金制度"和"毛额准备金制度"两种。如果一个国家采用"净额准备金制度"，就允许原保险人以分出去的再保险部分作为再保险信用，抵免责任准备金的提取。但是，如果采用"毛额准备金制度"，则原保险人分给再保险人的再保险部分，不能用来减少责任准备金的提取。因此，在采用"净额准备金制度"的国家，由于事先已经进行了偿付能力额度的抵减，再保险的可收回性就会对原保险人的偿付能力产生直接的影响。

应该指出的是，被抵免的准备金数额不仅取决于再保险信用的金额，而且取决于所支付的再保险费的金额，以及再保险赔款的投资损失，因为再保险赔款应该在合理时间内被收回以用来支付赔款，否则垫付资金会造成原保险人的投资损失。

由于再保险赔款回收引起的显著的财务影响，一些发达国家采取了相应的监管措施，对在什么情况下保险人才能抵免责任准备金进行控制，我国也应尽快出台这方面的规定。

在间接监管项下，除了再保险信用抵免责任准备金问题外，风险自留和会计方面的监管问题也是十分重要的。

为了防止原保险人将他们自己暴露在保险合同责任引起的极限损失之下，很多国家禁止原保险人接受或保留超出特定数量的业务，即对自留风险设定限制。另外，原保险人的承保能力越依赖于再保险安排，它的偿付能力就越依赖于再保险的安全性/信用可靠度。并且，如果没有保留实质性的业务比例，原保险人甚至可以像一个经纪人一样，依赖再保险佣金的收取。因此，有些国家要么将原保险人的再保险费限制到总保费的特定数量之内，要么将再保险比例限制在总业务的固定比例之内（如英国对非寿险保险人的限制是 50%），对那些将绝大部分业务进行再保险的保险人，要施加较高的偿付能力要求。

会计监管的主要目的是将保险人的财务状况充分披露给监管者、保单持有人、其他利益方和普通公众。随着审慎偿付能力监管体系的不断发展完善，各利益方对再保险安排的财务影响的评估严重依赖于原保险人的财务报表，一般包括年报、资产负债表和损益账户等。为了便于评估再保险安排的可靠程度，确定该程度是否适当，应该要求原保险人提供关于再保险的充分详细的财务报表，分析再保险安排产生的财务影响，包括自留额、责任准备金、再保险合同等。相应地，建立一些评估再保险人信用可靠度的专用方法也是很有必要的。这些方法应该建立在被大多数国家接受和认可的会计原则的基础上。为了给监管者、保险人和普通大众提供更大的透明度和易理解性，会计准则出现了国际化的趋势，我国应该考虑为国际会计准则的使用提供方便。

需要指出的是，利用间接监管手段来监管再保险人应该考虑以下问题，否则在执行过程中也会遇到很多麻烦。

（1）必须明确，这种监管方法是建立在各国监管方法协调化，以及各国之间相互承认监管制度的基础上的。实施这种监管方法的根本前提是，外国再保险人已经在母国接受了审慎监管并且有良好的财务状况。如果再保险人已在有相似偿付能力监管方法的国家获得执照并接受有效监管，监管者就可以授权这些外国的再保险人在本国开展业务。

各国的再保险监管体系应该相互协调并以审慎监管标准为基础。有一种反对直接监管的观点认为，"没有哪个国家能以保证金融市场稳定为目的来增加对再保险的监管"。这种观察通常是基于现行再保险市场的稳定性，以及由再保险人破产而引起的系统性风险较低的缘故。但是需要指出，再保险市场已逐渐呈现出一种集中的趋势，其结果是这些主要再保险人的财务影响力会越来越显著。相应地，一国政府对再保险人进行适当的政府监管，检查其资本充足性、偿付能力和再保险人专业水平等，也是十分必要的。这样做也会便于原保险人准确地评估再保险人，使原保险人从中受益。只有进行正确框架，并充分考虑外国再保险人已经接受的监管情况，一个间接监管模式才可能取得成功。

欧盟内部正在致力于以间接监管为中心的再保险业务的单一执照制度，该制度类似于欧盟内部现行的保险监管模式。严格地说，实施间接监管为主的监管方法，是建立在"母国监管原则"、"相互认可制度"和"单一执照制度"基础上的一种方法。相关监管措施的协调化是为再保险人提供公平的竞技场、避免监管重叠的第一步，在此基础上实施"母国监管原则"。然后，利用"相互认可制度"，作为促进国家之间的合作、减少不必要监管成本的工具。为了做到这一点，监管者不仅要促进国内风险的分散，而且要预防因再保险人失去偿付能力或不可收回的再保险而产生的财务影响。最终，实现再保险监管在国际范围内的"单一执照制度"。

应该说，再保险活动中采用统一的单一执照制度，是全世界的理想目标所在。这样一种监管方法能在不对再保险人进行直接监管的基础上，降低再保险人财务状况方面的不确定性。

（2）各国监管者应该提高国家之间的合作水平，以便搜集足够的信息来对再保险人进行评估，并对本国原保险人选择再保险人提供有益的信息和必要的指导。

（3）假定再保险监管的协调化能够促进全球保险和再保险市场的稳定，有利于对再保险人的安全性/信用可靠度的正确评估，则建议各国所采用的旨在提高国际监管合作水平的监管标准就不能设立在最低的共同水平上。虽然，监管方法的协调化总体上可以减少监管成本，如欧盟的单一执照制度，但对有些国家也可能会产生消极的影响，尤其是那些已经拥有相当成熟完备的偿付能力监管体系的国家。当协调一致的监管标准没有建立在较高水平上时，监管套利行为不可避免地会发生。因此，如果想要为再保险人在全球市场上提供一个公平的竞技场所，全球再保险市场上接受的监管标准就不应建立在最低水平的监管要求上。

总之，鉴于我国再保险市场的具体特色和国际再保险监管的发展趋势，我国宜选择以间接监管为重心，辅以直接监管的再保险监管基础框架，监管者应将重点放在原保险人的再保险安排上，以此来控制再保险的质量和再保险的安全性问题。

12.6.5　我国现阶段再保险监管目标的选择

1. 我国的保险监管目标

我国保险业在发展初期，尤其是 1980 年正式恢复国内业务后，直至 20 世纪 90 年代初期，监管机构对保险业的管理主要是行政管理。中国人民银行成立了专门履行保险监管职能的保险司后，随着我国《保险法》的颁布实施，保险监管基本侧重在市场行为规范方面。随着保险主体的增加和业务的发展，特别是保险市场对外开放进程的加快，中国保险监督管理委员会（以下简称中国保监会）成立后确立了偿付能力和市场行为并重的监管目标，并提出最终将过渡到对保险公司偿付能力的监管上，归根结底还是为了最终保护被保险人的利益。因此，在过去的 20 多年间，我国的保险监管经历了行政管理、市场行为监管、偿付能力和市场行为监管并重 3 个不同的阶段。

客观地说，这也是由我国的国情决定的。改革开放之初，我国还处于计划经济体制下，现代的保险监管思想尚未树立，加上当时只有一家保险公司，而且刚刚恢复国内业务，所以对保险公司的管理仅限于一般的行政管理，没有其他更明确具体的目标。此后，随着市场的发展，保险公司数量有所增多，业务竞争逐步加剧，一些公司为了追求市场份额，不择手段争抢业务，加上保险监管机构还没有完全适应监管的角色，所以这一阶段的监管目标就是规范各家公司的市场行为。中国保监会成立后，我国分业监管的格局初步形成，并且我国保险市场已经历20 多年的快速发展，对外开放进程不断加快，保险监管对外交往日益频繁，国际保险监管理念不断渗透到中国保监会的工作中来。但是，毕竟我国的市场没有完全开发出来，市场上一家独大的局面尚未根本扭转，而且公司间的不规范竞争还在继续。为此，中国保监会制定了今后一段时期内偿付能力和市场行为并重，并逐步向偿付能力转移的监管目标，以促使保险公司在偿付能力充足的前提下，规范竞争，健康发展，从而使被保险人的利益得到保障。

2. 我国再保险监管目标的选择

从新中国成立之初到现在，我国的再保险监管目标主要是体现在对本国保险和再保险市场的保护上，以及对国家利益、民族利益和政治利益的保护上。正是基于这种考虑，再保险监管在我国被用于建立地方性再保险市场的一种机制，长期以来将重心放在了法定分保政策的制定和实施上，早期甚至不允许公司自由开展商业分保活动，国家希望以此来保护本国保险人避开国外的竞争，避免因从境外购买再保险而引起的外汇兑换等不必要的损失，减少本国保险业对外国再保险供给的依赖程度，从而保护国家和民族的安全。因此，我国的再保险监管制度带有浓厚的地方保护主义色彩。

但是，随着我国市场的进一步对外开放，以及全球经济一体化的发展趋势，我国已经加入世界贸易组织，我国经济已经日益融入全球化经济中。尽管存在种种利益冲突，人们已经认同在全球范围内建立一个协调统一的再保险监管大格局的必要性。随着加入世界贸易组织和法定分保的逐步取消，我国的再保险监管的原有目标已经不合时宜。此时，需要确立新的监管目标，以便为各项政策和措施的制定指明方向。

从理论上说，作为保险监管的重要组成部分，再保险监管的目标首先必须与我国保险监管的总体目标保持一致，其次要更加具体化、更加有针对性，并体现出我国再保险行业的特色。鉴于再保险业务具有特殊的操作方式、参与者的专业性、交易的国际性等原因，对再保险的监管主要是突出偿付能力监管，而较少采用市场行为监管。考虑到我国再保险市场供给主体缺乏，我国保险公司在国际再保险市场上的净需求者的地位，以及再保险服务自由化的国际趋势和发展潮流，对于我国再保险监管目标的确立，拟提出以下建议。

1) 确保再保险安排下原保险人的偿付能力

从国际保险市场的发展历史看，专业再保险公司是当今再保险市场的主力军，而我国的专业再保险公司屈指可数，远未形成多元竞争的市场格局，商业再保险的分出业务因此大量流向国际再保险市场，而对于国际再保险人，从表面来看，我国的监管制度是鞭长莫及的。鉴于这种市场特色，我国应将再保险监管的重心放在原保险人身上，而不是再保险人身上，可以通过控制原保险人的再保险安排来对外国再保险人施加间接影响，从而切实保证原保险人的偿付能力。

再保险业务对原保险人的偿付能力的影响，取决于计算责任准备金的方法。有些国家采用毛额准备金制度，即不管业务是否分出，都按毛保费全额计提责任准备金。由于毛额准备金制度会严重影响再保险人的投资计划和投资收益，会抑制国际再保险人提供服务的积极性，因此对于再保险供给严重依赖国际市场的我国现阶段来说，这种准备金计提方法是应该尽量避免的。

另有许多国家采用净额准备金制度，即按照扣除分出业务后的自留保费计提责任准备金。而从具体法规文件来看，我国一直以来采取的就是类似于净额准备金制度的计提方法。1995 年我国的《保险法》曾明确规定，责任准备金的提取以自留保费为基础，1999 年我国的《保险公司财务制度》，以及 2003 年的《保险公司偿付能力额度及监管指标管理规定》中也都规定从自留保费中计提未到期责任准备金。在此情况下，再保险应收款对我国原保险人的财务偿付能力有着直接的影响。并且，我国的再保险供给能力严重依赖国际再保险市场。因此，监管者不仅必须督促原保险人在国际上有效地分散他们的风险，而且要完善健全监管机制，确保再保险应收款的安全性。因此，现阶段我国的再保险监管应该将保持再保险安排下原保险人的偿付能力作为首要的监管目标。

但是必须指出，就我国目前的再保险监管措施来看，还远不能使原保险人远离与再保险人违约相关的信用风险，因而不能够确保再保险安排下原保险人的偿付能力。虽然，一些影响自由进入国际再保险市场的再保险监管措施要尽量避免，但是必须建立和实施能够保证原保险人与再保险人财务稳定性的监管制度。在这一点上，除了原保险人的财务稳定性外，政府还要贯彻和实施相应的法规，对原保险人的再保险交易安全性规定适当的标准，在计提责任准备金时，只有符合安全性标准的再保险交易才允许免提或少提准备金。此外，有必要实施特定的监管条例，对与再保险人相关的问题进行细化和规范。

2）促进再保险业务自由化和公平竞争

近年来，国际再保险市场日益呈现出再保险服务自由化的趋势。IAIS 颁布了多项监管准则和指导性文件；经合组织（OECD）和世界贸易组织（WTO）也已经建立了不同国家及国际组织之间的多国谈判制度，这无疑会对保险和再保险交易的国际自由化起到很大的促进作用。与此同时，随着国际保险因素对一国国内保险市场的日益渗透，以及各国政府间去除贸易壁垒的合作日益加强，再保险服务的自由化和再保险监管的协调化已经成为世界性的议题。

在这种背景下，我国也应顺应再保险服务自由化和再保险监管协调化的国际趋势，促进再保险业务自由化和从业者的公平竞争，理应成为我国再保险监管的目标之一。因此，对于再保险人之间的兼并和相关协议有关的竞争政策与反竞争行为倾注更多的关注是合理的。鉴于"竞争是获取繁荣和保证繁荣的最有效的手段"①，政府不仅要颁布和实施相关法律，为竞争性的再保险市场提供有效的框架，而且要提高国际合作水平，阻止国际再保险集团的反竞争性做法和习惯。

至于此前强调的保护本国保险和再保险市场的再保险监管目标，应该逐步淡化，那些旨在保护本国市场的种种措施和规定，也应该顺应时代发展予以放弃。

综上所述，鉴于我国再保险供给不足的市场特色，以及国际发展趋势，建议我国现阶段应该放弃"保护本国保险和再保险市场"的再保险监管目标，选择"确保再保险安排下原保险人的偿付能力"作为再保险监管的首要目标，同时选择"促进再保险业务自由化和公平竞争"作为次要目标，以便为我国再保险监管框架的构建和具体政策措施的制定指明方向。

复习思考题

1. 概念题

直接监管　间接监管　捕捉理论　利益集团理论　官僚理论　经济合作与发展组织的监管准则　国际保险监督官协会的监管准则　IAIS 第 7 号监管标准　IAIS 第 6 号监管标准　IAIS 第 8 号监管标准

2. 思考题

（1）为什么要对再保险业进行监管？

（2）再保险监管的理论基础主要包括哪些观点？

（3）对再保险监管主要有哪些方法？

（4）欧盟和英国对再保险进行监管的模式是什么？

（5）美国对再保险进行监管的模式是什么？

（6）欧美监管模式存在哪些区别？

（7）简述国际再保险监管的未来发展趋势。

（8）国际再保险的发展对中国再保险监管有哪些影响？

（9）构建中国再保险监督框架应注意哪些问题？

---

① 马明哲. 挑战竞争：论中国民族保险业的改革与发展. 北京：商务印书馆，1999.

参考文献

[1] 陈继尧. 再保险理论与实务. 台北：智胜文化事业有限公司，2002.

[2] 陈继尧. 再保险论：当前趋势与各种形态研究. 台北：三民书局，1990.

[3] 陈继尧. 再保险要义. 台北：富邦产物保险股份有限公司，1992.

[4] 胡炳志，陈之楚. 再保险. 2版. 北京：中国金融出版社，2006.

[5] 米双红，龙卫洋. 再保险理论与实务. 北京：电子工业出版社，2011.

[6] 沈婷. 国际保险. 上海：上海人民出版社；格致出版社，2010.

[7] 邱波. 金融化趋势下的中国再保险产品发展研究. 北京：经济科学出版社，2010.

[8] 钟明. 再保险. 上海：上海财经大学出版社，2003.

[9] 罗世瑞. 再保险监管问题研究. 上海：上海三联书店，2006.

[10] 刘金章. 保险学教程. 修订版. 北京：中国金融出版社，2003.

[11] 刘金章. 保险学导论. 北京：北京交通大学出版社，2009.

[12] 刘金章. 保险学基础. 北京：高等教育出版社，2007.

[13] 刘金章. 现代保险理论与实务. 北京：北京交通大学出版社，2009.

[14] 刘金章. 现代保险知识实用大全. 天津：天津科学技术出版社，1991.